Droit fiscal

DROIT FONDAMENTAL

COLLECTION DIRIGÉE PAR

STÉPHANE RIALS

CLASSIQUES

Droit fiscal

JEAN-JACQUES BIENVENU

PROFESSEUR À L'UNIVERSITÉ DE PARIS 2

THIERRY LAMBERT

PROFESSEUR À L'UNIVERSITÉ PAUL-CÉZANNE - AIX-MARSEILLE III

4e édition revue et mise à jour

PRESSES UNIVERSITAIRES DE FRANCE

ISBN 978-2-13-056946-6

Dépôt légal — 1re édition : 1987
4e édition revue et augmentée : 2010, février

Sommaire

TABLEAU DES ABRÉVIATIONS

AJDA	*Actualité juridique droit administratif*
AJPI	*Actualité juridique propriété immobilière*
al.	alinéa
art.	article
BA	Bénéfices agricoles
BIC	Bénéfices industriels et commerciaux
BNC	Bénéfices non commerciaux
BODGI	*Bulletin officiel de la direction générale des impôts*
BOI	*Bulletin officiel des impôts*
Bull. civ.	*Bulletin des arrêts des chambres civiles de la Cour de cassation*
CAA	Cour administrative d'appel
CC	Conseil constitutionnel
CEE	Communauté économique européenne
CE	Conseil d'État
CGI	Code général des impôts
CJCE	Cour de justice des communautés européennes
chron.	chronique
circ.	circulaire
D.	*Recueil Dalloz-Sirey*
DF	*Droit fiscal*
fasc.	fascicule
GP	*Gazette du Palais*
IGF	Impôt sur les grandes fortunes
IR	Impôt sur le revenu
IS	Impôts sur les sociétés
instr.	instruction
JO	*Journal officiel*
JCP	*Juris-classeur périodique (Semaine juridique)*
LPF	Livre des procédures fiscales
Rec.	*Recueil des arrêts du Conseil d'État (Lebon) ou recueil des décisions du Conseil constitutionnel*
RE	*Revue de l'enregistrement*
RFFP	*Revue française de finances publiques*
RJF	*Revue de jurisprudence fiscale*

RSF	*Revue de science financière*
RSLF	*Revue de science et de législation financière*
Rev. soc.	*Revue des sociétés*
S.	*Recueil Sirey*
TCA	Taxe sur le chiffre d'affaires
TVA	Taxe sur la valeur ajoutée

Explication des références les plus couramment employées

DF, 1986, 3, 376 : *Droit fiscal,* 1986, n° 3, commentaire n° 376. *RJF,* 1986, 3, 265 : *Revue de jurisprudence fiscale,* 1986, n° 3, p. 265. *GD,* p. 12 : C. Gour, J. Molinier, G. Tournié, *Les grandes décisions de la jurisprudence. Droit fiscal,* 1977, p. 12. *Grands principes :* M. Cozian, *Les grands principes de la fiscalité des entreprises,* 1986.

Bibliographie générale

I. – OUVRAGES CONTEMPORAINS

L. Agron, *Histoire du vocabulaire fiscal,* LDGJ, 2000.
G. Ardant, *Théorie sociologique de l'impôt,* SEVPEN, 1973.
G. Ardant, *Histoire de l'impôt,* Fayard, 1971-1973.
L. Barone, *L'apport de la Convention européenne des droits de l'homme au droit fiscal français,* L'Harmattan, 2000.
C. Baylac, *Le formalisme du droit fiscal,* L'Harmattan, 2002.
P. Beltrame, *L'impôt,* MA éd., 1987.
P. Beltrame, *La fiscalité en France,* Hachette, 2009.
P. Bertoni, *Les politiques fiscales sous la Cinquième République. Discours et pratiques (1958-1991),* L'harmattan, 1995.
M. Bouvier, *Introduction au droit fiscal général et à la théorie de l'impôt,* LGDJ, 2008.
B. Castagnède, *Précis de fiscalité internationale,* PUF, 2006.
M. Collet, *Droit fiscal,* PUF, 2009.
M. Cozian, *Les grands principes de la fiscalité des entreprises,* Litec, 1999.
M. Cozian et F. Deboissy, *Précis de fiscalité des entreprises,* Litec, 2009.
M. Cozian, J.-P. Gaudel, *La fiscalité racontée aux juristes,* Litec, 2007.
C. David, O. Fouquet, B. Plagnet, P. F. Racine, *Les grands arrêts de la jurisprudence fiscale,* Dalloz, 2009.
F. Douet, *Précis de droit fiscal de la famille,* Litec, 2008.
J.-B. Fradin, J.-B. Geffroy, *Traité de droit fiscal de l'entreprise,* PUF, 2003.
J.-B. Geffroy, *Grands problèmes fiscaux contemporains,* PUF, 1993.
J. Grosclaude, P. Marchessou, *Droit fiscal général,* Dalloz, 2009.
J. Grosclaude, P. Marchessou, *Procédures fiscales,* Dalloz, 2009.
J. Lamarque, *Livre des procédures fiscales,* Dalloz, 2007.
T. Lamulle, *Droit fiscal,* Gualino, 2009.
A. Lefeuvre, *Droit fiscal,* Ellipses, 2007.
L Mehl, P. Beltrame, *Techniques, politiques et institutions fiscales comparées,* PUF, 1997.
J.-Y. Mercier, B. Plagnet, *Les impôts en France. Traité de fiscalité,* Lefebvre, 2008.
P. Oudenot, *Fiscalité approfondie des sociétés,* Litec, 2001.
P. Serlooten, *Droit fiscal des affaires,* Dalloz, 2009.
P. Serlooten, *Introduction au droit fiscal,* Dalloz, 2000.

G. Tixier, G. Gest, *Droit fiscal international,* PUF, 1990.
G. Tournié, *La politique fiscale sous la Ve République,* Privat, 1985.
L. Trotabas, J.-M. Cotteret, *Droit fiscal,* Dalloz, 1997.

II. – Ouvrages pratiques, répertoires et revues consacrées au droit fiscal

Mémento pratique Francis Lefebvre fiscal (annuel).
Ministère de l'Économie, des Finances et du Budget. Précis de fiscalité (annuel).
Lamy fiscal.
Juris-classeur fiscal (impôts directs).
Juris-classeur fiscal (impôts sur le chiffre d'affaires).
Juris-classeur fiscal (enregistrement).
Juris-classeur de droit fiscal international.
Documentation de base Francis Lefebvre.
Bulletin officiel de la Direction générale des impôts.
Bulletin fiscal Francis Lefebvre (mensuel).
Cahiers de droit fiscal international (annuel).
Droit fiscal (hebdomadaire).
Bulletin européen et international Francis Lefebvre (bimestriel).
Feuillet rapide fiscal-social Francis Lefebvre (bihebdomadaire).
Gestion et finances publiques.
Revue de jurisprudence fiscale (mensuelle).
Revue française de finances publiques (trimestrielle).
Revue de science financière (cesse de paraître en 1978).
Revue du Trésor (cesse de paraître en 2008).
Statistiques et études financières.
L'année fiscale.

III. – Ouvrages anciens

E. Allix, M. Lecerclé, *Les droits d'enregistrement. Traité théorique et pratique,* 1933.
E. Allix, M. Lecerclé, *Les contributions indirectes,* 3e éd., 1929.
E. Allix, M. Lecerclé, *L'impôt sur le revenu : impôt général et impôts cédulaires,* 1926.
E. Allix, M. Lecerclé, *La taxe sur le chiffre d'affaires,* 1927.
E. Besson, *Traité pratique des impôts cédulaires et de l'impôt général sur le revenu,* 1922.
L. Bocquet, *L'impôt sur le revenu cédulaire et général,* 4e éd., 5 vol., 1933.
J. Caillaux, *Les impôts en France,* 2 vol., 1903.
Championnière, Rigaud, *Droits d'enregistrement,* 1851.
G. Demante, *Principes d'enregistrement,* 1897.
Dublineau, *Traité théorique et pratique de l'enregistrement,* 1932.
E. Esquirou de Parieu, *Traité des impôts,* 4 vol., 1866.
L. Fourmery, *Les impôts en France,* 2 vol., 1946.
J. Laferrière, M. Waline, *Traité élémentaire de science et de législation financières,* 1952.
J. Laufenburger, *Traité d'économie et de législation financière,* 1954-1956.
M. Lauré, *Traité de politique fiscale,* 1956.
A. Milhau, *De la déclaration du contribuable en matière d'impôt général sur le revenu et d'impôts cédulaires (dans la législation française),* 1923.
E. Pilon, *Principes et technique des droits d'enregistrement,* 1929.
T. Tissier, *Traité des contributions indirectes,* 1902.
A. Wahl, *Traité de droit fiscal,* 1902.

Sites internet et CD-Roms

1. – Sites officiels internet

Constitué en un bouquet de « e-services » et d'informations fiscales en ligne, le portail fiscal www.impots.gouv.fr du ministère du Budget, des Comptes publics, de la Fonction publique et de la Réforme de l'État est accessible à tous.

Les espaces thématiques sont ciblés (particuliers, professionnels, collectivités locales). S'y ajoutent trois rubriques pratiques : les « e-services » pour toutes les opérations en ligne (télédéclarations, télépaiement, calcul d'impôts, téléchargement de formulaires...), les contacts pour trouver une adresse ou un correspondant partout en France.

Une documentation est proposée : dossiers, rapports, statistiques. Une foire aux questions recense les réponses aux questions les plus fréquentes.

Au sein du ministère du Budget, des Comptes publics, de la Fonction publique et de la Réforme de l'État :

- www.comptes-publics.gouv.fr (thèmes, chiffres clés, budget et comptes publics, impôts et fiscalité, réforme de l'État, fonction publique, gestion des collectivités locales, douane) ;
- www.budget.gouv.fr (particuliers, entreprises, collectivités locales, tous les sites et services du ministère en ligne) ;
- Lègifrance : www.legifrance.gouv.fr.

2. – CD-Roms

Divers CD-Roms peuvent être consultés notamment :

Navis fiscal Éditions Francis Lefebvre.
Gestion fiscale Éditions Législatives.
Juridisque Lamy fiscal.

Introduction

1 FISCUS. — *Privilegia fisci et ad ipsum solum spectantia de jure civilii,* lit-on dans la question 374 de Jean Le Coq. Voilà situé, avec le renfort du droit romain et dès la fin du XIVe siècle, le droit fiscal dans notre système juridique au point que certains historiens en feront l'expression première du droit public. Assuré dans sa puissance d'expansion, le droit fiscal apparaît pourtant dans la première littérature juridique française, exprimé avec une singulière pauvreté. Si la notion de fisc contribue à la formation de la personnalité morale de l'État en imposant la distinction entre le patrimoine personnel du souverain et la permanence des intérêts financiers de la collectivité, semblables spéculations n'ont pas d'équivalent dans l'exposition de la technique fiscale comme si l'exercice de la prérogative d'imposer, dans sa brutalité, répugnait à toute méthode discursive. La raison doit en être trouvée dans le mode d'élaboration des premières règles du droit fiscal. Même si des travaux d'ensemble font cruellement défaut, il est établi que selon un processus à la fois spontané et latent de nombreuses prérogatives faisant partie du régime seigneurial ont servi à la construction d'un droit fiscal étatique, tandis qu'une « administration privée », la Ferme, apportait son savoir-faire en codifiant les méthodes d'imposition. C'est ainsi que le droit fiscal a acquis sa physionomie de droit largement arbitraire gouverné par des principes spécifiques qui lui donnent une redoutable dynamique et le rendent irréductible à la légalité générale.

2 UN DROIT CONTRE LE DROIT. — S'il n'a pas échappé au réformisme révolutionnaire et impérial, le droit fiscal, au contraire des autres branches du droit, a résisté à la rationalisation.

L'administration fiscale, certainement l'une des plus perfectionnées du temps, sut admirablement exploiter les contraintes analytiques que recèle tout régime d'imposition en sécrétant une jurisprudence envahissante dont le juge fiscal n'a pas voulu ou n'a pas su se libérer. Si certains auteurs n'hésitent pas à affirmer l'existence d'une « science de droit fiscal » c'est pour constater immédiatement après leur impuissance à constituer une exposition méthodique de ses principes. Ainsi se confirme l'idée qu'il existe une administration qui se donne sa propre loi obscure et difficilement saisissable, menace permanente pour les libertés, facteur de subversion de l'ordre juridique. L'œuvre fiscale de Gény n'est que l'aboutissement de cette tendance. L'apparition de l'imposition générale des revenus et du chiffre d'affaires rend beaucoup plus présente la menace. Désormais la légalité fiscale enserre tous les domaines de l'activité individuelle et concurrence donc l'organisation juridique traditionnelle existante, d'où le violent réflexe de défense du grand auteur opposé au thème d'une autonomie du droit fiscal, formule exacerbée traduisant la vigueur renouvelée des techniques fiscales. Mais le combat de Gény était d'un autre âge et les juristes les plus perspicaces s'appliquaient déjà à recenser les adaptations du droit privé imposées par la pénétration des considérations fiscales dans l'élaboration des opérations juridiques.

3 MONTÉE DE LA SUBSTANCE JURIDIQUE. — Cette expression a été choisie par Hauriou pour caractériser à la fin du siècle dernier l'état du droit administratif. Elle correspond assez bien à l'état présent du droit fiscal. On assiste en effet avec à peu près cent ans de retard dans cette branche du droit public au passage d'une simple application de réglementations, à la prise en considération d'un véritable droit qui a ses catégories et sa logique propres. Progrès considérable qui permet de stabiliser la matière, de stimuler la réflexion et en dernier lieu de limiter l'arbitraire législatif et réglementaire. Malgré les objections d'auteurs considérables la fiscalité est inconcevable sans juridisme. S'immisçant dans la sphère de la fortune privée et de la liberté individuelle elle doit offrir les garanties d'une certaine fixité de ses règles fondamentales et d'une transparence suffisante de ses techniques. Ce progrès ne peut qu'être d'ordre strictement juridique. C'est fort de cette conviction que l'on privilégiera un type d'exposition qui donne son maximum de part au droit.

Le parti de l'analyse exclusivement juridique de la fiscalité impose immédiatement un partage de la discipline en deux domaines foncièrement distincts. Dans l'un, marqué par une étonnante permanence, on voit se développer, derrière l'apparente rigueur de la hiérarchie des normes, les prérogatives de puissance publique les plus caractéristiques (Première partie : « La légalité fiscale »). Dans l'autre, essentiellement instable, les catégories juridiques doivent s'adapter constamment à l'évolution des techniques du prélèvement fiscal (Deuxième partie : « Les régimes d'imposition »).

Pour aller plus loin

4 QUELQUES ÉLÉMENTS HISTORIQUES. — Vauban, *La dîme royale,* réédition commentée d'un des grands classiques de la science fiscale, L'Harmattan, coll. « Finances publiques », 2004, 216 p. ; F. Hincker, *Les Français devant l'impôt sous l'Ancien Régime,* Flammarion, coll. « Questions d'histoire », 1971 (analyse le comportement des différents groupes sociaux face à l'impôt) ; *Deux siècles de fiscalité française, XIXe-XXe siècle* (ouvrage collectif), Mouton, 1973 (analyse économique et regard historique) ; A. Neurisse, *Histoire de l'impôt,* PUF, coll. « Que sais-je ? », 1978 (de l'ancien empire d'Égypte à l'aube de 1980) ; *Études sur le fiscalité au Moyen Âge* (ouvrage collectif), Éd. Bibliothèque nationale, 1979 (la fiscalité royale, la fiscalité municipale, les droits seigneuriaux et dîmes passés en revue), *États, fiscalités, économies* (ouvrage collectif), Publications de la Sorbonne, 1985 (les rapports de l'État à l'économie par le truchement de l'impôt) ; *Genèse de l'État moderne. Prélèvement et redistribution,* Éd. CNRS, 1987 (perspective internationale et comparatiste du XIIIe au XIIe siècle) ; G. Ardant, *Histoire de l'impôt,* livre 1 : *De l'Antiquité au XVIIe siècle* (1971) ; livre 2 : *Du XVIIIe au XXIe siècle* (1972), Fayard, coll. « Les grandes études historiques » (classique et indispensable) ; A. Neurisse, Il y a 300 ans : la capitation, *Rev. Trésor,* 1995, 7, p. 430 (intéressante analyse) ; A. Neurisse, *Histoire de la fiscalité en France,* Economica, coll. « Poche-Finances publiques », 1996 (comment est-on passé de la fiscalité polyarchique, à la fiscalité indiciaire, puis à la fiscalité productive) ; Nicolet Claude, *Censeurs et publicains. Économie et fiscalité dans la Rome antique,* Fayard, 2000 (recueil d'articles portant pour l'essentiel sur la fiscalité romaine) ; Caron Jean-Claude, *L'été rouge. Chronique de la révolte populaire en France (1841),* Aubier, coll. « Historique », 2002 (le recensement des portes et fenêtres comme source de violence populaire) ; F. Bin, *L'influence de la pensée chrétienne sur les systèmes fiscaux d'Europe occidentale,* L'Harmattan, coll. « Finances publiques », 2007, 463 p. (travail de grande érudition) ; S. Raimbault de Fontaine (sous la dir.), *Doctrines fiscales : à la découverte de grands classiques,* L'Harmattan, coll. « Finances publiques », 2007, 267 p. (les doctrines fiscales de Gaston Jèze, Edgard Allix, Maxime Chrétien, Louis

Trotabas et d'autres passées en revue). J.-J.-L. Graslin, *Essai analytique sur la richesse et sur l'impôt,* L'Harmattan, coll. « Finances publiques », 2008, 316 p. (critique des idées physiocratiques par Graslin (1727-1790) – réédition du texte publié en 1911).

5 LE COMITÉ POUR L'HISTOIRE ÉCONOMIQUE ET FINANCIÈRE DE LA FRANCE a notamment publié : *État, finances et économie pendant la Révolution française* (ouvrage collectif), 1991 (tour d'horizon des questions administratives, fiscales, commerciales pendant la période révolutionnaire et impériale) ; M. Touzery, *L'invention de l'impôt sur le revenu. La taille tarifée, 1715-1789,* 1994 (analyse l'évolution des techniques fiscales au XVIIIe siècle) ; J. Clinquart, *Les services extérieurs de la ferme générale à la fin de l'Ancien Régime. L'exemple de la direction des fermes du Hainaut,* 1996 (réhabilitation d'une institution souvent décriée en tant que matrice des services financiers modernes). Dans l'introduction aux actes du colloque L'impôt public et le prélèvement seigneurial en France, fin XIIe - début XVIe siècle (2001), Jean Favier écrit : « L'histoire de l'impôt n'apparaît plus seulement comme un chapitre de l'histoire des institutions ou de l'histoire économique ce qu'elle est aussi, mais comme une discipline à part entière, à la fois faite de descriptions des institutions, de prise en compte des comportements et d'analyse comptable des réalités chiffrées. » Les actes du colloque L'impôt en France aux XIXe et XXe siècles (2006) nous éclairent à la fois sur la structure du système fiscal français et sur quelques grandes réformes.

6 LES POLITIQUES FISCALES. — M. Lauré, *Traité de politique fiscale,* PUF, 1956 (ouvrage pionnier) ; M. Lauré, *Science fiscale,* PUF, 1993 (intégration de données économiques, psychologiques, géopolitiques notamment pour la définition d'une architecture du système fiscal) ; J.-Y. Nizet, *Fiscalité, économie et politique. L'impôt en France, 1945-1990,* LGDJ, 1991 (histoire détaillée et chiffrée de l'impôt mêlée à une réflexion critique) ; P. Bertoni, *Les politiques fiscales sous la Cinquième République. Discours et pratiques (1958-1991),* L'Harmattan, coll. « Logiques juridiques », 1995 (quand la continuité des politiques fiscales l'emporte sur les ruptures) ; G. Orsoni, L'interventionnisme fiscal, PUF, coll. « Fiscalité », 1995 (la politique fiscale comme instrument de l'action économique) ; J.-L. Mathieu, *La politique fiscale,* Economica, 1999 (exposé synthétique et considérations critiques) ; T. Piketty, *Les hauts revenus en France au XXe siècle. Inégalité et redistributions, 1901-1998,* Grasset, 2001 (ouvrage à thèses). Vous trouverez quelques éléments permettant d'ouvrir le débat dans les actes du colloque sous la direction de T. Lambert, *Les chantiers fiscaux à engager,* L'Harmattan, coll. « Finances publiques », 2002, 248 p. ; La critique du système fiscal peut parfois être sévère tout en étant féconde notamment par G. Dumas, *Politique fiscale : le naufrage,* L'Harmattan, coll « Finances publiques », 2007, 322 p. ; D. Villemot, *Quelle réforme fiscale ?,* L'Harmattan, coll. « Finances publiques », 2007, 196 p. (plaidoyer pour la réforme). Pour une analyse des logiques sociopolitiques de l'impôt et de la taxation lire M. Leroy, *La sociologie de l'impôt,* PUF, coll. « Que sais-je ? », 2002, 125 p., à compléter par B. Castagnède, *La politique fiscale,* PUF, coll. « Que sais-je ? », 2008, 128 p. pour qui l'outil fiscal reste un levier pour orienter l'économie dans le cadre communautaire.

PREMIÈRE PARTIE

LA LÉGALITÉ FISCALE

7 RETOUR SUR GÉNY. — La perception de la légalité fiscale a été la grande question qui agita la doctrine française dans la première moitié du XXe siècle sans que ses enjeux aient fondamentalement contribué à clarifier l'analyse du droit fiscal. Il reste qu'on ne peut l'ignorer car elle fournit quelques clés pour la compréhension de certains problèmes contemporains.

Prenons pour illustration parmi l'abondante littérature qu'il a consacrée au droit fiscal ces réflexions de Gény : « Puisque les impôts dépendent essentiellement de la volonté quelque peu arbitraire de l'État souverain qui se réserve jalousement le pouvoir exclusif de les établir par sa loi formelle, il apparaît évident que la technique fiscale ne peut trouver ses bases légitimes que dans les textes légaux ou réglementaires édictés suivant les principes constitutionnels et qu'à la condition seulement d'être formellement légalisée elle est fondée à atteindre ou à entamer le droit commun qui par ailleurs la domine de toute sa valeur universelle. » Exprimée par l'un des plus grands juristes de l'époque l'idée est intéressante. La légalité fiscale bien que faisant partie de la légalité républicaine reste une certaine « légalité arbitraire » qui doit être tempérée par l'utilisation des techniques du droit commun. On ne peut mieux exprimer, sous les apparences de la science juridique, l'idéologie antifiscale. Le principe de légalité ne postule-t-il pas que la légalité est une dès qu'elle répond aux conditions formelles de validité ? Pourtant cette réaction contre l'intrusion de normes nouvelles qui viendraient menacer un droit commun, à laquelle juridiquement on ne peut accorder aucune valeur rappelle trop certaines réactions à l'égard du droit administratif pour que l'on ne soit pas tenté de faire de rapprochement.

8 FISC ET SERVICE PUBLIC. — L'activité fiscale n'est en effet qu'une activité de service public : but d'intérêt général, prise en charge par les personnes publiques, utilisation de prérogatives de puissance publique ; sont ainsi réunis les critères les plus traditionnels et les plus incontestables. Que l'on ne soit donc pas étonné de retrouver avec l'étude de la légalité fiscale les aspects essentiels de la légalité administrative : situations inégalitaires encadrées par le droit. Pour reprendre un raccourci de Trotabas : « Les droits de puissance publique apparaissent dans le droit fiscal comme dans tout le droit public : ils n'ont ici de particulier que la fin fiscale pour laquelle ils s'exercent. » Il est pourtant certain que l'activité fiscale conserve une originalité au sein de l'activité administrative. Techniquement le droit fiscal a pour objet l'organisation du régime juridique de la dette d'impôt et toutes les règles qui la définissent ; les opérations qu'elle implique pour la faire naître et l'exécuter n'ont guère d'équivalents dans les autres domaines du droit administratif, si ce n'est le droit des créances administratives non fiscales qui a la même racine. Mais le droit fiscal ne constitue pas seulement une forme d'aménagement des compétences des autorités publiques. La naissance, la délimitation de la dette d'impôt font l'objet de normes qui atteignent directement l'administré – contribuable dans ses activités privées les plus diverses. C'est là que se trouvent confirmées les craintes de Gény. Le droit fiscal est devenu par certains aspects une véritable police du comportement des personnes physiques et morales formant la masse des contribuables, prédéterminant une partie de leurs décisions privées individuelles.

Une étude d'ensemble de la légalité fiscale suppose donc celle des sources (titre 1), des opérations fiscales (titre 2), des contraintes exercées sur des comportements individuels (titre 3).

Titre premier

Les sources du droit fiscal

9 FAUSSES PERSPECTIVES. — La légalité fiscale obéit aux mêmes règles d'organisation hiérarchique que la légalité administrative. Toutefois son évolution n'a pas été parallèle. Alors qu'en droit administratif l'importance des sources réglementaires et jurisprudentielles s'est affirmée progressivement et irréversiblement, la représentation des sources du droit fiscal a été constamment faussée par l'attachement à la valeur de la source législative, expression du principe du consentement à l'impôt. C'est là un type même d'aberration au sens étymologique du terme. Elle a certainement contribué à préserver longtemps la loi fiscale de tout contrôle de constitutionnalité mais n'a jamais réussi à contenir le développement d'un pouvoir réglementaire camouflé et à interdire la création d'une fiscalité d'origine extralégale. Il y a plus. La suprématie légale maladroitement préservée par le juge a engendré une hypertrophie des sources réglementaires qui met en danger l'idée même de hiérarchie des normes.

Chapitre 1

Les sources constitutionnelles

10 Évolution et structure. — Les sources constitutionnelles du droit fiscal ont longtemps été négligées et suscitent un certain intérêt depuis l'apparition en France du contrôle de constitutionnalité des lois. Le phénomène ne doit pas surprendre. Le principe historique du consentement de l'impôt implique que le peuple et ses représentants soient exclusivement compétents pour fixer la règle d'impôt et autoriser son exécution. Cette garantie tirée de la nature de l'auteur des normes paraissait suffisante sans qu'il y ait lieu d'imposer des limitations de fond au pouvoir législatif. Les règles constitutionnelles, soit parce qu'elles sont anciennes, soit parce qu'elles portent la marque de la tradition, ont toutes les mêmes caractéristiques : essentiellement composées de dispositions relatives à la distribution des compétences, elles sont au fond faiblement normatives.

Section I
Les règles constitutionnelles de fond

I | L'article 13 de la Déclaration des droits de l'homme et du citoyen du 26 août 1789

11 Portée. — D'objet spécifiquement fiscal mais historiquement marqué ce texte doit être rappelé : « Pour l'entretien de la force publique et pour les dépenses d'administration une contribution commune est indispensable : elle doit être également répartie entre tous les citoyens en raison de leurs facultés ». Il paraît inclure trois normes essentielles : l'effet de prélèvement fiscal est limité au financement des dépenses de fonctionnement des collectivités publiques et aux dépenses militaires ; le montant de l'impôt doit être proportionnel aux ressources de chaque contribuable ; les citoyens doivent être également traités devant les charges fiscales.

À l'exception de la dernière, ces normes ne correspondent plus aux idéaux modernes de la politique et de la technique fiscale : interventionnisme, redistribution, progressivité. Leur application rigoureuse aboutirait à une remise en cause complète du système fiscal contemporain, elles ont donc été implicitement écartées dans leur littéralité. Ce qui ne veut pas dire qu'elles n'ont pas été exploitées par le Conseil constitutionnel.

12 EXÉGÈSE. — Il appartient désormais au législateur de déterminer dans le respect des principes constitutionnels et compte tenu des caractéristiques de chaque impôt les règles selon lesquelles doivent être appréciées les facultés contributives des redevables (CC n° 81-133 DC du 30 déc. 1981, *Rec.,* 41). Ainsi se trouve fondé une sorte de contrôle de rationalité autour de l'assiette de l'impôt dont la fixation suppose une appréciation des facultés contributives et par lequel le juge constitutionnel vérifie si le législateur a défini l'assiette en fonction de critères objectifs et équitables (CC n° 83-164 DC du 29 déc. 1983, *Rec.,* 62), si la structure de l'assiette est adaptée à l'objectif de l'imposition. Dans cette perspective, le juge constitutionnel devra prendre en considération à la fois les modalités de détermination de l'assiette et du taux de l'impôt ainsi que les ressources effectivement frappées par celui-ci (CC n° 81-133 DC du 30 déc. 1981, *Rec.,* 41). L'appréciation des facultés contributives est indissociable du contrôle du respect du principe d'égalité selon la logique de l'article 13. Tout prélèvement fiscal doit concourir aux conditions générales de l'équilibre budgétaire pour être nécessaire et justifié (CC n° 93-330 du 29 déc. 1993, *Rec.,* 572). On pourrait alors déduire du respect de ce principe de nécessité de l'impôt que les prélèvements fiscaux ne peuvent en aucun cas être affectés à d'autres charges que celles qui sont assumées par les personnes publiques, figurant dans la loi de finances. Le Conseil constitutionnel est venu préciser qu'une imposition pouvait être apportée à n'importe quelle personne publique sans nécessairement être évaluée dans la loi de finances (CC n° 82-140 DC du 28 juin 1982, *DF,* 1982, 28, 1462) et qui contribuait aux charges de la nation, son recouvrement ne pouvait être effectué que par des services ou organismes placés sous l'autorité de l'État ou son contrôle (CC n° 90-285 DC du 28 déc. 1990, *Rec.,* 95).

13 PRINCIPE D'ÉGALITÉ. — Le principe d'égalité devant l'impôt est également tiré de l'article 13 et fait l'objet d'une application nuancée. Principe de non-discrimination, il implique que puissent être traités différemment les contribuables ne se trouvant pas dans une situation identique et autorise que le législateur tienne compte par exemple des obligations particulières pesant sur certaines entreprises (CC n° 84-146 DC du 29 déc. 1984, *Rec.,* 107), de la nature particulière de l'activité de différentes catégories de contribuables (CC n° 83-164 DC du 29 déc. 1983, *Rec.,* 67), du concours que certains secteurs d'activités apportent à la réalisation de l'intérêt général (CC n° 84-184 DC du 29 déc. 1984, *Rec.,* 94).

Le principe n'est pas méconnu quand on assimile les commerçants, les artisans et les agriculteurs aux salariés quant à l'abattement, dans certaines conditions, de leurs revenus (CC n° 96-385 DC du 30 déc. 1996, *AJDA,* 1997, 2, note Schrameck). Par contre, n'est pas contraire au principe d'égalité la disposition privant du bénéfice de l'abattement sur certains revenus de capitaux mobiliers les contribuables imposés dans la dernière tranche (CC n° 2000-42 du 28 déc. 2000, *Les Petites Affiches,* 2001, 3, note Schoetl).

La logique de ce principe n'est pas sans danger. Encourageant la fiscalité discriminatoire elle peut justifier l'alourdissement considérable des charges fiscales des contribuables dont les facultés contributives sont importantes. Le Conseil constitutionnel l'a parfaitement compris et dans une décision rendue à propos de prélèvements obligatoires non fiscaux (CC n° 85-200 DC du 16 janv. 1986, *JO,* 18 janv. 1986) a introduit une limite à la discrimination. Désormais la discrimination ne peut conduire à une rupture caractérisée du principe d'égalité. En rétablissant une proportionnalité raisonnable dans la discrimination on évite une pénalisation trop grande des facultés contributives.

Il arrive parfois que la recherche de l'égalité voulue par le législateur soit contrariée par le Conseil constitutionnel. Par exemple, le législateur a cherché à rétablir l'équilibre entre les commerçants sédentaires redevables de la taxe professionnelle et ceux qui ne le sont pas en instituant une taxe communale sur les activités commerciales saisonnières. Au motif qu'en « ne prenant pas en compte la durée d'installation dans la commune d'activités commerciales non sédentaires, le législateur a méconnu, en l'espèce, le principe d'égalité devant les charges publiques », le Conseil a censuré le dispositif (CC n° 99-424 DC du 31 déc. 1999, *RDP,* 2000, 1, note Buisson ; *Les Petites Affiches,* 2000, 89, note Douat).

Naturellement et parallèlement joue le principe d'égalité devant la loi, notamment en matière de procédure fiscale (CC n° 73-51 DC du 27 déc. 1973, *Rec.,* 25 ; *AJDA,* 1974, 236, note Gaudemet ; *JCP,* 1974, II, 17691, note Nguyen Quoc).

Dans sa décision du 29 décembre 1989 (CC n° 89-270), relative à la rectification des erreurs de procédure de l'administration, le Conseil constitutionnel s'appuie sur une méconnaissance du principe d'égalité pour s'opposer à une aggravation de la situation du contribuable. À noter que dans la même décision il a refusé de tenir compte de ce principe pour censurer des dispositions qui lui étaient déférées (note L. Philip, *RFDC,* 1990, 1, 122). Certains auteurs en ont conclu que le Conseil appliquait avec une certaine souplesse le principe d'égalité, à chaque fois que les règles particulières sont justifiées par les exigences de la lutte contre la fraude (L. Philip, Le principe constitutionnel d'égalité en matière fiscale, *DF,* 1990, 12, 464).

Contrairement aux conclusions du commissaire du gouvernement, le Conseil d'État a jugé dans un arrêt d'Assemblée que le principe d'égalité devant l'impôt s'apprécie au regard de l'ensemble des impositions qui concourent à la réalisation d'un même objectif (CE Ass. 30 juin 1995, gouvernement du territoire de la Polynésie française, concl. Bachelier, *DF,* 1995, 48, comm. 2209, note L. Philip, *RFDA,* 1995, 6, 1243, note Prétot, *RFFP,* 1996, 53, 199).

II | L'EXPLOITATION DU BLOC DE CONSTITUTIONNALITÉ

14 RÈGLES GÉNÉRALES. — À la loi fiscale comme à tout autre s'applique l'ensemble des normes constitutionnelles écrites et non écrites. Il y a là un facteur considérable d'enrichissement du droit fiscal qui doit par exemple respecter la liberté d'entreprendre ou le droit de propriété (CC n° 89-268 DC du 29 déc. 1989, *Rec.,* 110), comme le principe de garantie par la nation de la protection de la santé (CC n° 93-330 DC du 29 déc. 1993, *Rec.,* 572). Le contrôle de constitutionnalité a connu des avancées caractéristiques dans certains domaines qui appellent une illustration particulière.

15 PRINCIPE DE RÉTROACTIVITÉ. — Comme en toutes matières, la non-rétroactivité de la loi fiscale n'est pas un principe constitutionnel. Seul s'impose au législateur le principe de non-rétroactivité de la loi répressive fondé sur l'article 8 de la Déclaration de 1789. Le législateur peut donc pour des raisons d'intérêt général modifier rétroactivement les règles fiscales à condition qu'il ne porte atteinte ni au principe de non-rétroactivité des lois répressives, ni au principe de l'autorité de chose jugée (CC n° 89-268 DC du 29 déc. 1989, *Rec.,* 110).

16 RÉGIME DES SANCTIONS FISCALES. — Par une importante jurisprudence le juge constitutionnel a assimilé le régime des sanctions fiscales à celui des sanctions pénales par un raisonnement qui a valeur exemplaire. Il résulte de l'article 8 de la Déclaration des droits de l'homme et du citoyen, comme des principes fondamentaux reconnus par les lois de la République, qu'une peine ne peut être infligée qu'à la condition que soient respectés le principe de légalité des délits et des peines, le principe de nécessité des peines, le principe de non-rétroactivité de la loi pénale d'incrimination plus sévère, ainsi que le principe du respect des droits de la défense. Ces exigences ne concernent pas seulement les peines prononcées par les juridictions répressives mais s'étendent à toute sanction ayant le caractère d'une punition même si le législateur a laissé le soin de la prononcer à une autorité de nature non juridictionnelle (CC n° 90-285 du 28 déc. 1990, *Rec.*, 95).

17 RESPECT DE LA LIBERTÉ INDIVIDUELLE. — Selon une formule bien établie, le législateur ne doit pas méconnaître les exigences constitutionnelles assurant la conciliation du principe de la liberté individuelle et les nécessités de la lutte contre la fraude fiscale (CC n° 89-268 DC du 29 déc. 1989, *Rec.*, 110). Mais la légitime répression de la fraude ne saurait priver le contribuable de garanties aussi importantes que l'inviolabilité du domicile, ou le contrôle de l'autorité judiciaire sur les opérations susceptibles de porter atteinte à la liberté individuelle. Le Conseil constitutionnel en a donné une illustration éclatante à propos des pouvoirs de perquisitions de l'administration fiscale dans les locaux privés en définissant quatre garanties : la perquisition doit faire l'objet d'une autorisation particulière du juge judiciaire, l'administration doit préciser la nature des infractions motivant la mise en œuvre de la procédure, le juge doit être à même de vérifier la justification de l'octroi des pouvoirs de perquisitionner et doit, enfin, maîtriser le déroulement des opérations (CC n° 83-164 DC du 29 déc. 1983, *JCP*, 1984, II, 20160, note Decoq et Drago).

Section II
Les règles constitutionnelles de répartition des compétences normatives

I | L'ARTICLE 34, ALINÉA 6 DE LA CONSTITUTION DU 4 OCTOBRE 1958

18 STRUCTURE. — La Constitution du 3 septembre 1791 attribuait au pouvoir législatif compétence pour établir les contributions publiques, ou déterminer la nature, la quotité, la durée et le mode de perception. Ce principe de la légalité de l'impôt a été maintenu sans discontinuité par le juge (Cass. civ., 22 févr. 1825, *GD,*

15 ; Romieu, concl. sur CE 5 mai 1906, Babin, *S.*, 1908, 3, 110) pour faire partie de la tradition républicaine (CE 21 nov. 1958, Syndicat national des transporteurs aériens, *GD*, 19). Les dispositions de l'article 34, al. 6, en sont l'héritage direct et paraissent assigner à la loi un domaine très étendu : « La loi fixe les règles concernant l'assiette, le taux et les modalités de recouvrement des impositions de toutes natures. » Mais il faut tenir compte d'une interprétation qui renoue largement avec les errements passés, tolérant l'existence de larges secteurs de prélèvements obligatoires échappant à la source législative.

A - Les impositions de toutes natures

19 EMPIRISME. — Ne faisant l'objet d'aucune énumération constitutionnelle leur réunion procède de l'empirisme des jurisprudences heureusement coordonnées du Conseil constitutionnel et du Conseil d'État, ce dernier se conformant à la chose jugée par la juridiction constitutionnelle (CE 20 déc. 1985, Soc. établ. Outters, *D.*, 1986, J, 282, note Favoreu). On peut actuellement y inclure les impôts, les taxes fiscales et, avec des réserves, les impositions quasi fiscales. Mais il faut surtout insister sur la technique de qualification qui consiste à procéder négativement par voie d'élimination, une imposition et une imposition d'une certaine nature se définissant par les caractères qu'elles n'ont pas en commun avec un prélèvement non fiscal et une imposition d'une autre nature ce qui conduit souvent à induire de l'accessoire le principal.

On constate que le Conseil constitutionnel a poursuivi une politique de clarification par élimination ; lorsqu'un prélèvement innomé ne correspond ni à la définition d'une taxe parafiscale, ni à celle de la définition des redevances pour service rendu, il devra nécessairement se trouver rangé dans la catégorie des impositions de toutes natures.

Mais cette dernière n'a pas pour autant gagné en précision en effet, le résultat est que les contours de la taxe et de l'impôt perdent leur netteté à tel point que le Conseil constitutionnel se trouve dans l'incapacité de définir les éléments de qualification.

La décision relative à la contribution sociale généralisée en est un exemple. Relevant *a priori* du domaine des cotisations sociales, le Conseil constitutionnel l'a rangée dans la catégorie des impositions de toutes natures par voie d'affirmation dénuée de toute précision notamment sur son rattachement éventuel à la qualification de taxe fiscale (CC n° 90-285 DC du 28 déc. 1990, *Rec.*, 95).

20 LES IMPÔTS. — L'impôt peut se définir comme un prélèvement pécuniaire effectué par voie d'autorité, à titre définitif, sans contrepartie déterminée, sans lien avec le fonctionnement d'un service public et indépendamment de toute procédure répressive en vue d'assurer le financement des charges publiques de l'État et des collectivités locales. Répondent à ces conditions et malgré la variété du vocabulaire qui n'a en l'espèce aucune incidence, des prélèvements obligatoires aussi variés que l'impôt sur le revenu, la taxe sur la valeur ajoutée ou les droits d'enregistrement. Pour qualifier un impôt, le juge utilise divers indices : la prise en considération de l'autorisation contenue dans la loi de finances (CE 12 nov. 1949, Soc. civ. du domaine de Dreux, *JCP*, 1950, II, 5403, note Liet-Veaux), le fondement du prélèvement (CE 11 févr. 1977, Groupe des industries métallurgiques de la région parisienne, *Dr. soc.*, 1978, 39, concl. Gentot).

La non-affectation du produit est un critère à retenir. Dans un arrêt d'Assemblée, le Conseil d'État a jugé qu'une taxe qui n'aurait pas pour objet principal de fournir une ressource affectée, ne pourrait pas être qualifiée de taxe parafiscale mais devrait être analysée comme un impôt (CE 26 oct. 1990, Union fédérale des consommateurs, *RJF*, 1990, 12, 823, concl. Fouquet).

21 LES TAXES FISCALES. — La taxe fiscale peut se définir comme un prélèvement obligatoire perçu au profit de l'État, des collectivités locales, ou des établissements publics administratifs à raison du fonctionnement d'un service public sans que son montant soit en corrélation avec le coût de ce service. Elle est l'illustration parfaite de la méthode de qualification par élimination (CC n° 82-124, L. du 23 juin 1982, *Rec.*, 99), puisque en raison de la nature de la personne publique bénéficiaire ces taxes ne peuvent être parafiscales (v. n° 64 et CC n° 30.61, L. du 23 févr. 1970, *Rec.*, 37 ; *D.*, 1970, J, 388, note Lavigne). Enfin, seule l'absence de corrélation entre leur montant et la nature des services rendus les distingue des redevances pour services rendus (CC n° 77-100, L. du 16 nov. 1977, *Rec.,* 65 ; CE 22 déc. 1978, Syndicat viticole des Hautes-Graves, *Rec.,* 526 ; *RJF,* 1979, 11, 370, concl. Genevois) ce qui explique d'ailleurs qu'elles puissent être prélevées même sans utilisation effective du service public (Cass. com., 28 févr. 1955, *JCP,* 1955, II, 8668 ; CE 3 nov. 1976, n° 2486, *RJF,* 1976, 12, 385).

Parmi les taxes fiscales on peut citer la traditionnelle taxe d'enlèvement des ordures ménagères (CE 4 févr. 1932, Deville, *Rec.,* 145), la taxe locale d'équipement (CE 9 avr. 1976, n° 96217, *RJF,* 1976, 6, 210), la taxe sur le défrichement des bois et forêts (CE 22 juill. 1977, Soc. civ. agricole du domaine de Chemerault, *DF,* 1978, 29, 1198, concl. Fabre).

Le respect du principe de légalité implique que le gouvernement (CE 28 févr. 1947, Synd. français des directeurs de cinéma, *Rec.,* 88) et les collectivités locales (CE 27 juill. 1981, n° 11573, *RJF,* 1981, LO, 498) ne puissent instituer des taxes sans autorisation législative et que le régime de celles-ci ne puisse être modifié par voie réglementaire (CE 10 juin 1959, Pelissier, *Rec.,* 859 ; CE 13 mai 1960, secrétaire d'État au Budget c/ Deveaux, *Rec.,* 329).

22 LES IMPOSITIONS QUASI FISCALES. — Selon l'heureuse formule de P. Amselek, les impositions quasi fiscales sont des prélèvements obligatoires de natures très diverses, perçus à l'occasion de certaines opérations sans être des rémunérations pour service rendu et qui juridiquement ne sont pas soumis au régime d'ensemble de la fiscalité. On peut citer les impositions ayant la nature de mesure accessoire à la réglementation des prix (CE 13 janv. 1961, Syndicat des industriels beurriers, *Rec.,* 36), la contribution pour dégradations exceptionnelles causées aux voies publiques départementales ou communales (CE 15 oct. 1969, Soc. des raffineries Say, *Rec.,* 441), la redevance perçue à l'occasion de la construction de locaux à usage de bureaux dans la région d'Île-de-France (art. L 520-1, C. urb., et CE 3 nov. 1967, Min. Économie et Finances c/ Marc, *AJDA,* 1968, 124, concl. Galmot).

Catégorie marginale mais aussi instable, la tendance jurisprudentielle dominante semble être en faveur de sa réduction. C'est ainsi que les redevances perçues par les agences financières de bassin qualifiées à l'origine de « ressources d'une nature spécifique » (CE 21 nov. 1973, Soc. des papeteries de Gascogne, *Rec.*, 654) ont été requalifiées comme taxe fiscale par le Conseil constitutionnel (CC n° 82-124, L. du 23 juin 1982, *Rec.*, 99), solution reprise par le Conseil d'État (CE 20 déc. 1985, Établissements Outters, *D.*, 1986, J, 282, note Favoreu ; *RJF,* 1986, 2, 71, chron. Crouzet). La redevance d'assainissement (CE 7 mai 1982, n° 22613, *RJF,* 1982, 7, 349, puis CC n° 82-143 du 30 juill. 1982, *Rec.*, 57), la taxe sur les produits des exploitations forestières (CE 13 mai 1960, secrétaire d'État à l'Agriculture c/ Manière, *D.*, 1961, 146, concl. Bernard, puis CE 13 févr. 1985, n° 36919, *RJF,* 1985, 4, 324) ont connu le même sort.

C'est au législateur qu'il appartient de les instituer et de les aménager mais précisément, parce qu'elles n'ont pas une nature pleinement fiscale, leur perception n'a pas à être autorisée chaque année par la loi de finances. Elles obéissent souvent à une sorte de régime mixte mi-administratif mi-fiscal qui dépend largement des appréciations et interprétations du juge.

B - La fixation des règles par la loi

23 PRINCIPES. — Les dispositions de l'article 34 impliquent d'abord que les règles soient véritablement fixées par le législateur avec une précision suffisante (CC n° 85-191 DC du 10 juill. 1985, *JO,* 12 juill. 1985). Ces règles ne sont pas toutes des règles relatives à la matière ; il appartient au pouvoir réglementaire d'édicter des mesures d'application qui sont nécessaires à la mise en œuvre de ces règles (CC n° 68-51, L. du 4 avr. 1968, *Rec.*, 25 ; CE 21 mars 1969, Falzon, *Rec.*, 180). Le législateur se doit d'être clair et simple car il est arrivé que le Conseil constitutionnel censure des dispositifs pour manque de lisibilité et complexité excessive de mécanismes visant à plafonner des avantages fiscaux (CC n° 2005-530 DC du 29 déc. 2005).

24 ASSIETTE. — La définition des règles concernant l'assiette de l'impôt ne marque pas de rupture profonde avec la jurisprudence antérieure sur le domaine de la loi en matière fiscale.

Dans les règles d'assiette est comprise la création d'une nouvelle imposition (CE 28 févr. 1947, Syndicat français des directeurs de cinéma, *Rec.,* 88 ; CE 10 déc. 1969, commune de Nerville-la-Forêt, *Rec.,* 564), il en serait de même pour la suppression d'une imposition existante (CE 11 déc. 1942, Bailly, *Rec.,* 350). Plus généralement la compétence du législateur s'étend au choix, à la définition et à l'évolution de la matière imposable, c'est-à-dire à la délimitation de l'assiette (CE 9 déc. 1959, n° 38710, *DF,* 1960, 7, Doc., concl. Martin), à la définition des assujettis (CE 13 mai 1960, Deveaux, *Rec.,* 329), à la détermination des exonérations (CE 1er juill. 1959, Porte, *Rec.,* 959), à la fixation du fait générateur (CE 13 mai 1960, précité), aux méthodes d'évaluation (CE 22 oct. 1958, n° 40392, *DF,* 1958, 52, 1082 ; CC n° 68-35 DC du 30 janv. 1968, *Rec.,* 19).

25 TAUX. — Aux règles relatives au taux de l'impôt doivent être assimilées les règles de liquidation en général (TA Lille, 4 déc. 1963, Neskouvrie, *DF,* 1964, 24, Doc., concl. Alluin ; CE 4 déc. 1964, Desbouvriés, *Rec.,* 685 ; *DF,* 1964, 51, 1300, concl. Martin). Peut également être rattachée à la fixation du tarif la définition des exonérations (CE 3 juin 1964, n° 57745, *DF,* 1964, 38, Doc., concl. Poussière ; CE 29 mai 1964, n° 64434, *DF,* 1964, 28, Doc., concl. Bertrand ; CE 26 févr. 1964, n° 34408, *DF,* 1964, 27, Doc., concl. Dufour).

26 MODALITÉS DE RECOUVREMENT. — Elles incluent certainement les règles relatives à la désignation de l'organe chargé du recouvrement, le choix du système de recouvrement et, si l'on s'en tient à la pratique législative, les modalités de paiement. On a pu se demander s'il ne fallait pas aussi ranger dans cette catégorie les règles relatives au contrôle fiscal, à la procédure contentieuse, et aux sanctions. La jurisprudence du Conseil constitutionnel a apporté des précisions qui ne sont pas toujours empreintes de la plus grande logique. On peut d'abord déduire de trois décisions essentielles (CC n° 80-113, L. du 14 mai 1980, *Rec.,* 61 ; CC n° 80-116, L. du 24 oct. 1980, *Rec.,* 68 ; CC n° 80-19, L. du 2 déc. 1980, *Rec.,* 74) un principe : les dispositions de procédure non contentieuse, gracieuse et contentieuse relèvent de la compétence réglementaire quand elles ne concernent ni la procédure pénale, ni l'assiette, le taux ou les modalités de recouvrement des impositions et qu'elles ne mettent en cause aucune des règles ni aucun des principes fondamentaux placés dans le domaine de la loi par l'article 34. Partant de là les solutions peuvent être raffinées à l'extrême. On distingue ainsi les règles relatives aux éléments et à l'objet de la preuve qui sont du domaine réglementaire, mais les règles relatives à la charge de la preuve sont du domaine législatif en tant qu'elles affectent les droits et obligations du contribuable. Plus largement une règle mettant en cause les garanties du contribuable en matière d'assiette ou de recouvrement relève de la loi sans qu'il soit possible en l'état de la jurisprudence de fournir un critère sûr. S'il appartient au pouvoir réglementaire d'aménager l'ensemble de la procédure fiscale et de créer ainsi des obligations nouvelles telles des obligations déclaratives (CE 20 juin 1977, n° 92618, *RJF,* 1977, 7-8, 258 ; CE 9 nov. 1979, n° 8473, *RJF,* 1979, 12, 441) il ne peut créer de sanctions pour leur inexécution (CE 13 mars 1981, n° 13098, *RJF,* 1981, 4, 152).

II | Autres sources de la compétence législative

27 Incidence des autres dispositions de l'article 34. — Même si elles échappent au champ d'application des dispositions de l'article 34, alinéa 6, les règles relatives à certains prélèvements obligatoires non fiscaux et même celles qui sont relatives au régime des impositions peuvent, à un autre titre, relever du domaine de la loi. Il suffit qu'elles mettent en cause d'autres règles ou d'autres principes fondamentaux placés dans le domaine de la loi. C'est la traduction de l'unité de la législation. On citera la mise en cause des principes fondamentaux du régime des obligations civiles et commerciales (CC n° 80-116, L. du 24 oct. 1980, *Rec.,* 68), des principes fondamentaux de la libre administration des collectivités locales, de leurs compétences et de leurs ressources (CC n° 70-64, L. du 13 nov. 1970, *Rec.,* 43), des règles concernant la procédure pénale (CC n° 80-113, L. du 14 mai 1980, *Rec.,* 61). Il y a également compétence exclusive du législateur en matière d'amnistie.

28 Incidence des principes généraux du droit. — Seul le législateur peut déroger aux principes généraux du droit qui s'imposent au pouvoir réglementaire. On en trouvera l'application la plus répandue dans l'exigence d'une autorisation législative pour l'adoption de dispositions réglementaires ayant une portée rétroactive (CE 5 janv. 1979, n° 6705, *RJF,* 1979, 5, 182) et pour la dérogation au principe d'égalité devant l'impôt (CE 31 déc. 1959, Société Y, *Rec.,* 720).

III | Les dérogations constitutionnelles à la compétence législative

29 L'ARTICLE 16. — L'article 16 de la Constitution habilite le président de la République, sous certaines conditions, à prendre les mesures exigées par les circonstances. Selon la jurisprudence (CE 2 mars 1962, Rubin de Servens, *RDP,* 1962, 294, concl. Henry) ces mesures, lorsqu'elles interviennent dans les matières énumérées à l'article 34, ont valeur législative ; elles pourraient ainsi contenir des dispositions fiscales. Pendant l'unique période de mise en œuvre de l'article 16 (23 avril - 30 septembre 1961) aucune mesure spécifiquement fiscale n'a été prise.

30 L'ARTICLE 38. — En vertu de l'article 38 de la Constitution, le gouvernement peut, pour l'exécution de son programme, demander au Parlement l'autorisation de prendre par ordonnances des mesures qui sont normalement du domaine de la loi. Cette procédure a vocation à s'appliquer en droit fiscal, continuant la longue tradition des décrets-lois aménageant le régime fiscal (CE 16 mars 1956, Garrigou, *D.,* 1956, J, 253, concl. Laurent ; *Rev. adm.,* 1959, 160, tradition des décrets-lois aménageant le régime fiscal (CE 16 mars 1956, Garrigou, *D.,* 1959, J, 253, concl. Laurent ; *Rev. adm.,* 1959, 160, note Liet-Veaux). Ainsi, sur le fondement de la loi d'habilitation n° 67482 du 22 juin 1967 autorisant le gouvernement à prendre des mesures d'ordre économique et social, neuf ordonnances ont été prises qui contenaient des dispositions fiscales (CC n° 72-73, L. du 29 févr. 1972, *Rec.,* 31 ; *AJDA,* 1972, 638, note Toulemonde), la loi d'habilitation n° 83-332 du 22 avril 1983 a autorisé de semblables mesures (CC n° 84-170 DC du 4 juin 1984, *Rec.,* 45). Conformément à l'habilitation conférée par la loi de modernisation de l'économie (n° 2008-779 du 4 août 2008), l'ordonnance du 30 janvier 2009 définit le régime fiscal applicable aux personnes physiques qui recourent à la fiducie notamment pour la gestion de leur patrimoine privé (ord. n° 2009-112 du 30 janv. 2009).

31 L'ARTICLE 47. — Les dispositions de l'article 47 de la Constitution prévoient que les projets de loi de finances peuvent être mis en vigueur par ordonnance lorsque le Parlement ne s'est pas prononcé dans un délai de soixante-dix jours. Or les lois de finances peuvent contenir toutes dispositions relatives à l'assiette, au taux et aux modalités de recouvrement des impositions de toute nature (loi organique du 1er août 2001, art. 1er).

32 L'ARTICLE 92. — L'article 92 de la Constitution habilitait le gouvernement à prendre en toutes matières par voie d'ordonnances ayant force de loi, jusqu'à la mise en place des institutions, les mesures qu'il jugera nécessaires à la vie de la nation, à la protection des citoyens ou à la sauvegarde des libertés. Bien que le rattachement à ces catégories ait été problématique pour les mesures à objet fiscal, le gouvernement n'a pas hésité à utiliser cette compétence. On citera l'ordonnance n° 58.1372 du 29 décembre 1958 relative à diverses dispositions d'ordre fiscal ou encore l'ordonnance n° 58.1374 du 30 décembre 1958 portant loi de finances pour 1959.

IV | LE CONTRÔLE DE CONSTITUTIONNALITÉ

33 L'ARTICLE 61-1. — La loi 2008-724 du 23 juillet 2008 a créé un contrôle de constitutionnalité des lois par voie d'exception selon la procédure fixée par l'article 61-1 de la Constitution. Le premier alinéa énonce le principe : « Lorsque à l'occasion d'une instance en cours devant une juridiction, il est soutenu qu'une disposition législative porte atteinte aux droits et libertés que la Constitution garantit, le Conseil constitutionnel peut être saisi de cette question sur renvoi du Conseil d'État ou de la Cour de cassation qui se prononce dans un délai déterminé. » Le second alinéa renvoie à une loi organique le soin de déterminer les conditions d'application du dispositif.

Pour aller plus loin

34 GÉNÉRALITÉS. — La faiblesse normative des dispositions constitutionnelles a dissuadé la doctrine d'entreprendre une étude de la « constitution fiscale de la France ». L'effort a été accompli pour l'Ancien Régime : Y. Thomas, *Essai sur le consentement à l'impôt aux derniers siècles de l'Ancien Régime,* Th. Paris II, 1974 (dactyl.). Sur la déclaration de 1789 voir J.-J. Bienvenu, Impôt et propriété dans l'esprit de la Déclaration, *Droits,* 1988, p. 135 et la mise au point de S. Rials, *La Déclaration des droits de l'homme et du citoyen,* Hachette, coll. « Pluriel », 1989, p. 344 et s. L'hégémonie de l'administration qui semble faire la loi peut s'expliquer par l'abdication du législateur sur cette question : C. de la Mardière, *Le déclin particulier de la loi fiscale. La loi* (ouvr. collectif), Economica, 2005, p. 241-249 ; J. Lamarque, Sources du droit fiscal. Sources internes. Domaine exclusif de la loi, *Jcl. Procédures fiscales,* fasc. 120, 2004 (examen de la compétence normative du législateur) et du même auteur, Sources du droit fiscal (codification), *Jcl. Procédures fiscales,* fasc. 150, 2008 (les illégalités et les erreurs de codification).

35 DROIT FISCAL CONSTITUTIONNEL. — Consulter L. Philip, *Droit constitutionnel fiscal,* Economica, 1990 que l'on complétera avec F. Luchaire, *Le fisc, la liberté individuelle et la Constitution, Études de finances publiques. Mélanges en l'honneur de Paul- Marie Gaudemet,* Economica, 1984, p. 603 ; Y. Gaudemet, Une nouvelle dimension du principe d'égalité devant la contribution publique, *Dr. soc.,* 1986, 372 ; R. Etien, *Le contrôle fiscal du Conseil constitutionnel. Contrôle fiscal. Principes et pratiques* (ouvr. collectif), 1988, p. 3 ; X. Pretot, Le principe de la progressivité de l'impôt sur le revenu revêt-il un caractère constitutionnel ?, *Dr. soc.,* 1993, 787 ; P.-M. Gaudemet, Les protections constitutionnelles et légales contre les impositions confiscatoires, *RID comp.,* 1990, 805 ; X. Prétot, La conformité à la Constitution de la contribution sociale généralisée, *Dr. soc.,* 1991, 338 ; B. Ducamin, *Les contraintes constitutionnelles dans l'élaboration de la loi fiscale,* EDCE, 1995 (le Conseil constitutionnel a jalonné le chemin du législateur fiscal) ; T. Lambert, L'équité, supplétif de l'égalité en matière fiscale, in *Égalité et équité. Antagonisme ou complémentarité* (ouvr. collectif), Economica, 1999 (les aménagements au principe d'égalité) ; L. Philip, Le contrôle de la constitutionnalité des lois fiscales en France, *RFFP,* 1999, 68 (l'émergence de la jurisprudence fiscale constitutionnelle autour des principes de légalité, d'égalité et de nécessité de l'impôt) ; G. Éveillard, L'exigence de critères objectifs et rationnels dans le contrôle de l'égalité devant l'impôt par le Conseil constitutionnel, *Les Petites Affiches,* 2000, 20 (examen des critères objectifs et rationnels retenus par le Conseil) ; B. Castagnède, Le contrôle constitutionnel d'égalité fiscale, *Les Petites Affiches,* 2001, 86-87 (le contrôle des facultés contributives et celui d'égalité fiscale) ; C. de la Mardière, *L'impossible égalité devant l'impôt,* Dalloz, coll. « Archives de philosophie du droit », 51, 2008, p. 133-139 (la rentabilité de l'impôt supplante le principe d'égalité).

36 LE PARTAGE CONSTITUTIONNEL DES COMPÉTENCES. — L'ouvrage de base est la thèse de J.-L. Guièze, *Le partage des compétences entre la loi et le règlement en matière financière,* LGDJ, coll. « Bibliothèque de science financière », 1974 qu'il faut mettre à jour en lisant J.-P. Camby, Les impositions de toutes natures : une catégorie sans critères, *AJDA,* 1991, 339 ; L. Philip, La décision du 28 décembre 1990 du Conseil constitutionnel et la notion d'impôt, *DF,* 1991, 14, 612 ; J. Buisson, Les impositions de toutes natures : une notion dépassée ?, *Les Petites Affiches,* 1992, 54, 21.

La dimension constitutionnelle peut être complétée par une réflexion de nature différente relative au consentement à l'impôt ; sur ce sujet : P. Beltrame, Le consentement de l'impôt. Devenir d'un grand principe, *RFFP,* 1995, 51 (réflexion stimulante sur le consentement à l'impôt, principe juridique affirmé, et le consentement de l'impôt implicitement donné par les contribuables) ; L. Mehl, Le principe du consentement à l'impôt. Mythe et réalité, *RFFP,* 1995, 51 (aspects juridiques et psychosociologiques du sujet) ; G. Carcassonne, La portée du consentement à l'impôt et les limites du pouvoir fiscal du législateur, in *L'exercice du pouvoir financier du parlement* (ouvr. collectif), Economica, 1996 (le consentement à l'impôt n'a plus pour finalité de limiter les dépenses de l'exécutif) ; A. Barilari, *Le consentement à l'impôt,* Presses de Sciences Po, 2000 (ouvr. stimulant).

37 TAXES, REDEVANCES ET COTISATIONS. — Lire notamment : F. Moderne, À propos des taxes dites redevances d'assainissement, le désordre des qualifications en droit fiscal, *RJF,* 1976, 5, 157 ; J. Dufau, note *JCP,* 1988, 11, 20977 ; J.-L. Lajoie, J.-P. Tomasi, Le principe de gratuité de l'enseignement public : droits d'inscription et redevances universitaires, *AJDA,* 1988, 499 ; B. Poujade, Une clarification nécessaire dans le régime des agences financières de bassin, *Les Petites Affiches,* 1989, 53, 4 ; R. Texidor, nature juridique de la redevance d'assainissement : une classification bienvenue, *RJF,* 1988, 6, 379 ; M. Lecerf, G. Blanc, Le financement des services publics : impôts ou redevances ?, *DF,* 1998, 39 (utile mise au point) ; P. Amselek, Un phénix du droit public financier : les impositions quasi fiscales, *Mélanges Waline,* Dalloz, 2000, p. 111 (étude stimulante).

Concernant la notion de cotisation sociale lire l'étude de X. Prétot, La notion de cotisation de Sécurité sociale, *Dr. soc.,* 1993, 515.

Chapitre 2
Les sources législatives

Le domaine de la loi fiscale étant déterminé par l'interprétation des dispositions constitutionnelles il reste à préciser, avant d'en étudier le régime, quelle est la nature du texte de valeur législative dans lequel les dispositions fiscales pourront être contenues. Les lois à objet fiscal peuvent être aussi bien des lois ordinaires que des lois de finances (loi organique, 1er août 2001, art. 1, al. 3). Lorsque les dispositions fiscales d'une loi ordinaire modifient l'exécution du budget en cours, l'incidence de cette modification devra être prise en compte dans la loi de finances rectificative qui suivra ou à tout le moins dans la loi de règlement (CC no 84-170 DC du 4 juin 1984, *Rec.,* 45).

Section I
La loi fiscale et le temps

Les rapports entre la loi fiscale et le temps font l'objet de règles complexes qui sont souvent confondues. On doit en effet distinguer trois questions. À partir de quelle date une loi nouvelle entre-t-elle en vigueur ? À quelle loi se rattache dans le temps une situation fiscale ? Pendant quel délai l'administration peut-elle mettre en œuvre une loi fiscale ?

I | L'APPLICATION DANS LE TEMPS DE LA LOI FISCALE

38 ENTRÉE EN VIGUEUR. — La loi fiscale est en principe immédiatement applicable. Elle peut cependant en disposer autrement. D'une part, en fixant elle-même sa date d'application ou en autorisant le pouvoir réglementaire à fixer cette date dans certaines limites (CC n° 86-223 DC du 29 déc. 1986, *JO,* 30 déc. 1986, p. 15802). D'autre part, en subordonnant son entrée en vigueur à l'intervention d'un décret d'application (CE 18 mars 1981, n° 13031, *RJF,* 1981, 5, 280). Dans ce dernier cas, si le texte d'application n'est pas pris, les décrets d'application de la loi ancienne continuent de s'appliquer s'ils sont compatibles avec la loi nouvelle (CE 17 mai 1980, Soc. Bastide, *DF,* 1981, 21, 1088) sinon l'application de la loi sera suspendue tant que ne seront pas prises les modalités d'application indispensables (CE 16 mars 1977, n° 89010, *RJF,* 1977, 5, 182). En revanche, si la rédaction de la loi est suffisamment complète, elle pourra être appliquée immédiatement nonobstant l'absence des mesures d'application qu'elle a prévues (CE 22 juill. 1977, n° 922, *RJF,* 1977, 10, 345).

Les règles d'assiette et de liquidation applicables sont, sauf dispositions législatives contraires, celles en vigueur à la date du fait générateur de l'impôt considéré, toute modification de ces règles ne peut s'appliquer qu'aux faits générateurs postérieurs à leur entrée en vigueur (CE 9 oct. 1992, Union patronale Rhône-Alpes (UPRA), *DF,* 1993, 20, 1040, concl. Hagelsteen).

Il semble toutefois que le juge accepte d'assouplir la règle de l'application immédiate lorsque la réglementation crée des obligations nouvelles annexes à l'imposition elle-même pour la concilier avec la succession des exercices imposables (CE 8 juill. 1977, n° 3059, *RJF,* 1977, 10, 349).

39 RÉTROACTIVITÉ. — La loi fiscale peut avoir un effet rétroactif (CC n° 80-126 DC du 30 déc. 1980, *Rec.,* 53) sous deux réserves : il ne faut pas qu'elle ait pour conséquence de porter atteinte au principe de non-rétroactivité des lois répressives en autorisant les autorités compétentes à appliquer des sanctions à des contribuables à raison d'agissements antérieurs à la publication des nouvelles dispositions, qui ne tombaient pas également sous le coup de la loi ancienne (rétroactivité *in mitius*) et qu'il méconnaisse les droits des contribuables reconnus par une décision de justice passée en force de chose jugée (CE n° 86-223 DC du 29 déc. 1986, *JO,* 30 déc. 1986, p. 15802). La loi peut et doit prévoir l'effet rétroactif des mesures réglementaires (CE 5 janv. 1979, n° 6706, *RJF,* 1979, 5, 182) à moins que celui-ci ne soit imposé par les caractéristiques mêmes de l'opération imposable (CE 8 juin 1979, Conféd. gén. des planteurs de betteraves, *RJF,* 1979, II, 393). Un acte réglementaire ne peut disposer que pour l'avenir en conséquence, une instruction venant commenter un arrêté ne peut conférer à ce dernier un effet rétroactif (CE 23 févr. 1994, Sté Voilet frères, *DF,* 1994, 20, 928, concl. Bachelier). Toutefois une disposition législative interprétative, qui est en fait rétroactive, ne saurait assortir des sommes dues d'intérêt de retard pour toute la période antérieure à la publication de ladite loi (CE 11 déc. 1987, n° 63531, *DF,* 1988, 19, 924, concl. Martin-Laprade). En conférant à une loi un caractère interprétatif le législateur peut donner une portée rétroactive, pouvant fonder à ce titre une substitution de base légale en cours d'instance, dès lors que le contribuable n'a été privé d'aucune des garanties auxquelles il était en droit de prétendre (CE 5 mars 1997, n° 126166, *DF,* 1997, 25, concl. Goulard). L'effet rétroactif d'un acte juridique ne peut faire échec à la règle de l'annualité de l'impôt et ne peut remettre en cause le principe selon lequel l'administration est dans l'obligation d'établir l'impôt en fonction de la situation de fait et de droit existant lors de son fait générateur (CE 26 mars 1990, Société française de nougats, *DF,* 1990, 52, 2450, concl. P. Martin).

Si la fixation rétroactive du taux d'une taxe parafiscale est illégale, une exception est prévue dans l'hypothèse de taxes sur les produits vendus par les agriculteurs et dont le prix est fixé par campagne (CE 28 juin 1988, Fédération nationale des syndicats négociants de pommes de terre et légumes en gros), *Les Petites Affiches,* 1989, 14, concl. Fouquet, p. 14).

II | Les conflits de lois dans le temps

40 Nouvelle loi. — Les questions de droit transitoire revêtent une importance particulière au droit fiscal en raison de la périodicité des réformes d'envergure et de la constance des réformes de détail. Lorsqu'apparaît une nouvelle loi fiscale il faut savoir à quelle loi, la nouvelle ou l'ancienne, on doit rattacher une situation fiscale. Les solutions sont nuancées et ne peuvent faire l'objet d'une systématisation. On notera que, dégagées pour l'application de la loi, elles sont aussi valables pour celles des règlements.

41 Règles relatives à l'assiette et au taux de l'impôt. — Le principe est simple. La loi applicable en matière d'assiette et de taux de l'impôt est celle qui est en vigueur à la date du fait générateur de l'impôt, c'est-à-dire de l'acte ou de l'événement qui fait naître l'obligation fiscale (CE 20 juill. 1971, n° 74031, *DF,* 1972, 50, 1817, concl. Delmas Marsalet). Le fait générateur varie selon les impôts. Pour l'impôt sur le revenu le fait générateur est fixé au 31 décembre de l'année au titre de laquelle l'impôt est établi (CE 12 mars 1969, n° 75340, *Rec.,* 151), pour l'impôt sur les sociétés c'est la date de la clôture de l'exercice (CE 16 mars 1956 Garrigou, *D.,* 1956, J, 253, concl. Lavrent). Il en résulte que l'application d'un régime nouveau aux revenus dont la période annuelle d'imposition n'est pas encore close n'est pas considérée comme une mesure à caractère rétroactif (CE 8 janv. 1959, Union de la propriété bâtie de France, *Rec.,* 14) bien qu'en réalité la réglementation nouvelle frappe des revenus réalisés antérieurement à sa date d'entrée en vigueur (CE 22 déc. 1950, CNEP, *D.,* 1951, J, 630, note Morange).

Pour la TVA, la définition du fait générateur est l'objet de dispositions légales spécifiques (art. 269.I CGI). Lorsqu'il s'agit de la livraison et de l'achat de biens meubles corporels, le fait générateur est la délivrance des biens, c'est-à-dire le transfert en la puissance et la possession de l'acheteur. Pour les prestations de service et les travaux immobiliers le fait générateur est constitué par l'exécution des services et des travaux. Lorsque les travaux donnent lieu à l'établissement de décomptes ou à des encaissements successifs, le fait générateur est réputé intervenir lors de l'expiration des périodes auxquelles ces décomptes et ces encaissements se rapportent.

En vertu de l'article 1415 CGI, la taxe foncière sur les propriétés bâties, la taxe foncière sur les propriétés non bâties et la taxe d'habitation sont établies d'après les faits existants au 1er janvier de l'année d'imposition ; leur base d'imposition et leur taux doivent être déterminés d'après la réglementation en vigueur à cette date (CE 14 mai 1965, secrétaire d'État aux Finances c/ Jacquier, *RDP,* 1966, 164, concl. Lavondès). Le principe est le même pour la taxe professionnelle (art. 1478 CGI).

Enfin, les amendes fiscales, les majorations de droits et d'une façon générale toutes les pénalités sont établies et calculées selon la législation en vigueur à l'époque du fait générateur de l'impôt dont elles sont l'accessoire (CE 19 déc. 1984, n° 39801, *RJF,* 1985, 2, 159), comme le régime des options auquel elles se rattachent (CE 15 déc. 1982, n° 25106, *RJF,* 1983, 2, 104).

42 RÈGLES RELATIVES À LA PROCÉDURE D'IMPOSITION. — La position du Conseil d'État a varié. Après avoir retenu l'application des textes en vigueur à la date du fait générateur de l'impôt, il avait adopté le principe de l'application immédiate des règles de procédure nouvelle (CE 14 janv. 1983, n° 28077, *DF,* 1983, 24, 1315, concl. Léger). Mais l'application rigoureuse de cette solution aurait dû conduire en cas de procédures complexes à les reprendre en leur intégralité lorsque le texte nouveau intervenait avant que toutes les étapes aient été accomplies. Aussi le Conseil d'État avait-il affirmé sa jurisprudence en décidant qu'une loi de procédure qui modifie les formalités que l'administration fiscale doit accomplir est applicable aux décisions de mise en recouvrement intervenues à compter de son entrée en vigueur ; dans ce cas, la mise en recouvrement ne peut intervenir régulièrement que si la formalité modifiée a été accomplie à moins que par sa nature ou du fait de la loi elle ne puisse être recommencée (CE 13 déc. 1991, n° 65940, *RJF,* 1992, 1, 17, concl. Arrighi de Casanova).

L'article L 284 LPF fait échec à cette jurisprudence et fixe la règle en ces termes : « Sauf disposition contraire, les règles de procédure fiscale ne s'appliquent qu'aux formalités accomplies après leur date d'entrée en vigueur, quelle que soit la date de la mise en recouvrement des impositions. »

43 Règles relatives au recouvrement. — Sont d'application immédiate les dispositions nouvelles relatives au recouvrement (CE 5 mai 1970, Société Adez-Seward, *Rec.,* 295) ainsi que celles relatives à la procédure de transaction (CE 8 nov. 1972, n° 80514, *DF,* 1973, 14, 575). Le texte applicable en matière de sursis de paiement est celui qui est en vigueur à la date de la mise en recouvrement (CE 31 oct. 1984, n° 43429, *RJF,* 1985, 1, 87).

44 Règles relatives à la prescription. — Lorsqu'une disposition nouvelle modifiant un délai de prescription abrège ce délai, le délai nouveau est immédiatement applicable et court à compter de l'entrée en vigueur de la disposition. Le délai ancien, s'il a commencé de courir avant l'entrée en vigueur de la disposition nouvelle, ne demeure applicable que dans l'hypothèse où sa date d'expiration surviendrait antérieurement à la date d'expiration du délai nouveau (CE 7 nov. 1979, n° 12844, *DF,* 1980, 46, 2284, concl. Rivière). Cette jurisprudence est étendue aux dispositions de procédure qui ont pour effet de créer une déchéance (CE 26 oct. 1983, n° 32963, *DF,* 1984, 25, 1220, concl. Bissara).

Une loi qui allonge un délai de prescription s'applique aux délais en cours à la date de son entrée en vigueur (CE 24 mars 1971, n° 77883, *DF,* 1971, 21-22, 824). Le texte qui détermine la durée du droit de reprise de l'administration est alors celui qui est en vigueur à la date du fait générateur (CE 18 juin 1980, n° 3710, *RJF,* 1980, 9, 366) mais si le délai de reprise est interrompu par un fait interruptif, la durée du nouveau délai est régie par la loi en vigueur au jour de la survenance de ce fait (CE 25 juill. 1975, n° 86924, *DF,* 1975, 46-47, 1515).

45 Règles relatives à la compensation. — La compensation est régie par le texte en vigueur à la date à laquelle est né le droit de compensation de l'administration et qui est celle où le contribuable a accompli le premier acte de la procédure contentieuse, c'est-à-dire la réclamation (CE 6 oct. 1982, n° 21593, *DF,*

1983, 11, 526, concl. Schricke). La compensation ne peut s'exercer avec des insuffisances ou omissions que si celles-ci ont été constatées au cours de l'instruction (CE 28 juin 1991, Société Blumet et fils, *DF,* 1991, 42, comm. 2004, concl. Arrighi de Casanova).

III | L'EXÉCUTION DANS LE TEMPS DE LA LOI FISCALE

A - L'annualité de l'impôt

46 SIGNIFICATION. — Traditionnellement, l'article premier de la loi de finances de l'année est rédigé comme suit : « La perception des impôts, produits et revenus affectés à l'État, aux collectivités territoriales, aux établissements publics et organismes divers habilités à les percevoir continue d'être effectuée pendant l'année... conformément aux lois et règlements et aux dispositions de la présente loi de finances. » C'est l'expression de la règle de l'annualité de l'impôt qui veut que l'application des lois fiscales soit autorisée tous les ans. Il s'agit d'un corollaire du principe du consentement à l'impôt dont la logique avait été dégagée dès la Constitution du 3 septembre 1791 : « Les contributions publiques seront délibérées et fixées chaque année par le Corps législatif et ne pourront subsister au-delà du dernier jour de la session suivante, si elles n'ont pas été expressément renouvelées. » Strictement comprise cette règle implique que l'administration fiscale doit exercer au cours de l'année où naît la dette fiscale toutes les compétences pour assurer l'évaluation, la liquidation et le recouvrement de l'impôt. C'est ce que semblait admettre une ancienne jurisprudence tant pour les impôts directs (CE 18 mai 1934, n° 30245, *GD,* 103) que pour les contributions indirectes (CE 13 févr. 1934, Union Rubanière, *Rec.,* 204). Mais l'existence d'un droit de reprise général impose une interprétation plus compréhensive : l'impôt doit être établi postérieurement au fait générateur et antérieurement à l'expiration du délai de répétition (CE 10 déc. 1975, n° 95341, *Rec.,* 639) et si, par voie de conséquence, dans ce délai l'imposition concerne plusieurs années, il faudra qu'elle soit déterminée non pas globalement mais distinctement pour chaque année (CE 8 oct. 1975, n° 80676, *RJF,* 19751, II, 364). L'effet rétroactif d'un acte juridique ne peut faire échec à la règle de l'annualité de l'impôt et ne peut remettre en cause le principe selon lequel l'administration est à la fois en droit et dans l'obligation d'établir l'impôt en fonction de la situation de fait et de droit existant lors de son fait générateur (CE 26 mars 1990, n° 50469-50470, *DF,* 1990, 52, concl. Martin). L'annualité comporte enfin un autre effet, lorsque l'assiette de l'impôt tient compte d'un fait continu (perception d'un revenu renouvelable, détention d'un bien...), la situation d'imposition doit être découpée en fractions annuelles qui permettront l'établissement de l'imposition.

47 LOI DE FINANCES ET LOI D'IMPÔT. — Ce principe de l'annualité pose un problème délicat d'analyse des rapports de la loi de finances et de la loi d'impôt. Prenant prétexte de cette division temporelle du pouvoir d'imposition, certains auteurs affirment que les lois fiscales cessent d'être en vigueur à l'expiration de chaque année civile. Il s'agit là d'une fausse conception. Comme nous l'avons vu, les lois à objet fiscal, les lois d'impôt sont constituées de dispositions législatives ou de valeur législative contenues dans des lois ordinaires et dans les lois de finances où elles figurent parmi les dispositions permanentes. Toutes ces dispositions restent en vigueur, sans éclipses annuelles, tant qu'elles ne sont pas abrogées. Il n'y a donc pas remise en vigueur annuelle de la loi d'impôt. En revanche, à la fin de chaque année civile expire la compétence *rationne temporis* des agents du fisc pour exécuter les lois d'impôt. L'objet de l'article premier de la loi de finances de l'année est de permettre de nouveau aux compétences d'exécution de la loi fiscale de s'exercer pour une année. C'est d'ailleurs ce qui ressort de l'analyse littérale de cet article premier précité. Mais l'illustration la plus originale en est donnée par la procédure qui consiste, lorsque la loi de finances de l'année a été déclarée contraire à la Constitution, à faire voter, en attendant une nouvelle adoption, une disposition autorisant la perception des impôts et taxes existants. Elle constitue alors un élément détaché, préalable et temporaire de la loi de finances de l'année (CC n° 79-111 DC du 30 déc. 1979, *Rec.,* 39 ; *AJDA,* 1980, 357, note Franck).

Il faut enfin noter que le recouvrement d'impositions non autorisées par la loi ouvrirait au profit du contribuable une action en répétition de l'indu qui autrefois était formellement prévue par une disposition contenue dans l'article premier de la loi de finances mais qui a disparu depuis 1980. Cette action paraît cependant devoir subsister comme action de droit commun (CE 1er févr. 1974, dame Huber, *Rec.*, 77, *DF,* 1974, 44, 1341, concl. Mandelkern). La jurisprudence communautaire allait lui donner un singulier relief. La Cour de justice des communautés avait en effet rappelé que tout contribuable disposait d'un droit d'agir en répétition des taxes qui ont été indûment perçues en vertu d'une législation contraire au droit communautaire et que le législateur ne pouvait réduire spécifiquement les conditions procédurales de cette action (CJCE 29 janv. 1988, n° 240/87, *RJF,* 1988, 11, 705). La Cour de cassation avait alors pu affirmer que la répétition des impositions indues était en principe commun au droit privé, au droit public ainsi qu'au droit communautaire et semblait admettre que le délai de prescription de l'action était trentenaire (Cass. com., 17 janv. 1989, Decelle, *RJF,* 1989, 3, 193 ; Cass. com., 9 févr. 1993, Agues, *DF,* 1993, 17-18, 940). Toutefois le législateur français, sous la pression de l'administration, a, en 1989, procédé à une nouvelle rédaction de l'article L 190 LPF qui soumet l'action en restitution aux délais de droit commun en matière fiscale et limite la période de restitution des sommes versées au 1er janvier de l'année précédant celle où la décision juridictionnelle révélant le défaut de base légale de l'imposition. La Cour de cassation après des hésitations s'est ralliée à la solution imposée par le législateur (Cass. com., 13 déc. 1994, Ahelsohu, *DF,* 195, 13, 667).

B - La prescription du droit de reprise

48 MÉCANISME. — L'obligation fiscale naît de la survenance du fait générateur de l'impôt. Elle peut être incomplètement exécutée ou n'être pas exécutée. Pour éviter de laisser l'administration désarmée, le législateur lui a donné compétence pour réparer les omissions totales ou partielles constatées dans l'assiette de l'impôt ainsi que les insuffisances, les inexactitudes ou les erreurs d'imposition (art. L 168 LPF). C'est le droit de reprise. Toutefois, afin de garantir une certaine stabilité des situations fiscales contre d'intempestives remises en cause cette compétence est enfermée dans des délais (art. L 169 à L 189 LPF). À l'intérieur de ces délais l'administration peut exercer son droit de reprise quelle qu'a pu être son attitude antérieure en notifiant un redressement (CE 27 juin 1979, n° 13186, *RJF,* 1979, 9, 308). À l'expiration de ces délais il est interdit d'établir des impositions au titre de la période prescrite (CE 5 févr. 1981, n° 18514, *RJF,* 1981, 5, 265). Les lois instituant une prescription ne sont pas des lois de procédure mais des lois de fond qui ne s'appliquent qu'aux événements postérieurs à leur entrée en vigueur (CE 31 janv. 2001, n° 19559, *DF,* 2001, 27, concl. Bachelier).

49 Durée et computation des délais de prescription. — Elles ne sont pas unifiées. On exposera les principales. Pour les impôts énumérés ci-après le délai expire au terme suivant :

— Impôts sur le revenu et sur les sociétés : fin de la troisième année qui suit celle au titre de laquelle l'imposition est due (art. L 169 LPF) ;
— Impôts directs perçus au profit des collectivités locales à l'exception de la taxe professionnelle : fin de l'année suivant celle au titre de laquelle l'imposition est due (art. L 173 LPF) ;
— Taxe professionnelle : fin de la troisième année suivant celle au titre de laquelle l'imposition est due (art. L 174 LPF) ;
— TVA : fin de la troisième année suivant celle au cours de laquelle elle est devenue exigible (art. L 176 LPF) ;
— Enregistrement : fin de la troisième année suivant celle de l'enregistrement d'un acte ou d'une déclaration ou de l'accomplissement de la formalité fusionnée (art. L 180 LPF).

Les taxes obéissent aux règles applicables aux impôts auxquelles elles sont assimilées (CE 27 juin 1979, n° 14024, *RJF,* 1979, 9, 306 ; CE 27 juill. 1979, n° 5976, *RJF,* 1979, 11, 391), les intérêts moratoires considérés comme l'accessoire des impositions auxquelles ils se rattachent se prescrivent dans les mêmes conditions que ces derniers (CE 10 août 2005, Sarteur, Procédures, 2005, 11, comm. 264, note Pierre). Pour les taxes parafiscales, quand l'assiette est commune avec un impôt, s'applique le délai de prescription relatif à cet impôt sinon la prescription trentenaire de l'article 2262 C. civ. alors applicable devait être mise en œuvre (CE 28 mai 1976, n° 88803, *DF,* 1977, 13, 515, concl. Latournerie). La prescription applicable aux créances de l'État étrangères à l'impôt et au domaine était alors la prescription trentenaire de droit commun, à défaut d'un texte prévoyant une prescription plus courte (CE 30 mars 1990, M. Leca, *DF,* 1990, 30, 1554, concl. Leroy).

Le délai de prescription applicable aux amendes fiscales concernant l'assiette et le paiement des droits est le même que celui qui s'applique au principal (CE 20 mai 1981, n° 18361, *DF,* 1981, 46, 2056, concl. Schricke).

Dans la loi de finances rectificative pour 1986, le Parlement avait tenté de moduler la durée de ce délai en fonction de la qualité des contribuables et de la nature des produits imposables. À juste titre, le Conseil constitutionnel (CC n° 86-209 DC du 3 juill. 1986, *JO* du 4 juill. 1986) a reconnu que les effets de seuil, qu'une telle modulation impliquait, conduisaient à une rupture d'égalité des citoyens devant la loi.

50 INTERRUPTION. — La loi ayant créé une prescription et non une déchéance, la survenance d'un fait interruptif a pour résultat d'ouvrir au profit de l'administration un nouveau délai de reprise (CE 27 févr. 1985, n° 38521, *RJF,* 1985, 4, 283). Ce dernier est alors régi par les textes en vigueur lors de son point de départ (CE 4 juin 1975, n° 92483, *Rec.,* 335 ; CE 28 nov. 1979, n° 10150, *DF,* 1981, 5, 183, concl. Rivière).

Ce fait interruptif peut être constitué par la notification d'une proposition de rectification, par la déclaration ou la notification d'un procès-verbal, par tout acte du contribuable valant reconnaissance de sa dette, par tous les autres actes interruptifs de droit commun. L'inscription au bilan d'une dette de TVA n'est pas au nombre des actes susceptibles d'interrompre la prescription (CE 8 juin 1990, SARL Transports Lestrechan, *DF,* 1990, 41, 1839, concl. Racine). Par contre une inscription comptable suffisamment précise constitue un acte portant reconnaissance d'une dette fiscale, ce qui interrompt la prescription (CE 26 juill. 2007, Sté Agostini N. et Cie, *JCP E,* 2008, 1065, note Pierre).

C'est la notification d'une proposition de rectification qui est la cause la plus fréquente d'interruption. Pour être efficace, elle doit, à l'occasion d'une procédure contradictoire, comporter les mentions de l'impôt concerné, de l'année d'imposition ainsi que l'indication de la nature et des motifs du redressement envisagé permettant ainsi au contribuable d'engager valablement une discussion contradictoire avec l'administration (CE 14 mars 1983, n° 20071, *DF,* 1983, 43, 2006, concl. Rivière). Le caractère interruptif d'une notification ne dépend pas de la pertinence des motifs des redressements, l'administration est libre de justifier ultérieurement les redressements par d'autres motifs (CE 12 juin 1992, M. Panchout, *DF,* 1993, 6, 256, concl. Arrighi de Casanova). En cas d'imposition d'office la notification de redressement interrompait valablement la prescription sans avoir à être motivée (CE 11 mars 1985, n° 36324, *RJF,* 1985, 5, 400) mais cette jurisprudence est devenue caduque depuis que la loi du 29 décembre 1977 a imposé dans cette hypothèse la motivation. La notification doit enfin parvenir à l'adresse du contribuable connue de l'administration avant l'expiration du délai de prescription (CE 6 juin 1984, n° 36254, *RJF,* 1984, 8-9, 533). Lorsque l'acte valant fait interruptif est nul, l'interruption cesse naturellement d'être acquise (CE 7 juill. 1982, n° 18533, *RJF,* 1982, 10, 480). Il est nécessaire que l'acte comportant reconnaissance de dette de la part du contribuable soit accompli spontanément par celui-ci ou en réponse à une demande régulière de l'administration (CE 9 févr. 2000, n° 192179, *DF,* 2000, 25, concl. Arrighi de Casanova). Les instructions données par le Procureur de la République aux officiers de police judiciaire leur transmettant la plainte du directeur des services fiscaux constituent un acte interruptif de la prescription dès lors que leur existence est établie par les mentions des procès-verbaux (Cass. crim., 22 janv. 1990, *D.,* 1990, J, 453, note Tixier-Lamulle).

Il reste que l'appréciation des causes d'interruption largement comprise par la jurisprudence confère à l'administration une grande latitude d'action. Elle peut d'abord procéder à des notifications successives et dans ce cas le nouveau délai se computera à compter de la dernière des notifications (CE 28 nov. 1979, n° 10159, *RJF,* 1980, 2, 76). Mais surtout l'effet interruptif est absolument indépendant de la pertinence des motifs du redressement qui pourront toujours par la suite être modifiés (CE 17 oct. 1979, n° 99344, *RJF,* 1979, 12, 425) au point que, sans détournement de procédure, l'administration pourra, pour les besoins de l'interruption, adopter des motifs purement conservatoires (CE 1er déc. 1982, n° 26990, *RJF,* 1983, 2, 126), la faculté de substituer les motifs étant reconnue comme la conséquence naturelle de l'obligation pour l'administration d'appliquer en toutes circonstances la loi fiscale (CE 6 juin 1979, n° 9716, *DF,* 1980, 28, 1549).

51 PROROGATION DU DÉLAI DE REPRISE POUR CAUSE DE FRAUDE. — L'administration qui découvre qu'un contribuable se livrait à des agissements frauduleux en matière fiscale est dotée en vertu de l'article L 187 LPF, du pouvoir d'opérer des contrôles et de procéder à des rehaussements au titre de deux années excédant le délai ordinaire de prescription. Il faut qu'elle dépose préalablement une plainte auprès du juge pénal au plus tard à la date de l'envoi de la notification de redressement ou à la date à laquelle est engagée une vérification de comptabilité (CE 25 févr. 1981, n° 18515, *DF,* 1981, 41, 1810, concl. Schricke), cette plainte ne concernant pas nécessairement des agissements commis pendant les deux années qui font l'objet de la prorogation (CE 26 juill. 1978, n° 4851 *bis, RJF,* 1978, 11, 336 ; CE 7 déc. 1981, n° 17825, *DF,* 1982, 15, 820, concl. Schricke). Les impositions relatives à ces deux années deviendront caduques si l'information est close par une ordonnance de non-lieu, une décision de relaxe ou si le juge pénal ne prononce pas de sanctions pénales prévues par la loi fiscale (CE 5 févr. 1982, n° 22674, *DF,* 1982, 48, 2287, concl. Schricke).

52 INCIDENCE DE L'INTERDÉPENDANCE DES EXERCICES. — L'effet premier de la prescription est d'interdire à l'administration de remettre en cause les écritures d'un exercice qui ne se situe pas dans le délai de reprise. Mais souvent les écritures d'un exercice non prescrit seront la conséquence directe de choix et d'opérations faits pendant les années prescrites. L'administration pourra-t-elle les apprécier ? Une jurisprudence complexe autorise ce contournement de la prescription.

Certaines solutions partielles sont bien stabilisées. En matière de TVA le juge fiscal, s'appuyant sur les dispositions de l'article L 177 LPF admet que l'administration est en droit d'apprécier la réalité d'un crédit de taxe constitué au cours d'une période prescrite s'il a été déduit du montant de la taxe due à raison d'opérations effectuées pendant la période non prescrite (CE 31 janv. 1983, n° 13395, *DF,* 1983, 27, 1474, concl. Verny ; CE 14 mars 1984, n° 37530, *DF,* 1984, 42, 1809, concl. Latournerie). Le redressement des bénéfices industriels et commerciaux est l'occasion privilégiée de telles remises en cause : recherche des conditions d'établissement d'un forfait accordé pendant une année prescrite (CE 22 oct. 1980, n° 15144, *RJF,* 1980, 12, 521 ; CE 6 juill. 1983, n° 37122, *RJF,* 1983, 10, 503), réintégration du montant d'une provision irrégulièrement constituée au cours d'un exercice prescrit et figurant toujours au bilan de l'exercice non prescrit (CE 28 sept. 1984, n° 29346, *RJF,* 1984, 11, 670), contestation de la déduction d'annuités d'amortissements réputés différés en période prescrite concourant aux résultats d'exercices non prescrits (CE 13 juin 1980, n° 14026, *RJF,* 1980, 9, 345), reconsidération de l'existence d'un déficit reportable en provenance d'un exercice prescrit (CE 6 févr. 1985, n° 43638, *RJF,* 1985, 4, 335 ; CE 27 juill. 1979, n° 11717, *DF,* 1980, 27, 1425, concl. Fabre).

La question prend toute son ampleur avec la mise en œuvre de la théorie des corrections symétriques. Celle-ci fait obligation à l'administration qui rectifie les résultats d'un contribuable de procéder à toutes les corrections directement impliquées par les rectifications initiales (CE 14 juin 1989, Société industrielle et commerciale de l'ouest de la France, *RF compt.,* 1989, 206, 34, note Louit). De proche en proche ces corrections peuvent concerner des exercices prescrits. Afin d'éviter la neutralisation complète des règles de prescription la jurisprudence a posé le principe suivant : le bilan de clôture du dernier exercice prescrit est intangible comme le bilan d'ouverture du premier exercice non prescrit qui est identique (CE 31 oct. 1973, n° 88207, *DF,* 1973, 51, 1739, concl. Latournerie ; *GAJF,* n° 33). Ce butoir fixé, la théorie joue de la manière suivante.

Les corrections ne peuvent concerner que les écritures que l'on peut suivre d'un exercice à l'autre (CE 5 juin 1981, n° 20948, *DF,* 1981, 50, 2226, concl. Verny, *Rev. soc.,* 1981, 805, note Plagnet). Elles seront faites soit à l'invitation de l'administration à l'occasion de l'exercice de son droit de reprise, soit à l'initiative du contribuable qui formera une réclamation contre son imposition. Dans le premier cas le bilan intangible sera déterminé en fonction de l'étendue du droit de reprise à la date de la notification de redressements (CE 13 mars 1981, n° 12508, *RJF,* 1981, 4, 161, concl. Schricke). Dans le second cas on tiendra compte des exercices concernés par le droit de reprise et non ceux qui sont susceptibles d'entrer dans le champ du délai de réclamation (CE 2 mars 1977, n° 97396, *DF,* 1977, 40, 1404, concl. Martin-Laprade). Comme l'a souligné un commissaire du gouvernement : « La théorie de l'intangibilité du bilan a pour objet d'établir un parallélisme entre la possibilité de corrections symétrique des écritures comptables et l'étendue du droit de répétition de l'administration. Il en résulte que le critère de détermination du premier bilan intangible est l'étendue maximale du droit de répétition de l'administration à la date de la première initiative rompant le cours de la prescription » (P. Martin, concl. sur CE 14 juin 1989, n° 54770, *RJF,* 1989, 8-9, 471).

C - La prescription de l'action en recouvrement

53 DURÉE ET COMPUTATION DES DÉLAIS. — L'administration dispose d'une procédure de poursuite des contribuables qui n'ont pas acquitté leur dette fiscale, c'est l'action en recouvrement. Mais les articles L 274 et s. LPF prévoient que les comptables de la direction générale des finances publiques qui n'ont fait aucune poursuite pendant quatre années consécutives à partir du jour de la mise en recouvrement du rôle ou de la notification d'un avis de mise en recouvrement sont déchus de tous droits et de toute action contre le redevable. C'est la prescription quadriennale de l'action en recouvrement. Il faut bien remarquer que la prescription concerne l'action du fisc et non les droits eux-mêmes ce qui a pour conséquence de rendre valable leur paiement volontaire en période prescrite sans que le contribuable puisse ultérieurement exciper du jeu de cette prescription (CE 9 mars 1936, Soc. des plâtrières du Roussillon, *Rec.,* 301) qui d'ailleurs étant conçue dans l'intérêt du contribuable peut faire l'objet d'une renonciation (CE 29 juin 1966, n° 52110, *DF,* 1966, 25, Doc., concl. Lavondès).

54 INTERRUPTION. — S'agissant d'un délai de prescription et non de forclusion (CE 5 juill. 1956, Ministre des Finances c/ X, *Rec.,* 307, *GD,* 145), il peut être interrompu, le fait interruptif ouvrant un nouveau délai de prescription de même durée. Au nombre des faits interruptifs on doit ranger ceux de droit commun (CE 26 oct. 1966, n° 66555, *AJDA,* 1967, 293, note Lamarque) et notamment tout acte de poursuite fait contre le contribuable ou l'un de ses débiteurs solidaires (CE 25 mars 1983, n° 30567, *DF,* 1983, 49, 2264, concl. Léger), ainsi que tous actes emportant de la part du contribuable reconnaissance de sa dette : paiement d'acompte (CE 20 mai 1985, n° 45661, *DF,* 1986, 24, 1168, concl. Latournerie), d'une partie de l'impôt (CE 7 juill. 1956, n° 33594, *Rec.,* 307), versements faits par un codébiteur solidaire (CE 27 juill. 1984, n° 40721, *RJF,* 1984, 10, 644). En revanche, l'octroi d'un sursis de paiement ne fait que suspendre le délai de prescription. La contestation du bien-fondé de l'impôt sous forme de litige d'assiette n'a aucun effet sur la prescription de l'action en recouvrement (CE 30 juin 2000, n° 177930, *DF,* 2001, 21, concl. Goulard).

D - L'amnistie

55 OBJET. — L'amnistie, mesure de clémence à l'égard des fraudeurs, peut s'analyser juridiquement comme une prescription anticipée du droit de reprise de l'administration qui fait obstacle au redressement des droits éludés. Les lois d'amnistie (lois du 24 mai 1951, du 14 avril 1952, du 18 juin 1966, du 11 juillet 1986) comportent un dispositif souvent complexe qu'il est exclu de détailler mais dont on peut tirer les grands traits. Définies nécessairement par le législateur (art. 34 Const.), les mesures d'amnistie ne sont conformes à la Constitution que si leur contenu n'implique pas une renonciation manifestement excessive et injustifiée à l'exercice par l'État de ses compétences de répression de la fraude fiscale (CC n° 86-209 DC du 3 juill. 1986, *JO* du 4 juill. 1986). Elles ont pour effet d'interdire au fisc de poursuivre le recouvrement des impôts fraudés pendant une période définie. Cette amnistie peut être applicable de plein droit ou subordonnée à certaines formalités accomplies par le contribuable. Ainsi la loi du 11 juillet 1986 prévoyait que les personnes qui ont constitué ou détenu des avoirs à l'étranger, en contravention aux dispositions de la réglementation des changes peuvent bénéficier d'une amnistie pour les impôts, droits et taxes dont le fait générateur est antérieur à la date d'entrée en vigueur de cette loi à condition qu'ils soient rapatriés avant le 1er janvier 1987 et sous réserve du paiement d'une taxe égale à 10 % de leur contre-valeur en francs. Par principe les dispositions d'une loi d'amnistie sont l'interprétation restrictive (CE 25 nov. 1960, Société des emballages et bois contreplaqués, *Rec.*, 650). Le principe de l'indépendance de l'instance fiscale et de l'instance pénale conduit à considérer que l'amnistie d'une condamnation pénale ne fait pas obstacle à ce que l'administration tienne compte sur le plan fiscal des faits parvenus à sa connaissance à l'occasion de cette instance pénale (CAA Bordeaux, 30 mai 2000, nº 97-1667, *DF*, 2001, 16, concl. Henis).

Section II
La loi fiscale et l'espace

56 PRINCIPES DE LA SOUVERAINETÉ FISCALE. — Selon les principes du droit fiscal international une entité territoriale déterminée bénéficiant ou non de la souveraineté politique est réputée jouir de la souveraineté fiscale dès lors qu'elle dispose d'un système fiscal présentant deux caractéristiques essentielles : une autonomie technique, c'est-à-dire qu'il contient toutes les règles d'assiette, de liquidation et de recouvrement nécessaires à sa mise en œuvre, et une exclusivité d'application, c'est-à-dire qu'il s'applique dans un territoire géographique déterminé à l'exclusion de tout système concurrent, même si les impôts créés sont perçus au profit d'une collectivité subordonnée. Il est certain qu'en France l'État est seul doté de la souveraineté fiscale, les compétences fiscales supranationales ne pouvant dériver que de l'exécution d'un traité international. Mais la question fondamentale reste la détermination du territoire auquel s'applique la loi fiscale française et les critères de rattachement de la situation imposable à ce territoire.

Avant d'examiner ces règles il est nécessaire de préciser deux conceptions du territoire qui vont s'opposer : le territoire politique ou territoire sur lequel l'État exerce sa souveraineté et ses compétences générales et le territoire fiscal ou territoire par rapport auquel s'appliquent ses compétences fiscales. Ce dernier n'est pas défini de façon générale par la loi fiscale à l'inverse par exemple du territoire douanier qui est délimité à l'article premier du Code des douanes.

I | Le territoire fiscal de la France

57 L'État titulaire exclusif de la souveraineté fiscale. — Selon une jurisprudence constitutionnelle bien connue « aucune disposition de nature constitutionnelle n'autorise des transferts de tout ou partie de la souveraineté nationale à quelque organisation internationale que ce soit » (CC n° 76-71 DC du 30 déc. 1976, *Rec.,* 15 ; *RDP,* 1977, 129, note Favoreu et Philip), principe qui est naturellement applicable en matière fiscale. Il en résulte que les compétences fiscales exercées par des organisations supranationales sur le territoire français ne peuvent être que la conséquence d'engagements internationaux régulièrement souscrits (CC n° 77-90 DC du 30 déc. 1977, *Rec.,* 44 ; *RDP,* 1979, 468, chron. Philip). Inversement et de manière toute négative le Conseil constitutionnel a refusé toute souveraineté fiscale à des collectivités infra-étatiques comme les territoires d'outre-mer (CC n° 83-160 DC du 19 juill. 1983, *AJDA,* 1984, 28, note Jarnevic). Le Conseil constitutionnel reconnaît à l'État le droit de créer des taxes, en Polynésie française, destinées à être perçues à l'occasion de missions d'intérêt général qui lui incombent (CC n° 2007-1, *DF,* 2007, 50, note Mangiavillano). Cela n'implique pas pour autant une coïncidence absolue du territoire politique et du territoire fiscal ni une uniformité de régime sur le territoire fiscal.

58 Les limites du territoire fiscal. — En principe le Code général des impôts est applicable sur l'ensemble du territoire français sans que l'on puisse faire valoir des franchises tirées du droit public coutumier et de l'histoire (CE 11 déc. 1974, n° 93637, *DF,* 1975, 10, 364 ; CE 23 janv. 1980, n° 16279, *DF,* 1980, 15, 832). Cela ne signifie pas que toutes les collectivités territoriales soient soumises en vertu de la loi au même régime fiscal. La Nouvelle-Calédonie et les autres collectivités d'Outre-mer sont ainsi soumis à une législation fiscale distincte qui ignore les régimes métropolitains de TVA, d'impôt sur les sociétés et d'impôt sur le revenu et qui est généralement plus avantageuse. Les départements d'outre-mer ont eux aussi des particularismes fiscaux bien qu'ils soient moins marqués et fassent l'objet d'une interprétation restrictive (CE 22 mars 1985, Ministre de l'Économie c/ d'Yerville, *D.*, 1986, J, 172, note Dibout). C'est encore le cas de la Corse jusqu'à l'abrogation de l'arrêté Miot du 21 prairial an XI (CE 22 janv. 1992, n° 130264, *DF,* 1992, 42, 1916, concl. Martin). Quant au plateau continental, les droits souverains qu'y exerce l'État ne s'étendent pas à la matière fiscale (CAA Paris, 30 déc. 1993, n° 93-407, *DF,* 1994, 29, 1419, concl. Albanel).

59 LES VARIATIONS DE RÉGIME À L'INTÉRIEUR DU TERRITOIRE FISCAL. — Même dans les zones géographiques où s'appliquent de plein droit toutes les lois fiscales le régime fiscal n'est pas uniforme.

Il existe d'abord une fiscalité propre à certaines circonscriptions : taxe spéciale d'équipement pour le financement des travaux figurant aux programmes d'équipement de la région Île-de-France (art. 1607 CGI), taxe spéciale d'équipement perçue au profit de l'établissement public d'aménagement de la basse Seine (art. 1608 du CGI), taxe spéciale d'équipement perçue au profit de l'établissement public foncier de la métropole lorraine (art. 1609 CGI).

À l'inverse bien que faisant partie du territoire fiscal peuvent être instituées des zones franches à l'imitation de celles qui existent au regard des droits de douanes. Les zones urbaines sensibles (ZUS), caractérisées par la présence de grands ensembles ou de quartiers d'habitat dégradé (loi 95-115 du 4 février 1995 modifiée) au sein desquelles se trouvent des zones de redynamisation urbaine (ZRU) dont la liste est fixée par décrets bénéficient d'exonérations, sous certaines conditions, pour les entreprises nouvelles soumises à l'impôt sur les sociétés ou à l'impôt sur le revenu. Il en va de même des zones de revitalisation rurale (ZRR) qui présentent des difficultés accentuées de développement (loi 2005-157 du 23 février 2005). La Corse n'échappe pas au bénéfice de la zone franche. La loi 96-1143 du 26 décembre 1996 (*JO,* 28 déc. 1996) a placé la Corse dans le cadre d'une zone franche pour une période transitoire du 1er janvier 1997 au 31 décembre 2001. L'économie générale du dispositif vise à accorder pour les créations et extensions d'activités, mais aussi pour les entreprises existantes, une exonération d'impôt sur les bénéfices ainsi que de taxe professionnelle (*DF,* 1997, 3, 11). À compter du 1er janvier 2002, un régime d'aide fiscale à l'investissement a pris le relais du régime de la zone franche.

60 DÉPARTEMENTS D'OUTRE-MER. — Les sociétés nouvelles constituées dans ces départements avant le 31 décembre 2006 et les sociétés qui créent avant cette date une activité nouvelle peuvent être, sur agrément préalable, exonérées en totalité ou en partie d'impôt sur les sociétés pendant une durée de dix ans à compter de la mise en exploitation effective de leurs installations. Certaines sociétés (sociétés anonymes, sociétés de même forme qui exercent en Martinique-Guadeloupe-Réunion...), à condition d'avoir été agréées avant le 31 décembre 2001, peuvent bénéficier d'une stabilisation de leur charge fiscale pendant une durée maximale de vingt-cinq ans majorée, dans la limite de cinq ans, des délais normaux d'installation. L'agrément est délivré en fonction de l'objet de ces sociétés, de leur programme d'activité et du nombre de créations d'emplois.

II | LES CRITÈRES DE L'APPLICATION TERRITORIALE DE LA LOI FISCALE

61 FORMULES. — La détermination du lieu d'imposition se fait à partir de critères multiples : domicile et nationalité du contribuable, origine ou destination de la matière imposable. La mise en œuvre de ces critères peut conduire à une imposition unique ou à une double imposition quand les autorités fiscales de deux États perçoivent un impôt comparable auprès d'un même contribuable sur une même matière imposable et pour une même période de temps.

L'étude du jeu de ces critères et celle des moyens destinés à éviter la double imposition sont l'objet du droit fiscal international.

Section III
La loi fiscale et le droit

62 PRINCIPE. — On aborde ici certaines des questions les plus controversées du droit fiscal. L'insertion de l'ensemble des lois fiscales dans le droit a suscité les plus vifs débats qui n'avaient pas exclusivement pour arrière-plan des enjeux de pure méthode juridique. Un regard positiviste donne aujourd'hui une relativité certaine aux solutions qui avaient pu être données il y a quelques décennies.

I | L'INTERPRÉTATION DE LA LOI FISCALE

63 LA DOCTRINE DE L'INTERPRÉTATION RESTRICTIVE. — S'appuyant sur quelques formules de la Cour de cassation employées dans des arrêts relatifs au contentieux des droits d'enregistrement la grande majorité de la doctrine, dans la première moitié du XXe siècle, affirmait le principe de la nécessaire interprétation restrictive de la loi fiscale. Le succès considérable de cette opinion ne peut d'abord s'expliquer que par sa conformité à quelques idées primitives plus fondamentales. Le respect du consentement de l'impôt tout d'abord ; il apparaissait dangereux d'abandonner aux juges le pouvoir d'étendre le champ de l'impôt, prérogative qui devait rester l'apanage du législateur, donc des représentants de la nation. Mais aussi la volonté de faire de l'impôt un prélèvement exceptionnel portant une atteinte limitée au droit de propriété.

Ces conceptions historiquement marquées ne devaient pas manquer de s'estomper et de révéler leur artifice. On constatait alors qu'il existait bien des hypothèses d'interprétation extensive (Cass. civ., 27 févr. 1900, *S.*, 1900, 1, 531, note Wahl ; Cass. req., 11 févr. 1925, *DP*, 1927, 1, 17, note Pilon), parfois même masquées sous le pavillon de l'interprétation restrictive (Chrétien, chron. *RSLF*, 1959, 319).

C'est alors que l'on a tenté de substituer, à l'initiative de Morange notamment, une explication plus subtile fondée sur les caractères de l'imposition. Les impôts synthétiques, tel l'impôt sur le revenu, qui frappent une situation économique prise dans son ensemble appelleraient une interprétation extensive, les impôts analytiques, tels les droits d'enregistrement qui frappent des faits ou des actes individualisés appelleraient une interprétation restrictive. Extérieurement séduisante cette théorie est en vérité invérifiable. Elle ne correspond en effet nullement au raisonnement adopté par le juge qui jamais ne déduit de la nature de l'impôt la forme de l'interprétation des normes qu'il met en œuvre. En réalité, aucune conception d'ensemble de l'interprétation ne saurait être dégagée, car l'interprétation correspond à un processus intellectuel essentiellement analytique et limité dont le seul objet est de donner à la décision juridictionnelle auquelle il aboutit une formulation rationnelle mais qui relève toujours d'une rationalité locale.

64 EMPIRISME ET SUBJECTIVITÉ. — Il ne peut être question ici de retracer toutes les figures de l'interprétation mais on peut à partir de ce qui paraît être l'élément générateur de l'interprétation donner une idée des ramifications du raisonnement.

Le dogme de l'interprétation exprimé maintes fois par les commissaires du gouvernement (Schrameck, concl. sur CE 4 déc. 1981, n° 22621, *DF,* 1982, 9, 397 ; Léger, concl. sur CE 18 mars 1983, n° 42571, *DF,* 1984, 13, 678) est que, lorsqu'un texte est clair, il ne peut y avoir lieu à interprétation mais application immédiate de sa lettre à la situation litigieuse. Son affirmation répétée ne peut masquer sa fausseté, car il est logiquement intenable. Ce n'est pas en effet parce qu'un texte est parfaitement compréhensible qu'il est clair pour sa mise en œuvre juridictionnelle ; la clarté ou l'obscurité d'un texte ne se mesure pas exclusivement aux défaillances de sa formulation mais surtout aux effets de contexte, à la nature des situations auxquelles on prétend l'appliquer. Il appartient donc de commencer par faire une distinction selon les causes de l'obscurité. Si la rédaction de la loi est affectée d'imperfections qui rendent celle-ci en toute hypothèse imprécise ou ambiguë le juge recourra aux travaux préparatoires et à défaut à tout élément extrinsèque (CE 29 juill. 1983, n° 35536, *DF,* 1984, 6, 214, concl. Schricke). Si en revanche la rédaction de la loi est formellement irréprochable il n'y aura pas pour autant refus de toute interprétation. En témoigne suffisamment et parmi d'autres exemples innombrables la position d'un commissaire du gouvernement qui déclare : « En présence d'un texte clair (...) l'interprétation restrictive ne saurait résulter que soit de décisions de jurisprudence qui auraient déjà nettement tranché la question en ce sens, soit d'une manifestation particulièrement nette de la volonté du législateur de légiférer en ce sens qui se serait exprimée au cours des débats devant le Parlement » (Lobry, concl. sur CE 10 déc. 1980, n° 20380, *DF,* 1981, 40, 1713). On voit ainsi la jurisprudence du Conseil d'État mise sur le même plan que l'intention du législateur mais on pourrait aussi citer des exemples où est utilisée parallèlement la doctrine administrative (Mandelkern, concl. sur CE 5 oct. 1973, n° 83169, *DF,* 1974, 12, 348).

Dès lors que la réserve du texte clair ne permet plus d'assigner un champ à l'interprétation il n'est pas étonnant de constater que le juge exploite toutes les formes du raisonnement juridique pour, à partir de la loi, réaliser le droit fiscal : interprétation grammaticale (CE 26 févr. 1976, n° 99758, *RJF,* 1976, 4, 146), interprétation extensive (CE 10 juill. 1981, n° 17952, *DF,* 1981, 50, 2268, concl. Verny), raisonnement analogique (CE 6 oct. 1982, n° 25080, *DF,* 1983, 14, 684, concl. Schricke), interprétation évolutive (CE 31 oct. 1980, n° 8221, *DF,* 1982, 6, 224, concl. Rivière).

Le choix de ces méthodes de raisonnement dépendant de la seule volonté du juge, l'interprétation vient naturellement se fondre dans la politique jurisprudentielle qui s'élabore en fonction des représentations fractionnées de la réalité fiscale et des contraintes de la formulation rationnelle de la décision juridictionnelle. D'où la vanité en ce domaine comme dans tout autre d'une théorie générale de l'interprétation qui impose à cette opération des règles normatives.

Observons que le Conseil d'État a jugé qu'une habilitation législative accordée au pouvoir fiscal réglementaire, en 1920, n'a pu être abrogée par le seul fait de la codification de ce texte (CE 13 sept. 1995, Mme Anna Simha, *AJDA,* 1996, 1, 65, note Haïm).

65 LES RECTIFICATIONS JURISPRUDENTIELLES DE LA LOI. — Mais il y a plus. Certains auteurs, prenant acte des libertés que s'accorde le juge fiscal dans la mise en œuvre de la loi, vont jusqu'à faire prévaloir une conception maximaliste des pouvoirs du juge. Ainsi M. Lamarque expose que « le temps est venu où l'audace du juge doit suppléer aux défaillances du législateur et où, à côté de son rôle traditionnel, il doit assumer un rôle de correction des dispositions législatives. On peut le concevoir dans deux cas : lorsque ces dispositions sont entachées manifestement d'un vice de rédaction ou ce qui est plus grave lorsqu'elles sont incohérentes et l'incohérence apparaît lorsqu'elles sont incompatibles avec le texte de loi, considéré dans son ensemble, qu'elles se révèlent illogiques ou contraires au bon sens ; l'imperfection du texte est telle, alors, qu'il est évident que ce vice de rédaction ou cette erreur de raisonnement ont échappé au législateur » (note sous CE 17 févr. 1971, n° 80809, *AJDA,* 1971, 648). Ce vœu en réalité ne contribue pas à une mutation du travail interprétatif proprement dit. Il ne fait que radicaliser l'emploi des raisonnements que l'on vient d'évoquer et met à jour plus crûment le rôle des conceptions du juge dans l'élaboration de la décision juridictionnelle. De fait, le juge fiscal a déjà atteint ce stade de dégagement de la plénitude logique de la législation en procédant à des interprétations rénovatrices (CE 18 juill. 1973, n° 76238, *DF,* 1973, 48, 1663, concl. Mandelkern), à la prise en compte des intérêts sociaux (CE 30 janv. 1974, n° 83371, *DF,* 1974, 19-20, 581, concl. Latournerie), économiques (CE 15 oct. 1969, n° 76016, *DF,* 1970, 8, 227, concl. Delmas-Massalet). Pour conclure, on citera ce passage de conclusions d'un commissaire du gouvernement qui révèle bien l'état d'esprit du juge fiscal : « Le respect du mot à mot des textes ne saurait à lui seul constituer une méthode d'interprétation. Pour interpréter la loi et préciser sa portée le juge doit souvent aller au-delà de sa lettre, saisir aussi son esprit, et tenir compte des évolutions subies par la matière vivante donc mouvante à laquelle elle s'applique » (Rivière, concl. sur CE 31 oct. 1980, n° 8221, *DF,* 1982, 6, 225).

II | Les créations jurisprudentielles

66 Manifestations. — La création jurisprudentielle peut d'abord prendre appui sur la loi en donnant un contenu à des notions légales indéterminées. Le juge peut se substituer au législateur pour donner la définition abstraite qu'il n'a pas donnée. Un exemple : l'article 31-I CGI précise que les charges de la propriété déductibles pour la détermination du revenu net comprennent « (...) les dépenses d'amélioration afférentes aux locaux d'habitation à l'exclusion des frais correspondant à des travaux de construction, de reconstruction ou d'aménagement », et le juge de compléter en statuant que doivent être regardés comme des travaux de construction ou de reconstruction « les travaux comportant la création de nouveaux locaux d'habitation, notamment dans des locaux auparavant affectés à un autre usage, ainsi que les travaux ayant pour effet d'apporter une modification importante au gros œuvre de locaux d'habitation existants ou les travaux d'aménagement interne qui par leur importance équivalent à une reconstruction » (CE 17 déc. 1976, n° 92159, *DF,* 1977, 7, 202, concl. Lobry). Mais le plus souvent le législateur a retenu des définitions standards qui impliquent la fixation d'une conduite moyenne de référence, on citera parmi les notions étudiées dans cet ouvrage celles d'abus de droit (art. L 64 LPF), de rémunération excessive des dirigeants de sociétés (art. 39-1-1° CGI). Ces standards peuvent également être induits des conditions posées par le législateur au jeu d'une disposition fiscale ainsi la théorie de l'acte anormal de gestion est-elle considérée comme impliquée par le mode de détermination du bénéfice net de l'entreprise fixé à l'article 38 CGI (CE 1er déc. 1983, n° 28315, *DF,* 1984, 5, 148, concl. Rivière). Il y a enfin les pures constructions jurisprudentielles qui viennent s'insérer dans le dispositif législatif. Citons, parce que certainement l'une des plus remarquables, la liberté d'inscription des immeubles au bilan d'une entreprise individuelle (CE 24 mai 1967, n° 65436, *DF,* 1967, 27, Doc., concl. Schmeltz).

Le large développement de la jurisprudence n'est pas sans contrepartie. Il suscite la réaction du législateur. Mais on ne doit pas se faire trop d'illusion sur ce phénomène, le législateur ne joue ici qu'un rôle de simple intermédiaire. C'est en réalité l'administration fiscale qui, lorsqu'elle voit le juge adopter une orientation contrariant sa propre doctrine, obtient du Parlement le vote d'une disposition qui annihile l'innovation jurisprudentielle. Quelques exemples tirés des lois de finances sont suggestifs. La loi du 24 décembre 1983 portant loi de finances rectificative pour 1983 contient deux dispositions destinées à faire échec à la jurisprudence du Conseil d'État, l'une (art. 13) sur la déclaration des revenus des contribuables soumis à la règle du taux effectif pour éviter que les intérêts de retard ne puissent pas être appliqués aux revenus exonérés de l'impôt français et non déclarés (CE 18 avr. 1983, n° 29001, *DF,* 1983, 42, 1920, concl. Lobry), l'autre (art. 14) sur la reprise par voie législative de la doctrine administrative sur l'évaluation des créances et dettes en monnaies étrangères infirmées par la jurisprudence (CE 29 juill. 1983, n° 29402, *DF,* 1983, 50, 2290). L'article 113-II de la loi de finances pour 1984 autorise le cumul de la provision pour fluctuation des cours et la provision pour hausse des prix déclaré illégal par le Conseil d'État (CE 6 juill. 1983, n° 35746, *DF,* 1984, 1, 15, concl. Bissara). La loi du 29 décembre 1984 portant loi de finances rectificative pour 1984 dans son article 15 rétablit un régime de TVA sur les prestations relatives à la fourniture et à l'évacuation de l'eau jugé illégal (CE 27 juill. 1984, Syndicat des sociétés de gestion et de consommation d'eau, *DF,* 1984, 52, 2398).

67 LES PRINCIPES GÉNÉRAUX DU DROIT. — Beaucoup plus traditionnelles sont la formulation et la mise en œuvre des principes généraux du droit. La soumission de principe du pouvoir réglementaire en matière fiscale aux principes généraux du droit a été rappelée avec solennité par le Conseil d'État (CE 22 févr. 1974, Association des maires de France, *Rec.,* 136, *D.,* 1974, J, 520, note Durupty). Cette catégorie de normes jurisprudentielle n'est pas fondamentalement différente de celle qui existe en droit administratif. On s'arrêtera à un principe spécifique, celui de l'égalité devant l'impôt (CE 4 févr. 1944, Guieysse, *RDP,* 1944, 158, concl. Chenot, *JCP,* 1946, II, 3115, note Charlier, *GD,* p. 31) variété du principe d'égalité devant les charges publiques. Bien que souvent invoqué il reste de portée très limitée. Son efficacité n'est pas contestable pour assurer le contrôle de légalité des règlements précisant les charges fiscales. Encore faut-il que l'égalité s'applique à des contribuables placés dans une situation identique, le juge admettant assez largement les causes de différence de traitement : différence de localisation d'une activité (CE 10 mars 1922, Conseil général du Sénégal, *Rec.,* 219), différence de nationalité des contribuables (CE 22 avr. 1963, Tchen, *Rec.,* 229), différence dans les caractères de l'activité des contribuables (CE

29 oct. 1948, Millon des Macquets, *Rec.*, 399), différence de taille des entreprises (CE 16 mars 1949, Société anonyme L'Épargne, *Rec.*, 125). Ces discriminations nombreuses ne sont cependant pas sans logique : il faut toujours qu'il y ait une relation entre l'objet de la charge fiscale instituée et la situation justifiant la différence de traitement. En revanche, le principe d'égalité est impuissant à discipliner les conditions d'application de la loi fiscale. Cela tient d'abord au régime très particulier de la doctrine administrative générateur de nombreuses illégalités et à l'impossibilité pour le contribuable d'obtenir l'annulation des mesures individuelles prises en violation du principe. On en prendra la mesure avec l'examen des tolérances fiscales. Celles-ci peuvent s'analyser comme des dérogations à la loi fiscale faite en faveur d'une catégorie de contribuables ou même d'un seul contribuable. Lorsqu'elles sont contenues dans une doctrine formelle, le contribuable est à l'abri des rehaussements qui proviendraient de leur abandon (CE 7 juin 1972, n° 80032, Dupont, 1972, 285 ; CE 30 juin 1972, n° 80462, Dupont, 1972, 329). Les tiers ne sont fondés à attaquer l'avantage illégal que s'il a une répercussion directe sur leur situation (CE 6 juin 1952, Syndicat des armateurs de la Rochelle, *Rec.*, 300 ; CE 7 mars 1962, Syndicat professionnel des bâtiments, *Rec.*, 1058). Enfin pour les impôts de quotité un contribuable ne peut se prévaloir de la situation plus favorable d'un autre (CE 19 févr. 1954, Société Marius Martin, *RSLF*, 1955, 256, chron. Chrétien).

On rappellera enfin d'une manière plus générale que la loi peut toujours déroger au principe d'égalité mais dans les limites imposées par la jurisprudence constitutionnelle qui n'apparaît pas jusqu'ici profondément différente de la jurisprudence fiscale.

68 VALIDATION LÉGISLATIVE. — Le Conseil constitutionnel, au fil de ces décisions, a précisé que la validation législative d'un acte administratif, dont une juridiction est saisie ou est susceptible de l'être est subordonnée aux cinq conditions suivantes :

1 / La validation doit poursuivre un but d'intérêt général suffisant (CC n° 95-369 DC du 29 déc. 1995, *RJF*, 1996, 2, 209). Dans sa décision du 7 février 2002, le Conseil constitutionnel s'est livré à un contrôle de proportionnalité entre l'intérêt général, justifié par les conséquences qu'aurait une absence de validation, et l'at-

teinte aux principes dont les contribuables peuvent se prévaloir notamment le procès équitable ou le respect de la propriété. En conséquence, la validation législative d'un même impôt a pu être regardée comme constitutionnelle, ou contraire à la constitution, selon les années en cause (CC n° 2002-458 DC du 7 févr. 2002, note Gay, *RFDC,* 2002, 50, 387).

2 / Elle doit respecter le principe de non-rétroactivité des peines et des sanctions (CC n° 88-250 DC du 29 déc. 1988, *Rec.,* 276).

3 / Elle doit respecter les décisions de justice ayant force de chose jugée (CC n° 80-119 DC du 22 juill. 1980, *Rec.,* 46).

4 / L'acte validé ne doit méconnaître aucune règle, aucun principe de valeur constitutionnelle, sauf à ce que le but d'intérêt général visé par la validation soit lui-même de valeur constitutionnelle (CC n° 97-390 DC du 19 nov. 1997, *AJDA,* 1997, 12, 963).

5 / La portée de la validation doit être strictement définie (CC n° 99-422 DC du 21 déc. 1999, *RJF,* 2000, 2, 90, chron. Mignon).

III | La loi fiscale et les autres branches du droit

69 Réalisme et autonomie. — L'importance qu'a eue, à une certaine époque, pour la doctrine, la question des rapports entre le droit fiscal et les autres droits ne s'explique que par l'existence d'une caractéristique essentielle propre au droit fiscal, celle d'être un droit de superposition. Plus se sont diversifiées les formules d'assiette de l'impôt, plus le droit fiscal a tendu à appréhender l'ensemble des activités des personnes juridiques qui déjà faisaient l'objet d'une réglementation de droit privé ou de droit public. Dès lors ne pouvaient que se multiplier les conflits de qualifications entre le droit fiscal et les autres droits avec la crainte que le droit fiscal ne vienne subvertir les équilibres formés au sein du droit public ou du droit privé ; c'est au fond le sens de la réaction de Gény. Mais alors qu'il aurait fallu traiter cette question avec la plus grande froideur technique, des prises de position absolues l'ont fait dégénérer en querelle théologique où la logique n'avait plus sa place. Un retour aux deux notions clés, réalisme et autonomie, et une analyse objective permettent de rétablir les justes proportions de cette question de la coexistence de plusieurs systèmes juridiques.

La première forme d'indépendance du droit fiscal se traduirait par le réalisme de celui-ci. La formule définitive de ce prétendu réalisme aurait été donnée par le commissaire du gouvernement Corneille : « Qu'est-ce en effet qu'une loi fiscale ? C'est une loi destinée à frapper la matière fiscale, la matière imposable et qui la saisit là où elle se trouve, qui la saisit telle qu'elle apparaît, en fait, sans se préoccuper de ce qu'elle vaut en droit. La loi fiscale frappe donc des états de fait et non des situations de droit » (concl. sur CE 21 janv. 1921, Syndicat des agents généraux d'assurances de Belfort, *S.*, 1921, 3, 33). Voilà une formulation qui ne peut résister à une critique un peu sérieuse.

L'originalité de la loi fiscale serait donc de frapper toujours des faits. Mais qui ne voit que toute loi s'applique d'abord à des faits, toute qualification juridique se définissant à partir de la réunion d'éléments de fait. Toute opération de qualification en vertu de la loi fiscale ou de toute autre loi sélectionne donc les éléments de fait requis par la loi pour constituer cette qualification. Il n'y a de ce point de vue aucune originalité de droit fiscal. En réalité, ce que Corneille a voulu traiter maladroitement et inexactement est le conflit d'une qualification fiscale avec une qualification tirée d'une autre loi. Trois situations se présentent alors. La loi fiscale a défini précisément les éléments de la qualification et le juge retiendra ces éléments à l'exclusion de tout autre, serait-il pris en compte par une qualification concurrente appartenant à un autre droit. La loi fiscale fait expressément un emprunt à une qualification définie par un autre droit et celle-ci devra être retenue. Reste enfin l'hypothèse la plus délicate où la loi fiscale retient une qualification déjà connue d'une autre tranche du droit mais sans en préciser le contenu. Dans ce cas, il n'y a nul obstacle à ce que le juge importe en droit fiscal la qualification étrangère à condition toutefois qu'elle soit compatible avec la technique d'ensemble du droit fiscal. À défaut, le juge procédera à une adaptation de la qualification importée pour la mettre en harmonie avec la logique du droit fiscal. Cette démonstration faite à partir des impératifs du droit fiscal pourrait être transposée à la construction du droit pénal, du droit du travail ou du droit administratif. En réalité, il y a un mode de résolution des conflits de qualification identique, quelles que soient les branches du droit en présence, et le réalisme du droit fiscal est une conception inutile et superflue.

Elle appelle une critique complémentaire de la notion d'autonomie. Autonomie, spécificité, particularisme, la doctrine s'est embarrassée d'un foisonnement de qualificatifs pour établir que le droit fiscal a ses règles propres qui ne sont ni celles du droit administratif, ni celles du droit privé. Quelques remarques préalables sur cette perspective : elle suppose d'abord qu'il y aurait un droit commun duquel se détacherait le droit fiscal, ce qui, nous l'avons déjà remarqué, est une position idéologique mais non de technique juridique. Elle calque ensuite sa problématique sur celle des rapports entre le droit administratif et le droit privé en supposant que le premier répudierait le second ce qui, notamment après les travaux de C. Eisenmann, est une position dépassée. Au contraire parce que, comme on l'a déjà vu, le droit fiscal est un droit de superposition, il présente une forte capacité d'intégration des données du droit privé et du droit public. Il reste que, les relations entre le fisc et le contribuable relevant du fonctionnement général des services publics, ses procédures plus que ses qualifications empruntent largement aux techniques du droit administratif.

Depuis une trentaine d'années, on assiste à une atténuation du principe d'autonomie en raison d'un rapprochement opéré par le juge avec notamment le droit civil, mais aussi le droit comptable et le droit des sociétés. Toutefois concernant des points particuliers, il peut être amené à réaffirmer le principe. Par exemple, il a abandonné la jurisprudence par laquelle il avait en 1995 fait sienne l'approche civiliste pour se prononcer sur la fiscalité des commissions de cautionnement de prêt (L. Olléon, Autonomie du droit fiscal : le moribond se porte bien, *RJF,* 2002, 5, 355).

En définitive et on le montrera par quelques exemples ci-dessous, le droit fiscal obéit à une singulière loi d'économie de moyens par laquelle il réintègre un nombre considérable de règles appartenant aux autres branches du droit en les déformant dans la stricte mesure des nécessités de la réalisation des objectifs de la loi fiscale.

70 DROIT FISCAL ET DROIT PRIVÉ. — La loi fiscale peut d'abord renvoyer explicitement à des dispositions du droit privé que le juge fiscal appliquera : l'exemple le plus connu est celui de l'article 156 CGI sur les conditions de déduction des pensions alimentaires du revenu global qui renvoie aux articles 205 à 211 du Code civil (CE 15 oct. 1975, n° 95096, *DF,* 1976, 4, 98, concl. Fabre ; CE 13 juin 1979, n° 14316, *RJF,* 1979, 9, 299 ; CE 5 nov. 1980, n° 13902, *RJF,* 1981, 1, 11) ou encore celui de l'article 6-4 CGI sur l'imposition séparée des époux en instance de séparation de corps ou de divorce et ayant été autorisés à avoir des résidences séparées (CE 17 mars 1976, n° 95973, *DF,* 1976, 29, 998, concl. Lobry ; CE 2 juin 1976, n° 95299, *RJF,* 1976, 9, 262). Beaucoup plus impressionnants sont les cas d'utilisation spontanée des règles du droit civil : art. 555 C. civ. sur l'accession (CE 30 juin 1982, n° 19962, *RJF,* 1982, 10, 471) ; art. 1604 C. civ. sur la délivrance de la chose (CE 31 mars 1978, n° 1683, *DF,* 1978, 50, 1974) ; art. 2279 C. civ. et la règle « en fait de meubles, possession vaut titre » (CE 24 nov. 1967, n° 69113, *DF,* 1969, 26, 844, concl. Mehl) ; art. 1583 C. civ. relatif au contrat de vente (CE 10 juill. 1981, n° 17953, *DF,* 1981, 47, 2111, concl. Verny). La lecture des conclusions du gouvernement révèle parfaitement la nature du raisonnement. Si l'issue du litige fiscal dépend entièrement de la solution d'une question de droit privé à laquelle elle est subordonnée, le juge fiscal exploitera l'ensemble des données, textes, jurisprudence du droit privé (concl. Fabre sur CE 4 juill. 1979, n° 9341, *DF,* 1980, 22-23, 1244 à propos de la reconduction d'un bail), si l'application de la loi fiscale suppose l'emploi à des fins fiscales d'une qualification du droit privé on vérifiera d'abord la parfaite compatibilité de la définition civile et des objectifs fiscaux (CE 28 nov. 1980, n° 17049, *DF,* 1981, 45, 1993, concl. Lobry ; CE 18 mars 1981, *DF,* 1982, 4, 49, concl. Verny). Si au contraire apparaît une incompatibilité on pourra sans répudier l'essentiel de la qualification l'adapter (CE 20 nov. 1981, n° 21942, *DF,* 1982, 20, 1109, concl. Rivière à propos de la notion d'héritier naturel). Enfin, stade ultime et après vérification de l'impossibilité de maintenir la règle de droit privé, on l'éliminera pour y substituer un mécanisme juridique en accord avec la loi fiscale (CE 12 juill. 1974, n° 81757, *DF,* 1974, 49, 1525, concl. Mandelkern à propos de l'effet rétroactif des contrats ; CE 29 juill. 1983, n° 24733, *DF,* 1984, 433, concl. Verny à propos des réserves constituées par les sociétés civiles).

71 Droit fiscal et droit administratif. — La même démonstration peut être faite avec le droit administratif. Application constante par le juge de l'impôt des règles relatives à la délimitation du domaine public (CE 28 nov. 1979, n° 4571, Soc. immobilières Bellecour-Guest, *RJF,* 1980, 2, 70), à la qualification des établissements publics (CE 16 déc. 1983, n° 32412, *AJDA,* 1984, 170, concl. Latournerie), des établissements d'utilité publique (CE 18 mai 1983, n° 29844, *RJF,* 1983, 7, 381, chron. Racine). Le droit fiscal frappe même des pratiques administratives comme la patrimonialité des autorisations d'occupation du domaine public (CE 21 déc. 1977, n° 3997, *DF,* 1978, 44, 1688, concl. Fabre), ou des droits de concession (CE 27 juin 1973, n° 79628, *Dupont,* 1973, 9, 293). La réserve de la compatibilité entre les règles du droit administratif et du droit fiscal est aussi présente (CE 25 mars 1983, n° 18298, *RJF,* 1983, 6, 348). Le phénomène est encore plus accentué avec les règles de la procédure non contentieuse ou contentieuse, les principes du droit administratif s'appliquant à défaut de dérogations spéciales (Schmeltz, concl. sur CE 19 mai 1972, *DF,* 1972, 52, 1895) comme le principe d'impartialité (CE 4 mai 1973, n° 79979, *DF,* 1974, 22-23, 699, concl. Delmas-Marsalet), du recours en cassation (CE 20 déc. 1968, Gaudissart, *Rec.,* 671), l'interdiction par le juge d'adresser des injonctions à l'administration (CE 9 juill. 1971, n° 79902, *Rec.,* 534).

72 Droit fiscal et règles comptables. — Enregistrant les mouvements de valeurs au sein de l'entreprise la comptabilité constitue l'instrument privilégié de détermination de la matière imposable pour les lois fiscales frappant l'activité de l'entreprise. C'est donc sans surprise que l'on constate que bien des notions utilisées par le droit fiscal ont une origine comptable (bénéfice, provision, amortissement...). Toutefois, il n'existe pas une coïncidence absolue entre les prescriptions comptables et les définitions de la fiscalité de l'entreprise, celle-ci poursuivant une finalité propre. Aussi figure dans le Code général des impôts une disposition relative aux rapports entre comptabilité et fiscalité : « Les entreprises doivent respecter les définitions édictées par le plan comptable général sous réserve que celles-ci ne soient pas incompatibles avec les règles applicables pour l'assiette de l'impôt » (Ann. III, art. 38 *quater*).

Cette directive est largement mise en œuvre par la jurisprudence fiscale qui admet que, dans le silence de la loi fiscale sur le mode d'inscription comptable, la solution fiscale doit s'aligner sur la solution comptable (CE 14 mars 1984, n° 46770, *DF,* 1984, 40, 1652, concl. Latournerie).

En revanche, il est interdit d'invoquer une disposition comptable pour faire échec à la loi fiscale (CE 5 nov. 1975, n° 95015, *RJF,* 1976, 1, 2) et l'observation de la règle comptable ne suffit pas à justifier, à elle seule, le bien-fondé d'une imposition (CE 26 avr. 1985, n° 30077, *RJF,* 1985, 6, 423, concl. Bissara, *GAJF,* 28).

Il reste que subsistent bien des divergences explicites entre les deux catégories de normes. On en prendra la mesure en examinant le mode de détermination du bénéfice net imposable des entreprises au titre de l'impôt sur les sociétés. Établi à partir du résultat net comptable celui-ci doit faire l'objet de rectifications extra-comptables positives (réintégrations) ou négatives (déductions). Le tableau de ces corrections est le suivant :

— Réintégrations :

- avantages personnels non déductibles ;
- amortissements excédentaires et non déductibles ;
- charges et dépenses somptuaires ;
- taxe sur les voitures particulières des sociétés ;
- taxe sur les frais généraux ;
- provisions et charges à payer non déductibles ;
- amendes et pénalités ;
- impôt sur les sociétés, imposition forfaitaire annuelle et précompte mobilier ;
- moins-values nettes à long terme non déductibles des résultats ;
- fraction imposable des plus-values nettes à court terme et des plus-values de fusion.

— Déductions :

- plus-values nettes à long terme ;
- fraction des plus-values nettes à court terme de l'exercice dont l'imposition est différée ;
- revenus de certains capitaux mobiliers.

73 DROIT FISCAL ET USAGES PROFESSIONNELS. — En vue d'une meilleure adaptation de l'imposition aux activités professionnelles, la loi fiscale fait souvent référence pour son application aux usages de la profession. Ainsi l'article 39-1-2° CGI admet pour l'établissement du bénéfice net de l'entreprise la déduction des amortissements réellement effectués par l'entreprise dans la limite de ceux qui sont généralement admis d'après les usages de chaque nature d'industrie, de commerce ou d'exploitation (CE 21 déc. 1983, n° 41614, *RJF,* 1981, 2, 62), et dont la réalité est confirmée par le juge au vu du résultat de l'instruction (CE 1er mars 1980, n° 13896, *RJF,* 1980, 5, 221 ; CE 25 nov. 1981, n° 11383, *DF,* 1982, 13, 680, concl. Verny). Mais la reconnaissance de la valeur obligatoire d'un usage professionnel peut être indépendante de toute consécration législative : une obligation née d'une pratique professionnelle peut justifier la constitution d'une provision pour charge (CE 12 mai 1971, n° 78565, *DF,* 1971, 41, 1385, concl. Dujour ; CE 28 mai 1980, n° 15912, *DF,* 1981, 26, 1360), une pratique de fixation des honoraires peut influencer la définition des créances certaines (CE 25 févr. 1981, n° 18095, *DF,* 1981, 26, 1363, concl. Schricke). Dès lors qu'une entreprise a retenu, par exemple, un taux d'amortissement compris dans la fourchette admise par les usages professionnels, il appartient à l'administration qui entend critiquer ce choix tout en restant dans ladite fourchette, d'établir que la durée normale d'utilisation du bien correspond à un tel taux (CE 9 déc. 1992, n° 85-794, *Les Petites Affiches,* 1993, 57, concl. Arrighi de Casanova). Toutefois, l'usage se limite à l'application du taux donc à la durée de l'amortissement et ne peut s'étendre à d'autres pratiques telles que le calcul de la dotation *prorata temporis* de la première année (CE 6 nov. 1996, n° 151586, *DF,* 1997, 3, comm. 16). Cette source du droit fiscal occupe une place incomparablement plus importante que dans les autres domaines du droit public.

Pour aller plus loin

74 Le législateur et la loi fiscale. — Les limites du rôle effectif du législateur dans l'élaboration du droit fiscal ont été fortement marquées par les auteurs : P. Schultz, *De l'emprise des administrations fiscales sur le pouvoir législatif et le pouvoir juridictionnel,* Th. Strasbourg, 1955, et J.-C. Martinez, *Le statut du contribuable,* LGDJ, coll. « Bibliothèque de science financière », 1980 (très importants développements sur la négociation des sources du droit fiscal, p. 154 et s.). C'est pourquoi ce dernier auteur plaide pour une réhabilitation du consentement à l'impôt par le référendum fiscal : *1789-1989, la révolution fiscale à refaire,* Paris, Litec, 1986, p. 218 et s. Complétez par X. Cabannes, L'État, le Parlement et le consentement annuel à l'impôt, *RFFP,* 2002, 77, 225 et s. La loi organique relative aux lois de finances du 1er août 2001 ne restaure pas la compétence fiscale du Parlement : C. de la Mardière, La faiblesse financière du Parlement sous la Ve République, *Droits,* 2007, 44, 24 et s. ; L. Vapaille, Amnistie fiscale : l'oubli ou le pardon ?, *L'administration de l'impôt en France et dans le monde* (ouvr. collectif), L'Harmattan, coll. « Finances publiques », 2008, p. 187 et s. (analyse fouillée).

75 Le contrôle de constitutionnalité. — Lire L. Philip, *Droit fiscal constitutionnel,* Economica, coll. « Finances publiques », 1990, 220 p. (indispensable) ; T. Lambert, *L'équité, supplétif de l'égalité en matière fiscale. Égalité et équité : antagonisme ou complémentarité ?* (ouvr. collectif), Economica, 1999, p. 113 ; L. Philip, Le contrôle de constitutionnalité des dispositions fiscales des lois de finances, *DF,* 2002, 8, 358 (égalité fiscale, rétroactivité...) ; D. Ribes, Le progrès de l'égalité devant l'impôt. À propos des décisions du Conseil constitutionnel, n° 99-424 DC, *RFFP,* 2001, 76, 261. A. Lièvre-Gravereaux, *La rétroactivité de la loi fiscale : une nécessité en matière de procédures,* L'Harmattan, coll. « Finances publiques », 2007, 434 p. (thèse justifiant de l'utilité de la rétroactivité).

76 Le particularisme corse. — Consulter L. Orsoni, J.-P. Pastorel, *Le régime fiscal de la Corse,* Actes, 1990, 69. Complétez pour un examen critique par L. Orsoni, Les conclusions du « rapport PRADA » sur le redéploiement du régime fiscal particulier à la Corse, *RFFP,* 1990, 30, 207 ; L. Orsoni, Le régime fiscal de la Corse, *RFFP,* 1991, 33, 9 ; N. Van Tuong, Le nouveau régime fiscal de la Corse, *Les Petites Affiches,* 1995, 95, 7 (commentaire de la loi 94-1131 du 27 déc. 1994) ; L. Orsoni, Le particularisme traditionnel des droits de succession en Corse sombre dans une confusion juridique préjudiciable, *JCP N,* 2006, 1214 (les droits de succession sont régis sur le fondement non d'un texte législatif).

77 DOM-La Nouvelle-Calédonie et les autres collectivités d'outre-mer. — L'article 22 de la loi du 11 juillet 1986 a renforcé dans les DOM-TOM l'aide fiscale à l'investissement des entreprises et des particuliers. Pour une analyse complète du dispositif B. Castagnède, *La défiscalisation des investissements outre-mer,* PUF, coll. « Fiscalité », 1987. La loi de finances pour 1992 a pérennisé le dispositif qui a parfois été critiqué non sans vigueur : E. Ginter, Le régime de défiscaliisation des investissements dans les DOM-TOM après la loi de finances pour 1992, *DF,* 1992, 19 ; P. Diener, Réalités et mirages de la « défiscalisation », *Droit et patrimoine,* 1993, 22, 55 (réquisitoire contre le dispositif) ; P. Diener, Droit de la défiscalisation dans les DOM-TOM. Réalités et mirages,

D., 1994, 249 p. (pour l'auteur la défiscalisation est une aberration juridique, fiscale et économique). Lire M.-C. Esclassan, Le régime fiscal des départements d'outre-mer, *RFFP,* 1991, 33, 39 ; B. Jadaud, La déduction fiscale en France des investissements dans les territoires d'outre-mer, *Les Petites Affiches,* 1994, 116, 13 ; P. Diener, Les abus de la défiscalisation DOM-TOM et la suppression de l'impôt sur le revenu, *Dr. et patrimoine,* 1995, 26 (critique de la théorie économique dite du levier fiscal) ; J. Boudine, *Le régime fiscal des départements d'outre-mer,* L'Harmattan, 1998 (exposé très complet).

78 CERTAINES LOIS SPÉCIFIQUES

— Lois de validation : CE 18 mars 1983, n° 41520, *DF,* 1983, 27, 1465 (validation directe) ; CE 10 juin 1977, n° 97965, *DF,* 1978, 14, 558, concl. Fabre et CE 28 mai 1984, n° 47050, *RJF,* 1984, 7, 442 (validation implicite) ; CE 19 avr. 1982, n° 19210, *DF,* 1982, 4647, 2173-2174, concl. Léger (effet rétroactif de la validation). La loi de validation peut s'avérer nécessaire : J. Lamarque, La rétroactivité de la loi fiscale : une nécessité en matière de procédure, *Mélanges en hommage au doyen Yves Madiot,* Bruylant, 2000, p. 331 à compléter par F. Layer, La rétroactivité fiscale : une exception française menacée ?, *BF Lefebvre,* 2002, 6, 439 (rappel des propositions de lois restées sans suite). La rétroactivité peut être critiquée quand elle remet en cause, sur le fondement d'une législation nouvelle, des actes qui étaient intervenus sur la base de dispositions législatives antérieures : M.-C. Bergerès, J. Jeausserand, Rétroactivité de la loi fiscale et instances devant les juridictions, *Procédures,* 2004, 1, 3 et s. Deux thèses où il est montré que la rétroactivité n'est pas plus employée en droit fiscal que les autres branches du droit, que son recours y est encadré et que son emploi semble décliner : O. Debat, La rétroactivité et le droit fiscal, *Defrénois,* coll. « Des thèses », 2006, 503 p. et A. Lièvre-Gravereaux, *La rétroactivité de la loi fiscale : une nécessité en matière de procédures,* L'Harmattan, coll. « Finances publiques », 2007, 432 p.

— Lois d'amnistie : G. Jèze, Nature juridique de la grâce de l'amnistie et de la grâce amnistiante, *RDP,* 1924, 437 ; G. Jèze, L'amnistie fiscale, *RSLF,* 1937, 288 ; M. Merle, L'amnistie fiscale de 1952, *RSLF,* 1953, 18 ; L. Vapaille, Amnistie fiscale : l'oubli ou le pardon ?, *L'administration de l'impôt en France et dans le monde* (ouvr. collectif), L'Harmattan, coll. « Finances publiques », 2008, 187 et s.

L'interprétation de la loi fiscale est un thème permanent que l'on balisera avec : P. Pacellier, *De l'interprétation des lois d'enregistrement,* Th. Bordeaux, 1938 ; G. Morange, L'interprétation des lois fiscales, *RSLF,* 1951, 639 ; P. Marchessou, *L'interprétation des textes fiscaux,* Paris, Economica, 1980 ; P. Marchessou, Le principe de l'interprétation stricte des textes fiscaux, *DF,* 1981, 30, 947. Mais tous ces travaux sont aujourd'hui supplantés par l'étude de J.-P. Maublanc, *L'interprétation de la loi fiscale par le juge de l'impôt,* Th. Bordeaux, 1, 1984 (dactyl.), qui par l'ampleur de la recherche est seule apte à donner une image fidèle du phénomène. Le même constat doit être fait pour l'étude corrélative de l'autonomie du droit fiscal. Sur cette question donc, la lecture de la thèse de J.-P. Maublanc sera complétée par le recours à des études plus spécifiques : J.-P. Lukasczewicz, *Nouveaux aperçus sur l'autonomie du droit fiscal,* Th. Amiens, 1973 (dactyl.) ; J.-F. Talon, *Les relations entre le droit fiscal et le droit de l'expropriation,* Th. Paris XII, 1979 ; J. Molinier, Fiscalité et fiction, *Mélanges P. Couzinet,* 1974, p. 577 ; G. Melleray, Domaine public et fiscalité, *AJDA,* 1980, 323 ; P. Serlooten, Droit fiscal et droit des affaires, *RFFP,* 1986, 15, 167.

Pour certains, « le système fiscal français tout entier repose sur une base de droit privé » car, « les principes généraux soumettant au droit privé l'interprétation des concepts auxquels la fiscalité se réfère, sans autres précisions à l'aide d'une terminologie privatiste » : P. Pujol, *L'application de droit privé en matière fiscale. Recherches sur la véritable place du droit privé dans le système fiscal français,* LGDJ, coll. « Bibliothèque de science financière », 1987, 152 p. Complétez par les thèses de S. Lambert-Wiber, *Contribution du droit civil à une approche renouvelée de la preuve en droit fiscal,* Université de Rouen, 1996 ; G. Chabot, *Des distorsions entre le droit civil et le droit fiscal en droit successoral,* Université de Nantes, 1997.

79 LES RAPPORTS COMPTABILITÉ-FISCALITÉ. — Avant toute chose consulter M. Cozian et P.-J. Gaudel, *La comptabilité racontée aux juristes,* Litec, coll. « Fiscal », 2006, 549 p. ; B. Plagnet, Les rapports entre le droit fiscal et la comptabilité, *RSF,* 1974, 695 ; L. Rives, *Obsession fiscale et administration des entreprises. Essai sur le rapt de la comptabilité par le fisc,* Th. Bordeaux, 1959 (dactyl.). Exemple topique d'alignement des règles fiscales sur les règles comptables : B. Martin-Laprade, concl. sur CE 10 févr. 1989, Depussay, *RJF,* 1989, 4, 204. Les conséquences fiscales de l'erreur comptable : M. Cozian, On ne badine pas avec les écritures comptables. La théorie des erreurs comptables délibérées, *DF,* 1999, 20, 734. Exemple de conséquences fiscales et comptables de la distinction entre charges et immobilisations : J.-L. Rossignol, La politique fiscalo-comptable des entreprises : l'alternative charge/immobilisation, *Les Petites Affiches,* 2001, 47, 4.

La comptabilité a été, en France, fortement influencée par la fiscalité. En ce sens, G. Haddou, Fiscalité et comptabilité. Évolution législative depuis 1920, *RF compt.,* 1991, 225, 55.

Pour une analyse des interactions et des contradictions entre les deux disciplines : M. Hinard, A.-C. Mitaine-Chenevier, *Comptabilité et fiscalité,* PUF, coll. « Fiscalité », 1988, 421 p.

Pour une étude comparée des relations entre comptabilité et fiscalité en France, en Allemagne, en Italie et en Grande-Bretagne : C. Colette, *Vers l'Europe fiscale. L'entreprise française face à ses concurrents,* Éd. Comptables Malesherbes, 1991, 123 p. Complétez par un examen des pratiques comptables qui vient à minimiser les bénéfices en Grande-Bretagne : P. Walton, Lien entre la comptabilité financière et la fiscalité au Royaume-Uni, *RF compt.,* 1992, 235, 48.

Le règlement européen n° 1606/2002 du 19 juillet 2002 prévoit à compter du 1er janvier 2005 l'application de normes comptables internationales IAS/IFRS aux comptes consolidés des sociétés cotées, ce qui n'est pas sans influence sur la fiscalité. Sur ce point lire : D. Villemot, Les conséquences fiscales des normes comptables internationales, *DF,* 2003, 50, 1581 et s. ; M. Taly, B. Lebrun, Incidences des normes IFRS : réaction à l'article de Dominique Villemot, *DF,* 2003, 50, 1586 et s. ; M. Cozian, P.-J. Gaudel, *La comptabilité racontée aux juristes,* Litec, coll. « Fiscal », 2006, 549 p. (bonne initiation).

80 LES CONFLITS DE LOIS DANS LE TEMPS. — Ils ne pourront plus être abordés sans l'étude fondamentale de J. Petit, *Contribution à l'étude des conflits de lois dans le temps en droit public interne,* Th. Paris II, 1992 (dactyl). Voir également J. Turot, Les lois fiscales rétroactives, *RJF,* 1990, 10, 655 ; C. Louit, *L'application dans le temps des lois relatives à la procédure d'imposition et de recouvrement* ; M. Liébert-Champagne, Application des lois fiscales dans le temps, *RJF,* 1988, 7, 453 ; P. Derouin, La Cour de cassation, le Conseil constitutionnel et l'application rétroactive des lois fiscales à caractère interprétatif, *Les Petites Affiches,* 1990, 88, 6 ; G. Gest, Droit de reprise de l'administration et lois fiscales rétroactives, *RF compt.,* 1993, 245, 52 ; A. Kerrest, La rétroactivité de la loi fiscale, *RFFP,* 1993, 42, 151 ; P. Martin, L'application dans le temps des règles de procédure fiscale : force reste à la loi, *DF,* 1997, 45, 1325 (examen circonstancié de l'art. L 284 LPF) ; S. Verclytte, Application de la loi fiscale dans le temps : une décennie riche d'évolutions, *RJF,* 1998, 6, 459 (bonne synthèse).

Chapitre 3
Les sources réglementaires

Quantitativement considérables, les sources réglementaires ont acquis une position originale dans la hiérarchie des normes, moins elles sont reconnues plus elles tendent à subvertir l'ordonnancement juridique.

Section I
Les redevances pour services rendus

La rigueur du principe de légalité imposé par la tradition républicaine ne pouvait que susciter des méthodes de contournement destinées à faciliter la création de prélèvements obligatoires par voie réglementaire. La prolifération, pendant toute la première moitié du XXe siècle, des organismes publics et parapublics, démembrements des services publics d'État fut une occasion propice de créer des recettes obligatoires affectées dont le régime juridique était particulièrement flou. L'ordonnance du 2 janvier 1959 avait permis une opportune clarification en regroupant les deux grandes catégories de prélèvement en deux notions : les taxes parafiscales et les redevances.

81 CRITÈRE. — L'article 3 de la loi organique de 2001 distingue parmi les ressources de l'État à côté des impôts les rémunérations de services rendus. La notion a acquis une valeur générale détachée de toute affectation budgétaire. Selon une définition désormais bien fixée la redevance pour services rendus est une somme demandée à des usagers en vue de couvrir les charges d'un service public déterminé ou les frais d'établissement ou d'entretien d'un ouvrage public qui trouve sa contrepartie directe dans des prestations fournies par le service ou dans l'utilisation de l'ouvrage (CE 23 déc. 1959, Jacquier et Camidessus, *Rec.,* 705 ; CE 30 juin 1957, Caisse de compensation de l'Organic, *Rec.,* 285 ; CC n° 69-57, L. du 24 oct. 1969, *Rec.,* 32 ; CC n° 79-93, L. du 6 oct. 1976, *Rec.,* 59 ; *RDP,* 1977, 464, obs. Favoreu et Philip). Il faut donc nécessairement que le débiteur de la redevance bénéficie effectivement d'un service (CE 20 déc. 1969, Commune de Nerville-la-Forêt, *Rec.,* 564 ; CE 25 janv. 1978, Imbert, *RDP,* 1978, 1456, note Drago) et contrairement à ce qui se vérifie pour les taxes, l'administré qui n'utilise pas le service ne paiera aucune redevance. Il faut également qu'il y ait corrélation entre la redevance et le service ce qui écarte de la qualification les sommes qui ne sont pas exclusivement perçues à l'occasion d'un service rendu (CC n° 77-100, L. du 16 nov. 1977, *Rec.,* 65), ou qui ne sont pas perçues sur les bénéficiaires du service (CE 22 déc. 1978, Syndicat viticole des Hautes-Graves de Bordeaux, *D.,* 1979, J, 125, note Delvolvé ; CE 18 janv. 1985, Marie d'Antin de Vaillac, *RDP,* 1985, 804, note Auby).

82 RÉGIME. — Ces redevances obéissent à un régime défini intégralement par voie réglementaire (CE 23 déc. 1959, Jacquier et Camidessus, *Rec.,* 705 ; CC n° 80-118, L. du 2 déc. 1980, *Rec.,* 73). Elles peuvent être créées en l'absence de tout texte prévoyant leur nature (CE 20 oct. 1950, Fédération parisienne du bâtiment, *S.,* 1951, 3, 13, note Letourneur). Diverses dispositions définissent l'autorité compétente pour les établir : l'article 5 de la loi organique du 1er août 2001 dispose que les rémunérations des services rendus par l'État sont instituées par décret en Conseil d'État (CC n° 69-57, L. du 24 oct. 1969, *Rec.,* 32 ; CE 8 févr. 1974, Fédération française des syndicats professionnels des pilotes maritimes, *JCP,* 1975, II, 17928, note Moderne), et l'article L 233-38 du Code des communes donne au conseil municipal compétence pour créer les redevances communales et en fixer le tarif (CE 27 juill. 1984, n° 34860, *RJF,* 1984, 10, 615). Dans les autres cas c'est à l'autorité compétente pour créer le service d'instituer les redevances (CE 20 oct. 1950, précité). Leur montant ne doit pas être disproportionné par rapport au coût réel du service rendu (CE 22 nov. 1974, Fédération des industries françaises d'articles de sport, *RSF,* 1976, 1105, obs. Herzog ; CE 17 nov. 1978, Société Établissements Geismann Frères, *Rec.,* 447), il s'apparente à un prix et, en conséquence, les redevances se trouvent soumises à la législation des prix (CE 13 mai 1977, Société Cofiroute, *D.,* 1978, J, 130, note Delvolvé). Est illégale une redevance dont le montant n'est pas proportionnel au service rendu (CE 10 févr. 1995, Chambre syndicale du transport aérien, *AJDA,* 1995, 5, note Broussolle, p. 403). D'éventuelles différences de taux ne peuvent se concevoir qu'à la condition de recouvrir des situations d'usagers elles-mêmes différentes au regard de la prestation fournie (CE 21 oct. 1988, Syndicat national des transporteurs aériens, *RDP,* 1989, 5, note Gaudemet, p. 1464). Liées au service public, les redevances ne peuvent exister avant même que ne fonctionne le service (CE 6 mars 1970, Augi, *Rec.,* 163), et suivant l'ensemble du régime contentieux qui lui est applicable (TC 28 juin 1976, Borlat, *AJDA,* 1976, 570, note Moderne ; TC 8 janv. 1982, Société Maine Viande, *D.,* 1983, J, 69, concl. Picca), le régime des créances fiscales ne s'appliquant pas de plein droit (CE 20 mars 1968, Ville de Saint-Lô, *AJDA,* 1968, 464). En conséquence, une collectivité publique ne peut instituer une redevance pour services rendus lorsque le service n'est pas effectué par elle-même, mais par un syndicat intercommunal auquel elle contribue (CE 8 juill. 1998, n° 151211, *DF,* 1998, 52, 1172, concl. Goulard).

Section II
Le pouvoir réglementaire d'exécution des lois fiscales

83 LE POUVOIR RÉGLEMENTAIRE DE L'ÉTAT. — Il est admis qu'en droit fiscal il existe un pouvoir réglementaire autonome concernant le fonctionnement des administrations fiscales, la création de services ou organismes fiscaux, l'organisation de la juridiction gracieuse. Son existence a été reconnue par le Conseil constitutionnel (CC n° 68-35 DC du 30 janv. 1968, *Rec.,* 19). Mais il apparaît que son exercice est conditionné par le respect de la compétence législative fixée par l'article 34 (CC n° 80-113, L. du 14 mai 1980, L. du 2 déc. 1980, *Rec.,* 74) et que parallèlement le Conseil constitutionnel a formulé le principe de l'unité du pouvoir réglementaire (CC n° 76-94, L. du 2 déc. 1976, *Rec.,* 67, *RDP,* 1977, 458, obs. Favoreu). La distinction a donc perdu tout son intérêt d'autant plus qu'en matière fiscale la compétence d'exécution des lois est particulièrement étendue, à la mesure du champ de la compétence législative.

Selon la formule consacrée, il appartient au pouvoir réglementaire d'édicter des mesures d'application qui sont nécessaires à la mise en œuvre des règles fixées par le législateur (CC n° 68-51, L. du 4 avr. 1968, *Rec.,* 25). La compétence s'exerce alors même que la loi ne prévoit pas l'intervention de décrets d'application (CE 13 mars 1981, n° 13098, *DF,* 1981, 29, comm. 1472, concl. Lobry).

Le règlement d'application doit être compatible avec la norme législative supérieure. Cette compatibilité est contrôlée le plus souvent de manière négative ; il faut que les dispositions réglementaires n'aient pas pour objet et pour effet de modifier le caractère, l'étendue, la portée des règles législatives, l'assiette, de taux et de recouvrement de l'imposition (CC n° 80-126 DC du 30 déc. 1980, *Rec.,* 53 ; CE 12 mars 1965, Féd. des chambres syndicales de négociants importateurs, *Rec.,* 165). Sont alors annulées les modifications du champ d'application de ces règles (CE 19 déc. 1979, n° 12801, *DF,* 1980, 50, 2542, concl. Martin-Laprade), les dérogations (CE 2 déc. 1977, n° 1247, *DF,* 1978, 52, 2050, concl. Fabre). Plus concrètement, sont censurées la création d'une exemption non prévue par la loi (CE 28 mai 1976, Soc. Laboratoires d'électronique, *Rec.,* 286), la modification d'un régime légal de déduction (CE 28 nov. 1964, n° 47403, *Rec.,* 605 ; CE 6 juill. 1983, n° 35746, *RJF,* 1983, 10, 523), d'abattement (CE 1er déc. 1971, Association Amitié des aveugles de France, *Rec.,* 731). En définitive, la compétence de l'autorité investie du pouvoir réglementaire implique le droit de prendre toute mesure destinée à faciliter l'application de la loi et à assurer le contrôle de son exacte application. Dans ce dernier cas, elle peut aller jusqu'à créer des obligations nouvelles (CE 10 juin 1977, n° 92618, *RJF,* 1977, 7-8, 259 ; CE 13 juin 1979, n° 13116, *RJF,* 1979, 9, 312), à condition toutefois qu'elle ne les assortisse pas de sanctions spécifiques (CE 13 mars 1981, n° 13098, *DF,* 1981, 29, 1472, concl. Lobry). Il serait toutefois inexact de conclure que l'autorité réglementaire ne disposerait pas de réel pouvoir créateur. Les délégations législatives (CE 21 juin 1985, n° 51087, *RJF,* 1985, 8-9, 649), leur interprétation souvent très compréhensive (CE 3 nov. 1978, n° 3129, *DF,* 1979, 12, 593, concl. Martin-Laprade), lui rendent une grande latitude d'action qui a conduit le juge à s'en tenir souvent à un contrôle de compatibilité globale en recherchant si, dans son ensemble, le dispositif réglementaire ne porte pas une atteinte grave aux caractères de l'imposition (CE 4 déc. 1964, Min. des Finances c/ Soc. Desbouvries, *Rec.,* 615), ou ne dénature pas une institution (CE 17 févr. 1978, Nicoud, *Rec.,* 83).

Naturellement, les règlements d'application doivent respecter l'ensemble de la législation même non fiscale quand la loi fiscale n'autorise pas à y déroger : dispositions du Code pénal (CE 12 mars 1983, n° 11099, *RJF,* 1982, 5, 227, concl. Verny), libertés publiques garanties par la Constitution (CE 18 mars 1983, n° 41520, *DF,* 1983, 27, 1465).

Le principe de la primauté du droit communautaire s'impose. En conséquence, un contribuable ne peut pas invoquer une doctrine administrative incompatible avec les objectifs d'une directive (CAA Douai, 26 avr. 2005, n° 02-736, SA Segafredo Zanetti France, *DF,* 2005, 36, 581, concl. Michel).

Doit enfin être mentionnée une compétence originale du pouvoir réglementaire : la codification des textes de valeur législative. Afin de respecter la hiérarchie des normes, l'autorité réglementaire doit se borner à de pures adaptations de forme dont les règles ont été fixées par la jurisprudence : sauf habilitation du législateur, le pouvoir codificateur ne peut en aucune façon modifier le fond du droit. Quand, dans une codification, une rédaction ajoute, retranche ou modifie un texte de loi, celle-ci doit être tenue pour nulle et non avenue dans les passages contradictoires avec la loi dont elle est issue (CE 18 juin 1980, n° 3710, *DF,* 1981, 26, 1350, concl. Fabre). Il reste que le gouvernement est souvent infidèle à ces préceptes. En témoigne surabondamment la dernière grande opération de codification fiscale réalisée par deux décrets du 15 septembre 1981 pour l'élaboration du Livre des procédures fiscales et qui s'est accompagnée de modifications que l'administration fiscale a recensées dans une note en date du 13 novembre 1981 (*BODGI,* 13, I-19-81).

84 LE POUVOIR RÉGLEMENTAIRE DES COLLECTIVITÉS LOCALES. — Si la loi fixe les règles concernant l'assiette, le taux et les modalités de recouvrement des impositions de toute nature, elle détermine aussi les principes fondamentaux de la libre administration des collectivités locales, de leurs compétences et de leurs ressources. Cette seconde disposition de l'article 34 de la Constitution garantit l'existence d'une fiscalité locale pour l'aménagement de laquelle la tradition législative bien avant 1958 (CE 3 mai 1961, Peteaud, *Rec.,* 292) avait reconnu une compétence étendue aux pouvoirs réglementaires locaux. Encore faut-il en préciser les limites. Il est tout d'abord certain qu'une collectivité locale ne peut créer un impôt ou une taxe fiscale dont l'institution n'aurait pas été prévue par le législateur (CE 1er juill. 1932, Soc. des houillères de Rochebelle, *Rec.,* 65 ; CE 10 déc. 1969, Commune de Nervile-la-Forêt, *Rec.,* 564). Son intervention peut cependant varier en étendue. Il peut tout d'abord définir l'ensemble du régime d'impôt affecté aux collectivités locales, l'autorité décentralisée ayant compétence pour préciser certains éléments dans les limites de la loi. C'est ainsi que l'article 1636-B-*sexies* CGI prévoit que les conseils généraux, les conseils municipaux, les instances délibérantes des organismes de coopération intercommunale dotés d'une fiscalité propre, les conseils régionaux votent chaque année les taux des taxes foncières, de la taxe d'habitation et de la taxe professionnelle. Ces délibérations ont valeur réglementaire et sont soumises au contrôle de légalité de droit commun (CAA Lyon, 5 avr. 1993, n° 90266, *DF,* 1993, 49, 2334, concl. Richer). Leur annulation entraîne la substitution, dans la limite du taux appliqué à l'imposition, du taux retenu l'année précédente. De même, en vertu de dispositions législatives spécifiques, les autorités pourront définir certaines exonérations (CAA Lyon, 16 févr. 1993, n° 91-382, *DF,* 1993, 26, 1332, concl. Haelvoet).

À l'opposé laissant une plus large liberté aux autorités décentralisées, on trouve le système des taxes facultatives (art. 1520 et s. CGI) dont l'institution dépend d'une décision de l'autorité décentralisée bien que l'existence et une partie du régime soient définies par la loi.

L'exemple le plus connu est celui de la taxe d'enlèvement des ordures ménagères dont le prélèvement doit être décidé sur le fondement de l'article L 233-78 du Code des communes (CE 10 avr. 1992, n° 132539, *DF,* 1992, 30, 1537) et qui comporte un régime d'exonération facultative (CE 17 janv. 1994, n° 132988, *DF,* 1994, 14, 668, concl. Bachelier).

Les limites de l'intervention des autorités d'État apparaissent singulièrement floues, on comprend que le Conseil constitutionnel ait formulé quelques règles destinées à sauvegarder l'autonomie des collectivités décentralisées. Il est de principe que les règles fixées par la loi ne sauraient avoir pour effet de restreindre les ressources fiscales des collectivités territoriales au point d'entamer leur libre administration (CC n° 90-274 DC du 29 mai 1990, *Rec.,* 61 et n° 90-277 DC du 25 juill. 1990, *Rec.,* 70) mais l'on peut douter de sa portée effective lorsque l'on constate que le législateur dans l'exercice de sa compétence en matière fiscale n'est pas tenu de laisser à chaque collectivité territoriale la possibilité de déterminer seule le montant de ses impôts locaux et peut, certes à titre exceptionnel, décider que le produit d'un impôt local pourra en partie être attribué à une autre collectivité (CC n° 91-291 DC du 6 mai 1991, *Rec.,* 40).

Section III
La doctrine administrative

85 LE PHÉNOMÈNE. — Lorsqu'en 1790 et 1791 la Constituante adopta la réforme fiscale créant la contribution foncière, la personnelle mobilière et la patente elle fit suivre ces différentes lois d'instructions pour leur application. Sage précaution qui permettait, dans une matière aussi technique, d'éviter la dénaturation de la loi par les bureaux. Depuis, les circulaires et instructions administratives ont tant proliféré qu'elles apparaissent comme l'expression naturelle du droit fiscal. L'ampleur du phénomène aurait dû susciter une réaction tendant à rétablir la hiérarchie des normes. Ce fut le contraire qui arriva, les instructions ont bénéficié d'une immunité juridictionnelle quasi complète. Faute de discipliner ce pouvoir réglementaire occulte il apparut équitable de protéger le contribuable contre les inconvénients de son exercice notamment lorsqu'il s'était fondé sur les solutions administratives pour aménager sa situation fiscale. Le remède fut trouvé dans l'opposabilité de la doctrine au contribuable à l'occasion des rehaussements dont il peut faire l'objet, définie par l'article 100 de la loi du 28 décembre 1959 codifié sous l'article 1649 *quinquies* E CGI lui-même devenu l'article L 80-A LPF, auquel s'ajoute l'article L 80-B LPF. La loi a pour objet de fixer ou de modifier une règle légale, non de transformer une interprétation doctrinale. En conséquence, les dispositions de la loi qui ne se réfèrent pas à la doctrine ne sauraient avoir par elles-mêmes pour effet de modifier ou de compléter une interprétation doctrinale (CE sec. Avis, 20 oct. 2000, n° 222675, *DF,* 2001, 10, 201, concl. Bachelier). Le décret du 28 novembre 1983 concernant les relations entre l'administration et les usagers a complété cette protection.

I | L'ABSENCE DE CONTRÔLE DE LÉGALITÉ EFFICACE

86 LIMITES DE LA THÉORIE DES CIRCULAIRES RÉGLEMENTAIRES. — Les ministres et leurs subordonnés n'ayant pas de plein droit la compétence réglementaire, les circulaires devraient le plus souvent encourir l'annulation, ce qui apurerait efficacement l'ordonnancement juridique. Seulement les conditions requises par le juge pour qu'il y ait circulaire réglementaire donc illégale sont telles que le contrôle est pratiquement inexistant. Quelques exemples suffisent à le montrer. Sera considérée comme une circulaire réglementaire donc illégale une circulaire qui modifie les règles d'établissement du tarif d'une imposition (CE 24 mai 1964, Boyreau, *Rec.,* 304), qui modifie le champ d'une exonération légale (CE 18 mai 1973, Geoffroy, *Rec.,* 358), qui crée une situation fiscale nouvelle (CE 20 déc. 1963 Confédération générale des Vignerons du Midi, *Rec.,* 648), qui étend l'assiette d'une imposition (CE 30 sept. 1981, n° 17343, *RJF,* 1981, 11, 526) ou le champ d'application de son taux (CE 27 juill. 1984, n° 40749, *RJF,* 1984, 10, 634). Est caduque une circulaire se bornant à commenter un décret annulé, car son existence ne se justifie que par rapport à ce décret (CE 24 nov. 1989,

Ville de Montpellier et autres, *DF,* 1990, 17-18, 890, concl. Racine). On constate alors que ces causes d'illégalité suffiraient à obtenir l'annulation d'un règlement véritable dans son contrôle de conformité à la loi. *A contrario,* sera par conséquent dépourvue de valeur réglementaire une circulaire qui contiendra des mesures d'application analogues à celles que peut prévoir tout règlement légal. Les circulaires interprétatives constituent donc bien la manifestation d'un authentique pouvoir réglementaire préservé par la carence volontaire du contrôle juridictionnel. Il en résulte naturellement que la modification de telles circulaires n'est pas une manifestation de l'illégalité de celles qui ont été antérieurement prises mais un simple changement d'interprétation (CE 21 juin 1985, n° 51097, *RJF,* 1985, 8-9, 649).

Par contre, une instruction qui se borne à donner, à l'intention des agents de l'administration, l'interprétation ou la portée devant être accordée à une décision juridictionnelle ne revêt pas un caractère réglementaire (CE 24 mai 2000, n° 209587, *DF,* 2000, 27, 554, concl. Bachelier).

L'extension considérable du champ des circulaires interprétatives a pour effet de mettre le contribuable dans l'incapacité de contester les instructions par voie du recours pour excès de pouvoir qui sera nécessairement rejeté (CE 22 mars 1978, n° 4049, *RJF,* 1978, 5, 177), d'obtenir le bénéfice des mesures favorables qu'elles contiennent (CE 13 avr. 1964, Maza, *Rec.,* 218 ; CE 26 juin 1968, L..., *DF,* 1970, 4, 68, concl. Mehl), ou de revendiquer une égalité de traitement (CE 29 oct. 1965, Chemin, *Rec.,* 571). Le recours pour excès de pouvoir dirigé contre les dispositions d'une instruction qui se bornent à donner une interprétation de la loi sans édicter de nouvelles règles est irrecevable (CE 8 juill. 1998, n° 186184, *BDCF,* 1998, 4, concl. Bachelier, p. 107).

II | L'OPPOSABILITÉ DE LA DOCTRINE ADMINISTRATIVE

87 L'ARTICLE L 80-A LPF. — L'importance quantitative et qualitative des interprétations de la loi fiscale par l'administration est telle que dès 1927 les pouvoirs publics se sont préoccupés d'offrir aux contribuables une garantie contre les changements de doctrine administrative.

Aujourd'hui elle se trouve énoncée à l'article L 80-A LPF. Il est indispensable de citer ce texte avant d'en faire l'exégèse. « Il ne sera procédé à aucun rehaussement d'impositions antérieures si la cause du rehaussement poursuivi par l'administration est un différend sur l'interprétation par le redevable de bonne foi du texte fiscal et s'il est démontré que l'interprétation sur laquelle est fondée la première décision a été à l'époque formellement admise par l'administration. Lorsque le redevable a appliqué un texte fiscal selon l'interprétation que l'administration avait fait connaître par ses instructions ou circulaires publiées et qu'elle n'avait pas rapportée à la date des opérations en cause, elle ne peut poursuivre aucun rehaussement en soutenant une interprétation différente. »

L'idée qui gouverne ce texte est simple : les contribuables ont un droit à être traités conformément aux interprétations de la loi fiscale données par l'administration à la date de l'imposition et sur la foi desquelles ils ont aménagé leur situation fiscale.

La garantie ne s'applique qu'aux prélèvements de nature fiscale et ne bénéficie qu'au contribuable. L'administration ne saurait invoquer une instruction administrative pour maintenir une imposition contraire à la loi (CE 11 juill. 1979, n° 2087, *DF,* 1990, 1, 4, concl. Lobry ; CE 7 oct. 1987, n° 66210, *DF,* 1988, 9, 439, concl. Martin-Laprade).

Les dispositions du premier alinéa de l'article L 80-A ne sont susceptibles de s'appliquer qu'aux compléments d'imposition établis par voie de rehaussement opérés par rapport à une imposition initiale précédemment mise en recouvrement (CE 20 juill. 1971, n° 75476, *Rec.,* 553) tandis que celles du second alinéa sont de nature à faire obstacle à l'établissement de toute imposition, même primitive, qui serait contraire à une interprétation contenue dans des documents publiés (CE 4 juin 1976, n° 98484, *DF,* 1976, 52, 2003, concl. Latournerie).

88 CONDITIONS D'APPLICATION. — Une abondante jurisprudence est venue nicher ce texte pour préciser les conditions d'application.

a) La garantie joue sur l'interprétation d'un texte. Le texte qui constitue l'enjeu de l'interprétation peut être une loi, un règlement ou une convention internationale (CE 22 déc. 1982, n° 26338, *DF,* 1983, 39, 1719, concl. Rivière), son objet doit être nécessairement fiscal (CE 19 déc. 1979, n° 15611, *DF,* 180, 10, 518). Encore faut-il qu'il concerne l'assiette, le taux et la liquidation de l'impôt, à l'exclusion de tous les textes relatifs à la procédure d'imposition (CE 2 juill. 1983, n° 31761, *DF,* 1983, 51, 2367, concl. Rivière) et, sauf exception, à ceux relatifs au recouvrement (CE 24 avr. 1981, n° 1610, *DF,* 1983, 5, 149, concl. Rivière). Une doctrine qui a pour objet de commenter une autre doctrine n'entre évidement pas dans le champ de la garantie (CE 24 juin 1987, n° 48158, *RJF,* 1987, 8-9, 450, concl. Martin).

b) L'interprétation doit être formelle. Cette condition requiert que soient réunis plusieurs éléments. La doctrine doit tout d'abord émaner du ministre chargé des finances ou de ses services (CE 13 juin 1979, n° 1315, *DF,* 1980, 1, 52) sauf si l'autorité administrative a compétence pour établir l'imposition litigieuse (CE 1er mars 1978, n° 3756, Bouvrain, *DF,* 1978, 28, 1155). Elle doit être contenue dans un document ayant fait l'objet d'une diffusion destinée aux contribuables (CE 5 juill. 1991, n° 107258, *DF,* 1992, 7, 38) : circulaires, réponses ministérielles à l'exclusion des prises de position du ministre des Finances à l'occasion des débats sur une loi fiscale, lettres adressées à des organisations syndicales (CE 5 mars 1980, n° 10795, *DF,* 1980, 22-23, 1226), la documentation administrative de base. Il a été jugé qu'un relevé de conclusions entre l'administration et une profession, rédigé par un député, vaut doctrine opposable, dès lors que son contenu n'est pas contesté (CE 27 avr. 2001, n° 200659, *DF,* 2001, 43, 987, concl. Courtial). La question devient plus délicate dans les stricts rapports entre l'administration et le contribuable ; la position adoptée par le vérificateur dans une notification de redressement sera retenue (CE 10 avr. 1991, n° 5696, *DF,* 191, 43, 2036), une lettre adressée au contribuable (CE 3 nov. 1986, n° 57010, *DF,* 1987, 10, 445, concl. Racine ; CE 29 mai 1991, n° 55032, *DF,* 1993, 50, 2429, concl. Hagelsteen), un accord verbal à condition que son existence et son contenu soient établis (CE 12 déc. 1990, n° 61552, *DF,* 1991, 43, 2029, concl. Fouquet) mais en aucun cas le silence observé par l'administration sur les demandes ou le comportement fiscal du contribuable. Enfin, la position de l'administration doit être exprimée avec une clarté et une fermeté suffisantes, de simples recommandations à l'égard des services, des institutions, des tolérances ne constituent jamais une interprétation formelle.

c) La situation du contribuable doit être exactement conforme à la situation fiscale visée par l'interprétation (CE 29 oct. 1980, n° 13749, *DF,* 1981, 4, 191, concl. Racine) sans qu'il puisse revendiquer une application partielle du contenu de la doctrine (CE 26 oct. 1977, n° 98438, *DF,* 1978, 39, 1396, concl. Fabre).

d) Le contribuable ne peut se prévaloir que de la doctrine en vigueur pendant la période d'imposition. Plus précisément, il ne peut invoquer que la doctrine antérieure à la date de la décision primitive d'imposition s'il revendique le bénéfice du premier alinéa de l'article L 80-A ou la doctrine existant à la date limite de déclaration s'il se prévaut du second alinéa (CE 14 mars 1979, n° 6936, *DF,* 1980, 9, 421, concl. Rivière). Si la doctrine a été modifiée, l'interprétation nouvelle n'est opposable qu'à la date de sa publicité (CE 18 mars 1988, n° 73693, *DF,* 1988, 41, 115, 9, concl. Martin-Laprade, *GAJF,* n° 8). Par contre, le même contribuable pourra se prévaloir de la même interprétation s'il estime qu'elle lui est favorable (concl. Rivière sur CE 25 juill. 1980, n° 93760, *DF,* 1982, 13, 698).

e) Personne ne conteste que l'administration puisse fonder des redressements sur le terrain de la loi fiscale, en observant que les conditions posées par sa doctrine n'avaient pas été satisfaites. Par contre, elle ne peut pas se prévaloir exclusivement de l'application partielle de la doctrine pour fonder l'imposition (CE 25 févr. 2004, Sté française de Réassurances, *BDCF,* 2004, 5, 29 et s., concl. Vallée).

89 EFFETS PERVERS. — Insérée dans le mécanisme juridictionnel la garantie fonctionne à titre subsidiaire. En effet, selon une jurisprudence constante, le juge doit tout d'abord rechercher si les prétentions du contribuable sont fondées au regard de la loi fiscale, ce n'est qu'à défaut qu'il vérifiera si les conditions sont réunies pour que soient appliquées les dispositions de l'article L 80-A (CE 25 févr. 1985, n° 39003, *DF,* 1985, 42, 1783, concl. Fouquet). Néanmoins, elles ont pour effet de troubler le fonctionnement normal de l'activité juridictionnelle. Rappelons à cet égard, le diagnostic d'un commissaire du gouvernement : « Les dispositions de l'article L 80-A privent le juge d'une partie de son rôle, au bénéfice de l'administration fiscale. Elles n'empêchent évidemment pas le juge de dire le droit, mais elles l'obligent aussitôt après avoir dit le droit, à faire bénéficier le contribuable de l'interprétation administrative qu'il invoque, alors même que cette interprétation n'est pas conforme au droit. Ces anomalies juridiques nous semblent d'autant plus choquantes que, d'après votre jurisprudence, l'interprétation de la loi fiscale donnée par l'administration n'a pas normalement un caractère réglementaire. On aboutit ainsi à une incohérence. » Ajoutons que la doctrine administrative n'a aucun esprit et ne peut pas être lue *a contrario* (CE 18 oct. 1996, n° 140796, *BDCF,* 1996, 6, concl. Bachelier). Ajoutons que les contribuables n'ont aucun droit au maintien d'un avantage qui ne résulte que de la doctrine (CE 25 juin 2003, Sté Nestlé France *et al., BDCF,* 2003, 10, 24 et s., concl. Collin).

90 LE RESCRIT. — Traditionnellement la jurisprudence refusait de considérer que l'appréciation d'une situation de fait pouvait constituer une interprétation de la loi fiscale au sens de l'article L 80-A LPF (CE 8 nov. 1984, n° 42499, *DF,* 1985, 15, 763). Pourtant tout juriste un peu expérimenté sait que notamment l'opération intellectuelle de qualification juridique des faits implique nécessairement une interprétation de la loi appliquée. La loi du 8 juillet 1987 a ainsi créé une garantie complémentaire insérée dans l'article L 80-B LPF et couramment appelée au terme d'une référence historique très approximative, « rescrit fiscal ». Désormais la garantie prévue au premier alinéa de l'article L 80-A LPF est applicable lorsque l'administration a formellement pris position sur l'appréciation d'une situation de fait au regard d'un texte fiscal. En réalité, et on le constate à la lecture de l'instruction du 16 décembre 1988 commentant ces dispositions (*BOI,* 13 L-1-89, *DF,* 1989, 6, *ID,* 9630) l'appréciation d'une situation de fait n'est autre qu'une qualification opérée au regard d'un texte qui se rapporte à l'assiette, au taux ou au recouvrement de l'impôt, qualification de l'activité imposable, détermination d'une base d'imposition, définition du redevable de l'impôt...

91 L'ARTICLE L 80-B LPF. — La garantie visée à l'article L 80-A LPF a été étendue lorsque l'administration a formellement pris position sur l'appréciation d'une situation de fait au regard d'un texte fiscal. Lorsqu'elle n'a pas répondu dans un délai de trois mois aux demandes adressées depuis le 1er juillet 1996 tendant à bénéficier de certains régimes d'amortissements exceptionnels, de plein droit ou soumis à l'agrément, et du régime d'exonération d'impôt sur les bénéfices prévu en faveur des entreprises nouvelles. Enfin, lorsque l'administration n'a pas répondu dans un délai de six mois à une demande formulée par une entreprise à compter du 1er mars 1997 pour savoir si son projet de dépenses de recherches est éligible au dispositif du crédit d'impôt recherche.

Pour bénéficier de ce dispositif il est nécessaire que le contribuable soit de bonne foi, que sa situation soit strictement identique à celle sur laquelle l'administration a pris position, ou qu'il se soit conformé à la solution admise par l'administration lors de sa prise de position formelle. Par exemple, un redevable peut se prévaloir sur le fondement de l'article L 80-B LPF d'un certificat administratif de non-assujettissement à la TVA (CE 8 sept. 1999, n° 161330, *DF,* 2000, 40, 746, concl. Goulard). Mais cette garantie ne joue plus lorsque l'administration modifie l'appréciation antérieurement portée sur une situation de fait au regard d'un texte fiscal, lorsque l'interprétation doctrinale a été modifiée ou encore quand la situation de fait ayant fait l'objet d'une appréciation par l'administration a été modifiée.

La garantie de l'article L 80-B LPF, dans l'hypothèse où l'administration a pris formellement position sur l'appréciation d'une situation de fait au regard d'un texte fiscal, n'existe que pour autant que se trouvent satisfaites les conditions d'application de l'article L 80-A (CE 29 déc. 2000, n° 199296, *DF,* 2001, 19-20, 453, concl. Courtial).

92 LE DÉCRET DU 28 NOVEMBRE 1983. — Il a posé pour l'ensemble des administrés un principe d'opposabilité à l'administration de ses instructions, circulaires et directives publiées et non contraires aux lois et aux règlements. Son intérêt est nécessairement plus limité en matière fiscale puisque l'opposabilité étant réduite aux instructions conformes aux lois, le contribuable a tout avantage à invoquer l'article L 80-A LPF qui ignore cette condition. Il ne joue donc pratiquement qu'à l'égard des instructions relatives à la procédure d'imposition, au recouvrement ou à la procédure administrative contentieuse. Le Conseil d'État a jugé qu'une doctrine exprimée sous la forme d'une réponse ministérielle à une question écrite d'un parlementaire ne peut être opposée à l'administration sur le fondement du décret du 28 novembre 1983 (CE 2 avr. 1993, n° 96392, *DF,* 1993, 41, 1957, concl. Martin).

Encore voit-il son champ d'application se réduire du fait de l'adoption d'une conception extensive de la notion de contrariété à la loi fiscale. Si l'on en juge à la lecture de l'instruction du 28 septembre 1992 relative aux relations entre l'administration et les usagers (*BOI,* 13 A-2-92, *DF,* 1992, 44, *ID,* 10707), il y a lieu de considérer comme contraires à la loi non seulement les circulaires réglementaires mais aussi celles qui édictent des mesures de bienveillance et de tempérament, les recommandations, les instructions qui organisent ou commentent des procédures administratives qui ne trouvent leur origine dans aucun texte législatif ou réglementaire. Ces solutions semblent assez conformes aux premières tendances de la jurisprudence du Conseil d'État (CE 18 nov. 1988, n° 74-383, *DF,* 1989, 13, 645 ; CE 2 avr. 1993, n° 96392, *DF,* 1993, 41, 1957, concl. Martin).

Pour aller plus loin

93 LE POUVOIR RÉGLEMENTAIRE EN MATIÈRE FISCALE. — Parmi les thèses sur le sujet : J.-L. Guièze, *Le partage des compétences entre la loi et le règlement en matière financière,* LGDJ, coll. « Bibliothèque de science financière », 1974 ; P. Thévenin, *Le pouvoir réglementaire en matière fiscale,* Th. Bordeaux, 1975. La lecture de G. Morange, L'exercice du pouvoir réglementaire en matière fiscale, *RSLF,* 1953, 667 et la réalisation de la réforme fiscale par voie réglementaire, *D.,* 1948, chron., 177, de G. Liet-Veaux, La fiscalité gouvernementale, *Rev. adm.,* 1959, p. 160, permettra de saisir les continuités. Sur l'étendue du pouvoir réglementaire des collectivités locales on dispose désormais d'une bonne synthèse avec J.-P. Ferrand, *Le pouvoir fiscal des autorités locales,* Th. Aix-Marseille, 1992 (dactyl.). Lire la solide étude de P. Dibout, L'illégalité des instructions et circulaires fiscales, l'administration et le contribuable, *DF,* 1991, 18, 741.

94 LES RÉMUNÉRATIONS POUR SERVICES RENDUS. — Font l'objet d'une utile réflexion de Y. Gaudemet, note sous CE 21 oct. 1988, Syndicat national des transporteurs aériens, *RDP,* 1989, 5, 1464 ; complétez par M. Lecerf et G. Blanc, Le financement des services rendus : impôts ou redevances ?, *DF,* 1998, 39, 1159. Lire les conclusions P. Collin sur CE 2 oct. 2006, Mestres (req. 278677) et Pech (req. 278676), *BDCF,* 2006, 12, 52 et s. dans lesquelles il nuance, au cas d'espèce, le principe selon lequel l'absence de service rendu puisse constituer un moyen justifiant une demande de décharge de l'imposition.

95 LA DOCTRINE ADMINISTRATIVE. — Une bonne présentation du phénomène de la doctrine administrative dans J.-C. Martinez, *Le statut du contribuable,* 1980, p. 124 et s., qui sera complétée par des articles techniques : M. Cozian, L'inégalité devant l'impôt par le fait de l'administration, *D.,* 1975, chron., p. 100 ; P. Bern, La protection des contribuables contre les changements de doctrine administrative, *RSF,* 1971, 751, X ; La garantie contre les changements de doctrine administrative, *RJF,* 1976, 10, 293 et 11, 327 ; P. Amselek, L'opposition à l'administration de sa propre doctrine, *DF,* 1984, 4, 149 (essentiel) ; M. Delage-Eymard, *L'opposabilité de la doctrine administrative fiscale,* Th. Paris X - Nanterre, 1997.

Sur l'ensemble de ces mécanismes voir les fines réflexions de P. Amselek, Les mécanismes régulateurs de la pratique du droit fiscal en France, *DF,* 1983, 40, 1176 ; T. Lambert, *Contrôle fiscal. Droit et pratique,* PUF, coll. « Droit fondamental », 1998, 359 et s. (garanties contre les changements de doctrine de l'administration dans le cadre des contrôles fiscaux) ; E. Mignon, Doctrine administrative : jurisprudence récente et questions restant en suspens, *RJF,* 2000, 6, 487.

Pour une étude très documentée concernant l'illégalité des instructions, circulaires et des conséquences qu'il convient d'en tirer : P. Dibout, L'illégalité des instructions et circulaires fiscales, l'administration et le contribuable, *DF,* 1991, 18, 741. Complétez par J. Turot, Le recours en annulation contre la doctrine administrative, *RJF,* 1990, 8-9, 535 ; G. Goulard, Recours pour excès de pouvoir, *RJF,* 1994, 5, 286.

L'élaboration de la doctrine et sa pérennité, sa diffusion, son utilisation et le contentieux pouvant en résulter, appliquée à l'impôt sur les grandes fortunes et l'impôt de solidarité sur la fortune, a fait l'objet d'une thèse fort bien documentée : L. Vapaille, *La doctrine administrative fiscale,* L'Harmattan, coll. « Finances publiques », 1999, 488 p. Complétez par les différentes contributions réunies dans *RFFP,* 2001, 75. Pour certains auteurs la garantie contre le changement de doctrine est une protection inadéquate de la confiance légitime, lire S. Raimbault de Fontaine, Pour une protection rénovée de la confiance légitime en droit fiscal, *RFFP,* 1999, 68, 227.

À noter que le « Précis de fiscalité » édité chaque année par l'administration ne constitue ni une interprétation formelle de la loi au sens de l'article L 80-A du LPF, ni une instruction donnée par le ministre à ses services. Est irrecevable le recours pour excès de pouvoir dirigé contre le refus du ministre d'en modifier le contenu : CE 1er mars 2004, Syndicat national des professions du tourisme CGC, *BDCF,* 2004, 5, 44 et s.

96 L 80-A ET L 80-B LPF. — Examen de l'intérêt respectif des articles L 80-A, L 80-B LPF et du décret du 28 novembre 1983 : E. Douat, Les mérites comparés de l'article L 80-A du LPF et de l'article 1er du décret du 23 novembre 1983, *Les Petites Affiches,* 1991, 123, 7 ; B. Plagnet, L'opposabilité de la doctrine administrative, *BF Lefebvre,* 1994, 8-9, 431 ; J.-L. Pierre, Les garanties du contribuable contre les changements de doctrine de l'administration, *DF,* 1995, 5, 220 ; P. Philip, Le respect des engagements de l'administration en matière de procédure fiscale : l'opposabilité des engagements de l'administration en matière de procédure fiscale, *DF,* 1995, 20, 848 ; S. Verclytte, Abus de droit et garanties des contribuables ayant appliqué la doctrine administrative : le triomphe de la sécurité juridique, *RJF,* 1998, 5, 359 (à propos des « fonds turbo »). La prise de position peut être engagée par « ceux qui ont participé à l'acte ou à l'opération qui a donné naissance à la situation », CE 20 oct. 2004, SA Éts François Meunier, *BDCF,* 2005, 1, 35 et s., concl. Vallée ; F. Goguel, La garantie contre le changement de doctrine face au droit communautaire. Le droit douanier peut-il sauver l'article L 80-A du LPF, *DF,* 2006, 21-22, comm. 22 (étude comparée fort utile des articles L 80 A-LPF et 220-6-*b* et 239 du Code des douanes communautaire).

97 L'ARTICLE 1er DU DÉCRET DU 28 NOVEMBRE 1983. — Portée et limites : Conseil d'État, Portée des instructions administratives en matière fiscale et garantie des contribuables contre les changements d'interprétation par l'administration des textes fiscaux, *EDCE,* 1987, 38 (la notion d'instruction à caractère réglementaire et l'application du décret du 28 novembre 1983) ; R. Foissac, Contribution de l'article 1er du décret de 1983 à la protection du contribuable, *BF Lefebvre,* 1993, 8-9, 537 (bilan d'une décennie d'application) ; J.-P. Darrieutort, L'article 1er du décret du 28 novembre 1983 est-il utile au contribuable ?, *DF,* 1994, 49, 1744 (réponse nuancée) ; M. Heinis, L'article 1er du décret du 28 novembre 1983 devant le juge de l'impôt, *Les Petites Affiches,* 1994, 78, 7 (analyse circonstanciée).

Chapitre 4

Les sources conventionnelles

Alors que le domaine des conventions internes est extrêmement réduit, celui des conventions internationales et du droit dérivé ne fait que s'étendre.

Section I
Les conventions internes

I | Les conventions entre les personnes publiques et les redevables

98 Principe de la prohibition. — La perception des impôts intéresse essentiellement l'ordre public, elle ne peut donc pas être la matière d'un contrat rappelait en 1895 la Cour de cassation (Cass. civ., 13 mars 1895, Dreyfus frères, *S.*, 1895, I, 465, note Wahl ; *GD,* p. 35). Cette formule exprime un principe bien établi en droit public : l'impossibilité pour l'autorité publique de consentir des limitations à l'exercice d'une compétence unilatérale. La fermeté de la jurisprudence sur ce point ne s'est pas sérieusement démentie (CE 24 mars 1956, Soc. des établissements Molte, *AJDA,* 1956, II, 406 ; CE 28 juin 1961, n° 33758, *DF,* 1961, 42, Doc., concl. Poussière). L'administration peut donc par un redressement fait dans le délai réglementaire remettre en cause un accord passé avec un contribuable (CE 20 août 1945, n° 69462, *Rec.*, 184), et un contribuable ne peut être tenu de respecter celui qui aurait établi en violation de la loi fiscale (Cass. req., 4 févr. 1931, *DH*, 1931, 145).

Il existe cependant des exceptions : la procédure du forfait agricole, celle de l'agrément matérialisent des accords passés entre le contribuable et l'administration. Ce sont là des exceptions consacrées par la loi. Par sa jurisprudence la Cour de cassation a admis que la détermination de la valeur des biens servant à l'assiette de l'impôt est susceptible de faire l'objet d'une convention entre le fisc et les redevables (Cass. civ., 14 juin 1946, *D.*, 1947, 3, 425, note Morange). Adoptée à propos de la soumission en matière de droit d'enregistrement cette solution ne peut qu'être condamnée puisqu'elle a pour effet d'adapter contractuellement la définition objective de l'assiette de l'impôt.

La solidité du principe ne doit pas faire oublier la réalité. Bien des impositions, bien des redressements sont négociés et ne donnent plus par là même prise au contentieux. On ne saurait oublier enfin, que le jeu de l'article L 80-A LPF peut donner lieu à ces accords.

99 LA TRANSACTION. — Si les impositions en principal ne peuvent être l'objet de convention, des dispositions législatives (art. L 247 et s. LPF) permettent la conclusion d'un véritable contrat sur le montant des pénalités et l'intérêt de retard, c'est la transaction. En matière fiscale la transaction est un contrat par lequel le contribuable renonce à engager une procédure contentieuse destinée à remettre en cause les impositions litigieuses, les pénalités afférentes et l'intérêt de retard en contrepartie d'une atténuation de ces montants.

La demande doit être faite par le contribuable, l'instruction est confiée à un agent des impôts qui établit un rapport sur le mérite de la demande. Il appartient alors à l'autorité compétente (art. R 247-4 LPF) après avis le cas échéant du Comité du contentieux fiscal, douanier et des changes de définir la proposition de transaction notifiée au contribuable qui dispose de trente jours pour l'accepter. La transaction devient définitive lorsqu'après cette acceptation elle est approuvée par l'autorité compétente (CE 28 sept. 1983, Soc. Établissement Prévost, *Rec.*, 376, concl. Bissara ; *RJF*, 1984, 1, 2, chron. de Guillenchmid ; CE 4 mai 1988, n° 59139 et 59198-60054,

Les Petites Affiches, 1988, 127, concl. Fouquet). Si le contribuable émet des réserves, l'acceptation de la transaction par l'administration doit en faire état (CE 12 déc. 1990, Dumas, *DF,* 1991, 27, 1388, concl. Fouquet). L'administration fiscale ne peut alors réclamer au contribuable tout ou partie des pénalités sur lesquelles a porté la transaction. Il appartient de son côté au contribuable d'exécuter ses obligations, sinon l'administration pourra exiger l'intégralité des pénalités (CE 11 mai 1977, n° 99076, *RJF,* 1977, 7-8, 268). L'effet d'une transaction valablement et définitivement conclue peut avoir des conséquences très graves pour le contribuable. Elle lui interdit en effet de contester ultérieurement l'imposition alors même que son illégalité serait établie (CE 19 avr. 1959, Société française de constructions mécaniques, *GP,* 1951, 1, 412 ; *GD,* 142). Il s'agit manifestement d'une atteinte au principe de la légalité de l'impôt puisque le contribuable en acceptant une réduction des pénalités peut se voir contraint d'acquitter une imposition principale illégale. L'administration ne peut pas remettre en cause une transaction en raison d'une omission commise par elle (CE 14 nov. 1990, Cypel, *BGFE,* 1990, 24, 11).

II | Les conventions entre personnes publiques

100 Portée d'une jurisprudence constitutionnelle. — Une importante décision (CC n° 83-160 DC du 19 juill. 1983, *AJDA,* 1984, 28, note Jarnevic) rendue à propos d'une convention fiscale entre l'État et un territoire d'outre-mer permet, en raison de sa rédaction largement didactique, de délimiter le domaine des conventions fiscales passées entre personnes publiques. La possibilité de principe de la conclusion de conventions à objet fiscal entre l'État et les différentes collectivités territoriales a été reconnue. Mais elle ne doit pas avoir pour résultat de restreindre l'exercice de la compétence législative de l'État ni celui des compétences attribuées aux autres collectivités. Il ne peut donc s'agir que du « croisement contractuel de compétences unilatérales » qui peut à tout moment être remis en cause par l'exercice autonome de chacune de celles-ci. Il ne saurait naturellement être question d'attribuer par voie contractuelle aux parties des compétences que la Constitution ne leur reconnaîtrait pas. Pour le commissaire du gouvernement Gaeremynck il convient de distinguer, d'une part, le texte de la convention où l'approbation du Parlement interdit d'en discuter la légalité et, d'autre part, son entrée en vigueur où le contrôle de la régularité des formes et procédures selon lesquelles ladite convention a été adoptée par le TOM est possible (CE 19 avr. 1991, Faure, *DF,* 1991, 39, 1686, concl. Gaeremynck).

Section II
Les conventions internationales

101 RÉGIME GÉNÉRAL. — Le statut des conventions fiscales dans la hiérarchie des normes n'est pas différent de celui des autres conventions internationales. On remarquera notamment que les rapports entre les normes internationales et les lois internes sont traités dans les mêmes termes : les dispositions d'une convention internationale l'emportent sur une loi antérieure (CE 30 janv. 1981, n° 18327, *RJF,* 1981, 5, 278), mais si la Cour de cassation fait prévaloir les dispositions d'un traité sur une loi interne postérieure (Cass. civ. ass. plén., 14 oct. 1977, *D.,* 1978, J, 417, note Lagarde), le Conseil d'État s'y refuse au motif que le juge administratif français ne contrôle pas la conformité des lois aux engagements internationaux (CE 23 janv. 1985, n° 17897, *DF,* 1985, 32-38, 1530, concl. Bissara).

Il existe des règles de conflit propres au droit fiscal. On citera le principe de subsidiarité des conventions fiscales internationales (CE 19 déc. 1975, *DF,* 1978, 41, 1551, concl. Rivière) ou celui de la préservation des avantages accordés par le droit interne.

102 OBJET DES CONVENTIONS. — On pense naturellement tout d'abord aux conventions de double imposition, mais de nombreux autres accords internationaux comportent des dispositions fiscales ou à incidences fiscales : accords culturels, accords pour la protection des investissements, accords de coopération technique.

La seule publication au *JO* du 9 février 1949 du texte de la Déclaration universelle des droits de l'homme ne permet pas de ranger cette dernière au nombre des textes qui ont une autorité supérieure à la loi, cette convention ne peut pas être invoquée pour contester la régularité des procédures d'imposition (CAA Nancy, 16 déc. 1993, Rémi Béjot, *DF,* 1994, 41, 1725, concl. Felmy). La clause de non-discrimination en fonction de la nationalité qui figure dans une convention s'applique non seulement aux nationaux des deux États, mais aussi à ceux qui résident dans un État tiers (CE 9 mars 1993, nº 85626, *Les Petites Affiches,* 1993, 4, concl. Fouquet).

103 LE TRAITÉ DE ROME. — Le droit communautaire est devenu une source importante du droit fiscal dont il est difficile de mesurer exactement l'incidence. Les compétences fiscales des États se trouvent d'abord limitées par le respect de certains objectifs du traité parmi lesquels l'élimination entre les États membres des droits de douane et des restrictions quantitatives à l'entrée et à la sortie des marchandises, de toutes mesures d'effet équivalent ainsi que l'abolition entre les États des obstacles à la libre circulation des personnes, des services et des capitaux.

L'interdiction des taxes d'effet équivalent aux droits de douane est rappelée à l'article 25 (ancien art. 12) du traité, elle a donné lieu à une interprétation particulièrement extensive de la Cour : considérée comme ayant pour résultat d'éviter dans le commerce entre les États membres « l'imposition de toute charge pécuniaire basée sur le fait du passage de la frontière d'un État par des marchandises circulant à l'intérieur de la Communauté », cette prohibition concerne nécessairement « toute charge pécuniaire, fut-elle minime, unilatéralement imposée, quelles que soient son appellation et sa technique et frappant les marchandises nationales ou étrangères à raison du fait qu'elles franchissent la frontière, alors même qu'elle ne serait pas perçue au profit de l'État, qu'elle n'exercerait aucun effet discriminatoire ou protecteur et que le produit imposé ne se trouverait pas en concurrence avec une prohibition nationale » (CJCE 1er juill. 1969, aff. 24/68, *Rec.,* 13). La Cour a estimé qu'une contribution relevant d'un régime général de redevances intérieures appréhendant systématiquement les produits nationaux et les produits importés selon les mêmes critères peut néanmoins constituer une taxe d'effet équivalent à un droit de douane à l'importation, lorsque cette contribution est exclusivement destinée à alimenter des activités qui profitent spécifiquement aux produits nationaux appréhendés (CJCE 11 mars 1992, aff. C 78/90, *DF,* 1993, 28, 1459).

Mais c'est évidemment la fiscalité discriminatoire qui est foncièrement contraire aux objectifs du traité ; elle peut d'ailleurs revêtir plusieurs formes. Ce sont d'abord les impositions qui frappent plus lourdement les produits importés au mépris des dispositions de l'article 95 du traité soit à raison de leur taux (CJCE 5 avr. 1990, aff. C 132/88, *DF,* 1990, 31, 1605, obs. E. K.) ou à leur assiette (CJCE 12 mai 1992, aff. C 327/90, *DF,* 1993, 12, 626, obs. E. K.), celles qui, par leur régime d'exonération constituent une aide d'État au sens de l'article 92 du traité (CJCE 15 mars 1994, aff. 387/92, *RJF,* 1994, 6, 442).

Surtout, et c'est certainement l'aspect le plus intéressant de cette jurisprudence, l'égalité de traitement des ressortissants communautaires s'apprécie au regard des objectifs de la libre circulation des travailleurs (CJCE 12 févr. 1995, aff. 279/93, *RJF,* 1995, 3, 166, concl. Léger) ou de la liberté d'établissement (CJCE 13 juill. 1993, aff. C 330/91, *DF,* 199, 12, 572, note Kornprobst) et concerne tous les impôts même ceux qui ne relèvent pas par nature de l'harmonisation communautaire. Est constitutive, par exemple, d'une entrave à la liberté d'établissement une disposition limitant l'exonération de l'impôt sur la fortune aux participations substantielles détenues dans les sociétés résidentes (CJCE 13 avr. 2000, aff. 251/98, C. Baars, *Banque et droit,* 2000, 73, note C. Acard, p. 57).

104 DROIT COMMUNAUTAIRE DÉRIVÉ. — Selon l'article 93 (ancien art. 99) du traité de Rome, le Conseil arrête les dispositions touchant à l'harmonisation des législations relatives aux taxes sur le chiffre d'affaires, aux droits d'accises et autres impôts indirects dans la mesure où cette harmonisation est nécessaire pour assurer l'établissement et le fonctionnement du marché intérieur assurant la libre circulation des marchandises, des personnes, des services et des capitaux.

Sur ce fondement s'est développée une abondante réglementation fiscale communautaire sous forme de directives. On citera les textes les plus importants : la sixième directive TVA du 17 mai 1977 modifiée, la directive du 7 juillet 1969 concernant les impôts indirects frappant les rassemblements de capitaux, la directive du 23 juillet 1990 concernant le régime fiscal commun applicable aux fusions, scissions, apports d'actifs et échanges d'actions intéressant des sociétés implantées dans des États membres différents. La précision et le raffinement technique de ces textes font que les États membres se trouvent dépossédés de l'essentiel de leurs compétences normatives dans les domaines où ils sont intervenus.

Outre que ce droit communautaire dérivé est appelé à jouer le rôle de norme fiscale fondamentale, il peut également avoir pour effet d'interdire aux États de recourir à certains types de prélèvements fiscaux. Ainsi en est-il de l'article 33 de la 6e directive TVA qui interdit aux États d'introduire ou de maintenir des impôts, droits et taxes qui ont le caractère de taxes sur le chiffre d'affaires parallèlement à la TVA (CJCE 31 mars 1992, aff. C 200/90, *DF*, 1993, 2, 625, note Kornprobst).

105 LES QUATRE LIBERTÉS. — Le traité CE fixe les règles relatives à la liberté de circulation des personnes, à la liberté d'établissement et à la libre circulation des services. La Cour de justice a donné une portée fiscale à chacune de ces libertés ainsi qu'à la liberté de circulation des capitaux.

La liberté de circulation des personnes concernait, initialement, la liberté des travailleurs. Celle-ci a été peu à peu étendue aux conjoints, ascendants et descendants dans des conditions définies par les directives et règlements.

La liberté d'établissement interdit les restrictions « à l'entrée » et celles « à la sortie ». Au nom de ce principe, la Cour de justice a déclaré contraire au droit communautaire le dispositif de l'*exit tax*, de l'article 167 *bis* CGI, qui permettrait d'imposer des plus-values latentes en cas de délocalisation hors de France (CJCE 11 mars 2004, de Lasteyrie du Saillant, *DF*, 2004, 20, comm. 483, note Boutemy et Meier). La liberté d'établissement ne s'arrête pas là. Par exemple, la cour a jugé que l'exclusion du bénéfice du régime du prélèvement obligatoire aux revenus de placements et de contrats dont le débiteur n'est pas domicilié en France constitue une violation de la liberté d'établissement (CJCE 4 mars 2004, Commission c/ France,

Nouvelles fiscales, 2004, 913, 22 et s., note D'Onorio di-Meo). Autre exemple, avec l'arrêt Sté Papillon, la Cour a jugé que cette liberté impose d'admettre dans le périmètre d'un groupe fiscalement intégré, une société française indirectement détenue par la société tête de groupe par l'intermédiaire d'une filiale établie dans un autre État membre (CJCE 27 nov. 2008, Sté Papillon, *DF,* 2008, 52, comm. 644, note Pierre).

Il peut arriver que la restriction à la liberté d'établissement soit justifiée au nom des raisons impérieuses d'intérêt général de lutter contre l'évasion fiscale. La Cour a statué en ce sens à propos du mécanisme du groupe relief qui permet aux sociétés mères britanniques détenant plus de 75 % des filiales de faire remonter les pertes de celles-ci à condition qu'elles soient résidentes britanniques. Toutefois, la Cour a fait observer que cette restriction à la remontée transfrontalière des déficits de filiales non résidentes est excessive par rapport à l'objectif de lutter contre l'évasion fiscale (CJCE 13 déc. 2005, Marks & Spencer, *JCP E,* 2006, 12, 595 et s., note Boutemy et Meier).

La liberté de circulation des services concerne les prestations de services, les activités rémunérées à caractère commercial, industriel, artisanal ou libéral qui ne sont pas régies par les dispositions relatives à la libre circulation des marchandises, des personnes ou des capitaux. De ce point de vue, la Cour a considéré que la rédaction de l'article 244 *quater* B, antérieure à la loi de finances pour 2004, est incompatible avec la liberté de circulation des services car elle réserve aux seules opérations de recherches menées en France le bénéfice du crédit d'impôt recherche (CJCE 10 mars 2005, Laboratoires Fournier, *DF,* 2005, 18-19, comm. 399, note Boutemy et Meier).

La libre circulation des capitaux interdit les restrictions aux mouvements de capitaux et aux paiements courants entre les États membres, et entre ces derniers et des États tiers. En conséquence, le refus de l'avoir fiscal aux actionnaires non résidents est contraire à cette liberté fondamentale (CJCE 23 nov. 2004, Fokus Bank ASA, *DF,* 2005, 23, comm. 468, note Boussion et Derouin).

Enfin, une discrimination en matière sexuelle peut fonder une politique sociale, mais pas un avantage fiscal (CJCE 21 juill. 2005, Vergani, *DF,* 2006, 3, comm. 71, note Cavallini).

106 LES MÉCANISMES DE RÉGULATION DU DROIT NATIONAL. — L'essentiel du contentieux fiscal relevant de la juridiction administrative, le droit fiscal français a longtemps conservé une certaine autonomie par rapport au droit communautaire par l'effet de la résistance du Conseil d'État au contrôle de la compatibilité des lois françaises avec les normes communautaires. Cette résistance ayant été levée, le droit fiscal est certainement l'une des branches du droit français les plus imprégnées par le droit communautaire. On rappellera que le Conseil d'État a affirmé la supériorité du traité de Rome sur une loi même postérieure (CE 20 oct. 1989, Nicolo, *Rec.*, 190, concl. Frydman) et a étendu cette suprématie aux règlements communautaires (CE 24 oct. 1990, Boidet, *AFDA,* 1991, 172, note Dubouis). La même jurisprudence a été adoptée à propos des directives, les règlements (CE 3 févr. 1989, Compagnie Alitalia, *RJF,* 1989, 3, 125, concl. Chahid Nouraï) et les lois (CE 28 févr. 1992, Rothmans International France, *AJDA,* 1992, 210, concl. Laroque) devant être compatibles avec les objectifs qu'elles fixent. Enfin le juge a l'obligation d'interpréter les dispositions fiscales françaises en fonction du texte et des finalités des directives (CE 22 déc. 1989, Caserne Mortier, *RJF,* 1990, 2, 80, concl. Hagelsteen).

Dans ces conditions, lorsqu'une imposition est fondée sur une disposition incompatible avec une directive communautaire, le juge de l'impôt doit écarter l'application de cette disposition et prononcer la décharge de l'impôt dépourvu de base légale (CE 17 mars 1993, Groupement pour le développement de la coiffure, *RJF,* 1993, 5, 363, concl. Arrighi de Casanova). Mais lorsque la directive n'a fait l'objet d'aucune transposition en droit français, continue de s'appliquer la jurisprudence Cohn-Bendit (CE 22 déc. 1978, *Rec.*, 524) qui interdit à un contribuable d'invoquer directement ses dispositions à l'appui d'une demande en décharge. En revanche, le contribuable dispose d'une action en réparation directement fondée sur les dispositions de l'article 10 (ancien art. 5) du traité de Rome qui imposent aux États de prendre toutes les mesures propres à assurer l'exécution des obligations qui leur incombent en vertu du traité (CAA Paris, 1er juill. 1992, Soc. Jacques Dangeville, *DF,* 1992, 33-38, 1665, concl. Bornavlt).

107 Répétition de l'indu. — Lorsqu'une taxe a été perçue en violation du droit communautaire, les contribuables peuvent obtenir une décharge ou une restitution. Les modalités d'un tel recours sont régies par l'ordre juridique interne de chaque État membre. Toutefois, les règles de procédure nationales relatives aux demandes de remboursement fondées sur la violation du droit communautaire ne doivent pas être moins favorables que celles concernant les recours similaires de nature interne et ne doivent pas rendre en pratique impossible, ou excessivement difficile, l'exercice des droits conférés par l'ordre juridique communautaire. En France, les actions en restitution sont régies par les alinéas 2 et 3 de l'article L 190 LPF. Les actions en restitution sont régies par les règles du contentieux fiscal (art. L 190-2 LPF), et doivent en conséquence débuter par une réclamation devant l'administration fiscale. La réclamation doit être présentée dans le délai de droit commun, c'est-à-dire au plus tard avant le 31 décembre de la deuxième année, notamment de la réalisation d'un événement qui motive la réclamation. Ce principe fait obstacle à ce que la forclusion puisse être opposée aux demandes en restitution formulées par les contribuables dans les deux années qui suivent la survenance d'un événement ayant révélé le manquement aux règles communautaires. Quand l'événement invoqué est une décision juridictionnelle, le droit à restitution ne peut porter que sur la période postérieure au 1er janvier de la quatrième année précédant celle où la décision est intervenue (art. L 190-3 LPF).

Le droit communautaire ne s'oppose pas à l'application, à l'égard d'une action en restitution de taxes perçues en violation du traité de Rome, d'une règle nationale prévoyant que l'action judiciaire tendant à la restitution de taxes indûment payées est prescrite après l'écoulement d'un délai de cinq ans même si cette règle a ainsi pour effet d'empêcher, en totalité ou en partie, le remboursement de ces taxes (CJCE 17 juill. 1997, aff. 90/94, 6e ch., Haar Petroleum Ltd et Abenra Havn, *RJF,* 1997, 12, 1206).

La Cour de justice a précisé que le droit communautaire n'interdit pas à un État membre, qui n'a pas transposé correctement une directive, d'opposer aux actions en remboursement de droits perçus en violation de cette directive un délai de prescription national qui court à compter du paiement des droits en cause, dès lors qu'un tel délai n'est pas moins favorable pour les recours fondés sur le droit communautaire que ceux reposant sur le droit interne et qu'il ne rend pas pratiquement impossible ou excessivement difficile l'exercice des droits conférés par l'ordre juridique communautaire (CJCE 2 déc. 1997, Plén., aff. 188/95, Fantask, *RJF,* 1998, 2, 211). Tirant les enseignements de cette jurisprudence, la Cour de cassation considère que le délai de réclamation prévu à l'article R 196-1 LPF, d'application générale, peut être opposé par l'administration fiscale à une société exerçant une action en répétition de droits indus au regard du droit communautaire (Cass. com., 7 avr. 1998, *PB,* DGI c/ Sté Laubeuf, *RJF,* 1998, 6, 751).

La Cour a précisé que l'existence d'un arrêt préjudiciel n'ayant pas limité ses effets dans le temps ne fait pas obstacle à ce que, saisie d'une action en restitution d'une taxe nationale contraire à la règle de droit communautaire interprétée dans l'arrêt en cause, le juge national ne fasse prévaloir les modalités de procédures nationales, tant de forme que de fond, notamment concernant les délais, dès lors que celles-ci répondent aux conditions d'effectivité et d'équivalence (CJCE 15 sept. 1998, aff. 231/96, Plén., Edilizia industriale Siderurgica (EDIS), *RJF,* 1998, 11, 1379). Il est fait une distinction entre, d'une part, l'existence et l'étendue des droits conférés par l'ordre juridique communautaire, dont la Cour est seule à pouvoir limiter la portée dans le cadre d'une décision rendue à titre préjudiciel, et d'autre part, l'exercice effectif de ces droits dont les modalités relèvent, en l'absence de réglementation communautaire, des règles nationales.

Dans le prolongement de ce qui précède, la Cour devait conclure que le droit communautaire ne s'oppose pas à l'article L 190-3 LPF puisqu'il concerne toutes les hypothèses de violation par une règle fiscale d'une règle de droit supérieure, et pas seulement les violations du droit communautaire (CJCE 28 nov. 2000, aff. 88/99, 1re ch. SA Roquette Frères, *RJF,* 2001, 2, 271). Pour sa part, la Cour de cassation avait déjà admis la compatibilité de l'article L 190-3 LPF avec le droit communautaire (Cass. com., 19 oct. 1999, n° 1558 P, Sté nationale des Éts Piot Pneu, *RJF,* 2000, 1, 137).

Toutefois, le Conseil d'État a jugé que l'administration est tenue de restituer les taxes perçues en violation du droit communautaire, sauf si cette répétition de l'indu aboutit à un enrichissement sans cause du redevable (CE 15 juill. 2004, SA Gemo, *RJF,* 2004, 10, concl. Goulard, *DF,* 2004, 47, comm. 852, note Boutemy et Meier).

108 LA CONVENTION EUROPÉENNE DES DROITS DE L'HOMME. — Parmi les droits garantis par la convention, le droit à un procès équitable paraît être celui qui devrait profondément infléchir la législation et la pratique du contrôle et du contentieux fiscal. Mais la difficulté tient à la rédaction de l'article 6 de la convention qui circonscrit la protection aux contestations sur des droits et obligations de caractère civil et à l'appréciation du bien-fondé de toute accusation en matière pénale. Le Conseil d'État en a conclu qu'il résultait clairement de ce texte son inapplicabilité aux procédures relatives aux taxations fiscales (CE 2 juin 1989, Saint-Pern, *DF,* 1990, 1, 4) comme aux procédures de recouvrement (CE 15 avr. 1992, Smets, *DF,* 1993, 44, 2084) tandis que la Cour de cassation, beaucoup plus sensible au droit conventionnel, s'orientait vers des solutions exactement contraires (Cass. com., 20 nov. 1990, Donsimoni, *RJF,* 1990, 1, 68 ; Cass. crim., 28 janv. 1991, Lavigne, *DF,* 1991, 21-22, 1160).

Le déblocage de cette situation pourrait être trouvé dans la jurisprudence de la Cour européenne des droits de l'homme. S'agissant des pénalités fiscales tout d'abord, la Cour a estimé qu'elles devaient être assimilées à des sanctions pénales dès lors qu'elles concernent tous les citoyens en leur qualité de contribuable, qu'elles ne tendent pas à la réparation pécuniaire d'un préjudice mais à la répression de certains agissements, qu'elles se fondent sur une norme de caractère général à la fois préventif et répressif et qu'elles revêtent une ampleur considérable dont le défaut de paiement expose à des procédures de contraintes. Les garanties du procès équitable s'imposaient donc tout au moins à la phase contentieuse de la procure (Cour EDH, 24 févr. 1994, Bendenoun, *DF,* 1994, 21-22, comm. 989). Le Conseil d'État dans un avis remarquable de netteté a infléchi sa jurisprudence pour la limiter à un champ d'application conçu le plus restrictivement possible : « Il résulte du texte même de l'article 6 de la Convention, que l'ensemble de ses stipulations n'est applicable qu'aux procédures contentieuses suivies devant les juridictions lorsqu'elles statuent sur des droits et obligations de caractère civil ou sur des accusations en matière pénale. Notamment le § 2 dudit article qui, énonçant en matière pénale le principe de présomption d'innocence, concerne les règles d'instruction et de preuve applicables devant les juridictions, se borne à préciser les modalités de contestation devant ces dernières des accusations en matière pénale. Il suit de là que l'article 6 précité n'énonce, y compris dans son § 2, aucune règle ou aucun principe dont le champ d'application s'étendrait au-delà des procédures contentieuses suivies devant les juridictions et qui gouvernerait l'élaboration ou le prononcé des sanctions, quelle que soit la nature de celles-ci, par les autorités administratives qui en sont chargées par la loi. Les principes que fixe ledit article 6 sont en revanche applicables à la contestation devant les juridictions compétentes des majorations d'imposition en cas de manœuvres frauduleuses qui dès lors qu'elles présentent le caractère d'une punition tendant à empêcher la réitération des agissements qu'elles visent et n'ont pas pour objet la seule réparation pécuniaire d'un préjudice, constituent même si le législateur a laissé le soin de les établir et de les prononcer à l'autorité administrative, des accusations pénales au sens de la convention (CE, avis, 31 mars 1995, n° 16008, *DF,* 1995, 8-19, 1006).

Dès lors, il apparaît bien que tout espoir de voir les garanties de la convention étendues au contentieux de l'assiette doive être, tout au moins pour un avenir proche, abandonné, le Conseil d'État s'en tenant à la position négative qu'il avait récemment réaffirmée tant à propos de la procédure non contentieuse (CE 22 avr. 1992, n° 85159, *DF,* 1992, 41, 1837, concl. Arrighi de Casanova ; CE 18 mars 1994, n° 68799, *RJF,* 99, 5, 292, concl. Martin), que la procédure contentieuse. Or parallèlement, il semble que la Cour européenne des droits de l'homme admette certes implicitement, que certains contentieux fiscaux, comme celui de l'exercice du droit de préemption, entrent dans le champ d'application de l'article (Cour EDH, 22 sept. 1994, Hentrich, *DF,* 1994, 50, 2125, note Le Gall et Gérard). Il faut donc s'attendre à une évolution lente mais inéluctable vers un élargissement des garanties du contribuable.

Mais l'interprétation de l'article 6 ne saurait épuiser le champ des garanties offertes par la convention aux contribuables ; la protection de la vie privée, le droit au respect des biens, le principe de non-discrimination sont de nature à discipliner l'exercice du pouvoir fiscal et ouvrent la perspective d'un assez large contrôle de conventionnalité pourvu que le juge fiscal s'y prête avec un peu plus d'audace.

109 LE VOLET CIVIL AU CONTENTIEUX FISCAL. — La Cour européenne des droits de l'homme a jugé que l'article 6-1 de la Convention n'est pas applicable aux contestations ressortissant exclusivement au domaine du droit public et notamment aux procédures fiscales en tant que telles, puisque celles-ci n'ont pas trait à des contestations sur des droits ou obligations de caractère civil (CEDH 20 avr. 1999, n° 41601/98 et 41775/98, Vidacar SA c/ Espagne et Opergrup SL c/ Espagne, *RJF,* 1999, 11, 1487). Dans sa formation la plus solennelle, la Cour a réaffirmé que le contentieux fiscal échappe au champ des droits et obligations de caractère civil visés à l'article 6-1, en dépit des effets patrimoniaux qu'il peut y avoir quant à la situation du contribuable (CEDH 12 juill. 2001, n° 44759/98, Grande ch., Ferrazzini c/ Italie, *RJF,* 2002, 1, chron. J. Maïa, p. 3 et chron. J.-F. Flauss, *AJDA,* 2001, 12, 1061). Le refus d'étendre l'applicabilité de l'article 6-1 est motivé de la façon suivante « les évolutions qui ont pu avoir lieu dans les sociétés démocratiques ne concernent pas la nature essentielle de l'obligation pour les individus ou les entreprises de payer des impôts. Par rapport à l'époque de l'adoption de la Convention, il n'y a pas là d'intervention nouvelle de l'État dans le domaine “civil” de la vie des individus » (§ 29). La Cour de cassation dans sa décision du 12 juillet 2004 a accordé sa jurisprudence avec celle de la CEDH et considère désormais que le contentieux fiscal échappe au champ des droits et obligations à caractère civil (Cass. crim., 12 juill. 2004, Éts Prelats, *Les Petites Affiches,* 2005, 19, note Lambert, *RJF,* 2004, 11, note Hatoux).

Pour aller plus loin

110 TRANSACTIONS. — Pour une analyse des transactions fiscales et des pratiques transactionnelles : E. Serverin, P. Lascoumes, T. Lambert, *Transactions et pratiques transactionnelles,* Economica, 1987, p. 217 et s. ; T. Lambert, La transaction fiscale : une pratique autant qu'un droit, *BF Lefebvre,* 1999, 5, 271 (élaboration et exécution de la convention). La transaction n'est pas sans danger : J.-L. Rossignol, Attention transaction ! Du recours à la transaction lors d'un litige avec l'administration fiscale, *Les Petites Affiches,* 2003, 4, 6 et s. Pour un plaidoyer visant à supprimer la transaction : C. de la Mardière, La transaction, regard fiscal, in *La transaction dans toutes ses dimensions* (ouvr. collectif), Dalloz, 2006, p. 169 et s.

111 DROIT COMMUNAUTAIRE DE LA FISCALITÉ. — Pour comprendre l'élaboration du droit communautaire de la fiscalité et apprécier le contrôle communautaire des droits fiscaux nationaux lire D. Berlin, *Droit fiscal communautaire,* PUF, coll. « Droit fondamental », 1988, 410 p. Compléter par les réflexions de P. Beltrame, G. Montagnier, L'Europe des impôts, *AJDA,* 1990, 4, 242 ; B. Plagnet, L'Europe fiscale, *JCP,* 1991, éd. E12 supplément, p. 2 ; J.-P. Jarnevic, *La fiscalité française et la construction européenne. Le système fiscal français et la construction européenne,* Presses universitaires d'Aix-Marseille, 1989, p. 13. L'incidence des libertés communautaires sur la fiscalité par P. Martin, La portée fiscale des libertés communautaires de circulation : réflexions au regard du droit interne : *DF,* 2000, 44, 1444 ; P. Dibout, La fiscalité à l'épreuve de la circulation des capitaux, *DF,* 2000, 42, 1365. Quand les quatre libertés remettent en cause la souveraineté des États : P. Philip, L. Vanhove, Le droit fiscal face aux libertés fondamentales du traité de l'Union européenne, *Les Petites Affiches,* 2004, 7, 4 et s. Concernant l'aspect contentieux : T. Lambert, L'influence de la jurisprudence communautaire sur le contentieux fiscal : le cas de la France, *Revue du marché commun et de l'Union européenne,* 2008, 461 et s. Pour une analyse des voies de droit permettant d'examiner la non-conformité de la norme nationale avec la norme communautaire lire M.-C. Bergerès, Les voies contentieuses permettant d'assurer la primauté de la norme fiscale communautaire sur la norme fiscale nationale, *DF,* 1999, 30-31, 1034, compléter par B. Boutemy et E. Meier, Conventions fiscales bilatérales au sein de l'Union européenne ou l'histoire d'une passation de pouvoir ?, *BF Lefebvre,* 2005, 1, 21 et s. (articulation entre droit conventionnel et droit communautaire). La cour de justice refuse de reconnaître l'existence d'une clause implicite de la nation la plus favorisée entre États membres de l'Union européenne : A. Maitrot de la Motte, La Cour de justice des communautés européennes et le principe de non-discrimination, *L'année fiscale,* 2005, 99 et s. ; D. Gutmann, L'impact des conventions fiscales conclues par les pays tiers à l'UE sur les conventions fiscales conclues entre États membres, *BF Lefebvre,* 2006, 4, 351 et s.

112 LES CONVENTIONS FISCALES INTERNATIONALES. — Concernant l'interprétation et l'application des conventions internationales : N. Chahid-Nourai, Conventions internationales et ordre juridique fiscal, *Fiscalité internationale,* t. 1, Éd. *Fiscalité et gestion,* 1989, p. 15 ; G. Tournié, Convention fiscale et droit interne, *RFFP,* 1995, 52, 193 (examen de situations conflictuelles). L'association fiscale internationale (IFA) a publié *Problèmes pratiques d'application des conventions de double imposition,* vol. LXXXIII *b,* Kluwer, 1998, 745 p. et *Interprétation des conventions de double imposition,* vol. LXXVIII *a,* Kluwer, 1993, 678 p. (deux ouvrages indispensables). Concernant la hiérarchie des normes : L. Levoyer, Juge administratif, hiérarchie des normes et droit fiscal, *AJDA,* 2003, 24, 1250 et s. (intéressante réflexion) ; M.-C. Bergerès, Le principe de subsidiarité des conventions fiscales internationales, *DF,* 2005, 36, 1328 et s.

L'application de la clause de non-discrimination par le juge judiciaire, le juge administratif et le juge communautaire analysée comme instrument de simplification et de libéralisation des législations nationales : J.-C. Duchon-Doris, La clause de non-discrimination dans les conventions fiscales, *BF Lefebvre,* 1988, 12, 590 ; J. Turot, Conventions fiscales. Le juge fiscal et les clauses de non-discrimination, *RJF,* 1990, 6, 391 (analyse des positions de l'administration et des solutions retenues par le juge) ; P. Juilhard, La non-discrimination dans les conventions internationales. Réflexions sur la portée de l'arrêt Biso en la matière, *BF Lefebvre,* 2003, 4, 261 et s. (l'auteur dresse une liste des conventions fiscales conclues par la France, contenant une clause de cette nature). H. Kruger, Portée du principe de non-discrimination au regard de la jurisprudence européenne récente, *BF Lefebvre,* 1996, 2, 69 (l'apport de la jurisprudence communautaire peut être de nature à bouleverser le droit interne). On peut regretter que le principe de non-discrimination ne soit pas un principe général de droit fiscal international : B. Gouthière, De la portée du principe de non-discrimination inclus dans les conventions fiscales, *Rev. Droit des affaires internationales,* 1988, 2, 257.

113 CEDH. — La Convention européenne des droits de l'homme et le droit fiscal est une question que l'on ne fait que découvrir : G. Gest, La convention et l'action des autorités fiscales, *Droit et pratique du commerce international,* 1991, 4, 546 ; G. Gest, La Convention européenne des droits de l'homme et l'action des autorités fiscales, *DPCI,* 1991, t. 17, 4, 546 ; G. Goulard, Applicabilité de l'article 6-1 de la Convention européenne des droits de l'homme, *RJF,* 1994, 6, 383 (commentaire de l'affaire Bendenoun c/ France) ; note S. N. Frommel, *JCP,* 1995, éd. G, 5, 22372 (élargissement du débat à partir de l'affaire Bendenoun c/ France) ; J.-F. Flauss, Pénalités fiscales et Convention européenne des droits de l'homme, *Les Petites Affiches,* 11 mai 1994, 56 et les contributions au colloque Convention européenne des droits de l'homme et fiscalité, *Les Petites Affiches,* 6 juill. 1994, 80 ; J. Andriantsimbazovina, L'autorité des arrêts de la Cour européenne des droits de l'homme vue par le Conseil d'État, *RFDA,* 1998, 5, 978 ; L. Baronne, *L'apport de la Convention européenne des droits de l'homme au droit fiscal français,* L'Harmattan, coll. « Finances publiques », 2000, 439 p. (indispensable) ; J. Maïa, Illusions et promesses de l'application à la matière fiscale de la Convention européenne des droits de l'homme, *RJF,* 2002, 1, p. 30 (synthèse et perspectives) ; L. Gérard, Sur l'applicabilité de l'article 6, volet civil, de la Convention européenne des droits de l'homme aux contentieux fiscaux, *DF,* 2002, 10, p. 438 (analyse critique).

Plus généralement consulter la thèse de K. Sid Ahmed, *Droits fondamentaux et procédures fiscales,* L'Harmattan, coll. « Finances publiques », 2007 (2 vol.).

Titre deuxième

Les opérations fiscales

114 L'OPÉRATION. — Révélée par la doctrine à l'occasion d'une analyse plus fine des modalités de l'action administrative, la notion d' « opération » paraît encore plus adaptée pour décrire l'activité fiscale. Le propre de l'opération est en effet le caractère hétérogène de son contenu qui rassemble à la fois des actes juridiques et des actes matériels, caractère essentiel des modalités d'exécution de la loi fiscale. L'évaluation de la matière imposable, la vérification de comptabilité, la communication de renseignements sont autant de tâches matérielles qui viennent selon les cas préparer, compléter, exécuter des décisions d'imposition, de redressement ou de recouvrement. On doit même ajouter, qu'en droit fiscal, les opérations ont su préserver une autonomie et une unité qu'elles n'ont jamais eues en droit administratif. Deux facteurs expliquent ce phénomène. C'est d'abord l'extrême réglementation des activités tant juridiques que matérielles qui renforce l'interdépendance des deux catégories d'éléments. C'est aussi et surtout le caractère de plein contentieux du contentieux fiscal qui a poussé le juge à refuser la multiplication des recours contre les actes détachables et à placer sur le même plan les vices entachant les actes juridiques et les actes matériels.

Reste cependant à identifier ces opérations. Deux catégories d'opérations se distinguent à partir du modèle de la comptabilité publique des créances dont dépend l'activité fiscale, constatation et liquidation de la créance d'impôt d'une part, recouvrement d'autre part. À quoi s'ajoutent l'activité de recherche des irrégularités et de lutte contre la fraude : le contrôle fiscal. D'où trois grandes catégories d'opérations : l'opération d'imposition, l'opération de contrôle, l'opération de recouvrement. Cette dernière étant constituée par l'exécution des actes d'imposition sera, pour les facilités de l'étude, intégrée dans l'opération d'imposition.

Il serait inexact de concevoir ces opérations comme ayant une structure fixe. Au contraire, selon la nature de l'impôt, selon les situations, chaque opération peut comprendre et combiner différemment un certain nombre d'éléments stables.

Chapitre 1

L'opération d'imposition

115 De l'acte à l'opération d'imposition. — L'évolution de la perception du mécanisme d'imposition par la doctrine est exemplaire. Après avoir conçu l'unité du fait générateur donnant naissance à la créance d'impôt et de l'acte d'imposition sous forme d'un seul acte condition, elle a pris conscience de la « dilatation » de l'opération juridique. Si, en effet, l'on pouvait être fasciné par l'acte d'imposition, archétype de l'acte de puissance publique, on ne pouvait omettre l'existence d'un minimum de collaboration du contribuable à l'opération fiscale, celle-ci se traduisant par l'émission de certaines manifestations de volonté portant sur l'aménagement du régime fiscal applicable et sur la révélation de l'existence de la matière imposable. Il fallait alors distinguer acte d'imposition et fait générateur, celui-ci précédant nécessairement toute une série d'éléments dont l'ensemble constitue l'opération d'imposition. Il est naturellement essentiel de distinguer la portée juridique des différents actes et faits qui ponctuent cette opération.

Section I
La définition du cadre juridique de l'opération d'imposition

Ce serait avoir une conception faussement réductrice de l'opération d'imposition que d'imaginer qu'à une situation donnée du contribuable correspond automatiquement et de manière univoque un régime d'imposition. Après l'identification du fait générateur interviennent des décisions qui prédéterminent l'application des règles fiscales.

I | Le fait générateur de l'impôt

116 Nature. — La détermination du fait générateur répond à une question essentielle : quand naît l'obligation fiscale ? Le fait générateur est précisément l'acte ou l'événement qui fait naître cette obligation. Dans un premier temps, une grande partie de la doctrine, derrière Jèze, affirmait que le fait générateur était nécessairement un acte administratif émanant de l'agent compétent qui avait pour objet d'arrêter la somme due ; le fait générateur type étant à cet égard le rôle. Cette interprétation pouvait s'appuyer sur une certaine jurisprudence du Conseil d'État (CE 12 juill. 1932, X..., *S.,* 1932, 3, 105, note Font-Réaulx). Mais une jurisprudence de la Cour de cassation adoptée à l'instigation du grand fiscaliste qu'était Pilon a permis d'accéder à une conception plus sûre : le fait générateur est constitué par la réunion chez le redevable des conditions d'imposition prévues par la loi (Cass. req., 21 janv. 1935, *S.,* 1935, 1, 321, rapport Pilon, *GD,* 85 ; Cass. req., 17 janv. 1938, *D.,* 1940, 1, 57, note Chevallier). Encore faut-il nuancer cette définition. La survenance du fait générateur traduit l'idée que la situation d'un contribuable entre dans le champ d'application d'une loi fiscale. Cela ne signifie nullement que le contenu exact de la créance fiscale soit fixé à cette date. Il y a simplement naissance d'une obligation fiscale dont la définition et le régime juridique seront ultérieurement précisés par diverses manifestations de volonté émanant tant du redevable que de l'administration fiscale.

Bien que la procédure ne soit pas toujours respectée, la détermination de la date du fait générateur doit donner lieu à question préjudicielle du juge judiciaire au juge de l'impôt lorsque la question est confuse (CE 7 déc. 1988, SA Télec, *DF,* 1989, 51, 2437, concl. Martin-Laprade).

117 DÉFINITIONS. — Chaque impôt a son fait générateur propre déduit de la loi fiscale. Pour les impôts sur les revenus et les bénéfices le principe est que le fait générateur est situé au jour de la clôture de la période de réalisation des profits imposables, c'est-à-dire pour les revenus réalisés par les particuliers, le 31 décembre de l'année d'imposition (CE 5 janv. 1962, n° 46798, *JCP,* 1962, II, 12567, concl. Poussière). Pour l'impôt sur les sociétés il est situé à la date de clôture de l'exercice (CE 16 mars 1956, Garrigou, *D.,* 1956, J, 253, concl. Laurent). Pour la TVA la définition est plus complexe : lorsqu'il s'agit de livraisons et d'achats de biens meubles corporels le fait générateur intervient lors de la délivrance du bien, c'est-à-dire lors de leur transfert en la jouissance et possession de l'acheteur ; lorsqu'il s'agit de prestations de services et de travaux immobiliers, le fait générateur est constitué par l'exécution des services et des travaux. Pour la taxe d'habitation, les taxes foncières sur les propriétés bâties et non bâties, le fait générateur est déterminé par les faits existant au 1er janvier de l'année d'imposition. La taxe professionnelle obéit à cette même règle. Pour l'application des droits d'enregistrement, il existe trois catégories de faits générateurs : la rédaction d'un acte, l'existence d'une mutation, la réalisation d'une opération. Un même impôt peut avoir plusieurs faits générateurs différents jouant alternativement. Ainsi la taxe locale d'équipement connaît trois faits générateurs : la délivrance du permis de construire, l'autorisation tacite de construire et le procès-verbal constatant l'édification d'une construction sans autorisation (art. 1585 G CGI et CE 18 mai 1977, n° 3543, *DF,* 1977, 27, 1055, concl. Rivière).

II / LES ÉLÉMENTS SUBJECTIFS DE DÉTERMINATION DU RÉGIME D'IMPOSITION

Le fait générateur de l'impôt est soit un acte soit un fait juridique, mais il ne saurait à lui seul déterminer l'ensemble du régime fiscal applicable à la situation considérée. Il est nécessairement relayé par les décisions émanant du contribuable ou sollicitées par lui auprès de l'administration fiscale.

A - Les options fiscales

118 CARACTÉRISTIQUES. — L'option fiscale est un droit accordé au contribuable par la loi fiscale d'exercer un choix entre plusieurs règles fiscales applicables à sa situation. Ce choix engage le contribuable et s'impose à l'administration.

Elle suppose donc une manifestation de volonté du contribuable qui est le plus souvent expresse (CE 17 mai 1991, Chenuault, *DF,* 1991, 39, comm. 1699, concl. Arrighi de Casanova), mais qui peut être tacite et qui a pour objet de déclencher l'application de règles générales. L'option fiscale est le type même de l'acte condition. L'exercice de cette option est placé sous le contrôle du juge fiscal qui vérifie la réalité de la manifestation de volonté (CE 16 avr. 1980, n° 10828, *DF,* 1980, 29, 1596, concl. Rivière), le respect des délais impartis par la réglementation (CE 18 oct. 1972, n° 81341, *Rec.,* 649) et naturellement la réunion des conditions de fond autorisant l'exercice de ce droit (CE 30 mai 1979, n° 7724, *RJF,* 1979, 10, 320, chron. Verny ; CE 13 févr. 1980, n° 85357, *DF,* 1980, 21, 1167).

Son efficacité est conditionnée par son opposabilité à l'administration lorsqu'elle a été régulièrement exercée (CE 16 mars 1977, n° 91896, *DF,* 1977, 21-22, 868 ; CE 30 mai 1979, n° 7724, *DF,* 1979, 52, 2564, concl. Martin-Laprade), le service ayant l'obligation de respecter et de donner plein effet au choix du contribuable. Mais l'option est aussi opposable à ce dernier. Cela signifie d'abord qu'il ne peut prétendre à l'application cumulative des différents régimes entre lesquels l'option est ouverte (CE 19 déc. 1969, n° 74612, *Dupont,* 1970, 158). Mais cela implique surtout que le contribuable ne puisse librement la révoquer. Normalement ce sont les textes qui règlent la durée des effets de l'option et les conditions de sa révocabilité. Lorsque l'option est à durée déterminée, le principe est qu'elle n'est pas révocable pendant cette durée, le contribuable ayant à l'expiration pleine liberté de ne pas reconduire l'option. Si au contraire l'option est à durée indéterminée, il n'est pas rare que la réglementation impose l'irrévocabilité de l'option ce qui est évidemment une obligation très lourde dont les effets peuvent se révéler préjudiciables mais qui n'autorise pas le juge à regarder le contribuable délié de son choix (CE 19 juin 1970, n° 75604, *DF,* 1970, 51, 872). Au contraire dans le silence des textes, le contribuable pourra renoncer aux effets défavorables d'une option à durée indéterminée en revenant sur sa décision (CE 15 nov. 1978, n° 10908, *DF*, 1979, 32, 1673, concl. Rivière).

Un autre aspect de l'opposabilité de l'option au contribuable est l'obligation pour celui-ci de respecter les règles qui gouvernent le régime optionnel. La réglementation édicte à cet égard diverses sanctions dont la plus courante est la déchéance.

119 VARIÉTÉS. — La loi fiscale autorise un assez grand nombre d'options. On donnera quelques exemples en fonction de leur portée. L'option peut concerner l'application de l'ensemble d'un régime fiscal (l'article 239 CGI permet aux sociétés de personnes d'opter pour le régime applicable aux sociétés de capitaux), servir à déterminer la qualité de contribuable (option du chef de famille pour l'imposition distincte de ses enfants mineurs disposant de ressources propres, art. 6-2 CGI), changer le mode d'évaluation du revenu (option des entreprises industrielles et commerciales soumises au régime micro-entreprises pour l'imposition selon le régime simplifié, art. 302 *septies* A CGI), définir le mode de déduction des charges du revenu imposable (option des salariés pour l'évaluation réelle de leurs frais professionnels, art. 83-3° CGI), choisir le mode de paiement de l'impôt (option pour la mensualisation du paiement de l'impôt sur le revenu, art. 1681 A CGI), aménager les conséquences d'un redressement (option pour le système de la déduction en cascade, art. L 77 LPF).

120 DÉCISIONS DE GESTION À CARACTÈRE D'OPTIONS FISCALES. — La décision de gestion est liée à la définition de la portée des écritures comptables à l'égard du droit fiscal. Elle peut se définir comme « la décision de procéder à une écriture ou à un ensemble d'écritures comptables dont la passation est facultative ou de fixer le quantum de ces écritures en utilisant une marge de choix que les prescriptions légales laissent ouvertes » (concl. Fabre sur CE 4 juill. 1979, n° 5511, *DF*, 1980, 16, 890). Ce choix est donc la manifestation d'une option et souvent analysée comme telle (Schricke, concl. sur CE 13 mars 1981, n° 12508, *RJF*, 1981, 4, 161). Toutefois, la notion de « décision de gestion » est plus large que celle d'option. Seules en effet les décisions régulières peuvent être reconnues comme des options et encore faut-il qu'elles consistent en un choix entre deux régimes fiscaux à l'exclusion de tout choix de gestion qui n'aurait pas immédiatement une conséquence fiscale.

Ces réserves faites apparaissent comme des décisions de gestion à caractère d'options fiscales : le choix entre les méthodes d'amortissement linéaire et dégressive (CE 22 mars 1972, n° 78330, *Rec.*, 2, 38 ; CE 23 mai 1990, Semanaz et Cie, *DF,* 1990, 30, comm. 1541, concl. Racine), le choix d'un taux d'amortissement (CE 15 janv. 1975, n° 89992, *DF,* 1976, 22-23, 770, concl. Schmeltz), la non-imputation des amortissements réputés différés sur le premier exercice bénéficiaire faisant suite à une période déficitaire (CE 19 juin 1991, SARL Les Moulins de Lacaze, Passebosc, *DF,* 1991, 40, comm. 1785, concl. Arrighi de Casanova), la décision de constituer une provision (CE 5 mars 1975, n° 89781, *DF,* 1975, 17, 594, concl. Fabre), le choix de la méthode hors taxe ou taxe comprise d'évaluation des stocks (CE 31 mars 1971, n° 738, 3, *Dupont,* 1971, 223), la constatation en franchise d'impôt d'une partie seulement des plus-values acquises à la date d'effet de l'option pour un régime simplifié (CE 28 juill. 1999, n° 179360, *DF,* 2000, 40, 727, concl. Goulard).

On retrouve, attachées aux décisions de gestion régulières des effets identiques à ceux de l'option. Elles ne peuvent être remises en cause par l'administration fiscale et elles sont opposables au contribuable qui ne peut en demander la rectification à moins qu'il n'ait fait qu'obéir à une doctrine administrative illégale (CE 4 juin 1982, n° 12553, *DF,* 1983, 6, 192, concl. Rivière).

B - Les agréments fiscaux

121 CARACTÉRISTIQUES. — L'agrément fiscal est un acte unilatéral par lequel l'administration fiscale accorde des exonérations partielles ou totales d'imposition sous la condition que le bénéficiaire réalise des opérations destinées à favoriser l'adaptation des structures industrielles et commerciales, à faciliter le développement régional et celui des DOM-TOM, à développer la recherche scientifique et technique, à assurer la conservation du patrimoine artistique national. A été déclarée non conforme à la Constitution une disposition législative qui aurait laissé au ministre la faculté discrétionnaire d'accorder ou de refuser un avantage fiscal par voie d'agrément (CC n° 87-237 du 30 déc. 1987). Le Conseil d'État a néanmoins confirmé sa jurisprudence selon laquelle l'administration dispose, pour refuser ou accorder un agrément, d'un pouvoir discrétionnaire d'appréciation (CE 7 févr. 1990, SAL Société d'exploitation des faïenceries de Niderviller et Pornic, *BGFE,* 1990, 20, p. 9).

L'octroi de l'agrément est subordonné au dépôt d'une demande qui expose le programme que le pétitionnaire entend réaliser. C'est alors que s'exerce un premier pouvoir d'appréciation des autorités compétentes. En effet, les normes de référence qui définissent les objectifs à atteindre par le contribuable sont souvent affectées d'une grande imprécision et ouvrent à l'administration la faculté d'imposer des conditions très diverses. Cette délicate question de la discrétionnalité de l'agrément a rebondi avec une décision du Conseil constitutionnel du 30 décembre 1987 (CC n° 87-237 DC du 30 déc. 1987, *Rec.,* 63, *GAJF,* n° 58) ainsi conçue : « À défaut de critères fixés par la loi, l'exigence d'un agrément n'a pas pour conséquence de conférer à l'autorité ministérielle le pouvoir qui n'appartient qu'à la loi de déterminer le champ d'application d'un avantage fiscal ; au cas considéré, l'exigence de l'agrément confère seulement au ministre chargé du budget le pouvoir de s'assurer, conformément à l'objectif poursuivi par le législateur que l'opération en cause satisfait aux conditions fixées par la loi. » On a abusivement déduit de cette formulation que le Conseil avait condamné les agréments discrétionnaires. Il n'en est rien. Il a simplement interdit au pouvoir réglementaire de compléter la loi en définissant par voie générale des conditions d'octroi et fait obligation au ministre qui délivre l'agrément de s'assurer au minimum que l'opération autorisée est conforme aux objectifs légaux.

C'est pourquoi le Conseil d'État a pu maintenir sa jurisprudence qui distingue les agréments de plein droit qui sont assortis de conditions d'octroi précises, qui font l'objet d'un contrôle normal (CE 24 févr. 1988, n° 76603, *RJF,* 1988, 149, concl. Fouquet ; CE 7 déc. 1988, n° 84073, *DF,* 1989, 18, 936, concl. Martin-Laprade) et les agréments discrétionnaires qui font l'objet d'un contrôle restreint (CE 20 janv. 1988, n° 77560, *DF,* 1988, 26, 1329, concl. Saint-Pulgent ; CE 7 févr. 1990, n° 98830, *DF,* 1990, 28, 1361, concl. Hagelsteen).

Si l'agrément est de droit son refus devra être motivé alors que le refus d'un agrément discrétionnaire échappe aux exigences de la loi du 11 juillet 1979 sur la motivation des actes administratifs (CE 1er juin 1988, n° 79550, *RJF,* 1988, 8-9, 566). Mais quelle que soit sa nature, lorsque le bénéficiaire ne remplit plus les conditions initiales, la déchéance de l'agrément pourra être prononcée, le ministre conservant le pouvoir de faire varier les effets (CE 28 oct. 1987, n° 35232, *DF,* 1988, 28, 1458, concl. Le Roy). L'intéressé doit toujours être appelé à présenter ses observations (CE 25 oct. 1985, n° 29116, *RJF,* 1985, 12, 797, concl. Chahid-Nouraï).

L'agrément apparaît donc ici encore comme un acte condition qui a pour effet d'appliquer au bénéficiaire un statut fiscal privilégié dont les éléments sont définis par la loi. L'administration peut, par exemple, subordonner la délivrance d'un agrément fiscal à la condition de maintenir ou de créer des emplois permanents (CE 19 mars 2001, n° 176693, *DF,* 2001, 37, 818, concl. Courtial).

La décision du ministre refusant de conclure une convention, visée par l'article 795 A CGI, avec les héritiers, donataires ou légataires d'immeubles classés ou inscrits en vue de l'exonération des droits de mutation à titre gratuit et moyennant l'ouverture de ceux-ci au public, constitue un refus d'agrément qui doit être considéré comme un acte détachable de la procédure d'imposition et de recouvrement des droits de mutation (CE 19 mars 2003, n° 233359, *BDCF,* 2003, 6, concl. Bachelier).

122 VARIÉTÉS. — Il existe actuellement environ une vingtaine de procédures d'agrément parmi lesquelles on citera : l'exonération temporaire de taxe professionnelle dans le cadre de l'aménagement du territoire (art. 1465 CGI), l'exonération temporaire d'impôt sur les sociétés pour les sociétés nouvelles constituées dans les DOM (art. 208 *quater* CGI), le régime fiscal particulier des immeubles faisant partie du patrimoine national (art. 156 CGI), le régime spécial d'amortissement dégressif des matériels permettant des économies d'énergie (art. 39 AA CGI).

Autre exemple : l'article 209 II CGI a conféré au ministre des finances un pouvoir discrétionnaire dans l'octroi d'un agrément afin de reporter les déficits après fusion ou apport. Le refus d'agrément n'a pas à être motivé (CE 1er juin 1988, n° 79950, *BGFE,* 1988, 10, p. 3). L'article 85 de la loi de finances pour 2002 a supprimé le caractère discrétionnaire, les conditions d'octroi de celui-ci ainsi que le montant du déficit susceptible d'être transféré sont désormais fixés dans la loi.

C - Les autorisations fiscales

123 ORIGINALITÉ. — Ce sont des procédures intermédiaires entre les options fiscales et les agréments. L'autorisation fiscale consiste en effet à soumettre le choix d'un changement de régime fiscal à une décision des services fiscaux, leur intervention se justifiant par les risques financiers que court le Trésor en cas d'adoption du régime spécial.

On trouve de telles autorisations pour l'application de certains aspects du régime de la TVA. Ainsi l'article 269-2 C CGI dispose que la taxe est exigible pour les livraisons lors de la réalisation du fait générateur mais que toutefois pour les livraisons d'électricité, de gaz, de chaleur, de froid ou de biens similaires donnent lieu à des décomptes ou à des encaissements successifs, l'exigibilité peut intervenir au moment du débit sur autorisation du directeur des services fiscaux. Elles sont soumises au contrôle du juge qui vérifie la régularité de leurs motifs (CE 4 janv. 1974, Société General Foods France, *Rec.,* 4).

Section II
La détermination de la matière imposable

La détermination de la matière imposable dépend de la structure de l'assiette. Mais pour des raisons de technique ou de politique fiscales son évaluation peut se faire selon des méthodes qui ne tiennent pas compte intégralement de tous les éléments constituant l'assiette.

I | L'ÉVALUATION DIRECTE

L'évaluation directe implique que la matière imposable soit connue dans tous ses éléments qui sont pris en compte pour la fixation de la base imposable.

124 MÉTHODES. — Elles varient fondamentalement selon la nature de l'assiette ce qui a conduit à distinguer les impôts spécifiques des impôts *ad valorem.*

L'impôt spécifique est celui qui est perçu sur l'unité matérielle du produit frappé par la loi fiscale. Ainsi l'article 403 CGI (transféré au Recueil des contributions indirectes et des réglementations assimilées) dispose que les alcools supportent un droit de consommation dont le tarif par hectolitre d'alcool pur est fixé à 835 € ou 1 450 €, suivant la nature du produit. L'essentiel pour l'administration est d'avoir une bonne connaissance de l'existence de la matière imposable ; son évaluation se réduisant à quelques calculs usuels.

L'impôt *ad valorem,* au contraire, est celui qui atteint une matière imposable dans sa valeur et c'est le mode de calcul de cette valeur qui fait toute l'originalité des procédés fiscaux employés. Parfois cette valeur est aisément déterminable lorsqu'il s'agit par exemple du prix d'un produit, mais elle peut atteindre une assez grande complexité lorsqu'il s'agit d'un revenu. Elle légitime alors une coopération accrue du contribuable qui doit dévoiler les nombreux aspects de son activité. C'est pourquoi l'évaluation directe cède parfois la place à des méthodes plus approximatives.

125 LA DÉCLARATION CONTROLÉE. — Cette technique consiste à obliger le contribuable à déclarer tous les éléments nécessaires à la détermination de la base d'imposition, l'administration fiscale disposant des moyens nécessaires pour vérifier son exactitude et éventuellement la redresser.

En droit français la déclaration est largement employée comme moyen d'évaluation des bases d'imposition : pour l'impôt sur le revenu, déclaration générale des revenus (art. 170 CGI) doublée de déclarations spéciales ; pour l'impôt sur les sociétés, déclaration des résultats des sociétés et personnes morales assujetties (art. 229 CGI) ; pour la TVA, déclaration mensuelle ou trimestrielle du chiffre d'affaires (art. 270 CGI) ; pour les droits d'enregistrement, l'enregistrement de l'acte est assimilé à une déclaration sinon sont employées diverses déclarations estimatives (art. 638 et s. CGI). À cet égard, la déclaration joue comme moyen de preuve opposable à l'administration et au contribuable. Mais elle est souvent plus que cela, comme l'a montré un commissaire du gouvernement (concl. Lobry sur CE 22 oct. 1976, n° 92182, *DF,* 1977, 16-17, 677), elle est aussi un « acte initial par lequel le contribuable reconnaît entrer dans le champ d'application de l'une des dispositions du Code général des impôts ». Elle peut d'ailleurs contenir par le choix même de son mode de rédaction de véritables options fiscales.

Les conditions de souscription des déclarations sont particulièrement rigoureuses. Le dépôt d'une déclaration est obligatoire et doit être fait dans les délais à peine de sanctions et surtout de taxation d'office (CE 31 oct. 1984, n° 22299, *RJF,* 1985, 1, 30 ; 20 mars 1985, n° 45588, *RJF,* 1985, 5, 404) de la matière imposable non déclarée ; cette procédure unilatérale pouvant même, dans ce cas, être utilisée sans qu'aucun texte ne l'ait prévu (CE 17 mars 1982, n° 23695, *RJF,* 1982, 5, 242 ; CE 2 mars 1983, n° 25054, *RJF,* 1983, 5, 322). Encourent les mêmes sanctions les erreurs sur le régime fiscal dont relève la déclaration (CE 7 févr. 1983, n° 28186, *RJF,* 1983, 4, 236), sur la qualification des revenus déclarés (CE 19 janv. 1983, n° 29466, *RJF,* 1983, 3, 177), sur le service destinataire (CE 3 oct. 1984, n° 42088, *RJF,* 1984, 12, 764). Le formalisme doit être respecté : une simple lettre qui contiendrait tous les renseignements exigés ne vaut pas déclaration (CE 17 mai 1982, n° 19338, *RJF,* 1982, 7, 350). En cas d'omission d'un revenu catégoriel dans la déclaration de revenu global, la souscription de la déclaration catégorielle ne constitue pas une mention expresse exonérant de l'intérêt de retard, en cas de redressement (CE 9 déc. 1989, n° 5128, *DF,* 1989, 15, concl. Martin). C'est toujours au contribuable de faire la preuve que la déclaration a été déposée dans les délais réglementaires et qu'elle est régulière (CE 21 nov. 1953, n° 15604, *DF,* 1954, 6, Doc., concl. Lasry, *RSF,* 1954, 982, chron. Chrétien ; CE 5 nov. 1984, n° 36421, *RJF,* 1985, 1, 78).

La déclaration du contribuable doit être présumée exacte par l'administration jusqu'à la preuve contraire apportée par elle au moyen de la mise en œuvre de ses compétences de contrôle et de rectification. Les règles générales de la procédure d'imposition imposent que la rectification d'une déclaration régulièrement souscrite soit effectuée selon la procédure contradictoire de redressement (CE 21 mars 1975, nº 87573, *RJF,* 1975, 5, 163, chron. Martin-Laprade). Les énonciations de la déclaration s'imposent au contribuable qui ne peut les rectifier qu'avant l'expiration du délai légal de dépôt. Au-delà, il devra les contester au moyen d'une procédure contentieuse à charge pour lui de faire la preuve des erreurs commises et de la véritable valeur de la matière imposable (CE 22 déc. 1922, nº 69641, *DP,* 1923, 3, 15, *GD,* 88 ; CE 19 févr. 1971, nº 79216, *Rec.,* 147).

II | La base forfaitaire

126 Aménagement. — Le législateur, dans un souci de simplification a, par la loi de finances pour 1999 (nº 98-1266 du 30 déc. 1998), aménagé le régime des micro-entreprises et, corrélativement, supprimé le régime du forfait ainsi que toutes les mesures techniques liées à ce régime. Pour la même raison, il a aussi abrogé le régime de l'évaluation administrative, en matière de bénéfices non commerciaux, et apporté des aménagements au régime déclaratif spécial. L'administration n'a plus à demander des renseignements, à négocier avec le contribuable et éventuellement à aller devant la commission départementale des impôts directs et des taxes sur le chiffre d'affaires. Les entrepreneurs soumis à un régime micro-entreprises doivent compléter un état annexe à leur déclaration de revenu (indication du nombre de salariés, du montant brut des salaires...), à tenir un livre d'achats et un de recettes. Il s'agit pour l'administration de faire un contrôle de cohérence du chiffre d'affaires, des plus-values d'actif et de permettre d'asseoir la taxe professionnelle. Enfin, concernant les différents régimes d'imposition des exploitants agricoles, un régime transitoire a été retenu afin de faciliter le passage des exploitants individuels du forfait à un régime de bénéfice réel simplifié ou normal, sans pour autant supprimer le régime du forfait.

127 LE RÉGIME DES MICRO-ENTREPRISES. — Les entreprises dont le chiffre d'affaires annuel n'excède pas 80 000 € (2009), pour les entreprises de ventes ou de fournitures de logement, ou 32 000 € (2009) pour les autres entreprises, sont respectivement imposées sur la base forfaitaire fixée à 30 % ou 50 % du montant de leurs recettes. Ce régime n'est susceptible de s'appliquer qu'aux entrepreneurs individuels. Sont exclus les personnes morales ou organismes passibles de l'impôt sur les sociétés ou relevant du régime des sociétés de personnes, quel que soit le montant de leur chiffre d'affaires. Toute entreprise redevable de la TVA, de plein droit ou sur option pour tout ou partie de l'année, est de droit exclue du régime micro-entreprises même si son chiffre d'affaires est inférieur aux limites d'application de ce régime. D'autres exclusions sont liées à la nature des opérations (ex : opérations portant sur des immeubles, fonds de commerce, locations de matériel...).

Les éléments d'imposition des contribuables qui relèvent du régime des micro-entreprises comprennent le bénéfice imposable, déterminé de manière forfaitaire, avant la prise en compte des plus- et moins-values à court terme et des plus- et moins-values provenant de la cession des biens affectés à l'exploitation déterminée selon le mode réel.

Les contribuables placés sous ce régime sont dispensés d'une déclaration de résultats, ils portent directement le montant du chiffre d'affaires annuel et des plus- et moins-values réalisées dans leur déclaration de revenu global. L'abattement forfaitaire est calculé automatiquement par l'administration. Les entreprises adhérentes d'un organisme agréé et placées sous ce régime ne bénéficient pas de l'abattement sur le bénéfice de 20 % prévu par l'article 158-4 *bis* CGI. Sur le plan comptable, l'article 17-4 du Code de commerce prévoit que les contribuables sont, dans ce cadre, dispensés de produire un bilan et un compte de résultat, mais on leur impose la tenue d'un livre mentionnant chronologiquement le montant et l'origine des recettes perçues. Ils doivent avoir un registre, récapitulé par année, présentant le détail de leurs achats de biens ou de services.

Les entreprises relevant de plein droit de ce régime peuvent opter pour le régime réel simplifié ou normal.

128 LE RÉGIME MICRO DES BNC. — Il s'adresse aux contribuables dont le montant annuel de recettes n'excède pas 30 000 € (2009), et qui sont exonérés de TVA ou bénéficient de la franchise en base de TVA. Les produits des droits d'auteur soumis à l'impôt sur le revenu suivant les dispositions prévues en matière de traitements et salaires (art. 93-1 *quater*) ne sont pas pris en compte pour l'appréciation de la limite précitée, sauf si le contribuable opte pour l'imposition des produits en cause selon les règles applicables en matière de BNC. Les contribuables sont imposés sur un bénéfice évalué forfaitairement à 65 % de leurs recettes. Les obligations comptables sont allégées. Les contribuables doivent tenir, et éventuellement présenter à l'administration, un document enregistrant le détail journalier des recettes. Le montant des recettes est porté directement sur la déclaration de revenu global, l'administration ainsi que les plus-values nettes à long terme, les plus-values nettes à court terme sont soumises à la progressivité de l'impôt sur le revenu, sous réserve de l'étalement sur trois ans.

Les bénéfices réalisés par les associés des sociétés de personnes exerçant une activité de nature non commerciale sont, quel que soit le montant des recettes réalisé par la société, déterminés selon le régime de la déclaration contrôlée (art. 103 CGI).

Les contribuables soumis de plein droit à ce régime peuvent opter pour le régime de la déclaration contrôlée.

129 LE FORFAIT AGRICOLE. — La procédure de fixation du bénéfice forfaitaire agricole se déroule en deux temps : détermination d'éléments de référence puis application de ceux-ci aux situations individuelles. La moyenne des recettes (TVA incluse) appréciée sur deux années consécutives ne doit pas dépasser 76 300 € (2009).

Il appartient d'abord à l'administration fiscale de soumettre à la commission départementale des impôts directs et des taxes sur le chiffre d'affaires des propositions portant essentiellement sur la division du département en régions agricoles, les natures de cultures ou l'exploitation qui doivent faire l'objet d'une évaluation spéciale, la détermination des catégories d'exploitations de polycultures, le bénéfice forfaitaire et le fermage moyen pour chacune de ces natures de culture ou d'exploitation et pour chacune de ces catégories d'exploitation. De ces propositions devront se dégager l'exploitation type présentant les caractéristiques principales des exploitations de la région. Sera alors établi par l'administration un compte type d'exploitation faisant ressortir à l'hectare le bénéfice moyen. Elle n'est soumise pour l'élaboration de ces propositions à aucune contrainte procédurale, à aucune directive particulière mais celles-ci ne lient pas la commission (CE 7 févr. 1966, n° 61463, *DF,* 1966, 9, 246) en revanche, l'absence de proposition serait une cause de nullité de la procédure. La commission départementale saisie de ces propositions après avoir consulté le directeur départemental de l'agriculture fixe pour chaque nature de culture ou catégorie d'exploitation le bénéfice moyen à l'hectare ou les éléments de calcul du bénéfice forfaitaire. Elle dispose d'une large liberté d'appréciation (CE 8 janv. 1954, Fédération des exploitants agricoles du Gers, *Rec.,* 13) à condition de prendre en considération exclusivement la situation des exploitations agricoles (CE 19 juin 1953, de Taillandier, *Rec.,* 300 ; TA Strasbourg, 7 oct. 1982 et 14 avr. 1983, *DF,* 1983, 44, 2045, concl. Kintz). La commission centrale des impôts directs n'interviendra avec plénitude du pouvoir de décision que s'il y a carence de la commission départementale ou sur appel interjeté par les présidents des fédérations départementales des syndicats agricoles ou par le directeur des services fiscaux à l'exclusion des contribuables qui ne pourront qu'exiger de l'illégalité de ces décisions réglementaires devant le juge de l'impôt (TA Strasbourg, 14 avr. 1983, préc.). Les bénéfices forfaitaires définitivement arrêtés sont publiés au *Journal officiel.*

La seconde phase est constituée par la détermination des bases d'imposition individuelles. Chaque exploitation est classée dans l'une des catégories définies par la commission départementale à partir du revenu cadastral moyen à l'hectare qui a été retenu pour le calcul de la taxe foncière due au titre de l'année d'imposition. La liste des exploitations avec l'indication de la superficie et de la catégorie à laquelle elles appartiennent est affichée pendant quinze jours à la mairie. À l'expiration de ce délai le classement devient définitif à moins que les exploitants intéressés n'aient fait appel devant la commission départementale qui statuera définitivement après avoir entendu les observations de l'intéressé. Dans ce cas encore la décision ne pourra être contestée directement devant le juge administratif par le contribuable mais à l'occasion du contentieux de son imposition (CE 9 févr. 1983, n° 31084, *DF,* 1983, 25, 1374, concl. Léger).

130 L'ÉVALUATION DE LA VALEUR LOCATIVE D'UN BIEN. — Les bases d'imposition de la taxe foncière sur les propriétés bâties, sur les propriétés non bâties et de la taxe d'habitation sont déterminées à partir d'une donnée unique la valeur locative de l'immeuble qui correspond au loyer brut théorique et normal déterminé par voie de comparaison. Sa détermination est complexe et l'on prendra l'exemple de l'évaluation des valeurs locatives des locaux d'habitation et à usage professionnel (art. 1496 CGI). Une nomenclature nationale définit une classification des locaux. Les locaux situés dans une commune sont répartis entre ces différentes catégories. Pour chacune des catégories est alors choisi un local de référence qui correspond le mieux aux différentes caractéristiques de la catégorie et dont on détermine la surface pondérée à laquelle sera appliquée un tarif communal de base au mètre carré. On obtient ainsi la valeur locative cadastrale du local de référence. Si le local à considérer présente un caractère exceptionnel, sa valeur locative sera appréciée par comparaison avec celle d'immeubles similaires situés dans d'autres communes (CE 24 juin 1981, n° 17532, *DF,* 1983, 26, 1418, concl. Rivière). Sinon et c'est le droit commun, l'immeuble sera comparé avec le local de référence le plus semblable situé dans la commune (CE 29 juill. 1983, n° 37518, *DF,* 1984, 13, 669, concl. Schricke), de telle manière que soit respectée la règle d'égalité proportionnelle entre la valeur locative dégagée et celle du local de référence (CE 12 mars 1982, n° 19742, *RJF,* 1982, 5, 222, chron. Racine). Les locaux commerciaux obéissent à un régime moins uniforme (art. 1498 CGI). Pour les biens donnés en location à des conditions normales, la valeur locative est celle qui ressort de la location. La valeur locative des biens loués à des conditions anormales, occupés par leurs propriétaires, vacants ou occupés à titre gratuit est déterminée par comparaison avec des locaux de référence choisis dans la commune ; à défaut de terme de comparaison, l'administration est autorisée à évaluer directement l'immeuble (CE 15 déc. 1982, n° 24895, *RJF,* 1983, 1, 117 ; CE 18 juin 1984, n° 42503, *RJF,* 1984, 8-9, 523).

Section III
Les actes d'imposition

131 DE L'OBLIGATION FISCALE À LA CRÉANCE FISCALE. — La matière imposable une fois déterminée et évaluée, il est nécessaire de procéder comme pour toute recette publique à la liquidation de l'impôt. Celle-ci consistera à déterminer le montant de l'impôt en appliquant l'ensemble du régime d'imposition défini en fonction des lois et des règlements, mais aussi des choix fiscaux du contribuable. Elle est normalement opérée par les agents de la direction générale des finances publiques mais aussi dans certains cas par les redevables eux-mêmes.

À cet égard, il est nécessaire de faire une distinction tout à fait essentielle entre les impôts et taxes recouvrés par les comptables du Trésor et les impôts et taxes recouvrés par les comptables de la Direction générale des impôts. Les premiers parmi lesquels on doit ranger l'impôt sur le revenu, l'impôt sur les sociétés, les impôts directs locaux sont recouvrés en vertu de rôles établis par le service chargé de l'assiette (l'impôt sur les sociétés est normalement versé spontanément par la personne morale, un rôle n'étant édicté qu'en cas de non-liquidation par le redevable ou à la suite d'un redressement du résultat déclaré). Les seconds qui regroupent essentiellement les taxes sur le chiffre d'affaires, les droits d'enregistrement et de timbre, les impôts indirects doivent être acquittés par le contribuable dans les délais réglementaires sans que l'administration ait à remettre un titre quelconque. Ce n'est qu'à défaut de paiement total ou partiel que sera émis un avis de mise en recouvrement. Ces deux procédures ont donc pour résultat de situer l'édition de l'acte d'imposition à des moments différents et de détacher celui-ci de la naissance de la créance fiscale.

Comme nous l'avons vu l'obligation fiscale naît à la date du fait générateur, mais la créance n'est véritablement déterminée qu'avec la liquidation, celle-ci pouvant être assurée par l'administration par voie de rôle ou directement par le redevable. Dans ce dernier cas, l'acte d'imposition (avis de mise en recouvrement et rôle pour l'impôt sur les sociétés) n'intervient qu'à titre subsidiaire pour pallier les défaillances du contribuable.

I | Édiction des actes d'imposition

132 Le rôle. — Le rôle est le titre en vertu duquel les services du Trésor effectuent et poursuivent le recouvrement de l'impôt direct. Il s'agit d'une liste des contribuables soumis à l'impôt comportant pour chacun d'eux la base d'imposition, la nature des contributions et taxes, le taux d'imposition et le montant des cotisations avec le total par article. Ce rôle collectif peut être complété de rôles particuliers et de rôles individuels notamment pour assurer le recouvrement de l'impôt résultant de l'exercice du droit de reprise.

Les rôles doivent être homologués par le préfet, c'est-à-dire revêtus de la formule exécutoire. Une date de mise en recouvrement des rôles est fixée : en principe, elle correspond au trentième jour suivant celui de l'homologation. Le directeur des services fiscaux établit pour chaque contribuable un avis d'imposition qui est un extrait du rôle. Cet avis mentionne le total des sommes à acquitter, les conditions d'exigibilité (généralement le dernier jour du mois suivant la date de mise en recouvrement) et la date limite de paiement. Ces mentions limitativement énumérées sont obligatoires (CE 19 déc. 1980, n° 5306, *DF,* 1981, 13, 702). L'avis ne peut être assimilé à un acte de contrainte (CE 20 avr. 1977, n° 2525, *RJF,* 1977, 6, 224).

133 L'avis de mise en recouvrement. — C'est un titre exécutoire par lequel l'administration authentifie la créance fiscale non acquittée spontanément dans les délais réglementaires. Il est signé et rendu exécutoire par le directeur des services fiscaux. Il doit comporter l'identification du débiteur, la justification et la description des sommes dues. Il est notifié au redevable de telle manière que le contribuable soit informé de tous les éléments qui le mettent en mesure de contester utilement l'imposition (CE 22 avr. 1985, n° 40963, *DF,* 1985, 4748, 2079, concl. Latournerie). L'irrégularité qui entache l'avis de mise en recouvrement entraîne la décharge de l'intégralité des droits et pas seulement celle des impôts dont la mention a été omise (CE 30 oct. 1989, Sté française de crédit, Sofrac, *DF,* 1990, 12, 608, concl. Hagelsteen). La Chambre commerciale de la Cour de cassation a décidé que le processus de mise en recouvrement de la taxe professionnelle ne saurait être assimilé à une « procédure administrative en cours », qui suppose que la créance préalablement arrêtée par le créancier fasse l'objet d'une réclamation de la part du débiteur (Cass. com., 18 janv. 2000, n° 195, *PD, Rev. pr. coll.,* 2000, 3, 91, note J.-M. Deleneuville ; note A. Lienhard, *D. affaires,* 2000, p. 82). Une irrégularité, pour vice de forme, dans l'avis de mise en recouvrement est sans influence sur la régularité de la procédure de redressement (Cass. com., 26 mai 2004, n° 01-11.722, Varenard de Billy, *Procédures,* 2004, 8-9, 23, note J.-L. Pierre).

134 EFFETS JURIDIQUES. — Le rôle comme l'avis de mise en recouvrement apparaissent comme des décisions exécutoires émises unilatéralement par l'administration fiscale et qui bénéficient du privilège de l'exécution provisionnelle. Ils sont aussi des titres exécutoires qui permettent le recouvrement forcé par l'usage des voies d'exécution. La conséquence procédurale immédiate a été l'admission du sursis à exécution de ces décisions destiné à obtenir la suspension de l'exécution provisionnelle (CE 17 déc. 1976, n° 1692, *DF,* 1977, 31-37, 1274, concl. Fabre, *RDP,* 1977, 679, note Drago ; CE 23 avr. 1980, n° 22203, *DF,* 1981, 51, 1317, concl. Fabre ; CE 18 mars 1983, n° 42571, *DF,* 1984, 13, 676, concl. Léger). Il a été jugé, par exemple, que le sursis à exécution pouvait être accordé quand d'une part la procédure de taxation d'office mise en œuvre par l'administration était irrégulière et quand, d'autre part, l'exécution risquait d'entraîner la liquidation de l'entreprise (CE 27 janv. 1989, n° 95226, *DF,* 1989, 42, 1931, concl. Fouquet).

Ces actes ne sont pas créateurs de droits et peuvent être modifiés pendant la durée du délai de reprise toutes les fois qu'il est établi qu'ils ne répondent pas aux conditions légales. Une limite est cependant apportée lorsque l'administration a prononcé un dégrèvement. Elle ne peut prendre un nouvel acte d'imposition que si le redressement est fondé sur une cause juridique distincte de celle qui servait de base aux droits dont le dégrèvement a été accordé (CE 31 déc. 1959, n° 39502, *DF,* 1960, 26, Doc., concl. Martin).

II | Exécution des actes d'imposition

Constitué débiteur du Trésor le contribuable peut se libérer spontanément de sa dette ou résister, ce qui entraînera le recouvrement forcé. L'action en recouvrement devra être exercée avant l'expiration des délais de prescription.

A - L'exécution amiable

135 Modalités de paiement. — Elles ne sont pas uniformes pour tous les impôts et dépendent de la nature de la procédure de recouvrement et de certains choix du contribuable. On évoquera ici les modalités caractéristiques des principaux impôts.

En principe, les cotisations à l'impôt sur le revenu donnent lieu au versement d'acomptes provisionnels dès que leur montant total est au moins égal à 336 € (2009). Ces acomptes, au nombre de deux (janvier et avril) sont égaux, chacun, au tiers des cotisations mises à la charge du redevable dans les rôles concernant la dernière année au titre de laquelle il a été imposé. Puis l'impôt est mis en recouvrement avec imputation des acomptes déjà versés. Le solde restant dû est alors payé dans les délais prévus par l'avis d'imposition. Mais le contribuable peut aussi opter pour le paiement sous la forme d'un prélèvement mensuel sur son compte en banque. Cette option doit en principe être formulée au moyen d'un imprimé spécial avant le 30 septembre et prend effet à compter du 1er janvier suivant. Elle pourra ultérieurement être dénoncée pour des raisons d'opportunité. Le prélèvement effectué par le Trésor chaque mois, de janvier à octobre, est égal au dixième de l'impôt établi au titre des revenus de l'avant-dernière année. Un avis de situation adressé au contribuable précise les conditions du prélèvement de la somme restant due. Le trop-perçu éventuellement constaté doit être immédiatement remboursé au contribuable. Un prélèvement qui n'est pas honoré par suite d'insuffisance de provision est majoré de 3 % et réclamé avec le prélèvement du mois suivant.

L'impôt sur les sociétés doit au contraire être liquidé par le redevable lui-même sans émission de rôle par le service des impôts. Les personnes morales assujetties calculent en fonction de leurs résultats l'impôt qui est dû. Elles versent spontanément quatre acomptes (février, mai, août et novembre) déterminés en fonction du bénéfice imposable du plus récent exercice clos. Lorsque les redevables déposent leur déclaration de résultat, ils peuvent déterminer par application du taux légal le montant de leur imposition définitive. Si elle est inférieure au montant des acomptes, un solde de liquidation doit être versé au Trésor, si elle est au contraire inférieure, l'excédent est remboursé sans intervention des services d'assiette.

La TVA est normalement acquittée en même temps qu'est déposée la déclaration des opérations réalisées. Les redevables imposés d'après le régime du forfait ne souscrivant pas des déclarations périodiques effectuent le paiement par douzième chaque mois.

Pour les droits d'enregistrement le principe est le paiement immédiat qui doit être préalable à l'accomplissement de la formalité et porter sur la totalité des droits réclamés.

Les droits indirects sont généralement dus et acquittés à l'occasion des situations portées à la connaissance de l'administration avant leur réalisation par les redevables. Ils sont liquidés au vu des déclarations souscrites.

136 MODES DE PAIEMENT. — Les différents impôts et taxes doivent être réglés au Trésor par les instruments libératoires limitativement autorisés par la réglementation. Il s'agit du numéraire, des chèques et virement bancaires, des mandats-contributions, des mandats postaux émis au profit du comptable public compétent.

Certains droits d'enregistrement peuvent être réglés par des moyens de paiement spécifiques. Les titres de l'emprunt d'État à 4,50 % en 1973 à capital garanti dont la valeur de reprise est fixée deux fois par an sont admis en paiement des droits d'enregistrement sur les mutations à titre gratuit à condition qu'ils soient perçus au profit de l'État et que les redevables n'optent pas pour le paiement fractionné. Les droits de mutation à titre gratuit peuvent également être acquittés, après agrément de l'administration fiscale, par la remise d'œuvres d'art, d'objets de collection ou de documents de haute valeur artistique ou historique.

137 REMISES ET MODÉRATIONS. — L'administration peut accorder des remises totales ou partielles d'impôts directs lorsque le contribuable est dans l'impossibilité de payer par suite de gêne ou d'indigence. Les contribuables n'ont aucun droit à les obtenir (CE 12 oct. 1960, Desmoulin, *AJDA,* 1961, 48, note Drago), mais les décisions les accordant sont soumises au contrôle du juge de l'excès de pouvoir (CE 25 mars 1961, n° 38432, *DF,* 1961, 22, 525), contrôle minimum qui porte sur la régularité des motifs (CE 12 juin 1936, Dame de Crozals-Roch, *Rec.,* 640, *GD,* 223). Le pouvoir d'appréciation rejetant une demande de remise ou de modération est soumis au contrôle restreint et non au contrôle normal du juge de l'excès de pouvoir, la décision de rejet d'une demande de remise gracieuse n'a pas à être motivée (CE 7 janv. 1991, Bans, *DF,* 1991, 16-17, 937, concl. Chahid-Nourari). Enfin, le contribuable ne doit pas mélanger le contentieux relatif à une contestation au fond de l'impôt avec le contentieux des décisions administratives prises dans le cadre de la juridiction gracieuse (CE 5 juin 1989, SCI l'Orée du Bois, *DF,* 1989, 49, 2318, concl. Fouquet).

B - L'exécution forcée

138 DISPARITION DE LA CONTRAINTE. — L'article L 271 LPF prévoyait que le défaut de paiement des impositions, visées à l'article L 270 du même livre, pouvait donner lieu à l'exercice de la contrainte par corps, dans les conditions fixées par le Code pénal. Il appartenait au président du tribunal de grande instance de l'appliquer et d'en fixer la durée. Celle-ci était immédiatement applicable. Ce dispositif a été abrogé par la loi n° 2004-204 du 9 mars 2004.

139 LA SUSPENSION DES POURSUITES. — Elle peut être obtenue par différentes procédures qui viennent se greffer sur la contrainte.

Il faut préalablement remarquer que l'administration a compétence liée pour poursuivre le recouvrement des impositions dont l'exigibilité est certaine (Cass. civ., 6 juin 1950, *JCP,* 1950, II, 5659), et qu'il ne peut y avoir matière à accord (CE 23 mai 1958, *RDF,* 1958, 52, Doc., concl. Poussière, *GD,* 139) ; simplement il peut être octroyé à titre gracieux des délais de paiement qui ne suspendent pas l'exigibilité de l'impôt (CE 6 avr. 1962, Soc. des appareils centrifuges industriels, *AJDA,* 1962, 504, concl. Henry).

En revanche, plusieurs voies contentieuses permettent d'obtenir la suspension des poursuites. Le redevable peut d'abord attaquer la contrainte par voie d'opposition à contrainte devant le juge de l'impôt en contestant l'existence de l'obligation de payer, le montant de la dette et l'exigibilité de la somme réclamée (art. L 281 LPF). Cette opposition n'a pas d'effet suspensif (CE 24 févr. 1967, Ministre des Finances c/ Cheuvineau, *Rec.,* 93), mais à son appui peut être demandé le sursis à exécution de la contrainte (CE 13 juin 1980, n° 10219, *DF,* 1981, 29, 1495, concl. Fabre). Le sursis à exécution peut être ordonné car, comme le faisait observer à juste titre un commissaire du gouvernement, l'emprisonnement pouvant découler de la contrainte par corps est un préjudice aussi difficilement réparable que la vente d'une résidence principale pour payer l'impôt ou l'amputation importante du revenu pour le même motif (CE 24 avr. 1989, n° 70026, *DF,* 1989, 42, 1936, concl. de Saint-Pulgent).

Le juge administratif peut être saisi d'un litige fiscal dans le cadre du référé-instruction, visé par l'article R 532-1 du Code de justice administrative, alors même que le CGI et le LPF organisent des procédures spéciales de contestation (CE 23 juin 2006, n° 288813, *DF,* 2007, 10, comm. 261, concl. Collin).

Le sursis de paiement apparaît comme le second moyen, plus général, d'obtenir la suspension des poursuites. Dans sa réclamation contentieuse préalable devant les services fiscaux le contribuable peut demander qu'il soit sursis au paiement des impositions litigieuses en offrant, en contrepartie, de constituer des garanties entre les mains du comptable propre à assurer le recouvrement du montant de l'impôt auquel il est sursis. Lorsque les garanties sont régulièrement constituées sous le contrôle du juge du référé fiscal, le sursis est de droit et l'effet suspensif du recouvrement est acquis jusqu'au jugement au fond rendu par la juridiction compétente en première instance (art. L 277 et s. LPF). C'est qu'en effet la demande de sursis de paiement suivie de constitution de garanties a pour effet de surprendre l'exigibilité de l'impôt et de rendre caduque la contrainte (CE 13 nov. 1974, n° 90511, *DF,* 1975, 5, 163, concl. Latournerie ; CE 26 mai 1982, n° 24406, *DF,* 1983, 4, 78, concl. Léger). Le sursis entre en vigueur dès le dépôt de la demande même si celle-ci ne comporte pas d'offre de garanties, mais il cesse de produire effet en l'absence d'offre de garanties sur demande du comptable public ou si les garanties offertes sont insuffisantes. Si par la suite les garanties venaient à être rejetées, les impositions redeviendraient exigibles et le comptable devrait décerner une nouvelle contrainte afin de reprendre les poursuites (CE 8 janv. 1982, n° 12543, *DF,* 1982, 26, 1400, concl. Schricke). Le Conseil d'État a jugé que le droit au sursis de paiement ne peut être restreint par les mesures de recouvrement prises par le comptable avant la demande de sursis (CE 25 avr. 2001, n° 213460, *DF,* 2001, 29, 711, concl. Courtial). Une décision de refus de sursis de paiement pourrait également faire l'objet d'un sursis à exécution (CE 10 févr. 1984, n° 4653, *DF,* 1984, 19-20, 983, concl. Fouquet).

Sur le fondement des dispositions de l'article L 521-1 du Code de justice administrative, le contribuable qui n'a pu obtenir le sursis de paiement, faute de garanties suffisantes, a la possibilité de demander au juge des référés la suspension de la mise en recouvrement de l'imposition, dès lors que cette dernière est exigible (CE 25 avr. 2001, n° 230166, *DF,* 2001, 25, 581, concl. Bachelier). Cette suspension est subordonnée à la double condition, d'une part, qu'il soit fait état d'un moyen propre à créer un doute sérieux sur la régularité ou le bien-fondé de la procédure d'imposition, d'autre part, que l'urgence justifie la mesure de suspension souhaitée.

Contrairement aux conclusions du commissaire du gouvernement, il a été jugé que le texte applicable en matière de sursis de paiement n'est pas celui en vigueur à la date de mise en recouvrement, mais celui en vigueur à la date de la décision attaquée (CE 30 mars 1987, n° 82748, *DF,* 1987, 41, 1820, concl. Le Roy). La contestation, fondée sur la prescription de la créance du Trésor, d'une mise en demeure constitue une opposition à poursuite, la réclamation doit être formée dans le délai de deux mois de la notification de la mise en demeure (CE 18 mai 1992, Momaur, *DF,* 1994, 9, 422, concl. Gaeremynck).

Le sursis à exécution et le sursis de paiement sont deux procédures qui ne sauraient être confondues, notamment du fait que la constitution de garanties n'est pas une condition exigée pour l'octroi du sursis à exécution ou de la suspension du rôle (CE 25 mai 2005, n° 257873, *DF,* 2005, 36, comm. 587, concl. Donnat).

Les procédures d'urgence du droit administratif ont été réformées par la loi n° 2000-596 du 30 juin 2000. Celles-ci trouvent à s'appliquer en matière fiscale. En conséquence, le Conseil d'État a déclaré recevables les demandes des contribuables qui entendaient bénéficier du référé-suspension pour suspendre les effets d'un avis d'imposition (CE 25 avr. 2001, req. 230166, SARL Janfin, *DF,* 2001, 25, comm. 581, concl. Bachelier). Le juge des référés peut faire droit à une demande de suspension lorsque les conditions et moyens sérieux et d'urgence sont remplies, alors même que l'administration ne s'est pas prononcée sur la réclamation du contribuable (CE 6 avr. 2002, SA le micocoulier, *D.,* 2003, 6, 1719, note D. Boccara). L'urgence s'apprécie généralement en fonction de la gravité des conséquences qu'aurait la mise en recouvrement des impositions litigieuses et compte tenu de l'importance du patrimoine du contribuable.

140 LES POURSUITES. — Le Trésor bénéficie tout d'abord des poursuites de droit commun : saisie-arrêt, saisie-exécution, saisies mobilières et immobilières. Le premier acte de poursuite qui procède de la contrainte est le commandement (CE 1er déc. 1976, n° 98393, *RJF,* 1977, 3, 82). C'est l'acte par lequel le débiteur est sommé de payer sa dette. Il doit être émis à l'expiration d'un délai de vingt jours suivant la lettre de rappel ou la mise en demeure. Il mentionne le titre autorisant les poursuites, le montant de la somme à payer et l'ordre de payer la somme réclamée sous peine d'y être contraint par les voies de droit. La saisie a lieu dans les trois jours de la signification du commandement. Il a été jugé qu'un commandement de payer peut être frappé de caducité à hauteur de la somme pour laquelle un contribuable a obtenu ultérieurement un sursis de paiement (CE 16 févr. 2001, n° 217890, *BDCF,* 2001, 5, concl. Mignon). Tient lieu de commandement une mise en demeure, adressée en vue d'une saisie mobilière, laquelle est susceptible d'opposition alors même qu'elle n'aurait pas été suivie d'une exécution (CE 3 avr. 1991, Coffinet, *DF,* 1992, 23, 1176, concl. Fouquet). À noter que la production par l'administration d'une créance fiscale au cours d'une procédure de règlement judiciaire constitue un acte de poursuite pouvant faire l'objet d'une opposition à contrainte (CE 25 mars 1991, Texier, *DF,* 1991, 50, 2449, concl. Martin).

La loi 91-650 du 9 juillet 1991 (*JO,* 14 juill. 1991), complétée par décret 92-755 du 31 juillet 1992 et modifié par l'article 35 de la loi 91-1323 du 30 décembre 1991, a réformé les procédures civiles d'exécution et de recouvrement de l'impôt (*DF,* 1992, 14, 609). Désormais, les effets de l'avis à tiers détenteur sont alignés sur ceux de la saisie-attribution. L'objet de la saisie-attribution est de saisir les créances du débiteur entre les mains d'un tiers appelé « tiers saisi ». Mais le Trésor dispose d'autres moyens d'exécution particuliers énumérés aux articles L 262 et s. du LPF. On retiendra la plus caractéristique : l'avis à tiers détenteur.

L'avis à tiers détenteur est un acte de procédure, trouvant son fondement dans la contrainte (CE 27 juill. 1984, n° 42701, *RJF,* 1984, 8-9, 552), qui permet au comptable sur simple demande, d'obliger un tiers à lui verser sur les fonds dont il est dépositaire, détenteur ou débiteur à l'égard d'un redevable, les impôts dus par ce dernier. C'est une action directe qui opère la mainmise sur la créance du contribuable à l'encontre d'un tiers et la transfère dans le patrimoine du Trésor. La Cour de cassation a jugé que le comptable ne peut recourir à l'avis à tiers détenteur à l'encontre d'un contribuable qui a demandé le sursis de paiement sans pour autant constituer des garanties suffisantes (Cour cass., 25 avr. 2001, n° 98-15471, *DF,* 2001, 40, 904, note Lefeuvre). Les effets de l'avis à tiers détenteur sont particulièrement exorbitants puisqu'ils sont équivalents à ceux d'un jugement de validité de saisie-arrêt (Cass. civ., 14 juin 1984, *DF,* 1985, 1, 41). Mais ils ne se produiront que lorsque l'avis aura acquis un caractère définitif résultant de l'expiration du délai de deux mois qui est imparti au redevable pour former opposition aux poursuites (Cass. com., 22 nov. 1983, *DF,* 1984, 50, 2273). L'avis a tiers détenteur a un effet d'attribution immédiate des sommes saisies identique à celui de la saisie-attribution mais, en revanche, l'ensemble du formalisme relatif à la saisie-attribution ne lui est pas applicable. Il ne peut porter que sur des sommes saisissables. L'administration doit notifier l'avis à la dernière adresse notifiée par le contribuable, sauf si ce dernier a cherché à tromper l'administration par un déménagement (CE 15 févr. 2007, n° 273393, *BDCF,* 2007, 5, 53, concl. Vallée). Le détenteur qui ne l'exécute en versant au Trésor au lieu et place du redevable les sommes qu'il détient devient alors débiteur des impôts dus par le redevable et peut être poursuivi personnellement sur ses biens. Il a été jugé que la contestation d'un avis à tiers détenteur par un héritier, portant non sur un vice de forme mais sur l'obligation de payer une dette d'impôt sur les sociétés mise à la charge de ses auteurs, relève de la compétence de la juridiction administrative (CE 27 avr. 2001, n° 189856, *DF,* 2001, 42, 967, concl. Courtial).

141 LES POURSUITES IMMÉDIATES. — Il existe une procédure tendant à accélérer les poursuites et donc à diminuer les garanties du contribuable qui a pour objectif dernier de sanctionner certaines situations. Il résulte des articles 1663-2 CGI et L 260 LPF que l'application d'une majoration pour non-déclaration ou déclaration tardive ou insuffisante de revenus et bénéfices imposables entraîne l'exigibilité immédiate de l'imposition recouvrée par voie de rôle. Le comptable du Trésor peut alors se dispenser d'envoyer une lettre de rappel préalable à la signification du commandement et la saisie peut être pratiquée le lendemain de celle-ci.

142 LES GARANTIES DU RECOUVREMENT. — Les deux principales sont constituées par le privilège et l'hypothèque légale du Trésor. Le privilège du Trésor est un privilège général portant uniquement sur les meubles et effets mobiliers du débiteur de l'impôt. Il est préféré à tous les privilèges mobiliers du Code civil à l'exception du superprivilège des salariés, de celui du créancier d'aliments et des frais de justice lorsqu'ils ont profité au Trésor. L'ordre des privilèges fiscaux est le suivant : 1 / impôts directs et taxes sur le chiffre d'affaires ; 2 / taxes départementales et communales assimilées aux impôts directs ; 3 / droits d'enregistrement ; 4 / contributions indirectes. Le Trésor ne peut être primé par des privilèges acquis avant la naissance de la créance fiscale (Cass. civ., 27 juill. 1925, *D.,* 1927, 1, 110, req. Lescouvé, *GD,* 149). Le privilège peut être exercé tant que la créance privilégiée n'est pas atteinte par la prescription.

Le Trésor a une hypothèse légale sur tous les immeubles des redevables de l'impôt et des tiers solidairement responsables. La dette fiscale est une dette de communauté qui peut être poursuivie sur tous les biens communs que ce soit pendant la communauté, après sa dissolution ou pendant l'indivision communautaire. Dès lors, l'hypothèque du Trésor peut être prise sur un immeuble commun pour la totalité de la somme due après dissolution de la communauté (Cass. civ., I, 31 janv. 1989, *D.,* 1989, J, 288, note Morin). L'hypothèque légale du Trésor confère un droit de préférence par rapport aux autres créanciers non inscrits. Elle prend rang à la date de son inscription mais est primée par les privilèges des frais de justice et des salaires dispensés d'inscription. Elle permet enfin de suivre l'immeuble hypothéqué entre les mains de l'acquéreur et de le faire vendre. L'inscription doit être renouvelée à l'expiration d'un délai de dix ans.

143 LA SOLIDARITÉ. — Le recouvrement de l'impôt peut conduire à la mise en cause de tiers déclarés solidairement responsables avec le contribuable du paiement de l'impôt. Ils font l'objet d'une énumération légale mais le jeu de la solidarité répond aux mêmes principes, ceux du droit civil : chaque débiteur solidaire peut être contraint pour la totalité et le paiement fait par un seul libère les autres envers le créancier ; libre choix par le créancier du débiteur solidaire auquel est demandé le paiement de la dette (CE 10 mai 1952, Société X, *JCP,* 1952, II, 7151, *GD,* 152 ; CE 30 avr. 1954, n° 19640, *DF,* 1954, 25, Doc., concl. Poussière). On citera quelques exemples de solidarité : solidarité entre époux de l'article 1685 CGI (CE 11 mars 1966, X..., *AJDA,* 1966, 627, note Lamarque), solidarité des cessionnaires et propriétaires de fonds de commerce de l'article 1684-1 CGI (CE 15 juin 1966 ; n° 61774, *Rec.,* 398 ; *AJDA,* 1967, 96, note Lamarque), solidarité des propriétaires et exploitants de fonds de commerce de l'article 1684-3 CGI (CE 26 oct. 1966, n° 66555, *AJDA,* 1967, 293, note Lamarque). Cette solidarité constitue donc au profit du Trésor une véritable garantie personnelle qui vient compléter les garanties réelles étudiées précédemment. L'action ouverte au receveur des impôts peut être exercée contre le dirigeant d'une entreprise tant que les poursuites tendant au recouvrement des créances fiscales ne sont pas atteintes par la prescription (Cass. com., 15 mars 1994, Roland Nanteuil, *DF,* 1994, 23, 1122, concl. Brandeau).

Mais c'est surtout la responsabilité solidaire des dirigeants de sociétés prévue par les articles L 266 et L 267 LPF qui est appelée à jouer. Concernant les gérants majoritaires de SARL, les dirigeants de droit des sociétés de toute nature (Cass. com., 17 janv. 1989, *DF,* 1989, 18, 920), des associations, cette solidarité porte sur le paiement des dettes fiscales du groupement lorsque celles-ci ont pour origine des manœuvres frauduleuses ou l'inobservation répétée d'obligations fiscales et qu'il est démontré que le dirigeant ne pouvait être étranger à ces agissements (Cass. com., 15 déc. 1987, *Bull. civ.,* IV, n° 279 ; Cass. com., 10 juill. 1989, *RJF,* 1989, 660). Les manquements imputables aux dirigeants doivent enfin avoir rendu impossible le recouvrement de la créance sur la société (Cass. com., 31 mai 1988, *DF,* 1988, 41, 1883) ce qui implique que le comptable ait utilisé tous les actes de poursuites à sa disposition pour obtenir en temps utile le paiement des impositions dues par la personne morale (Cass. com., 22 mai 1991, *DF,* 191, 42, 1985 ; Cass. com., 16 juill. 1991, *DF,* 1991, 48, 2306).

Les juges civils saisis d'une action fondée sur les articles L 266 et L 267 LPF n'ont pas à rechercher s'il existe des circonstances atténuantes pour moduler la condamnation solidaire. Cette action n'est pas subordonnée à la preuve du caractère intentionnel des manquements (Cass. com., 7 juill. 2004, n° 1150, *FD,* Receveur principal des impôts de Clermont-Ferrand Nord-Ouest c/ Henrent, *RJF,* 2004, 11, comm. 1193).

Pour aller plus loin

144 L'OPÉRATION D'IMPOSITION. — Les conceptions contemporaines de l'opération d'imposition sont parfaitement exposées dans G. Gour, J. Molinier, G. Tournié, *Procédure fiscale,* Paris, PUF, 1982, p. 81 et s., ainsi que des mêmes auteurs, *Les grandes décisions de la jurisprudence. Droit fiscal,* Paris, PUF, 1977, p. 64 et s. On pourra encore se reporter à une thèse ancienne qui, bien que fondée sur une conception inexacte du fait générateur de l'impôt, conserve une grande valeur pour la rigueur du raisonnement : Damerwalle, *La nature juridique de la créance d'impôt,* Th. Paris, 1937. Surtout on pourra s'initier au mécanisme général de l'imposition en relisant les articles de G. Jèze, Nature et régime juridique de la créance d'impôt, *RSLF,* 1936, 195 ; Le fait générateur de l'impôt, *RDP,* 1937, 618 et Les réfutations décisives de G. Morange, Le fait générateur dans le mécanisme juridique de naissance de la créance d'impôt, *RDP,* 1943, 319 et 1944, 133 ; La nature juridique des actes d'imposition, *RSLF,* 1950, 540. Et d'un point de vue moins juridique ? J. Dufour, La formation de la créance fiscale, *RSF,* 1961, 213. Complétez par P. Durand, Plaidoyer pour une approche plus transversale de quelques concepts fiscaux, *RA,* 2002, 326, 144 (la notion d'activité professionnelle, par exemple, utilisée dans des différents domaines de la fiscalité pourrait être unifiée). Pour une vision contemporaine du fait générateur lire la thèse de C. Bas, Le fait générateur de l'impôt, L'Harmattan, coll. « Finances publiques », 2007, 500 p.

La doctrine attachée au caractère général et impersonnel du statut du contribuable a longtemps ignoré les pouvoirs de décision de celui-ci dans l'application d'un régime fiscal. C'est l'étude suivante qui a mis en évidence le phénomène : J. Schmidt, Les choix fiscaux des contribuables, *D.,* 1974, chron., p. 23.

Sur les options fiscales l'ouvrage fondamental est la thèse d'A. Agostini, *Les options fiscales,* Paris, LGDJ, 1983, qui doit être complétée par L. V. Fernandez, *Les éléments subjectifs en droit fiscal,* Th. Bordeaux 1, 1985 (dactyl.).

145 LES DÉCISIONS DE GESTION. — Elles ont suscité plusieurs études : J.-F. Picard, Erreurs et décisions de gestion, *RJF,* 1979, 1, 6 et 1979, 2, 41 ; C. Louit, Décisions de gestion et erreurs comptables, *Juris-cl. fisc.,* fasc. 226-1 ; M. Cozian, La distinction des erreurs comptables et des décisions de gestion, *Grands principes,* p. 157. La frontière entre l'erreur et la décision de gestion n'est pas toujours aisée à tracer : T. N. Lamorlette, La distinction entre les erreurs et les décisions de gestion, *Contrôle fiscal. Principes et pratiques,* Economica, coll. « Audit-Gestion-Fiscalité », 1988, p. 187. À propos de la distinction entre l'erreur comptable et la décision de gestion appliquée aux abandons de créances lire les conclusions Racine sur CE 3 déc. 1986, n° 47607, *DF,* 1987, 14, comm. 712, note Louit.

146 AGRÉMENT FISCAL. — Le procédé de l'agrément fiscal a été largement étudié parce qu'il intéresse autant le droit administratif. Deux études d'ensemble : G. Tournié, *Les agréments fiscaux,* Toulouse, Éd. Espic, 1970 ; E. Montagné, Les agréments fiscaux, *Juris-cl. fisc.,* fasc. 26-1 et de nombreux articles : G. Timsit, Les contrats fiscaux, *D.,* 1964, chron., p. 115 ; P. Ebrard, Les avantages fiscaux sur agrément administratif, *RSF,* 1967, 41 ; M.-R. Simonnet, Le contrôle juridictionnel des incitations fiscales, *AJDA,* 1968, 279 ; C. Prou-Gaillard, Agréments fiscaux et fiscalité des agréments, *Fiscalité française. Examen de thèmes méconnus,* LCF diff. Litec, 1990, p. 113. L'Association fiscale internationale (IFA) a consacré un congrès à cette question et publié les actes, Les agréments fiscaux, vol. LXXXIV *b,* 1999, Kluwer, 674 p.

Pour une analyse de la jurisprudence administrative et constitutionnelle des agréments fiscaux : L. Philip, La jurisprudence constitutionnelle en matière d'agréments fiscaux, *DF,* 1988, 43, 1223 ; M. de Saint-Pulgent, Le droit français des agréments fiscaux, *EDCE,* 1990, 41, 185 ; G. Vlachos, La jurisprudence administrative et constitutionnelle en matière d'agréments fiscaux, *Les Petites Affiches,* 1992, 67, 7. Complétez par un examen des conséquences que le juge administratif tire de la décision du Conseil constitutionnel du 30 décembre 1987 : O. Fouquet, Les agréments fiscaux, *JCP,* 1991, éd. E, p. 441 ; B. Genevois, Agréments fiscaux et décision du Conseil constitutionnel du 30 décembre 1987, *Fiscalité internationale,* t. 1, Éd. *Fiscalité et gestion,* 1989, p. 73 ; J. Maïa, L'agrément fiscal : instrument d'intervention économique ou sécurité juridique ?, *RJF,* 2001, 2, 99 (le renforcement du contrôle juridictionnel).

147 La déclaration. — Le régime juridique de la déclaration en matière fiscale mériterait une étude moderne et exhaustive. On reprendra P. Seligman, *De la déclaration et de la présomption comme base de l'impôt direct,* Th. Paris, 1913, et A. Milhau, *De la déclaration du contribuable en matière d'impôt général sur le revenu et d'impôts cédulaires,* Th. Paris, 1923, que l'on complétera par les substantiels développements de J.-P. Casimir, *Les signes extérieurs des revenus,* Paris, 1972, p. 8 et s. et par Le dialogue entre l'administration fiscale et le contribuable jusqu'au dépôt des déclarations fiscales, *Cahiers de droit fiscal international,* 1980, vol. 65 A. Sur la question probatoire de la déclaration on se reportera à F.-P. Deruel, *La preuve en matière fiscale,* Th. Paris, 1962 et M.-C. Bergères, La valeur juridique de la déclaration contrôlée, *GP,* 1984, 1, 247 ; C. de La Martinière, La déclaration fiscale, *RFFP,* 2000, 71, 113.

148 Évaluer la matière imposable. — Les problèmes généraux d'évaluation de la matière imposable sont étudiés d'un point de vue de science fiscale par S. Tsoulides, *Les procédures d'imposition réelle,* Th. Paris XIII ; J.-P. Chevalier, J. Diener, Deux scénarios du futur. Réflexions sur l'évolution du régime des BNC, *Rev. compt.,* 1993, 244, p. 68 (plaidoyer en faveur des particularismes d'évaluation des BNC).

Pour une analyse des erreurs qui peuvent être commises lors de la fixation du bénéfice forfaitaire agricole lire Fouquet, concl. sur CE 28 janv. 1991, Fédération départementale des syndicats d'exploitants agricoles des Bouches-du-Rhône, *DF,* 1991, 18, comm. 968. À propos du passage du forfait au régime réel des bénéfices agricoles, consultez Fouquet, concl. sur CE 27 juin 1990, Calsac et Laurent, *DF,* 1991, 52, comm. 2451.

149 Recouvrement. — Si l'on néglige les travaux dépassés sur les anciennes contributions directes, l'usage de la méthode indiciaire a fait l'objet d'une étude exhaustive de J.-P. Casimir, *Les signes extérieurs de revenus,* LGDJ, 1979. L'analyse des opérations de recouvrement a une solide réputation d'obscurité qui peut être dissipée à la lecture des concl. Arrighi de Casanova sur CE 20 nov. 1992, Seigneur, *RFJ,* 1993, 1, 10, complétez par V. Haïm, Les labyrinthes du contentieux du recouvrement, *D.,* 1995, chron., p. 150 (commentaire de l'article L 281 LPF). Se référer utilement à P. Bordas, A. Garay, *Le contentieux du recouvrement fiscal,* LGDJ, coll. « Systèmes », 1994, 168 p. Elles correspondent cependant à la dialectique traditionnelle de l'exécution provisionnelle et de l'exécution forcée comme le met lumineusement en évidence P.-L. Frier, L'ordre de recette, acte charnière, *RFDA,* 1987, 130. On comprend alors comment a pu venir se greffer le sursis à exécution : L. Richer, Le sursis en matière fiscale, *JCP (Cl.),* 1979, 13014 et P. Dibout, Le développement du sursis à exécution en matière fiscale, *AJDA,* 1984, 580, alors qu'il existait une procédure spéciale de sursis de paiement : M. Aubert, F. Lotoux, Le contentieux de la demande de sursis de paiement, *BF,* 1984, 8, 423. Synthèse concernant le sursis de paiement : F. Deruel, De quelques modifications intervenues au cours de ces dernières années, en matière de sursis de paiement, *DF,* 1989, 46-47, 1441 ; la thèse de J. Buisson, *Le sursis au paiement de l'impôt,* LGDJ, 1996, 231 p. (incontournable). Sur les caractéristiques de l'avis à tiers détenteur, voir les études classiques de M. Cozian, L'avis à tiers détenteur en matière de privilège du Trésor, *RTD com.,* 1967, 61 ; L'avis à tiers détendeur doit-il être dénoncé au contribuable saisi ?, *JCP (Cl.),* 1979, 13014. *Adde X.,* Recouvrement par voie d'avis à tiers détenteur, *BF,* 1986, 7, p. 372 ; G. Tavenard, L'avis à tiers détenteur fait peau neuve, *Rev. Trésor,* 1993, 5, 278 (commentaire de la loi du 9 juill. 1991), complétez par M. Guillou, La réforme du recouvrement des produits divers de l'État, *Rev. Trésor,* 1993, 6, p. 354 (commentaire du décret du 29 déc. 1992). Sur les formes d'extinction de la dette fiscale. L'avis à tiers détenteur est-ce une mesure conservatoire ou une mesure exécutoire ? Il a un caractère conservatoire en cas de réclamation assortie d'une demande de sursis à exécution : J. Buisson, Avis à tiers détenteur et sursis de paiement, *Les Petites Affiches,* 1991, 70, 10 (art. important).

Le contentieux du recouvrement peut porter sur la validité de l'obligation de payer mais aussi sur la régularité en la forme des actes de poursuites, sur ces questions lire l'indispensable thèse de M. Masclet de Barbarin, *Le contentieux de recouvrement de l'impôt,* LGDJ, coll. « Bibliothèque de droit public », 2004, 578 p.

— Le paiement : J. Delmas, P. Bilger, *Rapport au ministre sur le recouvrement de l'impôt sur le revenu,* Paris, 1970 ; C. de Cremiers, De l'impôt sur le revenu et de sa mensualisation, *Rev. Trésor,* 1993, 5, 431 (gestation et mise en œuvre de la mensualisation). Le civiliste et le fiscaliste liront avec profit A. Lefeuvre, *Le paiement en droit fiscal,* L'Harmattan, coll. « Finances publiques », 2002, 399 p., complété par une analyse critique du même auteur dans un article ayant pour titre, De la sécurité juridique en matière de recouvrement de l'impôt, *DF,* 2003, 36, p. 1041.

— La compensation : R. Bonnard, De la compensation comme mode d'extinction des créances publiques, *RSLF,* 1981, 1 ; A. Heurté, Droit de compensation, *Juris-cl. fisc.,* fasc. 1465 ; C. Lavialle, La compensation en droit fiscal, *RSF,* 1977, 991 ; M. Waline, La compensation entre la dette fiscale et une créance sur l'État, *Mélanges Marty,* Toulouse, 1978, p. 1159.

— La remise gracieuse : G. Jèze, En France, quelle est l'autorité compétente pour accorder une exonération temporaire d'impôt à un particulier ?, *RSLF,* 1913, 63 ; J. Colin, *Les dégrèvements gracieux en matière de contributions directes,* Paris, 1933 ; H. Lena, Aspects de la juridiction gracieuse en droit fiscal, *AJDA,* 1979, 10, 3. On trouvera une étude statistique du fonctionnement de la juridiction gracieuse dans le rapport annuel du Comité du contentieux fiscal et des changes (pour 1986, *JO Doc. dam.,* 14 avr. 1987, n° 49).

— La solidarité : G. Tavenard, La responsabilité fiscale des dirigeants sociaux, *Rev. Trésor,* 1995, 5, 267 ; D. Davoust, L'engagement de la responsabilité pécuniaire des associés et dirigeants d'entreprise par l'administration fiscale, *Les Petites Affiches,* 1995, 19, p. 4.

Pour une analyse plus globale de la responsabilité consulter la thèse de M. Chastagnaret, *De la responsabilité fiscale. Responsabilité de l'administration fiscale et responsabilité solidaire des tiers,* PUAM, 2003, 485 p.

150 LE PRIVILÈGE DU TRÉSOR. — E. Devaux, Privilège fiscal et privilèges privés, *DH,* 1934, chron., p. 61 ; J. Hamel, Les nouveaux privilèges du Trésor et le rang du Trésor, *RTD civ.,* 1936, 363 ; M. Cozian, La publicité du privilège du Trésor en matière fiscale, *JCP,* 1968, I, 2199. L'incidence du privilège sur les procédures collectives est une question essentielle : M. Cozian, En cas de règlement judiciaire ou de liquidation des biens, le Trésor fait-il partie de la masse, *RTD com.,* 1969, 853, et P. Ancel, Les privilèges du Trésor, *RFFP,* n° 7, 1984, 5 ; P. Serlooten, Le recouvrement de la créance fiscale dans le droit des procédures collectives : bilan et perspectives, *Les Petites Affiches,* 2000, 178, p. 58.

Article critique consacré à la procédure du référé fiscal : M.-C. Bergerès, La procédure de référé fiscal à l'aune des droits fondamentaux, *Procédures,* 2003, 5, 3. La conciliation du sursis de paiement et de la procédure de référé-supension : O. Fouquet, Le référé-suspension en matière fiscale, *Rev. adm.,* 2001, 321, 273. L'articulation entre le référé-suspension et le référé fiscal : G. Bachelier, La suspension du recouvrement de l'imposition : de nouvelles opportunités ?, *Nouvelles fiscales,* 2004, 915, 21. Article dans lequel il est montré que les principes peuvent être dévoyés : S. Carrère, Procédures de référé : le contentieux fiscal aux prises avec l'urgence. Un point de vue de l'administration, *BF Lefebvre,* 2004, 8-9, 575.

Pour une analyse complète de l'avis à tiers détenteur lire S. Rezek, *La pratique du contentieux de l'avis à tiers détenteur,* Litec, 2001, 191 p.

Chapitre 2
L'opération de contrôle

Le contrôle de l'impôt a pour objectif de vérifier l'accomplissement par le contribuable de ses différentes obligations fiscales. Il commence nécessairement par la mise en œuvre de différentes attributions liées au pouvoir d'investigation reconnu par la loi à l'administration fiscale. Il se termine, quand les obligations fiscales se révèlent inexécutées, par l'exercice de la compétence juridique de redressement.

Section I
La collecte des informations par l'administration fiscale

Aucune opération de contrôle ne peut s'effectuer efficacement sans exploitation de renseignements qui permet d'apprécier la nécessité de son déclenchement et qui en garantit la bonne fin.

I | Le droit de communication

151 Définition générale. — Défini très généralement par l'article L 81 LPF, le droit de communication permet aux agents de l'administration des impôts (art. R 81-1 LPF) pour l'établissement de l'assiette et le contrôle des impôts d'avoir connaissance d'un certain nombre de documents fixés par la loi. Ces documents peuvent être exigés des contribuables mais aussi de tiers. L'administration peut exercer son droit à l'encontre de personnes non soumises au droit de communication, dès lors que celles-ci ne sont pas tenues de répondre aux questions posées (CE 1er juill. 1987, n° 54222, *RJF,* 1987, 10, concl. Fouquet, *Les Petites Affiches,* 1988, 64, 10, note Maublanc). L'importance de cette prérogative tient essentiellement à ce qu'elle n'est entourée d'aucun formalisme. Elle peut être exercée autant de fois et aussi longtemps que l'administration le désire (CE 8 mai 1968, n° 71777, *DF,* 1968, 25, 787 ; CE 13 mars 1968, n° 68412, *DF,* 1968, 15, 617). C'est d'ailleurs pourquoi l'administration est souvent tentée d'utiliser ce droit pour tourner les contraintes procédurales et les garanties attachées aux vérifications. La jurisprudence a réagi en donnant une définition précise de l'opération de vérification afin d'assurer une discrimination entre les deux sortes de procédure. Le Conseil d'État ne condamne pas la technique dite de la « circularisation » consistant, pour l'administration, à l'imitation des cabinets d'audit, à adresser des demandes de confirmation aux clients et aux fournisseurs d'une entreprise afin de s'assurer de l'exactitude de certains de leurs comptes (CE 1er juill. 1987, n° 54222, *DF,* 1987, 45, 2025).

Pour assurer l'efficacité du droit de communication l'article L 82 LPF fait obligation aux détenteurs des documents communicables de les conserver pendant un délai de six ans. L'ordonnance n° 2005-1512 du 7 décembre 2005, relative à des mesures de simplification en matière fiscale et à l'harmonisation du régime des pénalités, a simplifié le dispositif permettant de sanctionner les infractions au droit de communication. L'article 1734 CGI précise la nature des infractions. Il s'agit de l'absence de tenue des documents soumis au droit de communication, la destruction avant les délais prescrits de ces documents et du refus de communiquer lesdits documents. Ces infractions sont sanctionnées par une amende de 1 500 €. La possibilité de constater les infractions par procès-verbal n'est plus prévue par la loi mais, elle peut être mise en œuvre ce qui ouvre au contribuable les garanties de droit commun visées par l'article L 80-D LPF.

Il est fait obligation à l'administration de tenir à la disposition du contribuable, qui le demande, les documents effectivement détenus par l'administration consécutivement à l'exercice de son droit de communication (CE 14 févr. 2001, n° 203465, *DF*, 2001, 30-35, 734, concl. Courtial). Quelle que soit la procédure de redressement mise en œuvre, l'administration doit informer le contribuable de l'origine et de la teneur des renseignements recueillis dans le cadre du droit de communication, et qui ont servi à établir le redressement (CE 29 déc. 2000, n° 209523, *BDCF*, 2001, 3, 42, concl. Mignon). Toutefois le Conseil d'État a jugé que si l'administration s'abstenait d'indiquer au contribuable l'origine des renseignements recueillis, cette omission n'était pas obligatoirement une irrégularité substantielle dès lors que l'information était par ailleurs nécessairement connue du contribuable (CE 7 nov. 2008, req. 301642, M. Fontana et Mme de Framond, *BDCF*, 2009, 1, concl. Olléon).

L'article R 81-2 du LPF dispose que les fonctionnaires qui ont compétence pour procéder au contrôle d'une déclaration de revenu global ou à la vérification de la situation fiscale d'une exploitation ou d'une entreprise, ou d'un contribuable exerçant une activité professionnelle, peuvent, pour les besoins de ce contrôle ou de cette vérification, exercer le droit de communication à l'égard de toute personne ou organisme soumis à l'exercice de ce droit.

Le droit de communication s'exerce sous la forme de deux modalités principales. Ou bien le détenteur des documents doit permettre à l'administration de les consulter quand elle le demande ou bien il doit obligatoirement et de son propre mouvement faire connaître certaines informations. Partant de là on peut en donner les principales illustrations.

152 COMMUNICATIONS AUTOMATIQUES. — Il existe certains renseignements qui doivent être communiqués à l'administration des impôts sans demande préalable de sa part. Ils sont énumérés aux articles L 97 à L 102 LPF.

Les caisses de Sécurité sociale et organismes mutualistes doivent annuellement adresser à l'administration fiscale un relevé récapitulatif des feuilles de maladie et notes de frais remises par les assurés, classées par praticien, selon les prescriptions des articles A 97-2 et A 97-1 LPF.

Les organismes ou caisses de Sécurité sociale, les caisses de Mutualité sociale agricole doivent communiquer les infractions qu'ils relèvent en ce qui concerne l'application des lois et règlements relatifs aux impôts.

Mais doivent surtout être prises en considération les communications faites par les autorités juridictionnelles. Le ministère public a la faculté de communiquer les dossiers relatifs à toute instance devant les juridictions civiles et criminelles (CE 9 déc. 1981, n° 25199, *RJF,* 1982, 2, 87) et l'autorité judiciaire a l'obligation de communiquer toute indication qu'elle peut recueillir de nature à faire présumer une fraude commise en matière fiscale ou une manœuvre quelconque ayant eu pour objet ou ayant eu pour résultat de frauder ou de compromettre un impôt, qu'il s'agisse d'une instance civile ou commerciale ou d'une information criminelle ou correctionnelle même terminée par un non-lieu : procès-verbal d'infractions (CE 28 nov. 1980, n° 14858, *RJF,* 1981, 2, 24), rapport d'expertise (CE 22 nov. 1978, n° 6557, *RJF,* 1979, 1, 30). Pour que l'obligation de communication soit exécutée, il n'est pas nécessaire que l'affaire ait fait l'objet d'un jugement (CE 22 nov. 1978 préc.).

Les URSSAF communiquent aux services fiscaux les informations relatives aux emplois familiaux (art. 6 de l'ord. 2005-1512 du 7 déc. 2005, *JO,* 8 déc. 2005, p. 18912).

153 COMMUNICATIONS AUPRÈS DES ADMINISTRATIONS. — L'article L 83 LPF prescrit que les administrations de l'État, des départements des communes, les entreprises concédées ou contrôlées par l'État, les départements et les communes ainsi que les établissements et organismes de toute nature soumis au contrôle de l'autorité administrative doivent communiquer à l'administration fiscale, sur sa demande, les documents de service qu'ils détiennent sans pouvoir opposer le secret professionnel.

Ce droit de communication a un champ particulièrement large puisqu'il porte sur n'importe quel document détenu par les services et s'étend aux entreprises privées sous contrôle administratif dont les banques sont l'exemple le plus connu (CE 22 déc. 1982, n° 21475, *DF,* 1983, 41, 1888, concl. Schricke). Les informations détenues et gérées par les banques sont couvertes par le secret bancaire (art. 57 de la loi du 24 janv. 1984 relative à l'activité et au contrôle des établissements de crédit). La règle du secret bancaire n'est pas absolue et sera levée au profit des agents de l'administration fiscale, notamment en vertu de l'article L 83 LPF. Le droit de communication porte exclusivement sur les documents de service, c'est-à-dire toute pièce de nature à établir un droit ou à faire la preuve d'un fait se rapportant à l'exécution des tâches dont les banques ont la charge. Le document de service peut être compris comme toute pièce interne à l'établissement et n'ayant pas de contrepartie en comptabilité.

On a pu mesurer le danger de sa conception extensive au regard de la pratique très répandue des demandes de renseignements auprès des services de la police économique. Il était de principe, en application des dispositions précitées que l'administration fiscale soit autorisée à se faire remettre les documents saisis par le service du contrôle économique en application des ordonnances du 20 juin 1945 sur les prix (CE 8 oct. 1975, n° 80676, *RJF,* 1975, II, 364 ; Crim., 7 nov. 1977, *Bull. crim.,* n° 332, 847) et les irrégularités commises lors des perquisitions et saisies faites au titre de ces textes n'étaient pas de nature à vicier la procédure d'imposition (CE 20 févr. 1981, n° 14618, *DF,* 1981, 1894, concl. Lobry). La tentation était grande d'utiliser ce moyen efficace du contrôle économique à des fins purement fiscales et l'administration n'avait pas manqué d'y succomber. La jurisprudence avait en conséquence déclaré nulles les impositions et les poursuites pour fraude fiscale qui avaient été établies et engagées à la suite d'une procédure prévue aux ordonnances de 1945 exclusivement engagées pour des raisons fiscales (CE 16 juin 1982, n° 25804, *RJF,* 1982, 8-9, 424 ; CE 9 mars 1984, n° 46552, *RJF,* 1984, 4, 336 ; TGI Paris, 18 avr. 1984, *RJF,* 1984, 10, 619 ; Paris, 19 nov. 1984, *RJF,* 1985, 5, 396). Ce progrès se révélait insuffisant car les procédures de perquisition et de saisie prévues par les ordonnances de 1945 n'étaient plus conformes à la légalité constitutionnelle. Les articles 45 et s. de l'ordonnance n° 86-1243 du 1er décembre 1986 relative à la liberté des prix et de la concurrence en réformant ces procédures pour tenir compte de la jurisprudence du Conseil constitutionnel, et en les harmonisant avec les procédures analogues du droit fiscal font cesser tout risque de détournement de procédure.

154 UTILISATION DU NUMÉRO DE SÉCURITÉ SOCIALE. — Afin de faciliter l'interconnexion entre fichiers sociaux et fiscaux, l'article 107 de la loi de finances pour 1999 autorise les administrations fiscales à utiliser les numéros d'inscription au répertoire national d'identification des personnes physiques (NIR), c'est-à-dire les numéros dits de « sécurité sociale ». Les modalités d'application ont été fixées par le décret n° 99-1047 du 14 décembre 1999 (*JO*, 15 déc. 1999).

Les employeurs, organismes et services chargés de la gestion d'un régime obligatoire de Sécurité sociale, institutions de retraite complémentaire et celles qui sont gestionnaires de retraites complémentaires doivent faire état de ce numéro quand l'administration exerce son droit de communication (art. 81 A LPF). Ceci ne peut se faire qu'en complément des éléments d'identification d'une personne physique au sujet de laquelle une disposition législative expresse du LPF ou du CGI l'oblige à fournir sur support papier ou électronique des informations nominatives.

Les administrations fiscales sont autorisées à collecter, à conserver et à échanger entre les numéros, sous réserve de les utiliser exclusivement au traitement des données relatives à l'assiette, au contrôle et au recouvrement de tous impôts, droits, taxes, redevances et amendes (art. L 287-1 LPF).

À l'inverse, les agents des administrations fiscales ont l'obligation de communiquer aux organismes chargés de la gestion d'un régime obligatoire de Sécurité sociale et aux institutions de retraite complémentaires les informations nécessaires au calcul des prestations et à l'appréciation des conditions d'ouverture et de maintien des droits aux prestations (art. L 152-1 LPF).

155 COMMUNICATIONS AUPRÈS DES OPÉRATEURS DE L'INTERNET. — L'article 55 de la loi de finances rectificative pour 2008 a instauré un droit de communication auprès, notamment, des sites assurant tant le courtage de vente de biens en ligne à prix fixe ou aux enchères et les plates-formes qui permettent de vendre des objets et de faire des services (art. L 96 G LPF).

156 COMMUNICATIONS DEMANDÉES AUPRÈS DES CONTRIBUABLES. — Les personnes physiques ou morales ayant la qualité de commerçant ont certainement les obligations les plus lourdes. Elles doivent communiquer, en vue du contrôle des impôts de toute nature y compris ceux qui ne donnent lieu à aucune déclaration, les livres dont la tenue est prescrite par le Code de commerce et tous documents annexes comme les correspondances reçues et les copies de lettres envoyées, les pièces de recettes et de dépenses (art. L 85 LPF). Ce droit peut être exercé auprès des exploitants agricoles (art. L 85 A LPF). Les membres de certaines professions non commerciales spécialisées dans les transactions, les prestations de services à caractère juridique, à caractère décoratif ou architectural, doivent également communiquer des informations limitées à l'identité du client, le montant, la date et la forme du versement ainsi que les pièces annexes (art. L 86 LPF).

Ces communications peuvent servir à contrôler les bases d'imposition du contribuable lui-même mais aussi celles des tiers. Dans ce dernier cas, il faut que les renseignements ainsi recueillis soient corroborés par la situation fiscale des tiers. C'est à cette seule condition qu'ils pourront leur être opposables (CE 14 mai 1980, n° 17906, *DF,* 1980, 30, 1638 ; CE 29 janv. 1982, n° 18537, *DF,* 1982, 45, 2161, concl. Schricke).

Il faut enfin rappeler que l'administration tient des articles L 10, L 16 et L 85 LPF le droit de demander au contribuable lui-même la production de ses relevés de comptes bancaires (CE 3 nov. 1972, n° 75462, *DF,* 1973, 43, 1478, concl. Delmas-Marsalet ; CE 3 nov. 1976, n° 93794, *DF,* 1977, 15, 600, concl. Martin-Laprade). À défaut de communication elle s'adressera aux établissements bancaires sur le fondement de l'article L 83 LPF.

Pour éviter toute confusion entre l'exercice du droit de communication auprès du contribuable et celui du droit de vérification, il est envoyé un avis de passage avant le début des opérations.

157 COMMUNICATIONS INFORMELLES. — À l'examen de la jurisprudence sur les sanctions relatives au refus de communication on pourrait croire que le champ du droit de communication est interprété très restrictivement (CE 18 déc. 1968, n° 70330, *GP,* 1970, I, 24, obs. Blancher). Ce serait retenir une vue inexacte de la réalité.

Il est d'abord des situations comme celles qui sont visées à l'article L 85 LPF qui permettent à l'administration, en toute légalité, d'opérer les investigations les plus larges puisqu'il est admis que sur le fondement de ce texte l'administration puisse se livrer à de véritables enquêtes (CE 19 déc. 1980, n° 17035, *RJF,* 1981, 3, 132) destinées à recueillir des informations autres que celles contenues dans les documents communicables. Il semblerait même que de telles enquêtes relèvent des pouvoirs implicites du service (CE 11 juin 1982, n° 23941, *RJF,* 1982, 8-9, 417).

La doctrine qui prévaut au Conseil d'État reconnaît à l'administration le droit de se prévaloir de tous documents et de tous renseignements en sa possession (Schmeltz, concl. sur CE 15 mai 1968, n° 69440, *DF,* 1969, 8, 294), alors même qu'ils auraient été recueillis en dehors de toute procédure légale de communication (CE 13 juill. 1963, n° 58361, *DF,* 1963, 49, 1166).

Plus audacieuse encore est la jurisprudence qui admet la régularité de l'exploitation de documents saisis irrégulièrement par une autre administration (CE 15 oct. 1979, n° 13838, *DF,* 1980, 12, 681). Elle doit être radicalement condamnée et est d'ailleurs contraire à la jurisprudence du Conseil constitutionnel qui, certes, autorise l'utilisation dans un intérêt fiscal de documents et de constatations résultant d'une procédure administrative ou pénale mais à condition que celle-ci soit régulière (CC n° 84-184 DC du 29 déc. 1984, *Rec.,* 94).

II | Les demandes de renseignements

Distinctes du droit de communication, les demandes de renseignements tendent à obtenir des informations auprès du contribuable ou de tiers sans production d'aucun document. Elles font l'objet d'une réglementation beaucoup plus lacunaire et sont donc source d'abus.

158 Les renseignements informels. — Il s'agit des renseignements sollicités par l'administration sur le fondement d'aucun texte.

Ces demandes de renseignements adressées au contribuable sur sa propre situation, qu'elles soient écrites ou verbales, n'obligent nullement l'intéressé à répondre. Son refus ne peut entraîner aucune conséquence sur la procédure de redressement ni aucune sanction.

A fortiori les renseignements demandés à des particuliers concernant d'autres contribuables doivent être traités de la même manière.

Il n'en reste pas moins que de telles pratiques sont assez couramment suivies et qu'aucun texte ne les interdit formellement.

159 LES DEMANDES D'ÉCLAIRCISSEMENTS ET DE JUSTIFICATIONS. — Celles-ci font au contraire l'objet d'une réglementation (art. L 16 LPF) et ne concernent que l'établissement de l'impôt sur le revenu.

Les demandes d'éclaircissements peuvent porter sur n'importe quel élément de la déclaration de revenu global afin d'obtenir des explications sur certaines anomalies, sur des discordances entre les énonciations et des renseignements détenus par l'administration.

Les demandes de justifications ont au contraire un objet plus limité : situation et charges de familles, charges retranchées du revenu global, éléments faisant ressortir que le contribuable a pu avoir des revenus plus importants que ceux qui ont été déclarés ainsi que les éléments servant de base à la détermination du revenu foncier. L'administration est en droit d'adresser une demande de justifications à un contribuable non domicilié en France ou non résident de France (art. L 16-3 LPF).

La procédure a été étendue au contrôle des déclarations de succession (art. L 19 LPF) de taxes sur le chiffre d'affaires (art. L 70 LPF) et l'on peut se demander si les termes de l'article L 10 LPF n'en font pas un instrument qui peut être utilisé pour tous les contrôles de déclarations.

Ces demandes doivent indiquer explicitement les points sur lesquels elles portent et fixer à l'intéressé un délai d'au moins soixante jours pour fournir sa réponse. Elles doivent en outre avertir expressément le contribuable que le défaut de réponse l'expose à la taxation d'office de son revenu (CE 2 déc. 1977, n° 99058, *DF,* 1978, 44, 1711, concl. Fabre). Le respect du contradictoire conduit à considérer que l'administration ne peut interroger le contribuable, sur le fondement de l'article L 16 LPF, qu'après avoir restitué des documents que le vérificateur aurait pu emporter, alors même que l'imposition ne porte pas sur des sommes mentionnées dans ces documents (CE 9 janv. 1991, n° 65364-65941, *Les Petites Affiches,* 1991, 52, 4, concl. Arrighi de Casanova).

Par un arrêt du 4 novembre 1988 (n° 87594, *DF,* 1989, 19, 974) le Conseil d'État a pour la première fois fait valoir que l'administration ne pouvait utiliser la procédure de demande de justification que pour faire la comparaison entre les ressources et les emplois d'un contribuable, au cours de la période vérifiée, et non à partir d'une comparaison entre le revenu déclaré et le patrimoine possédé. La validité de l'envoi d'une demande de justifications est subordonnée à la condition que les encaissements bancaires du contribuable soient au moins égaux au double des revenus déclarés. Pour le commissaire du gouvernement Hagelsteen, cette condition s'apprécie au regard du montant des sommes dont l'origine demeure inexplicable à la date de l'envoi de la demande de justifications et non du montant des sommes sur lesquelles le vérificateur a demandé des explications au contribuable au cours des entretiens préalables à l'envoi de cette demande (CE 29 mai 1991, n° 72512, *DF,* 1992, 27, 1325, concl. Hagelsteen).

Ces demandes constituent un moyen très efficace d'obtenir des précisions sur les variations de la consistance du patrimoine du contribuable (CE 4 oct. 1989, n° 51666, *DF,* 1990, 8, 384, concl. de Saint-Pulgent) : sommes transitant dans des comptes bancaires (CE 25 juin 1978, n° 95424, *DF,* 1978, 18, 724), origines de fonds servant à des acquisitions immobilières (CE 13 déc. 1978, n° 291, *DF,* 1979, 8, 353). La réponse du contribuable doit être suffisante, sa précision se mesurant à la précision de la question posée (CE 5 déc. 1979, n° 14314, *DF,* 1980, 44, 2200, concl. Fabre ; CE 5 oct. 1990, Fabre, *DF,* 1992, 24-25, comm. 1209, concl. Gaeremynck), et à la volonté d'engager un dialogue avec l'administration (CE 17 déc. 1976, n° 1692, *DF,* 1977, 31-37, 1274, concl. Fabre). Le défaut total de réponse, le défaut de réponse dans les délais, les réponses insuffisantes et dilatoires (CE 3 nov. 1972, n° 75469, *DF,* 1973, 43, 1478, concl. Delmas-Massalet) ont pour conséquence la taxation d'office du revenu global. Encore faut-il que la demande d'éclaircissements ou de justifications ait eu pour origine une situation qui fasse présumer véritablement l'existence de ressources occultes (Fabre, concl. sur CE 5 avr. 1978, n° 2381, *DF,* 1979, 13, 638), et que la taxation d'office aboutisse au redressement du revenu global à l'exclusion des seuls revenus relevant des bénéfices industriels et commerciaux, des bénéfices agricoles et des bénéfices non commerciaux exclus du champ de la procédure par l'article L 69 LPF (CE 13 juin 1979, n° 10358, *DF,* 1980, 16, 910, concl. Fabre ; CE 22 févr. 1980, n° 16254, *DF,* 1981, 4, 141, concl. Fabre).

Le Conseil d'État, juge de cassation, ne contrôle pas l'appréciation souveraine que le juge du fond porte sur le caractère suffisant d'une réponse du contribuable à une demande de justifications que l'administration lui a adressée en application de l'article L 16 LPF (CE 20 déc. 1995, n° 133561, *BDCF,* 1996, 1, 9, concl. Bachelier). Par contre, il contrôle si des indices sérieux autorisaient l'administration à mettre en œuvre cette procédure (CE 6 nov. 1995, n° 125558, *BDCF,* 1996, 1, 3, concl. Bachelier).

III | Les perquisitions fiscales

160 Droit de visite et de saisie. — La reconnaissance de ces prérogatives exorbitantes au profit des agents du fisc est très ancienne mais était limitée aux contrôles des contributions indirectes (art. L 26 à L 44 LPF). Le gouvernement a voulu les étendre au contrôle des impôts sur le revenu et des taxes sur le chiffre d'affaires en faisant voter l'article 89 de la loi de finances pour 1984. En déclarant ces dispositions non conformes à la Constitution, le Conseil constitutionnel (CC n° 83-164 DC du 29 déc. 1983, *JCP,* 1984, II, 20160, note Drago et Decocq ; *AJDA,* 1984, 97, note Philip) a contraint le législateur à adopter une nouvelle rédaction dans la loi n° 84-1204 du 29 décembre 1984 qui a cette fois été déclarée conforme (CC n° 84-184 DC du 29 déc. 1984, *Rec.,* 94) et constitue désormais l'article L 16 B LPF.

L'intervention du juge constitutionnel a permis de dégager les garanties qui doivent entourer de telles opérations et qui peuvent se résumer aux propositions suivantes : la lutte contre la fraude fiscale justifie le principe même des perquisitions opérées par les agents de l'administration dans des lieux privés mais compte tenu de l'atteinte à la liberté individuelle qui en résulte, ces investigations doivent être conduites dans le respect de l'article 66 de la Constitution qui confie à l'autorité judiciaire la sauvegarde de cette liberté ; l'intervention de l'autorité judiciaire doit s'effectuer dans des conditions telles que celle-ci conserve toute la responsabilité et tout le pouvoir de contrôle qui lui revient ; les infractions qui peuvent justifier une perquisition doivent être clairement définies.

Un principe a été retenu : chaque visite doit être autorisée par une ordonnance du président du tribunal de grande instance, ou par le juge des libertés et de la détention, rendue sur requête de l'administration ; le juge doit avoir la possibilité d'intervenir pendant la perquisition, d'en contrôler le déroulement, de mettre fin à la visite à tout moment ; la procédure suivie doit garantir la sincérité des constatations faites et l'identification certaine des pièces saisies lors des visites. Toute pièce produite par l'administration est présumée avoir été obtenue de manière licite sauf si, à l'évidence, elle ne peut être que le produit d'une infraction ou d'une violation grave de la loi (Cass. com., 27 nov. 1991, Michaut, *GP,* 19-20 févr. 1992, concl. Jeol).

Cette jurisprudence comme l'ont parfaitement démontré MM. Drago et Decocq (note préc.) a pour effet de reconnaître l'inconstitutionnalité des dispositions antérieures sur les perquisitions et saisies contenues dans les ordonnances de 1945 sur les prix et dans le Code général des impôts autorisant que l'on excipe de leur caducité. À noter qu'une perquisition opérée en application de l'ordonnance du 30 juin 1945, inspirée par un but exclusivement fiscal, est constitutive d'un détournement de procédure (CE 4 mai 1988, n° 86593, *DF,* 1988, 48, 2185, concl. Fouquet).

La chambre mixte de la Cour de cassation, dans une série d'arrêts rendus le 15 décembre 1988 (concl. Jeol, *D.,* 1989, 15, 189, note Blancher, *Le Quotidien juridique,* 1989, 32, 3, note Dugrip, *JCP,* 1989, éd. G, 21263) a rappelé que la demande de perquisition formulée par l'administration doit s'appuyer sur l'existence de présomptions de fraude fiscale et a souligné que l'ordonnance du juge doit être motivée.

La Cour de cassation n'écarte pas la possibilité pour les agents de l'administration effectuant la visite d'avoir recours aux modes d'investigation utilisables dans le cadre de la procédure pénale, à condition qu'ils soient expressément autorités par le juge. Toutefois, les perquisitions visées à l'article L 16 B LPF sont autonomes de celles réalisées dans le cadre du Code de procédure pénale dès lors, le président du tribunal n'a pas à préciser que la visite qu'il autorisait dans les locaux professionnels d'un avocat ne peut être effectuée que par un magistrat, en présence du bâtonnier ou de son délégué comme le voudrait l'article 56-1 du Code de procédure pénale (Cass. com., 7 mars 1995, *D.*, 1995, J, 486, note Tixier, Lamulle).

La Cour de cassation n'assimilant pas le droit de visite au droit de vérification, la règle prohibant le renouvellement d'une vérification et inapplicable à l'exercice du droit de visite et l'administration peut à bon droit saisir des éléments relatifs à des exercices déjà vérifiés (Cour cass., 5 oct. 1999, n°s 97-30308 et 97-30309, *DF*, 2000, 38, 693, note Bichon).

Le principe de l'indépendance des procédures conduit à considérer que l'annulation de l'opération de visite menée à l'encontre d'une société n'a pas d'incidence sur la procédure d'imposition de son dirigeant, même quand la visite a porté sur des lieux dont le contribuable avait la disposition et que son domicile avait été perquisitionné (CE 21 mars 2002, n° 202490, *DF*, 2001, 24, 549, concl. Goulard). Pour la même raison, l'annulation par l'autorité judiciaire d'une opération de visite ne fait pas obstacle à ce que l'administration dans une procédure distincte concernant un autre contribuable se fonde sur les faits révélés par l'opération annulée pour établir l'imposition de ce dernier (CE avis 10 juin 1998, n° 194330, *BDCF*, 1998, 4, 78, concl. Bachelier). L'indépendance des procédures rend inopérant, devant le juge de l'impôt, l'irrégularité d'une perquisition faite par l'administration des douanes (CE avis 10 déc. 2008, req. 317573, Henriot, *DF*, 2009, 7, comm. 189, concl. Collin).

161 L'APPORT DE LA CONVENTION EUROPÉENNE DES DROITS DE L'HOMME. — La Cour européenne des droits de l'homme a conclu à la non-conformité du droit de visite et de saisie au regard de l'article 6 § 1 de la Convention européenne de sauvegarde des droits de l'homme (CEDH 21 févr. 2008, req. 18497, Ravon *et al.* c/ France, *DF*, 2008, 12, comm. 228, note Ravon et Louit). En conséquence, l'article 164 de la loi de modernisation de l'économie du 4 août 2008 a modifié l'article L 16 B LPF, afin de renforcer les droits et garanties du contribuable, dans le respect de la Convention européenne. L'ordonnance du juge des libertés et de la détention peut faire l'objet d'un appel devant le premier président de la cour d'appel territorialement compétent, dans un délai, non suspensif, de quinze jours. Celui-ci connaît également les recours contre le déroulement des opérations de visites ou de saisie. La Cour a confirmé cette position et a jugé, à l'unanimité, que l'intrusion par l'administration au sein d'un cabinet d'avocats était disproportionnée par rapport au but visé et portait atteinte au secret professionnel, au regard de l'article 8 de la Convention (CEDH 24 juill. 2008, req. 18603/03, André *et al., DF,* 2008, 43, note Louit).

IV | La flagrance fiscale

162 Champ d'application. — Le déclenchement d'une flagrance fiscale est subordonné à la réunion de quatre conditions : le contribuable doit se livrer à une activité professionnelle, la période en cours pour laquelle une obligation déclarative n'est pas échue, un certain nombre de faits doivent être constitutifs de cette flagrance et les circonstances doivent être de nature à menacer le recouvrement (art. L 16-O BA LPF). Les faits constitutifs de flagrance sont au nombre de quatre : la délivrance de factures ne correspondant pas à la livraison d'une marchandise ou l'exécution d'une prestation de service, la réitération d'opérations commerciales sans facture et non comptabilisées privant ainsi la comptabilité de valeur probante, la mise en œuvre de travail dissimulé (art. L 8221-1 du Code du travail) ou l'exercice d'une activité que le contribuable n'a pas fait connaître à un centre de formalités des entreprises ou au greffe du tribunal de commerce.

163 Mise en œuvre. — La procédure peut être mise en œuvre uniquement dans le cadre de certaines procédures limitativement énumérées par la loi : le droit de visite et de saisie (art. L 16 B LPF), le droit d'enquête (art. L 80 F LPF), la vérification de la TVA (art. L 16 D LPF) et la vérification inopinée (art. L 47 LPF).

164 Les effets. — La flagrance emporte des effets immédiats pour le contribuable. La notification du procès-verbal de flagrance permet la réalisation de saisies conservatoires, sans autorisation du juge (art. L 252 B LPF), ce qui exclut les sûretés judiciaires (hypothèque et nantissement du fonds de commerce). En outre une amende, proportionnelle au chiffre d'affaires hors taxes ou recettes brutes réalisées au titre de la période en cours à la date du constat de flagrance, en fonction de la nature de l'activité exercée, sera appliquée (art. 1740 B LPF). L'amende de 5 000 € peut être portée à 10 000 € ou 20 000 € selon les seuils constatés.

165 LES RECOURS. — Le contribuable peut faire une procédure de référé administratif, dans les huit jours à compter de la réception du procès-verbal de flagrance (art. L 16-O BA LPF) La procédure est calquée sur celle du référé-suspension (art. L 521-1 du Code de justice administrative). Le juge se prononcera sur le bien-fondé de la mise en ouvre de la procédure et notamment : sur l'existence des faits constitutifs de flagrance, le risque réel de non-recouvrement de créances fiscales ou encore la régularité formelle du procès-verbal. L'article L 252 B II LPF organise une procédure de référé administratif pour obtenir dans un délai de huit jours la mainlevée des saisies conservatoires. La procédure est calquée sur celle qui permet dans le cadre du sursis de paiement (art. L 277 LPF) d'obtenir la mainlevée des mesures conservatoires diligentées par le comptable mais également sur celle du référé-suspension (art. L 521 du Code de justice administrative).

V | L'ASSISTANCE ADMINISTRATIVE INTERNATIONALE

166 PRINCIPE. — L'appréciation au regard des règles fiscales, de la normalité d'opérations à caractère international dépend souvent de la connaissance d'informations détenues à l'étranger. En outre, la mondialisation des affaires justifie une mise en place de plus en plus fréquente de l'assistance administrative. Celle-ci peut être définie comme l'ensemble des opérations traduisant, en matière d'échanges de renseignements, une coopération entre les administrations fiscales de deux ou plusieurs États pour permettre une application correcte des dispositions régissant l'assiette, le contrôle et le recouvrement des impôts de chacun des États intéressés. L'État requis met en œuvre les moyens juridiques et pratiques que lui confère sa législation nationale pour aider une administration étrangère à remplir sa mission.

167 LES FORMES DE L'ASSISTANCE. — L'échange de renseignements peut prendre l'une des quatre formes suivantes, non exclusives l'une de l'autre.

Il peut s'agir d'un échange de renseignements d'office, pour les impôts autres que la TVA, permettant la transmission, sans demande préalable et d'une manière régulière, d'informations relatives à une ou plusieurs catégories de revenus, à des biens, ayant leur source dans un État et concernant un résident de l'autre État.

L'échange de renseignements automatique peut être utilisé, pour la TVA. Cette forme d'assistance permet de recueillir des renseignements relatifs à l'identification des assujettis et aux opérations intracommnautaires.

L'échange spontané de renseignements, laissé à l'initiative des services fiscaux, est un substitut à l'échange de renseignements d'office pour les pays avec lesquels un accord exprès n'a pas été conclu, ou un complément à l'échange d'office pour des renseignements ponctuels.

Enfin, l'échange de renseignements sur demande concerne le cas où un État souhaite recueillir des informations susceptibles d'être détenues dans un État partenaire, ou obtenir confirmation de faits dont il a eu connaissance.

168 LE CADRE JURIDIQUE. — Le principe de l'assistance administrative est généralement fixé dans les conventions fiscales, la portée de l'échange de renseignements est variable selon les conventions, et certaines d'entre elles ne comportent pas de clause d'échanges. Les directives et règlements communautaires forment un support juridique spécifique à l'Union européenne pour échanger des informations notamment en matière de TVA (ex : règlement du Conseil n° 21/92 du 27 janv. 1992), mais aussi en matière d'impôts directs (ex. directive 77/99 du 19 déc. 1977). Les dispositions de droit interne prévoient l'échange. L'article L 114 du LPF dispose : « L'administration des impôts peut échanger des renseignements avec les administrations financières des territoires d'outre-mer et autres collectivités territoriales de la République française relevant d'un régime fiscal spécifique ainsi qu'avec les États ayant conclu avec la France une convention d'assistance réciproque en matière d'impôts pour les échanges de renseignements avec l'administration française. » L'article L 114 A du LPF a transposé en droit interne les directives communautaires en la matière.

Section II
La constatation des irrégularités

Elle ressort de l'examen de la sincérité des déclarations qui peut s'opérer de diverses façons.

I | Le contrôle sommaire

169 Contrôle formel et contrôle sur pièces. — Le contrôle formel, réalisé chaque année, consiste à rectifier les erreurs matérielles évidentes constatées dans les déclarations. Il ne porte pas sur l'exactitude de leur contenu mais sur la manière dont elles ont été remplies.

Le contrôle sur pièces au contraire implique un examen critique global des déclarations à l'aide de tous les renseignements détenus par le service. Il ne porte que sur certaines déclarations sélectionnées en application d'un programme de contrôle ou en raison de leur importance. Sont alors identifiées les anomalies qui justifient le recours à des investigations plus sérieuses.

170 Vers le contrôle approfondi. — Ce contrôle prolonge le contrôle sur pièces par la recherche d'éléments extérieurs. C'est alors que peut jouer le droit de communication auprès du contribuable ou des tiers, que seront formulées les demandes d'éclaircissements et de justifications. On débouche alors sur la mise en œuvre de procédures réglementées comme la vérification de comptabilité ou l'examen contradictoire de l'ensemble de la situation fiscale personnelle des personnes physiques.

II | Les vérifications

A - La vérification de comptabilité

171 Notion. — Les éléments principaux de la vérification de comptabilité sont définis dans l'article R 13-1 LPF : comparaison des déclarations souscrites par les contribuables avec les écritures comptables, examen de la régularité, de la sincérité et du caractère probant de la comptabilité. Ils codifient les critères dégagés par le juge fiscal qui avait posé une première définition. C'est un contrôle de l'exactitude et de la sincérité des déclarations souscrites par le contribuable au moyen de leur comparaison avec le contenu des écritures comptables (CE 13 mars 1967, Football Club de Strasbourg, *DF,* 1967, 45, Doc., concl. Lavondès, *AJDA,* 1969, 49, note Lamarque, *GD,* 107 ; CE 18 mars 1981, n° 17337, *DF,* 1982, 16, 937, concl. Lobry). En conséquence, un contrôle qui n'utilise pas les écritures comptables ne peut être une vérification de comptabilité alors même qu'il a pour objet de vérifier la sincérité des déclarations : recoupement d'informations recueillies auprès de tiers (CE 26 juill. 1978, n° 4851, *RJF,* 1978, 336 ; CE 17 oct. 1984, n° 40377, *DF,* 1985, 1, 69, concl. Racine), demande de production de pièces justificatives faite auprès du contribuable (CE 24 juill. 1981, n° 16733, *DF,* 1982, 6, 239, concl. Verny). Mais la vérification de comptabilité ne se limite pas à la seule appréciation de la conformité des déclarations à la comptabilité, elle implique un contrôle de la sincérité de la comptabilité elle-même, ce qui exige que la qualification soit étendue aux examens critiques des écritures comptables (CE 3 juin 1983, n° 34252, *DF,* 1984, 18, 947, concl. Léger, *D.,* 1983, 621, note Robert et Tixier ; CE 29 juill. 1983, n° 25569, *DF,* 1984, 8, 355, concl. Bissara).

Les règles relatives à la vérification de comptabilité, c'est l'évidence, ne peuvent s'appliquer aux contribuables qui ne sont pas astreints à la tenue d'une comptabilité (CE 9 janv. 1981, n° 19229, *DF,* 1981, 23, 1227, concl. Verny, *RJF,* 1981, 391, chron. Sauvé), mais en revanche concernent les contribuables soumis aux obligations comptables simplifiées.

La vérification de comptabilité est régulière dès lors que le débat oral et contradictoire a eu lieu avec une personne ayant une responsabilité dans la gestion de l'entreprise (CE plén. 1er juill. 1992, n° 79588, *Bull. concl. fiscales,* 1992, 1, 13, concl. Gaeremynck). À noter que la preuve de l'absence de possibilité d'avoir un débat oral et contradictoire avec l'administration incombe au contribuable qui s'en plaindrait (CE 17 févr. 1997, n° 165573, *DF,* 1997, 26, 748, concl. Loloum).

Elle peut porter sur un impôt en particulier (l'IS par exemple) ou sur tous les impôts (IS, TVA, taxe professionnelle...) auxquels un contribuable est soumis. La vérification de comptabilité et l'examen contradictoire de la situation fiscale personnelle peuvent être conduits parallèlement ou corrélativement, tout en respectant l'indépendance des procédures et l'ouverture de garanties spécifiques à chaque opération.

172 DISTINCTION ENTRE DROIT DE COMMUNICATION ET VÉRIFICATION DE COMPATIBLITÉ. — La délimitation de la frontière entre l'exercice du droit de communication et le droit de vérification peut être source de difficultés, notamment quand le droit de communication est exercé sur place, à l'égard du contribuable lui-même. Le contrôle sur place de la sincérité des déclarations souscrites par un contribuable au moyen d'une comparaison avec les écritures comptables et les pièces justificatives, examinées à cette occasion et dont l'exactitude peut être remise en cause caractérise l'exécution d'une vérification de comptabilité dont la régularité est subordonnée au respect des garanties prévues par la loi. Par un arrêt de section du 6 octobre 2000 (aff. Trace), le Conseil d'État a donné une définition explicite du droit de communication et précisé les limites d'exercice de celui-ci. La Haute Assemblée considère que le droit de communication permet seulement, pour l'établissement et le contrôle de l'impôt, de demander à un tiers ou éventuellement au contribuable lui-même, sur place ou par correspondance, de manière ponctuelle, des renseignements disponibles sans que cela nécessite des investigations particulières ou dans les mêmes conditions de prendre connaissance, et le cas échéant copie, de certains documents qui se rapportent à l'activité professionnelle de la personne auprès de laquelle ce droit est exercé (CE 6 oct. 2000, n° 208765, *RJF,* 2000, 12, 895, chron. Maïa, *BDCF,* 2000, 12, concl. Bachelier). Le Conseil d'État rappelle que le droit de communication présente un caractère passif et ponctuel, par opposition au caractère actif et à la portée générale du droit de vérification. Il précise que ce droit ne peut s'exercer que sur des documents disponibles, sans qu'aucun retraitement des renseignements ne puisse être exigé. En outre, l'arrêt confirme qu'aucun formalisme n'est requis pour la mise en œuvre du droit de communication.

173 AVIS DE VÉRIFICATION. — Une vérification de comptabilité ne peut être engagée sans que le contribuable en ait été informé par l'envoi ou la remise d'un avis de vérification qui doit préciser les années soumises à vérification et mentionner expressément sous peine de nullité de la procédure que le contribuable a la faculté de se faire assister par un conseil de son choix. La solennité de la rédaction de l'article L 47 LPF fait de ses dispositions une garantie essentielle du contribuable vérifié.

L'avis de vérification doit d'abord être adressé personnellement au contribuable (CE 12 mai 1976, n° 94895, *RJF,* 1976, 250) à son domicile ou au siège de l'entreprise (CE 29 juill. 1983, n° 25569, *DF,* 1984, 8, 355, concl. Bissara). Si l'entreprise est placée sous séquestre judiciaire, l'avis de vérification doit néanmoins être envoyé au contribuable (CE 3 avr. 1991, Dabadie, *DF,* 1992, 26, 1253, concl. Fouquet). La remise en main propre par le vérificateur de l'avis de vérification n'est pas de nature à vicier la procédure de contrôle (CE 3 nov. 1989, Martinez, *DF,* 1990, 12, 588, concl. Racine). En toute hypothèse, c'est à l'administration qu'il appartiendra de faire la preuve de la réalité de la notification avant le commencement de la vérification (CE 29 avr. 1977, n° 92446, *RJF,* 1977, 236, chron. Hagelsteen). La question la plus délicate à résoudre est la détermination du délai qui doit séparer la réception de la notification du début de la vérification. La loi ne le fixe pas, l'administration estime qu'un délai de quinze jours est normal, la jurisprudence exige qu'il soit raisonnable, admet la régularité de délais de l'ordre de six jours

(CE 29 juin 1981, n° 19314, *RJF,* 1981, 490), et même de deux jours (CE 14 avr. 1982, n° 24698, *RJF,* 1982, 302), mais refuse que la vérification commence immédiatement après la remise de l'avis (CE 29 juill. 1983, n° 25569, *DF,* 1984, 8, 355, concl. Bissara), se trouve alors contestée la faculté de procéder à des vérifications inopinées. La lettre de la loi semblait logiquement l'exclure (CE 7 mai 1982, n° 18920, *RJF,* 1982, 7, 319, chron. Racine). Mais la loi du 29 décembre 1982 a ajouté des dispositions supplémentaires à l'article L 47 LPF en précisant qu'en cas de contrôle inopiné tendant à la constatation matérielle des éléments physiques de l'exploitation ou de l'existence et de l'état des documents comptables, l'avis de vérification de comptabilité est remis au début des opérations de constatation matérielles. Désormais pourront donc être entrepris immédiatement après la remise de l'avis de vérification les contrôles d'existence des éléments d'exploitation et des documents comptables sans que puisse être entrepris le travail d'analyse critique qui est le propre de la vérification (CE plén. 22 mai 1989, n° 68832, *GP,* 13-14 oct. 1989, concl. Fouquet, p. 19).

L'avis de vérification doit légalement contenir deux catégories d'informations. D'abord l'identification des années soumises à vérification (CE 12 déc. 1974, n° 36420, *RJF,* 1985, 150) et surtout la possibilité d'assistance d'un conseil. La qualité de ce conseil importe peu (avocat, conseil fiscal, comptable...), mais sa présence en l'absence de la notification de l'avis de vérification ne peut couvrir le vice de procédure (CE 17 oct. 1984, n° 41880, *RJF,* 1984, 769). Ces garanties légalement énoncées sont complétées obligatoirement par l'envoi de la charte du contribuable vérifié qui spécifie la forme de la vérification, les conditions de son déroulement, ses effets et les garanties dont bénéficie le contribuable et l'indication du fonctionnaire chargé d'entendre le contribuable. Simple pratique administrative, l'envoi de la charte est devenu un acte nécessaire à la régularité de la procédure de contrôle, « les dispositions contenues dans la charte sont opposables à l'administration » (art. L 10 LPF). Le défaut de ces formalités entraîne la nullité de la procédure d'imposition (CE 14 déc. 1984, n° 40727, *RJF,* 1985, 148 ; CE 12 déc. 1984, n° 36420, *RJF,* 1985, 150), et celle de la procédure suivie devant les tribunaux judiciaires pour la répression de la fraude fiscale directement déduite de cette vérification (Cass.

crim., 8 déc. 1980, *D.*, 1981, J, 189, note Robert et Tixier ; Cass. crim., 28 juin 1982, *Bull. crim.*, n° 176, 486), quoique la jurisprudence criminelle réduise progressivement la portée des irrégularités administratives sur la validité de la procédure pénale (Cass. crim., 1er oct. 1984, *RJF*, 1985, II, 785).

174 DURÉE. — La vérification de comptabilité ne peut, sous peine de nullité, s'étendre sur une durée supérieure à trois mois sur place pour les contribuables dont le chiffre d'affaires ou le montant des recettes brutes hors taxes n'excède pas 763 000 € pour les entreprises de vente de marchandises, 230 000 € pour les entreprises prestataires de services et les personnes exerçant une activité non commerciale, 350 000 € pour les entreprises agricoles. La détermination de cette durée implique que l'on fixe avec précision ses deux points extrêmes. Le point de départ du délai de trois mois est la date du début de la vérification indiquée dans l'avis de vérification (CE 28 oct. 1983, n° 30902, *DF*, 1984, 7, 278, concl. Fouquet), la clôture est constituée par la dernière intervention sur place du vérificateur (CE 12 déc. 1979, n° 11741, *RJF*, 1980, 75). Il faut veiller pour cette computation à ne tenir compte que des interventions qui relèvent du droit de vérification et non du droit de communication. Le délai de trois mois peut en revanche être dépassé lorsque l'un des plafonds précédemment défini est franchi lors d'un exercice vérifié (CE 17 févr. 1971, n° 79529, *Rec.*, 136). Le non-respect par l'administration de ces limites entraîne la nullité de l'imposition (CE 28 oct. 1983, n° 30902, *DF*, 1984, 7, 278, concl. Fouquet), mais pas la nullité de la procédure répressive qui pourrait suivre (Cass. crim., 6 juin 1977, *Bull. crim.*, n° 203, 505). En cas de litige concernant le point de départ, le juge se fonde sur le déroulement le plus probable des faits nonobstant les témoignages produits par le contribuable (CE 15 nov. 1989, Sigonneau, *Les Petites Affiches*, 1990, 35, 4, concl. Fouquet). L'appréciation de la date d'achèvement d'une vérification de comptabilité est une question de fait (CE 27 févr. 1991, Sté Marseille-Assainissement, *DF*, 1992, 15, 786, concl. Martin).

À noter qu'en vertu du principe de l'indépendance des procédures, le fait pour l'administration d'opposer à un contribuable des informations recueillies à l'occasion d'une vérification de comptabilité irrégulière chez un autre contribuable est sans incidence sur la régularité de la procédure suivie à l'égard de l'intéressé (CE 10 mars 1991, SARL Régie Cuisine cabaret le Lido, *DF,* 1991, 10, 486, concl. Fouquet).

Les garanties du contribuable vérifié ne portent pas seulement sur la durée de la vérification mais aussi sur sa réitération. L'article L 51 LPF dispose en effet que si la vérification de comptabilité pour une période déterminée est achevée, l'administration ne peut procéder à une nouvelle vérification de ces écritures au regard des mêmes impôts ou taxes pour la même période. L'interdiction de vérifications successives a fait l'objet de nombreuses précisions jurisprudentielles. Trois conditions sont exigées. Il faut d'abord que la nouvelle vérification concerne la même entreprise (CE 6 févr. 1981, n° 12117, *RJF,* 1981, 4, 170), et exactement la même période (CE 28 sept. 1984, n° 37896, *RJF,* 1984, 11, 688). Il faut ensuite qu'elle ait une incidence sur l'imposition déterminée sur le fondement de la première vérification (CE 12 oct. 1984, n° 36696, *RJF,* 1984, 12, 771). Il ne faut pas enfin que le nouvel examen de la comptabilité soit suscité par le contribuable lorsque par exemple il conteste la notification ultérieure de redressement (CE 28 mars 1984, n° 38737, *RJF,* 1984, 5, 320), ou introduit une réclamation contentieuse (CE 29 mars 1978, n° 4460, *RJF,* 1978, 5, 174). La notion clé pour l'application de cette garantie est celle de l'achèvement de la première vérification qui est acquis lorsque le vérificateur indique au contribuable qu'il a terminé ses opérations (CE 17 janv. 1979, n° 8735, *DF,* 1979, 30, 1622, concl. Martin-Laprade). Les impositions établies en vertu d'une nouvelle vérification de comptabilité prohibée par l'article L 51 LPF sont nulles (CE 12 oct. 1984, n° 36696, *RJF,* 1984, 12, 771), mais n'affectent pas la régularité d'une procédure pénale subséquente (Cass. crim., 13 déc. 1982, *Bull. crim.,* n° 284, 763). Est-il besoin d'ajouter que l'achèvement d'une vérification ne fait nullement obstacle à l'exercice du droit de répétition relatif aux mêmes impositions, lorsque les insuffisances d'imposition sont révélées par l'exercice du droit de communication (CE 8 oct. 1975, n° 80, 676, *RJF,* 1975, II, 364).

Trois exceptions à l'interdiction des vérifications successives sont prévues. Si la première vérification a été limitée à des opérations déterminées, une seconde vérification complète pourra être entreprise dans le délai de reprise. En cas d'agissements frauduleux les délais normaux de reprise sont prorogés de deux ans et peuvent servir à accomplir une nouvelle vérification. En matière de taxe sur le chiffre d'affaires le service peut contrôler la période écoulée depuis la clôture du dernier exercice jusqu'au jour de la vérification et reprendre au cours de la vérification suivante le contrôle de cette période avec celui de l'exercice auquel elle se rattache.

175 LIEU. — Le principe est que la vérification de comptabilité doit se dérouler sur place, au siège de l'entreprise. Cette garantie est conçue comme un moyen efficace donné au contribuable d'avoir constamment pendant la durée de la vérification la possibilité d'une discussion contradictoire avec l'inspecteur (CE 29 mars 1978, n° 4460, *DF,* 1979, 8, 364, concl. Rivière). Il existe cependant des assouplissements jurisprudentiels à cette règle dès lors que le contribuable est en mesure de bénéficier de garanties équivalentes. La vérification peut d'abord se dérouler au cabinet du comptable du contribuable si ce dernier en a fait la demande (CE 5 juin 1981, n° 20948, *DF,* 1981, 50, 2266, concl. Verny ; CE 10 déc. 1999, n° 201067, *DF,* 2000, 24, 493, concl. Arrighi de Casanova), et s'il a eu la possibilité d'avoir un débat oral et contradictoire avec le contrôleur (CE 26 févr. 2003, req. 232841, M. et Mme Mora, *Les Petites affiches,* 2003, 128, 13, note Lambert). Il a été jugé qu'une vérification commencée sur les lieux de l'exploitation peut être poursuivie au domicile de l'exploitant où la comptabilité se trouve, dès lors que ce dernier n'y est pas opposé (CE 15 déc. 1999, n° 170919, *DF,* 2000, 18-19, 388, concl. Courtial).

Plus délicate est la régularité de l'emport de documents par le vérificateur dans son cabinet. Il a en principe pour effet de vicier la procédure (CE 31 janv. 1983, n° 25174, *RJF,* 1983, 146, chron. Racine), mais il est admis que le contribuable puisse renoncer à la garantie de l'ensemble de la vérification sur place à condition qu'il donne une autorisation écrite préalable et que lui soit donné un reçu détaillé des pièces transportées (CE 21 mars 1976, n° 94052, *RJF,* 1976, 8, 224, chron. Martin-Laprade). N'est pas irrégulière une demande d'emport de documents comptables rédigée en des termes faisant apparaître qu'il s'agit d'une demande et non d'une acceptation d'emport (CE 11 juill. 1991, M. Lelouch, *Les Petites Affiches,* 1991, 125, 4, concl. Fouquet). Pour préserver le caractère contradictoire de la procédure, le contribuable ou son conseil doivent avoir l'accès aux locaux administratifs ou retrouver après la restitution des documents la possibilité de discuter efficacement les opérations de contrôle et les conclusions qui en ont été tirées (CE 7 déc. 1983, n° 36722, *DF,* 1984, 14, 734, concl. Fouquet ; *RJF,* 1984, 52, chron. de Guillenchmidt). Un emport de documents comptables, même effectué après l'achèvement de la vérification de comptabilité, vicie l'imposition notamment en raison du caractère contradictoire de la procédure (CE 3 déc. 1990, Lassourd, *DF,* 1991, 5, 147, concl. Arrighi de Casanova). S'il n'y a pas eu accord sur l'emport de documents c'est au contribuable qu'il appartiendra de le prouver (CE 30 sept. 1981, n° 21945, *RJF,* 1981, 546).

B - L'examen contradictoire de l'ensemble de la situation fiscale personnelle des personnes physiques (ESFP)

176 OBJET. — L'ESFP est défini par la doctrine administrative comme l'ensemble des opérations ayant pour but de vérifier la sincérité des déclarations du revenu global au titre de l'impôt sur le revenu. Il implique la comparaison des revenus déclarés ou des revenus fixés selon un régime forfaitaire ou d'évaluation administrative avec le montant apparent des revenus résultant du train de vie ou de l'importance des disponibilités utilisées à toute autre forme de dépenses de placements (Inst. 28 avr. 1976, *DF,* 1976, 21, ID, 5106). On mesure à cette définition l'étendue et la complexité des éléments de la situation patrimoniale du contribuable qui peuvent être pris en considération. Concrètement l'administration procède à la reconstitution des sommes dont le contribuable a pu avoir la disposition au cours de la période vérifiée et des disponibilités employées ou investies, puis compare au moyen d'une balance de trésorerie ces deux postes. Un décalage inexpliqué pourra ainsi être la preuve de l'existence de revenus occultes ayant échappé à toute déclaration. Le contrôle de cohérence entre les revenus déclarés et les disponibilités réelles du contribuable doit présenter une ampleur suffisante afin de rendre significative la comparaison. De telles opérations impliquent nécessairement la coopération du contribuable qui s'est vu reconnaître certaines garanties.

Afin d'en finir avec les hésitations concernant cette vérification appliquée aux non-résidents, l'article 31 de la loi de finances pour 1996 édicte : « L'administration des impôts peut procéder à l'examen contradictoire de la situation fiscale des personnes physiques au regard de l'impôt sur le revenu, qu'elles aient ou non leur domicile fiscal en France, lorsqu'elles y ont des obligations au titre de cet impôt. »

177 PROCÉDURE. — Les garanties entourant la vérification de comptabilité ont été étendues à l'ESFP. Elle doit être précédée à peine de nullité d'un avis de vérification qui précise les années soumises à vérification et la faculté pour le contribuable de se faire assister d'un conseil de son choix (art. L 47 LPF). Il paraît ressortir de ces dispositions que l'ESFP doit avoir un caractère contradictoire matérialisé par un débat entre le vérificateur et le contribuable éventuellement assisté de son conseil. Le Conseil d'État a jugé que le caractère contradictoire que doit revêtir l'ESFP interdit à l'administration d'adresser la notification de redressements et de clôturer la vérification avant d'avoir engagé un dialogue avec le contribuable (CE 10 janv. 2001, n°s 211967 et 212114, *RJF,* 2001, 4, 436). Ce dialogue sera rendu plus difficile dans la mesure où une personne physique n'est pas, au regard de l'impôt sur le revenu, légalement tenue de conserver des documents relatant l'évolution de sa situation patrimoniale. Le contribuable restera en définitive juge de la réponse à fournir aux demandes de renseignements de l'administration. C'est pourquoi celle-ci préférera utiliser immédiatement la procédure des demandes de justifications et d'éclaircissements assorties de la menace de taxation d'office. Le Conseil d'État tout en reconnaissant le caractère non contraignant de l'ESFP a cependant exigé que l'article L 16 LPF ne soit mis en œuvre qu'après le début de la vérification et l'exercice du droit de communication (CE 19 déc. 1984, n° 34731, *DF,* 1985, 14, 728, concl. Latournerie ; *RJF,* 1985, 91, chron. Gaeremynck). En outre, la Charte du contribuable vérifié exige que le vérificateur engage un dialogue contradictoire avec le contribuable qui fait l'objet d'un ESFP, avant de lui adresser une demande de justifications (CE 10 janv. 2001, n°s 211967 et 212114, *DF,* 2001, 30-35, comm. 735, concl. Austry). Ceci est d'autant plus important que l'opposabilité de la Charte du contribuable vérifié résulte du dernier alinéa de l'article L 10 LPF, et implique que le vérificateur respecte les dispositions de la Charte, qui ajoutent à la loi.

178 DURÉE. — La vérification ne peut s'étendre sur une période supérieure à un an, à compter de la réception de l'avis de vérification. Toutefois, l'article L 12 LPF proroge cette durée des délais nécessaires à l'administration pour recevoir les renseignements demandés aux autorités étrangères, lorsque le contribuable a pu disposer de revenus à l'étranger ou en provenance directe de l'étranger. Lorsque le contribuable n'a pas usé de la faculté de produire ses relevés de comptes dans un délai de soixante jours à compter de la demande de l'administration, ce délai peut être prorogé des délais nécessaires à l'administration pour obtenir les relevés de comptes. Dans un avis du 13 avril 2005, le Conseil d'État opère une distinction entre le contribuable qui a fourni dans les délais les coordonnées exactes de l'intégralité des comptes et celui qui ne l'a pas fait (CE avis 13 avr. 2005, req. 274897, M. Hairabedian, *RJF,* 2005, 7, comm. 659). En effet, lorsque le contribuable n'use pas de la faculté de produire les relevés de ses comptes et qu'il s'abstient, dans le délai de soixante jours, de préciser les coordonnées exactes de tous ses comptes, la durée de l'ESFP est prorogée d'un délai calculé à compter du 61e jour de la demande formulée par le vérificateur. Par contre, quand le contribuable ne fournit pas les relevés de ses comptes mais précise, dans le délai de soixante jours, les coordonnées exactes de l'intégralité de ses comptes, le point de départ des délais nécessaires à l'administration pour obtenir les relevés ne court qu'à compter de la date à laquelle l'administration exerce son droit de communication auprès des établissements teneurs de comptes.

C - Vérification des titres de mouvement

179 CONTRÔLE À LA CIRCULATION. — Les droits assis sur la consommation des marchandises et des produits exigent une surveillance constante des matières imposables notamment dans ses déplacements. Le contrôle n'est alors possible que si le transporteur détient une pièce justifiant la nature des matières transportées et l'état de leur assujettissement à l'impôt : le titre de mouvement ou de circulation. On citera les titres de mouvement relatifs aux droits sur l'alcool dont les noms conservent les traditions de la Régie : l'acquit à caution permettant la circulation en suspension de taxe et le contrôle de la régularité du déplacement et qui est un contrat conclu entre l'administration et le soumissionnaire, celui-ci s'engageant à rapporter la preuve de l'arrivée à destination des produits et à acquitter à défaut le double des droits garantis ; le congé utilisé pour le déplacement des produits imposables lorsque la mise en circulation constitue le fait générateur de l'impôt ; le passavant qui accompagne le déplacement de marchandises affranchies des droits. Les titres de mouvement doivent être présentés par les transporteurs et conducteurs à toute réquisition des agents compétents pour constater les infractions par procès-verbal en tout lieu où ils ont légalement accès sans formalité. Vérification faite ces agents doivent viser le titre de mouvement. Assimilé à un acte juridique le titre de mouvement est nécessairement nul lorsque ses mentions essentielles ne sont pas régulières (Cass. crim., 5 oct. 1960, *Bull. crim.,* n° 425, 844), ce qui autorise la saisie du chargement. Il s'agit d'une infraction pénale matérielle indépendante de la bonne foi du transporteur (Cass. crim., 24 mars 1958, *Bull. crim.,* n° 284, 494).

Section III
La rectification

180 DROIT DE REPRISE ET RECTIFICATION. — Le droit de reprise est le pouvoir reconnu à l'administration fiscale de réparer les inexactitudes et les omissions qui ont été commises dans la détermination d'une imposition. L'exercice de cette compétence est enserré dans des délais très stricts. Cette rectification aboutit nécessairement à l'édition d'un nouvel acte d'imposition qui vient se substituer à celui qui était entaché d'irrégularité (CE 16 juin 1971, n° 81427, *Rec.,* 441 ; CE 13 oct. 1976, n° 91178, *DF,* 1976, 52, 1985).

C'est d'ailleurs pourquoi le respect du délai de reprise s'apprécie à la date de mise en recouvrement de la nouvelle imposition (CE 13 oct. 1976, préc.). La rectification est la manifestation d'une compétence distincte. Il consiste pour l'administration fiscale à fixer une nouvelle base d'imposition, à procéder à une nouvelle évaluation de la matière imposable. L'exercice de cette compétence étant nécessairement antérieur à l'édition du nouvel acte d'imposition doit se situer dans le délai de reprise. Il peut être dans cette limite renouvelé autant de fois qu'il est nécessaire (CE 7 mai 1975, n° 94073, *DF,* 1975, 31, 1088). C'est ainsi que l'interdiction d'opérer une même vérification de comptabilité pour les mêmes impôts sur les mêmes années ne fait pas obstacle à ce que le service tire de nouvelles conclusions de la vérification déjà faite et opère donc de nouveaux redressements (CE 7 févr. 1968, Gaston Leviller, *DF,* 1969, 6, 235, concl. Mehl). Comme toute compétence unilatérale, le redressement ne peut faire l'objet de renonciation ou d'accord (CE 28 juin 1961, n° 33758, *DF,* 1961, 42, Doc., concl. Poussière ; CE 28 oct. 1964, n° 56845, *DF,* 1968, 17 *bis,* concl. Martin).

Conclusion naturelle des opérations de contrôle, la décision de rectification devait être entourée de garanties qui permettent au contribuable d'assurer efficacement sa défense. C'est l'objet de la procédure de redressement contradictoire issue des dispositions de la loi du 27 décembre 1963. Parallèlement, existent des procédures d'office dont l'usage est conçu pour sanctionner les contribuables qui n'ont pas respecté certaines obligations fixées par le législateur.

I | La procédure de rectification contradictoire

181 Champ. — La procédure de redressement contradictoire, devenue procédure de rectification contradictoire à compter du 1er juin 2004, définie aux articles L 57 LPF et s. est d'application générale.

Elle concerne d'abord les principaux impôts exception faite des impôts directs locaux. Elle a pour origine, quelle que soit la forme de contrôle utilisée, la constatation des insuffisances, inexactitudes, omissions ou dissimulations dans les éléments servant de base au calcul de l'impôt. Elle n'est donc pas applicable au seul défaut de paiement des droits (CE 1er févr. 1984, n° 37089, *RJF,* 1984, 220) ou au prononcé de pénalités (CE 20 mai 1981, n° 18361, *DF,* 1981, 46, 2056, concl. Schricke). Procédure favorable au contribuable, elle est donc distincte des procédures d'office à finalité sanctionnatrice : taxation ou évaluation d'office. Cela ne signifie pas qu'il y ait une incompatibilité absolue entre elles, seulement si l'administration consent à employer la procédure contradictoire, les vices qui pourront l'entacher seront sans incidence sur la régularité de l'imposition (CE 24 nov. 1976, n° 94105, *RJF,* 1977, 1, 20).

Elle est enfin exclue lorsque s'applique la procédure de redressement simplifiée.

182 NOTIFICATION D'UNE PROPOSITION DE RECTIFICATION. — Premier acte de la procédure contradictoire, la notification d'une proposition de rectification, naguère dénommée notification de redressements, adressée par l'administration au contribuable doit être motivée de manière à lui permettre de présenter ses observations. Chacune des prescriptions de l'article L 57 LPF a été exploitée par la jurisprudence qui veille rigoureusement à leur respect dans l'intérêt du contribuable. Pour la Cour de cassation, l'administration doit mentionner les textes sur lesquels elle se fonde mais, elle n'est pas tenue d'indiquer ceux qui ne concernent « ni la cause ni les conséquences du redressement » (Cass. com., 31 mai 2005, n° 03-19018, Rouvier, *Procédures,* 2005, 10, 31, note J.-L. Pierre).

La notification est obligatoire, son défaut rend nulle l'imposition (CE 1er févr. 1984, n° 37789, *RJF,* 1984, 220). Elle doit être adressée nécessairement au domicile du contribuable connu de l'administration (CE 19 janv. 1983, n° 33831, *DF,* 1983, 31, 1621, concl. Schricke), ou si elle concerne un revenu catégoriel au lieu d'exercice de la profession (CE 19 oct. 1983, n° 28324, *RJF,* 1983, 686).

La notification doit contenir un certain nombre d'informations nécessaires et suffisantes (CE 17 oct. 1984, n° 40377, *DF,* 1985, 3, 89, concl. Racine). On compte : la nature des redressements envisagés, c'est-à-dire leur objet et leur base de calcul, leur montant identifié distinctement par catégorie de revenus et par chefs de redressement, la nature de l'impôt dont ils relèvent, l'année d'imposition et enfin les motifs de chaque redressement qui selon la formule consacrée doivent être suffisamment explicites pour permettre au contribuable d'engager une discussion contradictoire avec l'administration et de présenter utilement ses observations. Le défaut de l'une de ces mentions n'entraîne pas la nullité de l'ensemble de l'imposition lorsqu'il existe plusieurs chefs de redressement. L'annulation est analytique et n'affecte que l'imposition afférente au chef de redressement irrégulier (CE 28 janv. 1981, n° 16600, *DF,* 1981, 18, 981, concl. Schricke ; CE 11 juill. 1983, n° 36732, *DF,* 1984, 19-20, 979, concl. Léger). Il est fait obligation à l'administration, par exemple, avant d'expliquer dans une notification de proposition de rectification comment elle a reconstitué le chiffre d'affaires d'exposer les raisons pour lesquelles elle a écarté les chiffres régulièrement déclarés par un contribuable (CE 2 févr. 1992, Besson, *Les Petites Affiches,* 1992, 55, 4, concl. Arrighi de Casanova).

Le contribuable dispose de trente jours pour répondre sans qu'il puisse exiger une autre forme de débat contradictoire (CE 6 févr. 1981, n° 18427, *DF,* 1981, 31-32, 1591, concl. Schricke). S'il ne donne aucune réponse dans le délai de trente jours, il est considéré avoir accepté le redressement, s'il conteste les redressements et que l'administration ne se range pas à ses observations, celle-ci doit l'aviser de la persistance du désaccord avant la confirmation du redressement (CE 6 juin 1969, n° 75076, *AJDA,* 1969, 636, note Lamarque ; CE 11 juill. 1984, *DF,* 1985, 20, 793, concl. Chahid-Nouraï).

Cette procédure a des effets juridiques essentiels. La notification a d'abord pour résultat d'interrompre la prescription (CE 21 oct. 1981, n° 17996, *RJF,* 1981, 563). Si le redressement est accepté par le contribuable, il pourra être procédé à l'émission de l'acte d'imposition. Si le redressement est refusé, la Commission départementale des impôts pourra être saisie à la demande du contribuable. Mais l'administration fiscale ayant l'obligation de recouvrer l'impôt légalement dû a toujours la possibilité de revenir dans le délai de reprise sur un redressement qui aurait même été accepté (CE 7 mai 1980, n° 10160, *DF,* 1981, 31-32, 1566).

183 SAISINE DE LA COMMISSION DÉPARTEMENTALE DES IMPÔTS. — Manifestation de la participation des contribuables à l'administration fiscale, la Commission départementale des impôts directs et des taxes sur le chiffre d'affaires composée de deux représentants de l'administration, de trois représentants des contribuables pour chaque branche professionnelle, présidée par un membre des tribunaux administratifs intervient à titre consultatif selon la procédure de l'avis avec renversement éventuel de la charge de la preuve dans les litiges relatifs à la détermination de la taxe imposable. Sa compétence n'est pas générale. Elle concerne la détermination des revenus imposables au titre des bénéfices industriels et commerciaux, des bénéfices non commerciaux et bénéfices agricoles évalués selon un mode réel d'imposition, des bénéfices imposables au titre de l'impôt sur les sociétés, du chiffre d'affaires imposable selon le mode réel.

C'est au contribuable refusant le redressement qu'il appartient d'en demander expressément la saisine par l'administration (CE 27 juill. 1984, n° 40580, *RJF,* 1984, 579). Pendant longtemps, au fond, la commission n'était compétente que sur les questions de fait qui opposent l'administration et le contribuable à l'exclusion de toute question de droit concernant notamment l'interprétation de la loi fiscale, les qualifications légales (CE 6 févr. 1981, n° 17584, *DF,* 1981, 18, 955, concl. Verny) et leur champ d'application. Est une question de fait, par exemple, le point de savoir si les réparations effectuées sur des véhicules ont ou non pour effet de prolonger de manière notable la durée d'utilisation (CE 21 févr. 1990, Transports Béjot, *RJF,* 1990, 4, 235, concl. Fouquet). L'article 26 de la loi de finances rectificative pour 2004 a élargi la compétence de la commission aux conditions d'application des régimes d'exonération ou d'allégements fiscaux en faveur des entreprises nouvelles. Le nouvel article 59 A LPF prévoit la compétence de la commission à l'égard de toutes questions de fait, y compris lorsque les faits contribuent à la qualification juridique d'une opération et instaure un pouvoir de qualification des faits dans des cas exceptionnels où le droit et le fait sont liés, tels que le caractère anormal d'un acte de gestion, le principe et le montant des amortissements et des provisions, le caractère déductible ou non de travaux immobiliers.

Elle doit rendre un avis motivé qui reprend soit les propositions de l'administration, soit celles du contribuable ou qui suggère une solution propre (CE 15 oct. 1980, n° 10292, *RJF,* 1980, 536), après que le contribuable ou son conseil ait pu présenter des observations.

L'avis ne lie pas l'administration qui peut retenir pour l'imposition une base différente de celle qui a été proposée par la commission. Il a seulement une incidence sur la répartition de la charge de la preuve lors d'un contentieux ultérieur. La charge de la preuve ne dépend pas de la procédure suivie avant la saisine de la commission (CE 1er juin 1990, SARL Mauvoisin, *DF,* 1991, 4, 83, concl. Martin). Si l'imposition est établie sur une base égale ou inférieure à celle retenue par l'avis, le contribuable supportera la charge de la preuve du mal-fondé de l'imposition et si la base d'imposition retenue par l'administration excède celle résultant de l'appréciation de la commission, il appartiendra à l'administration d'apporter la preuve du bien-fondé de l'imposition pour la partie excédentaire.

Lorsque la procédure suivie devant la commission est entachée d'irrégularité, l'imposition ne sera pas nulle car la saisine de la commission est facultative mais la charge de la preuve pèsera sur l'administration.

En matière de droit d'enregistrement et de taxe de publicité foncière, la Commission départementale de conciliation remplit une fonction analogue.

184 COMMISSION NATIONALE. — Depuis le 1er janvier 2008, les entreprises qui exercent une activité industrielle ou commerciale et dont le chiffre d'affaires excède 50 000 000 d'euros s'il s'agit d'entreprises dont le commerce principal est notamment de vendre des marchandises, ou 25 000 000 d'euros pour les autres peuvent saisir une commission nationale des impôts directs et des taxes sur le chiffre d'affaires. Présidée par un conseiller d'État, la commission statue sur des questions complexes et spécifiques aux grandes entreprises. Par exemple, lorsque des rehaussements, fondés sur les mêmes motifs, sont notifiés à des sociétés membres d'un groupe intégré, chaque société peut demander la saisine de cette commission, si au moins une des sociétés concernées relève de sa compétence.

185 PROCÉDURE DE RÈGLEMENT PARTICULIÈRE. — Le nouvel article L 62 du LPF, issu de la loi de finances rectificative no 2004-1485 du 30 décembre 2004, permet aux entreprises de régulariser en cours de contrôle les erreurs ou anomalies relevées par le vérificateur. Cette procédure n'est applicable que dans le cadre des vérifications de comptabilité. Le contribuable doit être informé de l'existence de cette procédure, il peut en demander l'application en cours de contrôle. La demande doit être formulée par écrit, avant toute proposition de rectification. La régularisation porte sur les impôts visés par l'avis de vérification, à condition que les déclarations aient été souscrites dans les délais. En contrepartie du paiement intégral des droits dans les délais, le contribuable bénéficie de l'intérêt de retard au taux réduit de moitié.

186 PROCÉDURE DE RÉPRESSION DES ABUS DE DROIT. — Ripert disait : « Abuse de son droit celui qui va jusqu'au bout de son droit, il est toujours dans son droit. » Pour établir l'abus de droit, l'administration doit démontrer soit que les actes sont fictifs, soit, à défaut, que l'opération n'est motivée que par un souci d'évasion fiscale. Le Conseil d'État a jugé que la fraude peut être invoquée « à défaut » de la fictivité des actes (CE 19 avr. 1988, *DF,* 1988, 32-38, 1733). La Cour de cassation retient le jeu alternatif des deux critères (Cass. com., 19 avr. 1988, Dame Donizel, *JCP,* 1989, éd. E, n° 1550, note Granderoute). L'habileté fiscale n'est pas interdite et tous les montages juridiques ne sont pas fictifs. Par exemple, ne constitue pas un abus de droit la cession par un gérant majoritaire de SARL d'une partie de ses parts sociales à un membre de sa famille, en vue d'obtenir le statut de gérant minoritaire salarié (CE 15 nov. 1989, MM. Massonet et Lecuyer, *Rev. sociétés,* 1990, 1, 66, concl. Fouquet,). Par contre, il y a abus de droit lorsque des sociétés immobilières sont constituées uniquement pour faire apparaître des déficits fonciers déductibles des revenus des associés seuls occupants de locaux appartenant à la société (CE 4 nov. 1988, n°s 62221 et 74341, *DF,* 1989, 29, 1487, concl. Martin-Laprade). Si un acte est fait pour un motif exclusivement fiscal, constitutif à ce titre de l'abus de droit, il convient de prendre en compte les conséquences fiscales de cet acte pour les différents impôts concernés (CE 9 déc. 1992, Ravot, *DF,* 1993, 41, 1944). La procédure de répression des abus de droit vient se greffer sur la procédure contradictoire. Au moment de la proposition de rectification, l'administration informe le contribuable qu'elle entend restituer à une opération son véritable caractère lorsque les conditions d'existence d'un abus de droit posées à l'article L 64 LPF sont réunies. Si le contribuable refuse le redressement, l'administration peut saisir le comité consultatif pour la répression des abus de droit avant de statuer définitivement. Dans le contentieux ultérieur, la charge de la preuve incombera à celui qui ne se conforme pas à l'avis rendu par le comité. Lorsque le comité n'a pas été saisi, l'administration supportera exclusivement cette charge de la preuve de la véritable nature de l'opération (CE 20 avr. 1984, n° 20904, *RJF,* 1984, 372).

Le juge ne peut soulever d'office l'abus de droit, il a le droit (CE 21 juill. 1989, Bendjador, *DF,* 1990, 1, 28, concl. Liebert-Champagne) de se placer sur ce terrain lorsque l'argumentation de l'administration, sans se prononcer explicitement les termes d' « abus de droit », font état d'éléments relevant de cette notion (CE 9 nov. 1990, Bourdhier, *DF,* 1990, 51, 2388, concl. Chahid-Nouraï).

187 FRAUDE À LA LOI. — La CJCE, dans l'affaire Halifax, a consacré le principe de la fraude à la loi, considérant qu'un but exclusivement fiscal n'est pas nécessaire pour caractériser une pratique abusive en matière de TVA et qu'un but essentiellement fiscal était suffisant (CJCE 21 févr. 2006, Halifax, aff. C-255/02, *RJF,* 2006, 5, comm. 648). Pour sa part, le Conseil d'État a retenu un concept prétorien de « fraude à la loi » permettant, dès lors que les conditions d'application de l'article L 64 ne sont pas réunies, d'écarter les actes de droit privé fictifs ou ceux « qui, cherchant le bénéfice d'une application littérale des textes à l'encontre des objectifs poursuivis par leurs auteurs, n'ont pu être inspirés par aucun motif autre que celui d'éluder ou d'atténuer les charges fiscales » (CE 27 sept. 2006, Société Janfin, req. 260050, *RJF,* 2006, 12, comm. 1583). Le Conseil d'État, à la suite, a considéré qu'un schéma d'optimisation fiscale était abusif dès lors que celui-ci consistait à déguiser la réalité d'un emprunt contracté par une société américaine auprès d'une banque britannique (CE 29 déc. 2006, Bank of Scotland, *RJF,* 2007, 4, Y. Bénard, Fraude à la loi et Treaty Shopping : que penser de la décision Bank of Scotland, p. 319). En l'espèce le conseil aurait pu s'en tenir aux stipulations de la convention franco-britannique pour rejeter la demande de la société requérante. Il a préféré fonder sa décision sur le principe de fraude à la loi. En conséquence, l'article L 64 a été modifié par la loi de finances rectificatives pour 2008. La nouvelle rédaction intègre la fraude à la loi. Désormais, deux critères permettent à l'administration d'écarter un acte. Soit celui-ci a un caractère fictif soit, recherchant le bénéfice d'une application littérale des textes à l'encontre des objectifs poursuivis par leurs auteurs, il n'a pu être inspiré par aucun motif que celui d'éluder ou d'atténuer les charges fiscales que le contribuable, s'il n'avait pas fait cet acte, aurait normalement supporté, eu égard à sa situation ou à ses activités réelles.

II | LES PROCÉDURES D'OFFICE

188 PROCÉDURES UNILATÉRALES. — Les procédures d'office sont des procédures de redressement unilatérales. Leur caractère exorbitant est en accord avec l'idée qui les sous-tend : sanctionner certains défauts de collaboration des contribuables aux opérations fiscales en privant ceux-ci du droit au redressement contradictoire. Toutefois, l'article L 76 LPF stipule que « les bases ou éléments servant au calcul des impositions d'office sont portées à la connaissance du contribuable », ce qui oblige l'administration à indiquer avec précision la façon dont elle a calculé les bases d'imposition retenues (CE 18 oct. 1989, Robert, *Les Petites Affiches,* 1989, 51, 4, concl. Fouquet,). Les procédures d'office ne peuvent être employées que dans des situations légalement définies.

A - La taxation d'office

189 CHAMP. — La taxation d'office concerne quatre sortes d'impôts :

a) L'impôt sur le revenu. — La taxation d'office est employée quand les contribuables n'ont pas déposé dans le délai légal la déclaration d'ensemble de leur revenu (CE 10 déc. 1982, n° 31923, *DF,* 1983, 22, 1174, concl. Verny), alors même qu'ils auraient souscrit une déclaration de revenus catégoriels (CE 9 janv. 1981, n° 17580, *DF,* 1981, 23, 1230, concl. Verny). La déclaration incomplète ou irrégulière est assimilée à un défaut de déclaration. Est également sanctionnée l'absence de réponse ou le refus de répondre à une demande d'éclaircissements ou de justifications. Ici encore la réponse incomplète (CE 15 nov. 1989, Fratoni, *DF,* 1990, 46-47, 2159, concl. Fouquet), évasive, dilatoire est considérée comme une absence de réponse. L'insuffisance d'une réponse doit être appréciée par rapport au degré de précision de la question posée par l'administration (CE 5 oct. 1990, Fabre, *DF,* 1992, 24-25, comm. 1209, concl. Gaeremynck).

b) L'impôt sur les sociétés. — Sont taxées d'office les personnes morales qui n'ont pas déposé dans les délais leur déclaration de résultats (CE 11 janv. 1978, n° 87894, *Rec.,* 82), ou qui ont souscrit une déclaration irrégulière (CE 16 févr. 1977, n° 988, *RJF,* 1977, 149).

c) Taxes sur le chiffre d'affaires. — Les mêmes carences sont sanctionnées (CE 25 févr. 1981, n° 14322, *RJF,* 1981, 240).

d) Enregistrement. — La loi n° 85-1403 du 30 décembre 1985 a étendu la procédure de taxation d'office aux droits d'enregistrement et taxes assimilées. Elle sera utilisée lorsque le redevable n'aura pas présenté à la formalité, dans le délai légal, une déclaration ou un acte régulier accompagné du paiement des droits.

Mais on peut se demander si la taxation d'office n'est pas, en dehors de toute disposition spéciale, la sanction de droit commun de l'inexécution d'obligations déclaratives. On remarquera que la jurisprudence reconnaît le bien-fondé de l'emploi de la taxation d'office pour l'assujettissement à certains impôts et taxes alors qu'aucun texte ne l'autorise explicitement (CE 17 mars 1982, n° 23695, *RJF,* 1982, 5, 242 ; CE 2 mars 1983, n° 25054, *RJF,* 1983, 5, 322).

L'article L 72 LPF ajoute un nouveau cas de taxation d'office en cas de défaut de désignation d'un représentant en France.

190 JEU. — La procédure de taxation d'office ne peut jouer que si le contribuable n'a pas régularisé sa situation dans les trente jours d'une première mise en demeure. Les bases d'imposition sont fixées unilatéralement mais elles doivent reposer sur une évaluation aussi exacte que possible des différents revenus imposables dont le contribuable a disposé dans la limite des présomptions résultant des renseignements recueillis par l'administration (CE 15 mars 1968, n° 65818, *Dupont,* 1968, 258). L'administration, et c'est un point essentiel, conserve le choix de la méthode à employer pour atteindre cet objectif : établissement d'une balance de trésorerie (CE 20 janv. 1984, n° 36776, *RJF,* 1984, 179), utilisation du barème des éléments du train de vie de l'article 168 CGI (CE 15 oct. 1975, n° 93725, *RJF,* 1975, 377), tenir compte des dépenses personnelles du contribuable (CE 8 mai 1970, n° 78044, *Dupont,* 1970, 297). Mais elle ne peut se dispenser d'en avoir une, elle aura en effet en cas de contestation à faire connaître la méthode adoptée et les calculs qui ont servi à déterminer les bases d'imposition (CE 6 janv. 1984, n° 36632, *DF,* 1984, 21-22, 1052, concl. Fouquet). S'est ainsi développée une intéressante jurisprudence sur le contrôle de l'emploi des méthodes de reconstitution des bases d'imposition valable pour toutes les procédures d'office. Le contribuable à qui incombe la charge de prouver l'exagération de l'évaluation des bases d'imposition peut, s'il n'est pas en mesure d'établir le montant exact de ses résultats, soit critiquer la méthode d'évaluation suivie par l'administration en vue de démontrer qu'elle aboutit à une exagération de ses bases d'imposition, soit, aux mêmes fins, proposer une autre méthode permettant de déterminer les bases d'imposition avec une plus grande précision (CE 19 déc. 1973, n° 87649, *DF,* 1974, II, 314, concl. Latournerie). Puis le juge s'est orienté vers un allégement de la preuve en admettant que le contribuable puisse concentrer ses critiques sur la seule méthode et sa logique propre sans exiger qu'il soit prouvé que l'application de la méthode conduit à arrêter une base d'imposition excédant celle qui devait être retenue. On voit ainsi des impositions d'office annulées parce que la méthode utilisée est radicalement viciée dans son principe (CE 13 juill. 1979, n° 13374, *DF,* 1980, 4, 191, concl. Martin-Laprade) excessivement sommaire (CE 21 oct. 1981, n° 22021, *DF,* 1982, 14797, concl. Schrameck ; CE 22 déc. 1982, Société Henri-Carlier, *DF,* 1983, 39, 1782, concl. Rivière). L'administration a l'obligation de notifier la base retenue trente jours au moins avant la mise en recouvrement des impositions avec l'indication des modalités de leur détermination. Le contribuable ne pourra la contester qu'au moyen d'une réclamation contentieuse.

Par une jurisprudence constante le Conseil d'État affirme que si un contribuable est en situation de taxation d'office, l'irrégularité des conditions dans lesquelles l'administration a obtenu des renseignements auprès des tiers est sans influence sur la régularité de la procédure de taxation d'office (CE 12 déc. 1990, Dumas, *DF,* 1991, 27, 1388, concl. Fouquet).

B - L'évaluation d'office

191 CHAMP. — Avant toute évaluation d'office, l'administration doit adresser au contribuable une mise en demeure l'invitant à régulariser sa situation dans les trente jours (art. L 68 LPF). Cette procédure d'office ne concerne que des revenus catégoriels et est destinée à sanctionner le contribuable qui se refuse à accomplir ses obligations fiscales. La lettre du texte (art. L 73 LPF) prévoit que l'évaluation d'office doit être employée à l'égard des contribuables qui n'ont pas déposé dans le délai légal leur déclaration de résultats pour l'imposition des bénéfices industriels et commerciaux et des bénéfices agricoles lorsqu'ils sont évalués au régime réel ou leur déclaration de bénéfices non commerciaux, qu'ils soient imposés au régime réel ou à celui de l'évaluation administrative. Les revenus fonciers des contribuables qui se sont abstenus de répondre aux demandes de justifications peuvent être évalués d'office (art. L 16-2 LPF). Mais cette procédure a été étendue par la jurisprudence aux cas de production d'une déclaration incomplète (CE 23 mars 1977, n° 1429, *DF,* 1978, 14, concl. Lohry), et d'erreur sur la nature de la déclaration à souscrire (CE 20 mai 1981, n° 16026, *RJF,* 1981, 382 ; CE 7 févr. 1983, n° 28186, *RJF,* 1983, 236).

Elle est enfin employée à l'encontre des contribuables coupables d'opposition à contrôle fiscal que la résistance soit passive (CE 7 déc. 1977, n° 3071, *RJF,* 1978, 56) ou active (CE 31 janv. 1962, n° 52367, *DF,* 1962, 52, 24).

192 JEU. — Il est le même que pour la taxation d'office. Lorsque l'administration dispose des renseignements suffisants en raison notamment du dépôt tardif d'une déclaration, pour déterminer la base d'imposition, elle peut s'arrêter à l'exploitation de ces renseignements. Sinon elle doit recourir à une méthode dont elle devra révéler la nature (CE 27 mai 1981, n° 16743, *DF,* 1981, 44, 1942), et dont la pertinence sera appréciée par le juge (CE 24 avr. 1981, n° 15700, *DF,* 1981, 31-32, 1576). En tout état de cause, la détermination du revenu global, en utilisant le barème de l'article 168 CGI dont seraient soustraits les montants des revenus catégoriels non contestés pour obtenir le montant du revenu catégoriel à évaluer, ne peut être considérée comme une méthode adéquate (CE 17 nov. 1982, nº 19002, *DF,* 1983, 22, 1148, concl. Rivière).

III | Évaluation forfaitaire minimale

193 Principe. — Pour dissuader les contribuables de déclarer de manière par trop infidèle leurs revenus et sanctionner une fraude présumée, avait été créé un mode de taxation original plus rigoureux connu sous le nom de procédure d'imposition de l'article 168 CGI. Celle-ci permettait en cas de disproportion marquée entre le train de vie d'un contribuable et les revenus qu'il déclarait d'établir la base d'imposition à l'impôt sur le revenu en fonction d'un barème légal appliqué à certains éléments du train de vie. Son autonomie n'a véritablement été acquise qu'en 1958 lorsque le législateur a retiré au contribuable la possibilité d'apporter la preuve que son revenu réel était inférieur à celui qui a été établi en application des mécanismes légaux. Dès lors, l'administration fiscale se voyait reconnaître le privilège de substituer à une base d'imposition même exactement déclarée une base d'imposition artificiellement déterminée sur le fondement d'indices légaux. On comprend que cette procédure ait concentré les critiques qui ont abouti à des modifications apportées par la loi de finances pour 1987. L'utilisation de l'article 168 CGI est aujourd'hui résiduelle.

194 L'article 168 CGI. — Les dispositions de ce texte présentent l'architecture suivante : nécessité de la constatation d'une disproportion marquée entre le train de vie d'un contribuable et ses revenus ; détermination d'une nouvelle base d'imposition à partir de l'application d'un barème à certains éléments du train de vie définis par la loi ; possibilité pour le contribuable d'administrer la preuve contraire. Ces trois points doivent être éclaircis.

À l'origine la procédure ne pouvait être engagée qu'à propos de revenus déjà déclarés (CE 26 juill. 1982, nº 14509, *DF,* 1982, 2395, concl. Rivière) par le contribuable. Elle n'était pas applicable aux personnes n'ayant pas souscrit de déclaration d'ensemble et aux revenus qui ne sont pas inclus dans la déclaration comme les revenus soumis à prélèvement libératoire. Désormais la déclaration du revenu n'est plus exigée et cette forme d'imposition pourra s'appliquer aux contribuables qui n'ont pas accompli leurs obligations déclaratives. Deux hypothèses de mise en œuvre doivent être distinguées. S'il y a eu souscription d'une déclaration, l'administration devra constater l'existence d'une disproportion objective entre le train de vie et les revenus déclarés. Les deux termes de la comparaison sont alors constitués, d'une part, de la somme forfaitaire représentative du train de vie qui est obtenue en appliquant le barème de l'article 168 aux éléments de train de vie énumérés et dont le contribuable a la disposition (résidences principale et secondaire, employés de maison, automobiles et motocyclettes, yachts, avions de tourisme, chevaux de course, chevaux de selle, droits de chasse, participations dans des clubs de golf) et, d'autre part, du revenu net global déclaré qui doit tenir compte des déficits catégoriels, y compris le déficit reportable au titre des années précédentes (CE 28 nov. 1979, n° 10746, *DF*, 1981, 12, 636, concl. Rivière). L'importance de l'écart est fixée par la loi : la somme représentative du train de vie doit excéder au moins un tiers du revenu net global déclaré y compris les revenus exonérés ou taxés selon un taux proportionnel ou libérés de l'impôt par l'application d'un prélèvement pendant l'année d'imposition et l'année précédente, et doit dépasser un seuil (43 938 € pour l'imposition des revenus de 2008). Si, en revanche, il n'y a eu aucune déclaration, le revenu est assimilé à un revenu nul à partir duquel on fera jouer la constatation de la disproportion marquée.

Dans les deux cas le calcul de la base d'imposition substituée résulte de la mise en œuvre des coefficients légaux avec des majorations lorsque le contribuable dispose de plus de six éléments du train de vie figurant au barème.

L'exclusion de la preuve contraire en 1958 donnait sa physionomie originale à la procédure de l'article 168. Pour bien comprendre l'enjeu de la réforme de la loi de finances pour 1987, il faut bien délimiter les règles de preuve issues de la réforme de 1958. Il est d'abord certain que le contribuable conservait la possibilité de contester les opérations de mise en œuvre du barème et notamment les appréciations portées sur la valeur des éléments du train de vie

(CE 1er juin 1983, n° 34109, *DF,* 1983, 44, 2049, concl. Rivière), comme il appartenait à l'administration d'apporter la preuve que les conditions légales étaient réunies au regard de la consistance des différents éléments du train de vie (CE 20 oct. 1971, n° 12719, *DF,* 1972, 39, 1418, concl. Delmas-Marsalet ; CE 25 mai 1979, n° 3287, *RJF,* 1979, 7-8, 238 ; CE 27 déc. 1981, n° 19895, *RJF,* 1982, 2, 72). En revanche, il était interdit au contribuable d'apporter la preuve que ses revenus imposables réels étaient inférieurs aux bases d'imposition déterminées de façon indiciaire (CE 25 avr. 1984, n° 46943, *RJF,* 1984, 6, 354) en alléguant notamment que son train de vie était soutenu grâce au recours à l'emprunt (CE 25 avr. 1984, préc. ; CE 18 mai 1984, n° 38926, *RJF,* 1984, 7, 413), aux subsides de tiers (CE 6 juin 1984, n° 44466, *RJF,* 1984, 8-9, 484). Une application aveugle de cette procédure pouvait conduire à des résultats iniques lorsque, par exemple, le contribuable tirait ses ressources de l'aliénation d'une partie de son capital ou lorsqu'il supportait de lourdes charges d'entretien de son patrimoine immobilier qui diminuaient d'autant ses revenus. Aussi plusieurs aménagements avaient-ils été apportés. Le législateur avait consenti à accorder au contribuable la possibilité d'apporter la preuve que son revenu était constitué en totalité ou en partie de sommes expressément exonérées de l'impôt comme des intérêts de bons de caisse (CE 8 févr. 1984, n° 35004, *RJF,* 1984, 4, 207), des intérêts de livret de Caisse d'épargne (CE 9 déc. 1983, n° 28989, *RJF,* 1984, 2, 55), des intérêts de l'emprunt 4,5 % 1973 (CE 7 déc. 1983, n° 39803, *RJF,* 1984, 2, 56), tandis que le ministre des finances donnait périodiquement des consignes de modération à ses services. Désormais le contribuable peut établir qu'il a disposé de ressources suffisantes pour assurer son train de vie au moyen de revenus, d'emprunts ou d'aliénation de son capital, mais exclut que cette preuve contraire fasse état de l'emploi de libéralités. Il a été jugé qu'un contribuable peut contester l'évaluation en justifiant avoir financé totalement ou partiellement son train de vie par l'emploi de revenus, par la réalisation d'un capital ou bien encore par l'emprunt (CE 27 oct. 2008, req. 294160, Min. c/ M. et Mme Planet, *BDCF,* 2009, 1, concl. Glasser). On renoue donc avec la situation antérieure à 1958 où la jurisprudence exigeait que le contribuable établisse l'utilisation effective des sommes alléguées et leur affectation au financement du train de vie (CE 19 mars 1958, n° 39946, *AJDA,* 1958, II, 338, note Drago ; CE 20 oct. 1971, n° 80877, *DF,* 1972, 39, 1418, concl. Delmas-Marsalet).

L'admission de la preuve contraire fait perdre à la procédure de l'article 168 son caractère de procédure de substitution d'office de base imposable pour lui donner une double nature. Lorsqu'elle est employée en cas de défaut de déclaration, elle se rattache à la taxation d'office mais lorsqu'elle est utilisée pour redresser un revenu déclaré elle devrait logiquement réintégrer la procédure contradictoire.

IV | Les procédures propres aux droits d'enregistrement

195 Droit de préemption. — L'insuffisance du prix de vente d'immeubles, de droits immobiliers, de fonds de commerce, de droit au bail autorise l'administration de l'enregistrement à exercer dans les six mois de la formalité un droit de préemption en offrant de verser à l'acquéreur le montant de ce prix majoré d'un dixième. Ainsi l'acquéreur se trouve-t-il sanctionné d'avoir bénéficié d'un avantage anormal en étant dépossédé du bien. Cette prérogative est dans son jeu particulièrement exorbitante. L'administration dispose d'un pouvoir discrétionnaire pour apprécier l'insuffisance du prix stipulé et l'opportunité de l'exercice du droit de préemption (TGI Strasbourg, 19 janv. 1972, *GP,* 1972, 2, 473, note Muselli), tandis que l'acquéreur ne peut apporter la preuve que le prix correspond à la valeur réelle du bien (Cass. com., 5 août 1952, *JCP,* 1952, II, 7337). Toutefois, il semble que la tendance dominante soit d'encadrer plus étroitement son exercice. Désormais, la notification de préemption doit être motivée (TGI Albertville, 31 janv. 1984, *DF,* 1984, 44, 1930), et la doctrine administrative subordonne son emploi à l'existence d'une insuffisance de prix particulièrement caractérisée liée à une intention frauduleuse. Le juge judiciaire, exclusivement compétent pour contrôler la régularité de l'exercice de cette décision (CE 22 déc. 1950, Desbrosses, *D.,* 1951, J, 548, note Morange ; Cass. com., 5 févr. 1957, *JCP,* 1957, I, 9875), recherche si l'administration ne commet pas de détournement de pouvoir en utilisant la préemption à des fins extra-fiscales (Cass. com., 7 déc. 1970, *JCP,* 1971, II, 16681, note P. L. ; Cass. com., 3 nov. 1981, *DF,* 1982, 9, 427) de spéculation immobilière notamment (Cass. civ., 21 févr. 1978, *RJF,* 1978, 3, 223). La préemption reste heureusement assez rarement utilisée.

La Cour européenne des droits de l'homme a mis un coup de frein au droit de préemption, dans un arrêt du 22 septembre 1994, en condamnant cette procédure au regard des exigences du droit à un procès équitable et en raison du fait qu'elle ne garantit pas un juste équilibre entre la sauvegarde du droit de propriété et les exigences de l'intérêt général (CEDH 22 sept. 1994, Mme Hentrictrich c/ France, *Les Petites Affiches,* 1995, 69, 8 note J.-F. Flauss et D. Florina, *D.,* 1995, 465). La Cour confirme ici sa volonté de soumettre certaines dispositions à son contrôle.

196 RECTIFICATION DES PRIX ET ÉVALUATIONS. — L'administration des impôts peut rectifier le prix ou l'évaluation d'un bien ayant servi de base à la perception d'une imposition aux droits d'enregistrement, à la taxe de publicité foncière ou à la TVA lorsque ce prix ou cette évaluation paraît inférieur à la valeur vénale réelle des biens transmis ou désignés dans les actes ou déclarations. Cette rectification doit reposer sur des motifs sérieux tirés d'une appréciation véritable de l'opération remise en cause (Cass. com., 26 mai 1971, *JCP,* 1971, II, 16827). C'est à l'administration qu'il appartient de démontrer par tous moyens que le prix déclaré ou l'évaluation fournie est inférieur à la valeur réelle. Si les observations formulées par le contribuable à la suite de la notification de redressement ne sont pas acceptées le désaccord peut être soumis, conformément à la procédure contradictoire, selon les cas, à la Commission départementale des impôts directs et des taxes sur le chiffre d'affaires ou à la Commission départementale de conciliation. Mais quel que soit le sens de l'avis ainsi donné, la preuve que le redressement envisagé correspond à la valeur réelle du bien pèsera sur l'administration dans la procédure contentieuse ultérieure.

197 ARBITRAGE DES DROITS. — La procédure d'arbitrage des droits en matière d'enregistrement relevait d'une pratique administrative s'appuyant sur une ancienne jurisprudence de la

Cour de cassation et codifiée dans une instruction du 28 janvier 1983 (*DF,* 1983, 8, E.7586). Elle consistait, en cas de défaut de déclaration estimative ou de défaut de présentation d'un acte à la formalité, à fixer provisoirement le montant de l'impôt procédant d'un « arbitrage » unilatéral des droits en émettant un avis de mise en recouvrement. Il appartenait alors au contribuable soit de contester l'avis de mise en recouvrement en démontrant que l'impôt n'était pas dû, soit de déposer une déclaration ou de procéder à la formalité ce qui avait pour effet de remettre en cause l'arbitrage. Mais la Cour de cassation dans un arrêt de principe (Cass. com., 19 juin 1984, *DF,* 1984, 51, 2350, obs. Kornprobst) a condamné cette procédure en estimant que même en l'absence de déclaration la procédure contradictoire de redressement devait être observée.

L'administration a alors obtenu du législateur (art. 67, loi n° 85-1403 du 30 déc. 1985) que la procédure de taxation d'office soit étendue aux droits d'enregistrement et aux taxes assimilées pour les redevables qui n'ont pas déposé de déclaration ou qui n'ont pas présenté un acte à la formalité dans le délai légal (L 66-4 LPF). Le contribuable peut régulariser sa situation dans les quatre-vingt-dix jours après la mise en demeure (L 67 LPF).

Pour aller plus loin

198 CONTRÔLE FISCAL. — L'étude des opérations de contrôle requiert la consultation de J. Lamarque, *Livre des procédures fiscales,* Dalloz, 2007 ; J.-P. Casimir, *Contrôle fiscal. Droit, garanties et procédures,* La Villeguerin, 2003 ; T. Lambert, *Redressement fiscal,* Economica, coll. « Audit-gestion-fiscalité », 1988 ; J. Buron, *Le contrôle fiscal,* LGDJ, coll. « Systèmes », 1991 ; J. Buron, *Droits et garanties du contribuable vérifié,* LGDJ, coll. « Systèmes », 1991 ; T. Lambert, *Contrôle fiscal. Droit et pratique,* PUF, coll. « Droit fondamental », 1998 ; P. Fernoux, *L'audit de la procédure de redressement,* Litec, 1996.

Concernant la programmation du contrôle fiscal : T. Lambert, Hasard et contrôle fiscal, *GP,* 16-17 févr. 2001, p. 13, compléter par T. Lambert, Effet de surprise et contrôle fiscal : le contrôle inopiné, *BF Lefebvre,* 2003, 10, 671. Pour une vision équilibrée qui n'est pas si fréquente dans la doctrine, lire la thèse de J.-C. Drié, *Procédures de contrôle fiscal. La voie de l'équilibre,* L'Harmattan, coll. « Finances publiques », 2005, 383 p.

Pour une analyse sociologique du contrôle fiscal, qui complète utilement l'œuvre des juristes, M. Leroy, *Le contrôle fiscal. Une approche cognitive de la décision administrative,* L'Harmattan, coll. « Logiques sociales », 1993, 287 p.

La tendance est d'aligner les pouvoirs de l'administration fiscale sur le droit commun ; G. Tixier, Les prérogatives de l'autorité administrative en matière fiscale, *RSF,* 1958, 112 ; M.-C. Bergères, *Les principes des droits de la défense en droit fiscal,* Th. Bordeaux, 1975 ; D. de Monbrial, La fiscalité, les libertés et l'État de droit, *GP,* 1985, 2, 654 ; *1789-1989. La révolution fiscale à refaire,* Litec, 1986 (ouvr. collectif).

199 LES GARANTIES DU CONTRIBUABLE. — Elles se diversifient et se renforcent. Consultez les commentaires des textes de base : J.-C. Maestre, La loi du 27 décembre 1963 portant unification ou harmonisation des procédures, délais et pénalités en matière fiscale, *RSF,* 1964, 537 ; A. Heilbronner, Les garanties nouvelles du contribuable, *EDCE,* 1964, 31 ; B. Castagnède, La loi du 29 décembre 1977 accordant des garanties de procédure aux contribuables en matière fiscale et douanière, *JCP,* 1978, I, 2892 ; J. Delmas-Marsalet, Les garanties des contribuables face au pouvoir de contrôle de l'administration fiscale, *EDCE,* 1980-1981, 107 ; D. Faucher, Garanties accordées au destinataire d'une notification de redressement, *JCP N,* 1999, 45, 1621 (synthèse). Sous la direction de B. Hatoux, *Droits du contribuable. État des lieux et perspectives,* Economica, 2002, 170 p. (bonne synthèse avec quelques pistes pour l'avenir). Concernant la distinction entre les erreurs non substantielles et celles qui le sont lire la thèse de P. Philip, *Les droits de la défense face au contrôle fiscal,* Economica, 2e éd., 2005, 322 p. ; T. Lambert, Le droit et le fait devant la Commission départementale des impôts, *BF Lefebvre,* 2006, 10, 893 (les questions de droit examinées par la commission).

Complétez par le rapport au ministre d'État, ministre de l'Économie, des Finances et de Privatisation de la Commission pour l'amélioration des rapports entre les citoyens et les administrations fiscales et douanières présidée par M. Aicardi, La Documentation française, coll. « Des rapports officiels », 1986 (indispensable).

Le contribuable a droit au respect du principe d'impartialité (CE 1er déc. 2008, req. 292166, Min. c/ SCI Strasbourg, *RJF,* 2009,104, 2, concl. Legras).

Concernant l'opposabilité de la Charte du contribuable vérifié : J. Maïa, La « charte des droits et obligations du contribuable vérifié », son utilité et son opposabilité, *RJF,* 2001, 4, 295 (portée de l'opposabilité et nature), complétez par les conclusions E. Mignon sur CE 20 oct. 2000, no 204814, *BDCF,* 2001, 1, 10 (les lacunes de la Charte ne vicient la procédure d'imposition que si le contribuable a été privé d'un droit essentiel) ; L. Tallineau, La charte des droits et obligations du contribuable vérifié, *Mélanges en hommage au doyen Yves Madiot,* Bruylant, 2000, p. 449.

Pour une analyse fouillée des paradoxes du contrôle juridictionnel de la régularité de la procédure d'imposition lire la thèse de L. Ayrault, *Le contrôle juridictionnel de la régularité de la procédure d'imposition,* L'Harmattan, coll. « Finances publiques », 2004, 444 p.

200 LE DROIT DE COMMUNICATION. — M. Tourdias, La demande de renseignement en matière fiscale, *JCP,* 1961, I, 1668 ; O. Fouquet, Le droit de communication, moyen spécifique du contrôle fiscal, *GP,* 7 févr. 1986, 2 ; concl. Arrighi de Casanova sur CE 3 déc. 1990, Sté Antipolia, *DF,* 1991, 7, comm. 259 (la transmission d'informations par l'autorité judiciaire à l'administration fiscale) ; P. Philip, Le droit de communication et l'utilisation d'éléments obtenus par l'administration fiscale dans le cadre de procédures distinctes face aux garanties du contribuable, *DF,* 1999, 29, p. 1001 (synthèse de la jurisprudence) ; B. Boutemy, E. Meier, Renseignements recueillis auprès de tiers et opposés au contribuable redressé : l'administration doit jouer carte sur table, *DF,* 2001, 40, 1391 (plaidoyer pour plus de transparence dans l'action administrative). E. Glaser, Droit de communication : quelles garanties pour les contribuables ?, *RJF,* 2008, 8-9, 787 (entre efficacité de l'administration et protection du contribuable). Complétez par la lecture : Centre de documentation du Conseil d'État, Droit de communication et garanties du contribuable rectifié sur le fondement de renseignements obtenus de tiers : le tableau se précise, *RJF,* 2008, 1, 3.

201 LA FACTURATION. — La facturation et les obligations qui en découlent restent peu explorées : C. Lopez, Les entreprises face au contrôle de facturation des administrations financières, *BF Lefebvre,* 1999, 3, 133 (solide étude du droit d'enquête en matière de TVA). Pour une étude des différentes facettes de cette question consultez les actes du colloque sous la direction de C. Lopez et N. Stolowy, *La facturation de complaisance dans les entreprises,* L'Harmattan, coll. « Finances publiques », 2001, 186 p. (droit fiscal, droit pénal, droit commercial...). L'administration peut rechercher, dans le cadre du droit d'enquête, l'existence de factures fictives sans utiliser la procédure de l'article L 16 B LPF : CE 11 août 2006, n° 277357, Sté Erdimeca, *BDCF,* 2006, 12, 58.

202 LES DEMANDES DE JUSTIFICATIONS. — Elles sont placées sous la surveillance du juge : G. Noël, Le juge fiscal et la procédure de demande de justifications, *RF compt.,* 1995, 273, 17 (le juge renforce les garanties du contribuable et limite le champ d'application de la procédure) ; J.-P. Casimir, M. Chadefaux, Les demandes de renseignements, d'éclaircissements et de justifications adressées par l'administration fiscale, *RF compt.,* 1998, 297, 52 (distinction entre les demandes dans le cadre du droit de communication et celles dans le cadre du droit de vérification) ; S. Verclytte, Demandes d'éclaircissements et demandes de justifications, *RJF,* 1998, 4, 247 (de l'intérêt des deux procédures) ; E. Mignon, Demandes de justifications : une « chasse » de plus en plus encadrée, *RJF,* 1999, 4, 243 (la règle du double).

203 L'ÉCHANGE DE RENSEIGNEMENTS ENTRE ADMINISTRATIONS FISCALES ÉTRANGÈRES. — Domaine peu exploré : T. Lambert, Un aspect méconnu du contrôle fiscal : l'assistance administrative internationale, *BF Lefebvre,* 2001, 37, 1245.

204 LE CONTRÔLE SUR PIÈCES. — Une des questions peu étudiées : G. Noël, Le contrôle sur pièces, *RF compt.,* 1995, 267, 27 ; G. Noël, Le juge fiscal et la procédure de demande de justifications, *RF compt.,* 1995, 273, 17 ; D. Faucher, Le contrôle sur pièces et sur place, *JCP N,* 1999, 13, 561

205 VISITES ET PERQUISITIONS. — O. Fouquet, La légalité des contrôles inopinés de l'administration fiscale, *GP,* 1984, I, 97 ; R. Drago et A. Decoq, note au *JCP,* 1984, II, 20160 ; L. Philip, note *AJDA,* 1984, 97 ; G. Fournier, L'article 94 de la loi de finances pour 1985 et les pouvoirs comparés des agents de l'administration en matière de visites domiciliaires, *Regards sur la fraude fiscale* (ouvr. collectif), 1986, p. 119 ; J. Brandeau, Le contentieux des ordonnances visées aux articles L 16 B et L 38 du livre des procédures fiscales : quelques aspects procéduraux, *GP,* 5 nov. 1995, 2 ; O. Fouquet, Perquisitions fiscales, *Rev. adm.,* 1996, 290, 165 (analyse nuancée) ; S. Austry, L'article L 16 B et le juge : dernières mésaventures, *RJF,* 1996, 4, 229 (fine analyse de la jurisprudence). B. Vigneron, Perquisitions fiscales et libertés individuelles, *Dr. et patrimoine,* 1999, 73, 35. Concernant les limites apportées aux garanties du contribuable : P. Philip, Les limites aux garanties du contribuable dans la mise en œuvre du droit de visite et de saisie, *DF,* 2000, 22-23, 833.

Substantielle étude considérant que la légalité d'une opération de police (la perquisition fiscale) dépend d'une décision de justice (l'ordonnance) susceptible d'acquérir l'autorité de chose jugée : B. Martin-Laprade, L'irrégularité d'une perquisition peut-elle vicier la procédure d'imposition ou les poursuites pour fraude fiscale ?, *RJF,* 1988, 8-9, 518. À compléter par A. Viala, Essai d'analyse des conséquences de la cassation sans renvoi des ordonnances ayant autorisé des visites domiciliaires sur la base de l'article L 16 B du LPF, *Les Petites Affiches,* 1991, 91, 70 (article démontrant que l'annulation d'une ordonnance autorisant une perquisition entache de nullité toutes les opérations faites sous son couvert). B. Hatoux, Le juge compétent pour connaître de la fraude au jugement en matière de visites domiciliaires, *RJF,* 2000, 5, 400.

La condamnation de la France par la CEDH a fait l'objet de commentaires avisés notamment : F. Perrotin, Perquisitions fiscales : la France condamnée par la CEDH, *Les Petites Affiches,* 15 avr. 2008, 3 ; O. Fouquet, Procédure de visite domiciliaire : quel recours effectif ?, *Rev. adm.,* 2008, 268 ; B. Hatoux, Visites domiciliaires et droits de l'homme : l'arrêt Ravon, *RJF,* 2008, 5, 454 et 6, 552 (commentaire avisé). Sur le même sujet : A. Mangiavillano, La Cour européenne et la garantie juridictionnelle de l'inviolabilité du domicile en matière fiscale (harmonies et discordes dans le dialogue des juges de l'impôt), *RID comp.,* 2009, 93.

Pour un commentaire de l'article 64 de la loi n° 2008-776 du 4 août 2008 de modernisation de l'économie : J.-L. Pierre, Amélioration des voies de recours contre les perquisitions administratives en matière fiscale et douanière, *Procédures,* 2008, comm. 284.

Sous l'angle du respect des droits fondamentaux : I. Fadlallah, C. Baude-Texidor, Les visites et saisies domiciliaires en droit fiscal français au regard de la garantie des droits fondamentaux, *GP,* 2003, 320-322, 2 (analyse critique).

206 LA MOTIVATION D'UNE PROPOSITION DE RECTIFICATION. — Dénommée naguère notification de redressement, la question importante et délicate : P. Martin, concl. sur CE 13 mai 1992, Plante, *DF,* 1994, 23, comm. 1127 (notification et domicile fiscal du contribuable) ; D. Davoust, note sous CE 12 juin 1992, Lucien Pauchout, *Le Quotidien juridique,* 1992, 83, p. 6 (nouvelle notification après le délai de prescription dans les limites des redressements initiaux mais pour d'autres raisons) ; G. Goulard, La motivation des notifications de redressement : où en est-on ?, *RJF,* 1995, 3, 163 (indispensable) ; T. Lambert, Motivation et substitution de base légale, *Droits du contribuable. État des lieux et perspectives* (ouvr. collectif), Economica, coll. « Entreprise et perspectives économiques », 2002, p. 63. La charge de la preuve du caractère incomplet de la motivation repose sur le contribuable : CE 20 oct. 2004, req. 255533, M. Gabet, *Procédures,* 2005, 1, 29, note J.-L Pierre.

207 ABUS DE DROIT. — L'abus de droit génère une littérature importante. Nous retiendrons plus particulièrement :

— P. Serlooten, Les nouveaux contours de l'abus de droit appliqué à la transmission des entreprises, *DF,* 1993, 50, 1984 (analyse les situations les plus avantageuses sans tomber dans l'abus de droit) ;
— P. Dibout, La procédure de répression des abus de droit. Pratique et critique, *DF,* 1992, 45, 1734 (art. de synthèse) ;
— M. Cozian, La notion d'abus de droit en matière fiscale, *GP,* 17-19 janv. 1993, p. 2 (distinction classique entre l'abus de droit simulation et l'abus de droit fraude à la loi) ;
— M. Cozian, F. Deboissy, Garanties et domaine de la procédure de répression de l'abus de droit, *RJF,* 1993, 2, 99 (indispensable) ;
— O. Fouquet, concl. sur CE 10 nov. 1993, Gianoli, *RJF,* 1994, 1, 11 (abus de droit en matière de revenus fonciers) ;
— G. Bachelier, concl. sur CE 29 déc. 1995, Jomini, *RJF,* 1996, 2, 94 (le Conseil d'État contrôle les critères définissant l'abus de droit et la qualification des faits) ;
— R. Gentilhomme, Report d'imposition et abus de droit, *JCP E,* 1999, 26, 1140 (critique l'avis du Comité consultatif de répression des abus de droit) ;

— G. Bachelier, concl. sur CE 29 janv. 2003, SNC Cidal, *BDCF,* 2003, 4, 30 (articulation entre abus de droit et la théorie de l'apparence) ;
— L. Olléon, L'être, le paraître et l'abus de droit, *RJF,* 2003, 4, 303 (deux approches à la discrétion de l'administration : l'apparence et l'abus de droit) ;
— P. Collin, concl. sur CE 30 juill. 2003, Sté Azur industrie, *BDCF,* 2003, 11, 57 (combinaison entre l'acte anormal de gestion et l'abus de droit).

La fraude à la loi peut être une contrainte pour l'administration : P. Neau-Leduc, De l'abus de droit à la fraude à la loi : évolution ou révolution ?, *Rev. Contrats,* 2007, 443. Dans le même sens : P. Durand, Abus de droit et fraude à la loi : le rajeunissement d'un épouvantail ?, *Rev. adm.,* 2007, 375.

La jurisprudence de la CJCE et du Conseil d'État montre une interprétation convergente des sources de l'abus de droit mais aussi une reconnaissance du droit à l'optimisation fiscale. Sur cette question d'importance lire O. Fouquet, Interprétation française et interprétation européenne de l'abus de droit, *RJF,* 2006, 5, 383. Complétez utilement par Y. Bénard, Optimisation fiscale intracommunautaire : la liberté ne va pas sans risque, *RJF,* 2005, 12, 943 ; J.-P. Maublanc, Réévaluation de l'abus de droit à la lumière de la jurisprudence communautaire sur les pratiques abusives, *RMCUE,* 2007, 507, 67 ; F. Perrotin, Le juge réduit encore la frontière entre optimisation fiscale et abus de droit, *Les Petites Affiches,* 2007, 56, 3. Pour le président Fouquet le rapprochement des jurisprudences renforce la sécurité juridique : O. Fouquet, Fraude à la loi et abus de droit, *DF,* 2006, 47, comm. 65 ; D. Lecomte, *L'abus de droit dans l'Union européenne, Mondialisation et fiscalité. La globalisation fiscale* (ouvr. collectif), 2006, L'Harmattan, coll. « Finances publiques », p. 171 et s. (analyse des convergences).

Le Comité consultatif pour la répression des abus de droit rend chaque année un rapport qui est publié dans les revues spécialisées *(DF, BF Lefebvre...).*

208 PROCÉDURES D'OFFICE. — L'étude des procédures d'office doit commencer par la lecture du substantiel rapport de P. Amselek, La taxation d'office à l'impôt sur le revenu, *Annales Fac. Droit Strasbourg,* 1979, 131, 19 (reproduit au *D.,* 1980, chron., p. 31) que l'on complétera par T. Lambert, *Contrôle fiscal. Droit et pratique,* PUF, coll. « Droit fondamental », 1998 (analyse de la jurisprudence et de la doctrine administrative). Consultez C. Laroche, *La taxation du revenu global,* Th. Nice, 1978 (synthèse qui commence à dater) ; O. Fouquet, Le Conseil d'État est-il trop indulgent à l'égard de l'administration fiscale : l'exemple de l'imposition d'après les éléments du train de vie, *GP,* 18 mai 1983 ; A. Chappert, Du caractère définitif d'une imposition d'office, *Defrénois,* 2000, 13, art. 37201 (portée de la taxation d'office).

La taxation d'office par l'utilisation combinée des articles L 16 et L 69 du LPF fait l'objet d'un contentieux important. Consultez notamment :

— B. Delignières, Comment un déplacement de l'objet de la preuve a conduit à l'érosion des pouvoirs de l'administration en matière de taxation d'office des revenus (LPF, art. L 69), *DF,* 1993, 7, 336 (analyse de la jurisprudence qui limite l'action administrative) ;
— Arrighi de Casanova, concl. sur CE 9 janv. 1991, Boudjema, *Les Petites Affiches,* 1991, 52 (l'administration doit restituer les documents avant d'interroger le contribuable).

Exemples topiques de taxation d'office pour défaut de réponse, ou réponse non probante, à une demande de justifications :

— CE 15 nov. 1989, Fratoni, *DF,* 1990, 46-47, comm. 2159, concl. Fouquet (justification crédits bancaires par des gains aux jeux) ;

— CE 9 nov. 1990, Frencia, *DF,* 1991, 7, comm. 264, concl. Arrighi de Casanova (justification de crédits bancaires par une vente d'or) ;
— CE 10 avr. 1991, Évain, *DF,* 1991, 39, comm. 1720, concl. Arrighi de Casanova (demande de justifications successives ayant un même objet) ;
— CE 6 nov. 1991, Perbet, *DF,* 1991, 52, comm. 2554, concl. Arrighi de Casanova (la demande de justifications ne peut porter sur la découverte d'un patrimoine mais seulement sur l'analyse d'un flux).

Limites à l'utilisation de la procédure de justification pour connaître le patrimoine d'un contribuable : J. Turot, taxation d'office pour défaut de réponse à une demande de justifications. Le contribuable est-il tenu de justifier l'origine de son patrimoine ?, *RJF,* 1989, 2, p. 2 (art. important).

J. Lamarque, À propos d'une garantie jetée aux oubliettes, *DF,* 1993, 10, 465 (une déclaration de revenu global régulièrement souscrite qui ne peut être rectifiée que dans le cadre d'une procédure contradictoire) ;

209 DROIT DE PRÉEMPTION. — H. Hullot, *Le droit de préemption de l'enregistrement en matière de mutations immobilières et de fonds de commerce,* Th. Paris, 1950 ; D. Linotte, Le régime juridique du droit de préemption, *GP,* 1983, 2, 468.

210 RÉSULTATS DU CONTRÔLE FISCAL. — Ils sont publiés chaque année dans le cadre du rapport d'activité de la direction générale des impôts, édité et diffusé par le ministère de l'Économie et des Finances. Les *Notes bleues* de Bercy présentent une fois par an les statistiques de la direction générale, lesquelles contiennent des indications relatives au contrôle fiscal. Enfin, la direction générale des impôts édite pour ses agents une lettre interne, INFO CONTRÔLE, consacrée spécialement au contrôle fiscal.

Pour un éclairage plus général, dans le registre de la sociologie administrative, lire B. Tilly, *La compétence des agents du fisc,* L'Harmattan, coll. « Finances publiques », 1999, 418 p.

Titre troisième

La normalisation des comportements du contribuable

L'activité fiscale implique, nous l'avons vu, une collaboration assez poussée du contribuable. On ne s'étonnera pas que le droit fiscal ait sécrété des normes qui règlent les rapports entre l'administration et les contribuables. Mais ce seul aspect des relations d'une administration avec ses usagers ne peut résumer l'incidence du droit fiscal sur les comportements privés. Dans cet ordre d'idées, si l'on pense immédiatement aux effets de la fiscalité incitative on oublie trop souvent les effets de superposition qu'entraîne l'extension de la fiscalité générale. Toute opération pécuniaire est en principe atteinte par le droit fiscal qui s'introduit ainsi dans la sphère des décisions privées et s'impose comme l'un des éléments déterminants du choix des opérations juridiques. Dès lors, il ne pourra rester insensible à certaines situations qu'il n'a pourtant pas créées en leur imposant sa normalité.

Chapitre 1

Les choix de gestion du contribuable

L'attitude du droit fiscal à l'égard des choix de gestion intéressant l'entreprise ou le patrimoine individuel est double. Il peut d'abord les susciter en attachant à certaines situations privilégiées des avantages particuliers. Il peut également leur imposer une certaine rationalité en sanctionnant fiscalement des comportements déviants.

Section I
Les incitations fiscales

Les incitations fiscales consistent à utiliser le régime d'un impôt non plus dans un objectif purement financier, mais en vue d'agir sur les structures et les comportements. Le choix de telles mesures, l'appréciation de leur efficacité échappent totalement au droit fiscal proprement dit et relèvent exclusivement de la politique et de l'économie fiscale. On se bornera donc à les aborder de manière descriptive.

I | Exemple

211 Crédit d'impôt pour dépenses de recherche. — Afin d'encourager la recherche privée effectuée par les entreprises industrielles et commerciales, celles-ci, lorsqu'elles sont imposées d'après leur bénéfice réel, peuvent bénéficier d'un crédit d'impôt à raison de leurs dépenses de recherche. Celui-ci n'est pas réservé aux entreprises ayant une activité de caractère industriel et commercial, les sociétés commerciales ayant une activité libérale peuvent aussi en bénéficier (CE 7 juill. 2006, req. 270899, Sté Cadev, *BDCF,* 2006, 10, 10).

Le régime ouvert sur option de l'entreprise concerne notamment les charges d'amortissement, les dépenses de fonctionnement évaluées à 75 % des dépenses de personnel et les dépenses de personnel engagées pour la réalisation d'activités de recherche fondamentale, les dépenses de veille technologique dans la limite de 60 000 € par an. Son montant est égal à 30 % de la fraction des dépenses de recherche exposées au cours de l'année n'excédant pas 100 millions d'euros. Pour la fraction supérieure à ce seuil le taux est de 5 %. Le taux de 30 % sera porté à 50 % la première année et à 40 % la seconde année pour les entreprises qui bénéficient du dispositif pour la première fois, ou celles qui n'en ont pas bénéficié depuis cinq ans.

Le crédit est imputé sur l'impôt dû par l'entreprise au titre de l'année au cours de laquelle les dépenses de recherche ont été exposées. Le crédit excédentaire, non imputé, est une créance sur l'État immédiatement remboursable.

II | Évaluation

212 Les dépenses fiscales. — Le souci de mesurer le coût de semblables mesures a conduit à élaborer un concept nouveau celui de dépenses fiscales. Il s'agit des pertes de recettes fiscales qui découlent de mesures à caractère dérogatoire qui ont pour effet d'accorder à certains contribuables un avantage fiscal assimilable à une aide. Leur identification exige que soit mise au point une méthode d'analyse qui permette de chiffrer le coût des mesures, de cerner les bénéficiaires effectifs et d'opérer un bilan coût-avantages. Il est certain qu'il manque encore bien des instruments statistiques pour que toutes ces opérations soient correctement accomplies.

Toutefois, d'un simple point de vue juridique, l'introduction de la notion de dépense fiscale est déjà d'un très grand intérêt. L'identification des mesures dérogatoires suppose en effet que l'on ait une claire perception de ce qu'est la normalité. Elle invite donc à réfléchir sur la structure fondamentale de chaque imposition et à en présenter l'épure. La tentative a été faite pour l'impôt sur le revenu par le Conseil des impôts en 1979. Celui-ci invitait, en 2003, à procéder à un réexamen des dépenses fiscales.

Section II
La normalité fiscale

On entend ici par normalité fiscale l'ensemble des règles induites du droit fiscal et qui gouvernent la gestion patrimoniale ou professionnelle exécutée par le contribuable. On ne saurait naturellement évoquer que quelques exemples topiques.

I | Les éléments constitutifs de la normalité

La normalité fiscale n'est pas unifiée. Elle procède par grandes directives. Celle qui occupe certainement une place très grande est l'obligation de gestion efficace dont la sanction est la répression des actes anormaux de gestion.

213 L'obligation de gestion efficace. — « Le contribuable n'est jamais tenu de tirer des affaires qu'il traite le maximum de profits que les circonstances lui auraient permis de réaliser » assure le Conseil d'État (CE 7 juill. 1958, n° 35977, *DF,* 1958, 44, 938 ; CE 21 déc. 1964, n° 56200, *DF,* 1968, 17 *bis,* 122, concl. Martin). La constatation paraît d'évidence. Une gestion maladroite, une certaine inertie, voire le désintéressement font partie de la liberté patrimoniale. Pourtant le résultat de tels comportements est certainement de diminuer le volume de la matière imposable donc le rendement de l'impôt. Ce résultat paraît entrer en conflit avec la règle selon laquelle l'imposition est d'ordre public, l'administration ne pouvant renoncer à prélever l'impôt. Imposer une gestion efficace en la réputant normale permet au contraire de maximiser les rentrées fiscales. C'est pourquoi, malgré l'affirmation préliminaire, la jurisprudence admet que l'administration puisse réintégrer dans le bénéfice imposable les gains que le contribuable aurait dû percevoir s'il s'était livré à une gestion normale. Les exemples de manques à gagner déclarés imposables sont nombreux : ventes consenties à des prix de faveur (CE 2 juin 1976, n° 94758, *RJF,* 1976, 9, 265), avances sans intérêt à des tiers (CE 12 nov. 1975, n° 94839, *DF,* 1976, 8, 282, concl. Lobry), prestations gratuites à des tiers (CE 24 févr. 1978, n° 2372, *DF,* 1978, 30, 1212, concl. Rivière). Ils concernent principalement l'imposition des BIC, mais on en trouve pour la détermination de revenus fonciers ; l'administration peut ainsi redresser les loyers anormalement bas (CE 13 févr. 1980, n° 16937, *RJF,* 1980, 3, 92, chron. Verny). De même, certaines charges jugées anormales échappent sur le plan fiscal à toute déduction.

En principe, c'est à l'administration qu'il appartient de prouver l'anormalité de l'opération mais si celle-ci met en jeu des créances de tiers, des amortissements, des provisions ou des charges, la preuve est réputée apportée quand le contribuable n'est pas en état de justifier la réalité des écritures correspondant à l'opération dont l'intérêt ou la nécessité sont contestés par le service (CE 27 juill. 1984, n° 34588, *RJF,* 1984, 10, 562, concl. Racine).

Le refus de tenir compte de l'acte anormal aboutit soit à refuser la déduction de la charge correspondante, soit à réintégrer le manque à gagner.

214 VARIÉTÉ DES ACTES ANORMAUX DE GESTION. — La distinction entre l'acte anormal de gestion et l'abus de droits n'est pas toujours aisée à tracer. À suivre le commissaire du gouvernement Fouquet, en simplifiant, l'acte anormal de gestion suppose que soit poursuivi un intérêt étranger à l'entreprise alors que pour l'abus de droit, exception faite du cas de l'acte fictif, suppose que soit poursuivi l'intérêt exclusivement fiscal de l'entreprise (CE 3 juin 1992, SA Eugène et Henry Dyant, *DF,* 1992, 46, 2151, concl. Fouquet). Si l'appréciation du caractère anormal d'un acte de gestion est un problème de droit, il appartient à l'administration d'établir les faits sur lesquels elle se fonde pour invoquer l'anormalité (CE

27 janv. 1989, n° 61422, *DF,* 1989, 25, 1229, concl. Fouquet). On se bornera à évoquer les actes qui ont donné lieu à une jurisprudence enrichissant la notion.

a) Les dépenses faites dans l'intérêt personnel d'un associé ou d'un dirigeant de l'exploitation. — C'est là le degré d'anormalité manifeste : cession d'un élément d'actif à un associé pour un prix préférentiel (CE 25 nov. 1966, n° 66681, *Rec.,* p. 624), achat à perte d'actions afin de procurer un profit à un associé majoritaire (CE 10 mars 1971, Ministre de l'Économie c/ X, *Rec.,* 201), détournement de fonds au bénéfice d'un associé (CE 7 juill. 1972, Dame veuve X, *Rec.,* 583), frais d'un procès familial d'un dirigeant assumés par l'entreprise (CE 10 juill. 1968, Min. des Finances c/ Soc. X, *Rec.,* 431). Mais le seul fait pour une entreprise de prendre en charge des dépenses afférentes à des opérations personnelles de ses dirigeants ne constitue pas de plein droit un acte anormal de gestion. Ainsi a été admise la déduction d'intérêts versés par une entreprise au titre d'un emprunt contracté par le dirigeant (CE 29 juill. 1983, n° 34675, *DF,* 1984, 8, 330, concl. Léger) et de primes d'assurance vie (CE 17 déc. 1980, n° 16696, *DF,* 1981, 11, 569, concl. Schricke), lorsque ces charges se rattachent à l'exécution d'un montage financier dont l'entreprise est seule bénéficiaire. Il a été jugé que l'acquisition par une société d'un brevet dont l'inventeur est son propre PDG est un acte anormal de gestion dès lors que cette société « n'était pas en position d'exploiter le brevet du fait de son objet social et de ses difficultés financières » (CE 17 oct. 2003, req. 247532, Sté Sidac-diffusion, *BDCF,* 2004, 1, 11).

b) Les avances sans intérêt. — Consenties entre deux entreprises, elles doivent se justifier soit par l'interdépendance des intérêts commerciaux (CE 3 déc. 1975, n° 89412, *DF,* 1976, 13-14, 467, concl. Fabre), soit par une solidarité financière de sociétés appartenant à un même groupe (CE 2 juin 1982, n° 23342, *DF,* 1983, 6, 191, concl. Schricke). Une avance sans intérêt d'une société mère à sa filiale dans la perspective du développement hypothétique de cette dernière est un acte anormal (CE 20 janv. 1992, SA Socodis, *DF,* 1992, 17, 897, concl. Arrighi de Casanova). La société qui consent l'avance doit prouver son intérêt financier dans l'opération (CE 4 avr. 1990, SARL Somag, *DF,* 1991, 16-17, 892, concl. Liebert-Champagne).

c) Les abandons de créances. — Ils sont justifiés pour éviter la cessation d'activité d'une filiale (CE 29 juin 1984, n° 35030, *DF,* 1985, 22-23, 1063, concl. Latournerie), mais non pour organiser un transfert indirect de déficits entre sociétés d'un même groupe (CE 14 mars 1984, n° 33188, *DF,* 1984, 30, 1416, concl. Racine). Le caractère normal de cet abandon doit être apprécié « au regard du seul intérêt de l'entreprise » (CE 1er mars 2004, req. 237013, Sté AS représentation, *BDCF,* 2004, 5, 6, concl. Goulard).

Observons qu'une indemnité versée par la filiale à la société mère, condition de leur séparation, ne constitue pas un acte de gestion anormal (CE 3 nov. 1989, Sté Caso-Pillet, *RJF,* 1990, 1, 8, concl. Racine). Il a été jugé qu'une société ne commet pas d'acte anormal de gestion en abandonnant sa créance détenue sur une autre société en application d'un engagement contractuel qui lui permet de garder son enseigne commerciale (CE 26 sept. 2001, n° 219825, *BDCF,* 2001, 12, 145, concl. Bachelier). De la même façon quand il existe une communauté d'intérêts entre deux sociétés unies par un contrat de location-gérance, il est possible que le bailleur consente au locataire gérant un abandon de créance sans commettre un acte anormal des gestions à condition que ce soit pour permettre le rétablissement de la situation du locataire (CE 16 juin 2004, req. 235647, SA Imprimerie Borel, *BDCF,* 2004, 10, 1, concl. Mitjavile).

d) Les loyers anormaux. — Quand un propriétaire réclame un loyer notoirement inférieur à la valeur locative de l'immeuble, il doit être regardé comme ayant disposé en faveur du locataire de la somme qu'il aurait pu lui demander. La libéralité ainsi consentie sera réintégrée dans l'assiette de l'impôt à moins que le propriétaire ne justifie que des circonstances indépendantes de sa volonté ont fait obstacle à ce que la location fût consentie pour un prix normal (CE 28 mai 1980, n° 17326, *DF,* 1981, 15, 778, concl. Martin-Laprade). Toutefois, un abandon de loyer peut ne pas être anormal s'il est justifié pour le bailleur par l'intérêt qu'il trouve à faciliter le rétablissement d'un locataire qu'il pourrait difficilement remplacer (CE 9 mai 1990, SCIP, *AJPI,* 1990, 11, 779, concl. Fouquet).

e) Les actes illégaux. — Les charges engendrées par des actes illégaux ne relèvent pas automatiquement d'une gestion anormale. La raison en est, pour l'administration et le juge fiscal, l'impossibilité de contrôler la régularité des comportements du contribuable au regard de législations autres que fiscales. La législation économique est la principale « victime » de cette jurisprudence. Ne seront pas étrangers à une gestion commerciale normale la fixation de prix d'achat supérieurs aux cours des marchés arrêtés par décision administrative (CE 10 oct. 1984, n° 25144, *DF*, 1985, 21, 1006, concl. Latournerie), le versement occulte de soultes à des fournisseurs contrairement à la réglementation des prix (CE 23 déc. 1959, n° 40578, *DF*, 1960, 4, 33), les pratiques de promotion comportant des distributions de cadeaux autres que publicitaires (CE 11 juill. 1983, n° 33942, *DF*, 1984, 16, 813, concl. Léger). Le juge a même admis la déductibilité en charges de pénalités infligées à des banques pour infraction à la réglementation du crédit (CE 1er juill. 1983, n° 28315, *DF*, 1984, 5, 149, concl. Rivière ; *RJF*, 1983, 10, 519, chron. Guillenchmidt). Il reste que l'opération considérée doit avoir permis d'accroître le chiffre d'affaires de l'entreprise ou avoir servi à réaliser ses objectifs économiques.

En définitive, sont réputés normaux tous actes et opérations concourant à la réalisation de l'objet économique en vue duquel l'entreprise a été créée, à la satisfaction de ses besoins, au service de ses intérêts.

215 LA NON-IMMIXTION DANS LA GESTION DE L'ENTREPRISE. — L'appréciation de l'intérêt que présente une opération pour l'entreprise ou le particulier aboutit nécessairement à contrôler leurs choix de gestion. On peut dès lors être surpris de lire sous la plume de certains commissaires du gouvernement que le juge fiscal n'a pas à s'immiscer dans la gestion de l'entreprise, cette interdiction ayant valeur de principe (Delmas-Marsalet, concl. sur CE 10 janv. 1973, n° 79312, *DF*, 1974, 8, 223). En réalité, il n'y a pas contradiction : le principe de non-immixtion n'est pas absolu, il sert seulement à proportionner l'intensité du contrôle. On le comprend mieux lorsque l'on suit le raisonnement concret du juge bien mis en évidence par M. Martin : « La marge d'autofinancement, l'équilibre d'une trésorerie, l'opportunité des investissements et les moyens de les financer sont du domaine propre des autorités responsables des entreprises et l'administration fiscale ne saurait leur faire grief d'une gestion considérée par elle soit comme trop prudente, soit au contraire comme aventurée dès lorsque les options prises l'ont été dans le cadre de l'entreprise » (concl. sur CE 20 déc. 1963, n° 52308, *DF,* 1964, 13, Doc.). L'administration et le juge ne contrôlent que les débordements commis par rapport à un certain intérêt économique manifeste et usent donc d'une technique voisine de l'erreur manifeste d'appréciation qui a prospéré en droit administratif.

216 LE MORALISME. — On affirme assez fréquemment que le droit fiscal est amoral en ce qu'il traite également les situations licites et celles qui sont illicites. L'exemple vient d'être donné à propos des actes anormaux de gestion. Peut-être est-ce au nom d'un certain moralisme que la loi 2001-420 du 15 mai 2001, relative aux nouvelles régulations économiques, interdit la déduction des sanctions pécuniaires prononcées par le Conseil de la concurrence ? Sont aussi frappés par l'impôt les activités relevant de la prostitution, les détournements de fonds ou les trafics pénalement sanctionnés (CE 20 févr. 1981, n° 14618, *DF,* 1981, 42, 1895, concl. Lobry ; CE 18 mars 1981, n° 6404, *DF,* 1981, 24-25, 1277). Ce principe de la neutralité morale ne relève d'aucune politique d'interprétation mais découle naturellement de l'obligation de mettre en œuvre les qualifications telles qu'elles sont fixées par la loi fiscale. En revanche, certaines appréciations liées à l'application de cette même loi peuvent mettre en jeu des considérations morales.

a) Un concept utilisé par la loi fiscale peut impliquer une appréciation d'ordre moral. — Un exemple classique est fourni par l'article 39-1-1° CGI qui interdit la déduction fiscale des rémunérations excessives eu égard à l'importance du service rendu. Dans une première conception qui serait d'ordre statistique, le caractère excessif pourrait ressortir de la comparaison entre des fonctions de même nature et de l'écart constaté par rapport à des moyennes dégagées. C'est dans une certaine mesure le critère qui paraît avoir la faveur de l'administration (Instr. du 19 août 1985, *DF,* 1985, 49, ID, 8575). Le Conseil d'État privilégie au contraire le lien entre l'activité du bénéficiaire des rémunérations et le développement de l'entreprise : lorsqu'un lien peut être établi entre la prospérité de l'affaire et les initiatives du dirigeant dont la déduction de la rémunération est contestée, cette dernière sera réputée normale (CE 1er févr. 1984, n° 36509, *DF,* 1984, 44, 1906, concl. Bissara ; CE 26 juill. 1985, n° 42920, *DF,* 1986, 6, 182, concl. Fouquet). Il a été jugé que n'est pas excessive la rémunération qui a été versée à un dirigeant qui, par son dynamisme personnel, conduit son entreprise au succès alors même qu'une partie en a été versée sous forme de prime de fin d'exercice (CE 4 nov. 1988, n° 56793, *DF,* 1989, 30-31, concl. Martin-Laprade). L'intérêt de l'entreprise et non pas le souci de plafonner les gains des dirigeants gouverne donc cette appréciation. À noter qu'en l'absence de saisine de la Commission départementale des impôts directs et des taxes sur le chiffre d'affaires, la preuve du caractère excessif incombe à l'administration (CE 11 oct. 1991, Union internationale immobilière, *DF,* 1991, 50, concl. Arrighi de Casanova). Il ne faut pas oublier que si le conseil d'administration d'une société est compétent pour déterminer la rémunération d'un dirigeant, l'administration peut refuser la déductibilité d'un supplément de rémunération non approuvé (CE 6 avr. 2001, n° 198233, *BDCF,* 2001, 87, 92, concl. Mignon).

b) Les considérations d'ordre moral peuvent aussi intervenir pour modérer l'octroi d'un avantage fiscal. — La déduction des frais réels de transport exposés par les salariés n'est subordonnée à aucune condition particulière lorsque ces frais sont inhérents à la fonction ou à l'emploi au sens de l'article 83-3° du CGI. Pourtant, le juge fiscal refuse cette déduction quand la distance séparant le domicile du lieu de travail est anormale (CE 20 mars 1970, n° 74655, *DF,* 1971, 24, 899, concl. Schmeltz), quand le choix du domicile est anormal (CE 16 janv. 1974, n° 90158, *DF,* 1974, 50, 1547, concl. Delmas-Marsalet), mais dans ce domaine il n'y a plus de directive d'appréciation simple, le juge accueillant une grande variété de faits justificatifs : raisons de santé, péripéties liées au changement d'employeur, configuration des agglomérations, localisation différente des activités des époux. En définitive seul est rejeté le choix qui résulte manifestement de convenances personnelles arbitraires (CE 17 mai 1982, n° 22770, *DF,* 1983, 10, 403, concl. Rivière). Le versement d'un « pot-de-vin », pour obtenir un permis de construire, n'est pas en soi un acte anormal de gestion dès lors qu'il a été versé, qu'il existe une contrepartie et que le versement n'est pas excessif (CE 24 mai 2006, req. 274471, Genestar, *BDCF,* 2006, 8-9, 5, concl. Glaser,).

c) Des positions de nature morale peuvent enfin déterminer le choix d'une qualification. — La distinction entre revenu imposable et libéralité est manifestement de cette nature. Traditionnellement les subsides perçus d'un tiers avaient le caractère de revenus à raison de leur importance et de leur périodicité (CE 23 janv. 1980, n° 5608, *DF,* 1980, 40, 1884). Mais, en 1981, le Conseil d'État a substitué à ces critères objectifs un critère plus subjectif : les subsides cessent d'être des revenus lorsqu'il ressort des circonstances de l'affaire qu'ils ont le caractère de pure libéralité (CE 25 nov. 1981, n° 15495, *DF,* 1982, 14, 761, concl. Verny). En réalité, cette formule cache maladroitement la prise en considération de la légitimité de la situation du bénéficiaire des subsides comme en témoigne une jurisprudence ultérieure : si les subsides versés à la suite d'un concubinage ordinaire sont des libéralités, ils cessent de l'être pour devenir des revenus imposables lorsqu'ils sont versés à l'occasion de relations adultérines (CE 29 juill. 1983, n° 34223, *DF,* 1983, 49, 2255, concl. Verny ; CE 18 nov. 1988, n° 75596, *DF,* 1989, 12, concl. Fouquet).

II | L'EXPRESSION DU CHOIX AU SEIN DE LA NORMALITÉ FISCALE

Les choix de gestion prennent souvent la forme d'options explicitement prévues par la loi fiscale mais ils peuvent être aussi le résultat de décisions informelles dont *a posteriori* le droit fiscal tirera les conséquences. Entre ces deux extrêmes se situent deux catégories de décisions qui suscitent un traitement spécifique : les décisions formalisées dans la comptabilité et celles qui prennent la forme d'opérations juridiques à incidence fiscale.

A - Les choix exprimés dans les écritures comptables

217 THÉORIE DU BILAN ET VOLONTÉ DU CONTRIBUABLE. — La définition du bénéfice imposable des entreprises dépend aujourd'hui de l'application de la théorie du bilan. Cette dernière implique la comparaison des actifs à l'ouverture et à la clôture de l'exercice (art. 38-1 CGI). On comprend alors combien sera déterminante pour l'assiette de l'imposition des bénéfices de l'entreprise la consistance de ce bilan, mais le contribuable a-t-il la liberté de le composer comme il l'entend ? La réponse dépend d'abord de la forme juridique de l'entreprise. S'il s'agit d'une société, l'actif social est confondu avec l'actif de l'entreprise. Tous les biens dont la société est propriétaire figurent à l'actif de son bilan. Pour l'entreprise individuelle la situation est plus délicate car, juridiquement, elle n'a aucune personnalité distincte de celle de l'entrepreneur. Trois possibilités s'ouvrent alors : confondre le patrimoine de l'exploitant et celui qui est affecté à l'entreprise, distinguer les deux à l'aide de critères objectifs en isolant fiscalement un patrimoine fonctionnellement affecté à l'entreprise, enfin distinguer les deux en laissant à l'exploitant le soin d'affecter les biens selon ses choix propres. La jurisprudence a évolué. Dans un premier temps, il a été considéré que les immeubles affectés à l'exploitation de l'entreprise individuelle faisaient nécessairement partie de son actif. Puis (CE 13 juill. 1955, n° 17908, *DF,* 1955, 21, Doc., concl. Poussière) la jurisprudence a admis que les biens pour lesquels n'existait pas un lien nécessaire avec l'activité professionnelle pouvaient être classés à la discrétion de l'exploitant dans son patrimoine privé ou dans l'actif de l'entreprise. Enfin, nouvelle étape, le Conseil d'État a reconnu qu'en l'absence de disposition légale impérative l'exploitant avait la liberté d'intégrer ou non un immeuble dans l'actif professionnel indépendamment des liens pouvant exister entre cet immeuble et le fonctionnement de l'entreprise (CE 24 mai 1967, n° 65436, *DF,* 1967, 27, Doc., concl. Schmeltz, *RSF,* 1967, 891, obs. Lalumière). La reconnaissance de cette liberté repose sur une conception de la gestion de l'entreprise individuelle parfaitement exprimée par M. Delmas-Marsalet : « En l'absence de toute disposition législative ou réglementaire qui imposerait un capital minimal aux entreprises individuelles, l'exploitant n'est nullement tenu d'autofinancer son affaire au maximum de ses possibilités non plus que d'y maintenir indéfiniment la totalité des fonds qu'il a pu initialement y engager. Il est, au contraire, parfaitement libre de retirer une partie de ces fonds pour les transférer dans son patrimoine privé que ce soit pour faire face à des besoins personnels ou familiaux ou encore pour les investir dans des emplois plus rémunérateurs. Et il conserve cette liberté même si cela doit l'amener à emprunter auprès des tiers pour financer son affaire, la seule limite étant économique et financière mais non fiscale » (concl. sur CE 15 déc. 1971, n° 80939, *DF,* 1973, 5, 156). Cette affectation est naturellement une décision de gestion.

218 Liberté relative du contribuable. — Cette liberté reconnue en 1967 n'est pas absolue. Elle varie selon les activités professionnelles, selon les impositions et selon les biens. Pour les agriculteurs imposés selon le régime de l'évaluation réelle seules les terres peuvent faire l'objet d'un choix d'affectation (CE 25 juill. 1980, n° 15122, *RJF,* 1980, 10, 383, concl. Schricke). Il s'agit d'une option expresse qui ne saurait découler d'une option implicite résultant de la non-inscription des terres à l'actif (CE 17 mai 1991, Chenuault, *DF,* 1991, 39, concl. Arrighi de Casanova). Pour les membres des professions libérales la liberté d'affectation ne concerne que les biens utilisés pour l'exercice de la profession sans qu'ils lui soient affectés par nature (CE 29 avr. 1985, n° 43759, *DF,* 1985, 40, 1617, concl. Bissara).

La liberté joue donc le plus largement pour les exploitants individuels imposés aux BIC à condition qu'ils ne soient pas soumis au régime micro-entreprise ; les obligations comptables allégées que ce dernier implique faisant obstacle au choix d'affectation (CE 25 juill. 1980, n° 13927, *DF,* 1981, 44, 1917, concl. Lobry). S'appliquera donc l'ancienne solution retenue en 1955, concernant les forfaitaires, l'affectation par nature. Si l'on délimite maintenant le champ de la liberté des contribuables soumis au réel on constate qu'il concerne outre les immeubles, les valeurs mobilières, les créances, les brevets, les fonds de commerce, les dettes. Il semble au contraire que les stocks doivent en toute hypothèse être affectés à l'actif de l'entreprise (CE 25 juill. 1975, n° 89522, *DF,* 1975, 45, 1442, concl. Latournerie).

Si les biens sont inscrits à l'actif de l'entreprise, ils sont soumis au régime d'imposition de celle-ci, s'ils sont intégrés au patrimoine de l'exploitant ils sont soumis, pour les immeubles au régime d'imposition des revenus fonciers. En revanche, l'inscription au bilan est sans incidence au regard de la TVA (CE 17 mai 1985, n° 37540, *RJF,* 1985, 7, 528) et de la taxe professionnelle (CE 2 févr. 1983, n° 25964, *DF,* 1983, 25, 1365) qui ne prennent en considération que le lien objectif entre le bien et l'exploitation de l'entreprise.

219 Effets du choix. — Les biens transférés de l'actif professionnel au patrimoine privé font l'objet d'une imposition au régime des plus-values professionnelles au moment de leur transfert qui est assimilé à une cession. Au contraire, les biens transférés du patrimoine privé au bilan de l'entreprise ne donnent pas lieu à imposition lors du transfert mais seulement en cas de vente à un tiers en raison des dispositions de la loi du 19 juillet 1976 qui exigent l'existence d'une cession à titre onéreux pour déclencher l'imposition.

220 La décision de gestion. — La décision de gestion est la décision faite par le chef d'entreprise au moment de l'arrêt des résultats de l'exercice, de choisir entre deux ou plusieurs solutions offertes aux contribuables par la législation fiscale (CE 4 juill. 1979, n° 5511, *DF,* 1980, 16, 890, concl. Fabre). Tout naturellement, les options fiscales sont le domaine privilégié des décisions de gestion.

Elles apparaissent donc comme l'exercice par le contribuable d'un véritable pouvoir discrétionnaire (Delmas-Marsalet, concl. sur CE 4 nov. 1970, n° 75564, *RSF,* 1970, 751) qui, comme tel, doit être exercé librement : un choix imposé par l'administration ne peut être une décision de gestion (CE 4 juin 1982, n° 12553, *RJF,* 1982, 8-9, 386). Décision unilatérale privée, elle engage son auteur qui ne peut échapper à ses conséquences en invoquant une erreur d'appréciation comme elle doit être respectée par l'administration qui a l'obligation d'en tirer tous les effets fiscaux (CE 16 mars 1977, n° 91896, *DF,* 1977, 21-22, 868). Un entrepreneur peut librement faire bénéficier un proche d'un prêt consenti par l'entreprise, cet acte de gestion lui sera opposé et reproché si les intérêts du prêt ne sont pas perçus par l'entreprise (CE 21 oct. 1992, Yverneau, *Les Petites Affiches,* 1993, 40, concl. Arrighi de Casanova, p. 4).

Il a été jugé qu'une entreprise qui n'impute pas des amortissements réputés différés sur le premier exercice bénéficiaire, faisant suite à une période déficitaire, prend une décision de gestion qui lui est opposable (CE 19 juin 1991, SARL Les Moulins de Lacaze et Passebosc, *DF,* 1991, 40, concl. Arrighi de Casanova). Autres exemples : le choix d'un mode d'amortissement est une décision de gestion (CE 23 mai 1990, Semanaz & Cie, *DF,* 1990, 30, concl. Racine), tout comme la constatation en franchise d'impôt d'une partie seulement des plus-values acquises à la date d'effet de l'option pour un régime simplifié (CE 28 juill. 1999, n° 179360, *DF,* 2000, 40, 727, concl. Goulard).

221 LES ERREURS COMPTABLES. — Il n'y a décision de gestion que s'il y a choix autorisé par le droit fiscal. Sinon une décision prise dans un domaine où il n'existe aucune liberté d'appréciation procède d'une erreur. Celle-ci est susceptible de plusieurs degrés. À suivre le commissaire du gouvernement Martin, « le caractère volontaire d'une erreur comptable ne se présume pas » (CE 27 mai 1987, n° 50819, *DF,* 1987, 41, 1789).

Lorsque le contribuable de bonne foi commet une fausse interprétation de la loi ou une fausse appréciation des faits il est l'auteur d'une erreur comptable qui se traduit par la présentation erronée des résultats (CE 4 juill. 1979, n° 5511, *DF,* 1980, 16, 890, concl. Fabre). L'analogie avec la distinction contentieuse de l'erreur de fait et de l'erreur de droit qui correspond ici à l'enregistrement comptable fondé sur des faits matériellement inexacts et l'enregistrement comptable fondé sur la fausse interprétation de la loi fiscale n'a pas manqué d'être faite (Delmas-Marsalet, concl. sur CE 4 nov. 1970, n° 75564, *RSF,* 1970, 571), bien qu'elle s'applique ici à des décisions privées. Ces erreurs peuvent toujours être rectifiées par l'administration lors de l'exercice du droit de reprise (CE 8 févr. 1961, n° 48782, *Rec.,* 96) et le contribuable a le droit d'obtenir par voie contentieuse la réduction des impositions établies sur le fondement de ces erreurs (CE 24 mars 1971, n° 76695, *DF,* 1971, 21-22, 829). Le contribuable étant tenu d'inscrire ses immeubles à l'actif du bilan, l'omission d'une telle inscription constitue une erreur comptable dont la rectification peut être demandée au juge de l'impôt (CE 1er déc. 1999, n° 188611, *BDCF,* 2000, 1, 8, concl. Bachelier).

Mais l'erreur peut aussi procéder d'une intention frauduleuse délibérée d'éluder l'impôt, il y a alors décision de gestion irrégulière (CE 2 mai 1979, n° 7695, *DF,* 1980, 32, 1744, concl. Lobry), dénomination assez malheureuse à laquelle il convient de préférer celle d'incorrection comptable délibérée (Fabre, concl. sur CE 4 juill. 1979, n° 5511, *DF,* 1980, 16, 890). Ces décisions sont opposables au contribuable mais l'administration conserve le droit de les rectifier par voie de redressement.

B - Les choix exprimés par des techniques juridiques

222 LA DÉFENSE DU DROIT FISCAL CONTRE LES VOLONTÉS PRIVÉES. — Le plus souvent la loi fiscale atteint la matière imposable sans la médiation du contribuable mais lorsqu'elle porte sur des opérations juridiques et que son application dépend d'une qualification qui dépend elle-même de la volonté du contribuable celui-ci se trouve nécessairement maître de dénaturer le champ d'application de la loi. Pour éviter cet effet pervers, la jurisprudence a reconnu à l'administration, même sans texte, le droit de déqualifier et de requalifier les actes juridiques faits par les particuliers. Elle trouve son illustration particulière dans le droit de l'enregistrement où il est acquis que « l'administration a le droit et le devoir de rechercher et constater le véritable caractère des stipulations contenues dans les contrats pour arriver à asseoir, d'une manière conforme à la loi, les droits dus par les parties contractantes à raison des contrats » (Cass. civ., 14 févr. 1870, *S.*, 1870, 1, 136) et cette prérogative a été législativement étendue au contrôle des autres impôts. Comme le remarque avec pertinence P. Amselek, « ce n'est pas du tout en tant que personne publique créancière, partenaire juridique du contribuable mais en tant que porte-parole du législateur fiscal et sous le contrôle du juge que l'administration peut écarter les règles, solutions et qualifications du droit privé ou des autres branches juridiques ; le réalisme du droit fiscal est un dispositif de défense de ce droit et non pas de l'administration elle-même » (P. Amselek, Les mécanismes régulateurs de la pratique du droit fiscal en France, *DF,* 1983, 40, 1176).

223 LE CHOIX DE LA VOIE LA MOINS IMPOSÉE. — Tout contribuable est libre de choisir les techniques juridiques qui permettent d'obtenir la moindre imposition des opérations qu'il effectue. Une abondante et ancienne jurisprudence en matière d'enregistrement consacre ce principe (Cass. req., 6 mars 1883, *D.*, 1884, 1, 11 ; Cass. civ., 19 avr. 1932, *S.*, 1933, 1, 321, note Esmein). La jurisprudence du Conseil d'État, bien que moins explicite, le reconnaît également : il intervient dans la recherche d'un abus de droit dont la répression « n'a pas pour objet d'interdire au contribuable de choisir pour l'exercice de son activité économique le cadre juridique qu'il juge le plus favorable du point de vue fiscal » (Lobry, concl. sur CE 10 juin 1981, n° 19079, *DF,* 1981, 48-49, 2187). Mais l'habileté fiscale tend à avoir des limites plus restreintes que celles qui sont normalement fixées par la théorie de l'abus de droit. On discerne des indices de cette orientation : l'application de la théorie des « loyers excessifs » qui autorise l'administration à refuser de considérer comme charge déductible des résultats d'une entreprise, un loyer ne correspondant à la valeur locative courante de l'immeuble a conduit le juge à écarter le jeu de stipulations contractuelles parfaitement régulières (CE 25 janv. 1978, n° 346, *DF,* 1978, 31, 1253, concl. Martin-Laprade) ; plus récemment encore, le juge fiscal a admis qu'il pouvait recomposer les éléments d'une opération juridique parfaitement licite pour lui donner une nouvelle configuration afin de la faire entrer dans le champ de la TVA (CE 29 juin 1981, Soc. immobilière et commerciale Robert, *DF,* 1982, 43, 1974, concl. Schricke). Une telle orientation ne peut qu'être critiquée, des initiatives dépourvues de toute intention frauduleuse sont en effet l'expression de la liberté de stipulation contractuelle qui doit naturellement être respectée par le fisc (Bissara, concl. sur CE 3 févr. 1984, n° 18767, *DF,* 1984, 15, 772).

224 L'ABUS DE DROIT. — Par certains montages juridiques au demeurant réguliers le contribuable peut chercher à éluder l'imposition. Il y aura abus de droit lorsque l'opération juridique a pour seule justification d'écarter la loi fiscale normalement applicable. L'article L 64 LPF est ainsi conçu : « Ne peuvent être opposés à l'administration des impôts les actes qui dissimulent la portée véritable d'un contrat ou d'une convention à l'aide de clauses qui donnent ouverture à des droits d'enregistrement ou à une taxe de publicité foncière moins élevés ; ou qui déguisent soit une réalisation, soit un transfert de bénéfices ou de revenus ; ou qui permettent d'éviter, en totalité ou en partie, le paiement des taxes sur le chiffre d'affaires correspondant aux opérations effectuées en exécution d'un contrat ou d'une convention. » Le Conseil d'État en a donné une définition plus synthétique : pour prouver que le contribuable a commis un abus de droit « l'administration doit établir que les actes passés par l'intéressé ont un caractère fictif ou, à défaut, qu'ils n'ont pu être inspirés par aucun motif autre que celui d'éluder ou d'atténuer les charges fiscales que l'intéressé, s'il n'avait pas passé ces actes, aurait normalement supportées eu égard à sa situation et à ses activités réelles » (CE 10 juin 1981, n° 19079, *RJF*, 1981, 9, 429, *DF*, 1981, 48-49, 2187, concl. Lobry).

Le premier critère de l'abus de droit est donc la simulation qui peut prendre la forme d'un acte juridique fictif, de l'utilisation de prête-noms, d'actes déguisés. Le second critère, alternatif, s'apparente à la fraude à la loi et implique soit la recherche des intentions du contribuable, soit la mise en évidence que l'opération juridique contestée ne peut avoir d'autre explication que de permettre d'échapper à la loi fiscale (CE 21 mars 1983, n° 29742, *DF*, 1984, 21-22, 1056, concl. Bissara ; CE 22 juin 1983, n° 32956, *RJF*, 1983, 8-9, 423, chron. Racine).

Si le juge ne peut soulever d'office l'abus de droit, il a le droit à la suite de la jurisprudence Bendjador (CE 21 juill. 1989, *DF*, 1990, 1, 28, concl. Liébert-Champagne), de se placer sur ce terrain lorsque l'argumentation du ministre, sans prononcer explicitement les termes d'« abus de droit », font état d'éléments relevant de cette notion (CE 9 nov. 1990, n° 35185, *DF*, 1990, 50, 2359, concl. Chahid-Nouraï).

Dans l'affaire dite « des fonds turbo », il a été jugé que le fait qu'une instruction administrative soit illégale n'empêche pas les contribuables de s'en prévaloir sur le fondement de la garantie contre les changements de doctrine, dans la mesure où l'ensemble des conditions posées par l'instruction sont remplies. En conséquence, la procédure de répression des abus de droit ne peut être invoquée à leur encontre (CE avis, 8 avr. 1998, n° 192539 ; P. Dibout, Quels enseignements tirer des réponses du Conseil d'État dans l'affaire des fonds turbo ?, *DF*, 1998, 25, 797). L'administration s'est ralliée à cette position (*BOI*, 13, 1-8-98, instr. 2 août 1998).

225 LE RESCRIT. — L'article L 64 B LPF dispose : « La procédure définie à l'article L 64 n'est pas applicable lorsqu'un contribuable, préalablement à la conclusion d'un contrat ou d'une convention, a consulté par écrit l'administration centrale en lui fournissant tous les éléments utiles pour apprécier la portée véritable de cette opération et que l'administration n'a pas répondu dans un délai de six mois à compter de la demande. » Cette mesure, connue sous le nom de rescrit, a pour objet d'apporter une meilleure sécurité juridique. Ce droit de consultation n'est pas limité à l'interprétation des textes fiscaux, il s'étend aux questions de fait. Si l'administration n'a pas répondu dans le délai de six mois, la procédure de répression des abus de droit ne pourra pas ultérieurement être appliquée. Mais si le contribuable a fourni des éléments incomplets, ou encore s'il met en œuvre un dispositif autre que celui décrit dans sa demande à l'administration, la procédure de répression des abus de droit pourra être applicable. L'extension de la procédure de rescrit, comme élément concourant à la sécurité juridique, est une volonté des pouvoirs publics. La loi de finances pour 2004 a organisé une telle procédure en faveur des entreprises innovantes (art. L 80 B-2 et 3 LPF). La loi de finances rectificative pour 2008 a légalisé la doctrine administrative en prévoyant un « rescrit-valeur » concernant les donations d'entreprises. Un véritable cahier des charges a été élaboré pour faciliter la démarche. L'exonération des entreprises nouvelles ou encore les régimes d'amortissement exceptionnel peuvent faire l'objet de cette procédure.

Pour aller plus loin

226 LES INCITATIONS FISCALES. — Sur cette question la littérature est considérable, on choisira deux ouvrages dont on exploitera la bibliographie : M. Dardelet, *Neutralité et incitations fiscales en France depuis 1950,* Th. sc. éco, Paris, 1972 (dactyl.) ; C. Heckly, *Rationalité économique et décisions fiscales,* Paris, 1987. On pourra aussi consulter les contributions au *Cahier de droit fiscal international,* 1976, vol. LXI *a*, sur les encouragements fiscaux utilisés comme instruments de politique des pouvoirs publics.

Pour comprendre le fonctionnement de ces aides on recourra à deux études exhaustives : B. Castagnède, *La défiscalisation des investissements outre-mer,* Paris, PUF, 1987 ; F. Hervouet, *Les régimes fiscaux de la recherche industrielle et scientifique,* Paris, 1981.

Sur les dépenses fiscales : Conseil des Impôts, IVe rapport, Paris, 1979 ; Ministère de l'Économie et des Finances, *Notes bleues. Les dépenses fiscales,* n° 236, juill. 1985 ; P.-M. Gaudemet, Un mode d'intervention économique. Les dépenses fiscales, *Mél. Péquignot,* Montpellier, 1984 ; P.-J. Jouyet, B. Gilbert, P. Moutié, Les dépenses fiscales... tour d'horizon, *RFFP,* 1987, 18, 21 (examen critique de la complexité du sujet). Poursuivre la réflexion par B. Castagnède, Théorie et pratique des dépenses fiscales dans le contexte de l'Union européenne, *RFFP,* 2000, 72, 129 (indispensable pour apprécier la politique fiscale des États membres).

Dans l'ouvrage collectif *Regards croisés sur le système fiscal,* 2005, L'Harmattan, coll. « Finances publiques » lire les trois contributions de G. Orsoni, *Brèves remarques sur l'utilisation de l'instrument fiscal* ; T. Come, G. Rouet, *Politiques économiques, outils fiscaux et innovation* ; C. Lopez, *Fiscalité et aménagement du territoire.*

Concernant le cas particulier du crédit d'impôt recherche : E. Boulanger, Les limites du crédit d'impôt recherche, *GP,* 20-21 janv. 1993, 15 ; H. Laronche, Le crédit d'impôt recherche. Impact sur la recherche développement industriel (1982-1992), *RF compt.,* 1995, 265, 78 (analyse critique) ; E. de Crouy-Chanel, Les délais de prescription applicables au crédit d'impôt recherche, *DF,* 2000, 51, 1701 (examen circonstancié) ; L. Olléon, CIR, mode d'emploi, *RJF,* 2003, 6, 487 (commentaire de la typologie des dépenses ayant un caractère innovant selon la jurisprudence). Concernant l'extension prétorienne du bénéfice du crédit d'impôt recherche : Y. Benard, Quelles sont les entreprises qui peuvent bénéficier du crédit d'impôt recherche ?, *RJF,* 2006, 10, 843 ; D. Boucher, Crédit d'impôt recherche : quand le juge innove, *BF Lefebvre,* 2006, 12, 1130. Complétez par D. Blaise, La réforme du crédit d'impôt recherche, *BF Lefebvre,* 2008, 4, 311 (interrogations pertinentes).

227 ACTE ANORMAL DE GESTION. — Sur la théorie de l'acte anormal de gestion : N. Nozet, *Les actes anormaux de gestion en droit fiscal,* Th. Dijon, 1974 (dactyl.) ; M. Cozian, La théorie de l'acte anormal de gestion, *Grands principes,* p. 51 ; J.-F. Picard, Les actes anormaux de gestion, *RJF,* 1979, 276 et 328 ; T. Lamorlette, *Les actes anormaux de gestion,* Economica, coll. « Bibliothèque de gestion », 1985 (analyse une soixantaine d'arrêts) ; C. Louit, Acte de gestion anormal, *Juris-cl. fisc.,* fasc. 226-2 ; B. Plagnet, Illicéité et normalité, *BF Lefebvre,* 1984, 7, 373. On la rapportera à la notion de standard suivant la démonstration de S. Rials, *Le juge administratif français et la technique du standard,* Paris, 1980, p. 130 et s. Les limites du contrôle de l'anormalité sont étudiées par J. Sabarots, *Le principe de non-immixtion de l'administration fiscale dans la gestion des entreprises privées,* Th. Bordeaux, 1980 (dactyl.), complétez sur ce point par B. Plagnet, La non-immixtion de l'administration fiscale dans la gestion des entreprises, *BF Lefebvre,* 1999, 11, 687. Lire l'indispensable thèse de C. Robbez-Masson, *La notion d'évasion fiscale en droit interne français,* LGDJ, coll. « Bibliothèque de science financière », 1990, 503 p. ; Importantes concl. de Fouquet sur CE 10 juill. 1992, Musel SPB et CE 10 juill. 1992, Brunner, *RJF,* 1992, 8-9, p. 673 (le commissaire du gouvernement propose que le Conseil d'État, juge de cassation, contrôle la qualification juridique de l'acte anormal de gestion) ; M. Cozian, Illicéité et anormalité, *DF,* 1995, 1836 (peu importe que la dépense soit illicite si elle est conforme à l'intérêt de l'entreprise). M. Cozian, Les avances sans intérêts, *JCP,* 1995, éd. E, 48, *Études et chroniques,* 508 (par principe une avance sans intérêt est anormale) ; J. Schmidt, L'acte anormal de gestion dans les banques, *RFFP,* 2000, 2, 7 (critique les hésitations de la jurisprudence). Comment utiliser au mieux la liberté contractuelle : M. Cozian, D. Gutmann, Optimisation fiscale et choix de la bonne clause contractuelle, *DF,* 2000, 50, 1672 (analyse subtile). Pour une analyse quasi exhaustive de la question : C. Bur, *L'acte anormal de gestion ou le premier risque fiscal pour l'entreprise,* Éd. EFE, 1999, 486 p. Pour une approche renouvelée et stimulante de l'anormalité : M. Collet, Contrôle des actes de gestion : pour un retour à l'anormal, *DF,* 2003, 14, 536 ; J. Burguburu, *Transfert de bénéfices et expansion à l'étranger : une jurisprudence au parfum,* 2008 (analyse des conditions dans lesquelles une société mère peut apporter une aide à une filiale étrangère).

Le moralisme de la jurisprudence fiscale est analysé sous de multiples aspects par J.-P. Maublanc, *L'interprétation de la loi fiscale par le juge de l'impôt,* Th. Bordeaux I, 1984 (dactyl.). Consultez à propos des exemples cités : H. Merle, *Les dirigeants d'entreprise et l'impôt,* Th. Lille II, 1973 (dactyl.) ; M. Cozian, Le contrôle des rémunérations de dirigeants, *Grands principes,* p. 497, et circulaire du CNPF du 14 févr. 1986, *DF,* 1986, 29, 920. Pour une synthèse de la jurisprudence du Conseil d'État relative aux rémunérations excessives consultez D. Seguin, Le contrôle par le fisc de la rémunération des dirigeants de sociétés, *GP,* 30-31 oct. 1991, 7 ; C. Louit, La notion de libéralité dans la jurisprudence fiscale du Conseil d'État, *Mél. P.-M. Gaudemet,* 1985, p. 817 ; A. Viandier, L'encouragement à l'entretien d'autrui, *DF,* 1982, 43, 1232 ; T. Lambert, *Contrôle fiscal. Droit et pratique,* PUF, coll. « Droit fondamental », 1998, p. 291 et s. ; J. Amar, De la non-déductibilité des amendes prononcées par le Conseil de la concurrence (retour sur la théorie de l'acte anormal de gestion), *Les Petites Affiches,* 2001, 129, 3 (réflexion stimulante sur la déductibilité des charges).

228 DISTINCTION ACTIF PROFESSIONNEL ET PATRIMOINE PRIVÉ. — Consultez les études très complètes : J.-F. Picard, Le patrimoine professionnel de l'exploitant individuel, *RJF,* 1981, 447 ; M. Cozian, Le principe de la liberté d'affectation comptable, *Grands principes,* p. 126 ; C. Louit, Actif professionnel et patrimoine privé, *Juris-cl. fisc.,* fasc. 226.3. Elle débouche sur la question théorique de l'individualisation de l'entreprise au regard du droit fiscal qui est périodiquement discutée : D. Ketchedjian, L'entreprise individuelle et le droit fiscal, *RSLF,* 1974, 415 ; P. Serlooten, De la prétendue personnalité fiscale de l'entreprise individuelle, *D.,* 1984, chron., p. 75. Sur les points techniques voir : B. Plagnet, Les éléments d'actif affectés à l'exercice d'une profession non commerciale, *Rev. jr. de compt.,* 1979, 84 ; P. Beltrame, Les critères de la distinction entre patrimoine civil et patrimoine professionnel en matière de bénéfices non commerciaux, *JCP (Cl.),* 1982, II, 13885 ; M. Melin, Les transferts de biens entre patrimoine professionnel et patrimoine privé, *JCP (Cl.),* 1980, II, 13421 ; C. Félix, Évolution économique de la notion de patrimoine privé, *JCP,* 1999, 25, 1088 (la détention en direct d'immeubles ou de parts de SCI) ; J. Le Calvez, Les incertains contours du patrimoine de l'entrepreneur individuel, *D.,* 2000, 10, 151 (la notion de patrimoine en droit civil et en droit fiscal) ; Y. Bénard, Patrimoine professionnel et dépenses déductibles : l'utilité de la loi, *RJF,* 2006, 7, 607 (rapprochement des règles d'affectation d'un bien au patrimoine professionnel applicables en matière de BIC, BNC et traitements et salaires).

229 DÉCISION DE GESTION ET ERREURS COMPTABLES. — La question est parfaitement délimitée par M. Cozian, La distinction des erreurs comptables et des décisions de gestion, *Grands principes,* p. 157 ; J.-F. Picard, Erreurs et décisions de gestion, *RJF,* 1979, 1, 6 et 2, 41 ; Néanmoins, la frontière entre l'erreur et la décision de gestion n'est pas toujours facile à tracer : cf. T. N. Lamorlette, La distinction entre les erreurs et les décisions de gestion, *Contrôle fiscal. Principes et pratiques* (ouvr. collectif), Economica, coll. « Audit-Gestion-Fiscalité », 1988, p. 187. C. Louit, Décisions de gestion et erreurs comptables, *Juris-cl. fisc.,* fasc. 226-1 ; L. Boyer, *Le choix fiscal de l'entreprise,* Paris, 1983. On se reportera également à la très intéressante tentative de théorie des décisions fiscales individuelles faite par L. V. Fernandez, *Les éléments subjectifs en droit fiscal,* Th. Bordeaux I, 1985, p. 216 ; S. Austry, Une survivance de « moralisme » en droit fiscal : la théorie des erreurs comptables délibérées, *RJF,* 1997, 6, 359 ; M. Cozian, On ne badine pas avec les écritures comptables. La théorie des erreurs comptables délibérées, *DF,* 1999, 20, 734 (étude stimulante) ; J. Maïa, Quelles incidences fiscales pour un abandon de créance ?, *RJF,* 2001, 10, 799 (analyse de la jurisprudence).

230 RESCRIT. — Lire : B. Benoit, Le rescrit fiscal, *RF compt.,* 1989, 199, 39 ; T. Lambert, *Contrôle fiscal. Droit et pratique,* PUF, coll. « Droit fondamental », 1998, p. 373 et s. ; P. A. Anjuere, Le rescrit au service de la transmission d'entreprises, *Nouvelles fiscales,* 1998, 778, 27 (pratique) ; M. Giray, Une nouveauté dans la transmission familiale d'entreprise : le rescrit, *JCP N,* 1998, 983 (critique) ; G. Hublot, Rescrire ou pas ?, *Nouvelles fiscales,* 2000, 829, 2 (critique) ; T. Lambert, Le rescrit : oui mais..., *BF Lefebvre,* 2008, 3, 191 (extension d'une procédure qui n'est pas dépourvue d'ambiguïté) ; F. Perrotin, Actualité des rescrits fiscaux, *Les Petites Affiches,* 30 juill. 2007, p. 4 (synthèse) ; C. Menard, Le rescrit : l'année 2008 restera-t-elle dans les mémoires ?, *DF,* 2009, 7, comm. 183 (huit dispositions législatives sont venues modifier la procédure).

Chapitre 2
La répression fiscale

Les comportements déviants font l'objet de sanctions, car il existe un droit disciplinaire applicable au contribuable et qui a acquis une extension inquiétante. Très grossièrement l'arsenal répressif se divise en deux catégories : les pénalités administratives et les sanctions pénales qui souvent peuvent s'appliquer cumulativement. Son développement anarchique pose souvent de grandes difficultés de qualification.

Section I
Les sanctions administratives

231 Principes. — Ces sanctions sont toujours établies par des agents de la Direction générale des finances publiques et correspondent à des infractions le plus souvent relevées par eux. Leur nombre est assez considérable et elles permettent de réprimer des infractions communes à tous les impôts et des infractions spécifiques. Les décisions mettant à charge des contribuables des sanctions fiscales doivent être motivées au plus tard lors de la notification du titre exécutoire, la motivation doit être portée à la connaissance du contribuable trente jours au moins avant la mise en recouvrement quand la pénalité mise en recouvrement ne constitue pas l'accessoire d'une imposition (art. L 80 D LPF). À compter du 1er janvier 2001, l'obligation de motivation préalable est étendue à toutes les sanctions fiscales prononcées par l'administration afin de permettre au contribuable de présenter des observations avant l'application de la sanction.

Dans un avis rendu le 8 juillet 1998, le Conseil d'État a précisé que l'article 6-1 de la Convention européenne des droits de l'homme n'impose pas de reconnaître au juge un pouvoir de modération des pénalités fiscales que la loi ne lui attribue pas (CE avis 8 juill. 1998, aff. Fatell, 1998, 40, 842). Pour sa part, la Cour de cassation a estimé, qu'il résultait de la jurisprudence de la Cour européenne des droits de l'homme, qu'un système de majoration d'impôts est compatible avec l'article 6 de la Convention, dès lors que le contribuable peut saisir sur cette question un tribunal offrant les garanties ouvertes par ce texte (Cass. com., 29 avr. 1997, aff. Ferreira, *RJF,* 1997, 6, 641, note Brard, *JCP,* 1997, éd. E, 38, II, 990). Le Conseil d'État refuse de s'aligner sur la jurisprudence de la Cour de cassation (Cass. com., 29 avr. 1997, n° 1068, P. B. Ferreira, *RJF,* 1997, 6, 641) selon laquelle l'article 6, § 1 de la Convention impose au juge de se reconnaître un pouvoir de modulation des sanctions fiscales (CE 8 mars 2002, n° 224304, *RJF,* 2002, 6, 671).

I | La sanction des insuffisances de déclaration

232 Articles 1728 à 1731 CGI. — Ils prévoient la répression des infractions constituées par les insuffisances, dissimulations, inexactitudes et omissions qui affectent une base ou des éléments d'imposition et qui, lorsqu'elles sont réparées, se traduisent par un redressement. Les sanctions applicables diffèrent selon que le contribuable est ou non de bonne foi, ou a commis des manœuvres frauduleuses. L'ordonnance 2005-1512 du 7 décembre 2005 relative à des mesures de simplification en matière fiscale et à l'harmonisation du régime des pénalités a remplacé les expressions « bonne foi » et « mauvaise foi » par celles d' « absence de manquement délibéré » et de « manquement délibéré ».

A - Absence de manquement délibéré du contribuable

233 PRÉSOMPTION. — La bonne foi, dénommée absence de manquement délibéré depuis 2005, du contribuable est toujours présumée et c'est à l'administration de faire la preuve de son absence. Il en résulte que la bonne foi n'a pas de définition propre, elle recouvre la situation du contribuable qui n'est pas de mauvaise foi ou qui n'a pas commis de manœuvres frauduleuses.

Mais l'absence de manquement délibéré n'exclut pas pour autant l'application de pénalités. Le défaut ou retard de production de certaines déclaration (déclaration d'ensemble des revenus, déclarations de revenus catégoriels, déclarations de chiffre d'affaires, déclaration de succession, déclaration d'impôt sur la fortune...) est sanctionné par un intérêt de retard de 0,75 % par mois auquel s'ajoute une majoration de 10 % en l'absence de mise en demeure faite par l'administration, de 40 % lorsque le document n'a pas été déposé dans les trente jours suivant la réception de la première mise en demeure, de 80 % lorsque le document n'est pas souscrit dans les trente jours qui suivent la deuxième mise en demeure.

Par un avis rendu le 12 avril 2002, le Conseil d'État réuni en assemblée a considéré que la part des intérêts de retard réclamés aux contribuables, sur le fondement des article 1727 et 1729 CGI, qui excède celle qui résulterait de l'application du taux légal ne peut pas être qualifiée sanction, au sens du droit interne comme au regard de l'article 6-1 de la Convention européenne des droits de l'homme. En outre, la circonstance que le taux des intérêts de retard est supérieur au taux légal ne constitue pas une discrimination au sens de l'article 14 de ladite Convention (CE avis 12 avr. 2002, n° 239693, *RJF,* 2002, 5, 673, concl. Séners, *BDCF,* 2002, 5, note M. Guyomar et P. Collin, *AJDA,* 2002, 5, 410). La Haute Assemblée a considéré que le taux de 9 % l'an (0,75 % × 12) n'était manifestement pas excessif en comparaison du taux moyen pratiqué par les prêteurs privés pour un découvert négocié. Enfin, les stipulations de la Convention sont sans influence dans les rapports institués entre la puissance publique et un contribuable à l'occasion de l'établissement et du recouvrement de l'impôt.

Les pénalités pour insuffisance de déclaration ne s'appliquent pas lorsque l'insuffisance des chiffres déclarés n'excède pas un certain pourcentage de la base d'imposition retenue après redressement. Le pourcentage de tolérance admis est égal au vingtième de la base d'imposition, après redressement, en matière d'impôt sur les revenus et de taxes accessoires autres que la taxe d'apprentissage ; au dixième en matière de droits d'enregistrement, de taxe de publicité foncière et d'impôt de solidarité sur la fortune. Constatons que cette tolérance légale n'est pas d'application générale.

B - Manquement délibéré du contribuable

Les insuffisances, inexactitudes et omissions sont commises de mauvaise foi, dénommée manquement délibéré depuis 2005, lorsqu'elles ont été accomplies volontairement par le contribuable. En partant de cette idée plusieurs analyses sont concevables.

234 LE COMPORTEMENT SUSPECT. — La mauvaise foi peut s'induire de certains aspects du comportement du contribuable qui font présumer qu'il a eu l'intention d'éluder une obligation fiscale. L'examen du passé récent peut révéler que certains actes juridiques n'ont été accomplis que pour tenter d'alléger l'imposition (CE 7 juill. 1982, n° 30975, *RJF,* 1982, 10, 478), que les déclarations ont été rédigées pour égarer l'administration (CE 19 janv. 1983, n° 28426, *RJF,* 1983, 3, 187). La mauvaise foi peut aussi ressortir de l'attitude du contribuable pendant le contrôle : refus d'éclairer l'administration, présentation d'explications contradictoires (CE 4 déc. 1981, n° 16321, *RJF,* 1982, 1, 21). La répétition des irrégularités est aussi un indice : réduction systématique des bases d'imposition (CE 30 juin 1982, n° 26341, *RJF,* 1982, 10, 478), succession de déclarations comportant des confusions et des erreurs grossières (CE 25 mai 1979, n° 12861, *DF,* 1979, 40, 1203). La régularisation spontanée d'une insuffisance de versement de TVA n'exclut pas l'existence de mauvaise foi (CE 28 janv. 1991, SCI Paul Bert, *Les Petites Affiches,* 1991, 77, 4, concl. Fouquet).

235 L'IMPORTANCE DU REDRESSEMENT. — Par définition l'importance du redressement suppose l'existence de graves dissimulations qui paraissent incompatibles avec toute bonne foi. C'est ce raisonnement que tient le juge fiscal dans d'assez nombreuses espèces (CE 4 avr. 1979, n° 7321, *RJF,* 1979, 6, 219 ; CE 1er déc. 1982, n° 27387, *RJF,* 1983, 2, 121). Il serait cependant tout à fait inexact de faire de l'importance du redressement une présomption irréfragable de mauvaise foi. On peut trouver des décisions qui l'écartent en se fondant sur les circonstances de l'espèce (CE 26 juill. 1978, n° 7296, *DF,* 1979, 19, 963, concl. Rivière). La conjonction de la répétition des irrégularités comptables et de l'importance des redressements opérés est de nature à établir la mauvaise foi (CAA Paris, 26 mai 1991, *Le Quotidien juridique,* 1991, 90, 5, note Borneecque-Winandy).

236 L'ERREUR INEXCUSABLE. — L'erreur peut être intrinsèquement inexcusable parce que l'obligation juridique ou la situation de fait sur laquelle elle porte ne peut être ignorée de tout contribuable : caractère imposable de certaines opérations, caractère non déductible de certaines sommes, inexistence de certaines charges pourtant déduites (CE 4 déc. 1974, n° 87166, *DF,* 1975, 38, 1188, concl. Schmeltz). L'appréciation prend un tour plus subjectif lorsqu'il est tenu compte de l'expérience professionnelle du contribuable. Le conseil fiscal, l'expert-comptable, le notaire ou l'agent immobilier sont astreints à une diligence plus grande, certaines connaissances fiscales faisant partie de leur culture professionnelle (CE 29 juill. 1983, n° 31761, *DF,* 1983, 51, 2367, concl. Rivière, *RJF,* 1983, 10, 555 chron. Racine). Mais dans tous ces cas il existe des limites variables dans lesquelles l'erreur devient excusable. On ne peut faire grief au contribuable de n'avoir pas su procéder à une qualification délicate ou trancher une question juridique particulièrement complexe (CE 11 juill. 1977, n° 88215, *DF,* 1978, 13, 516, concl. Martin-Laprade).

237 LA RECONNAISSANCE DE L'ERREUR. — La reconnaissance par le contribuable des erreurs qu'il a commises ne saurait avoir pour effet d'établir une absence de manquement délibéré. Deux hypothèses doivent être distinguées.

Le contribuable peut au moment de sa déclaration mettre en évidence l'erreur qu'il s'apprête à commettre. Cette situation un peu curieuse est la conséquence de la formalité de la mention expresse prévue par l'article 1728 CGI. Cette disposition prévoit que lorsqu'un contribuable fait connaître par une indication expresse portée sur la déclaration ou l'acte les motifs pour lesquels il omet certains éléments d'imposition ou donne à ces éléments une qualification qui entraîne une imposition atténuée ou pratique certaines déductions, les redressements ultérieurs n'entraîneront pas l'application des indemnités et intérêts de retard. En attirant ainsi l'attention de l'administration sur un point litigieux et sur les justifications qu'il croit pouvoir donner à son choix le contribuable n'a-t-il pas par là même manifesté sa bonne foi ? Ce raisonnement n'est admissible que si les motifs contenus dans la mention expresse sont sérieux (CE 27 févr. 1980, n° 16698, *RJF,* 1980, 4, 145, chron. Verny). À noter qu'en cas d'omission d'un revenu catégoriel dans la déclaration de revenu global, la souscription de la déclaration catégorielle ne vaut pas pour autant mention expresse (CE 9 déc. 1989, n° 54128, *DF,* 1989, 15, concl. Martin).

La reconnaissance de l'erreur peut se faire *a posteriori* par sa réparation spontanée. Là encore cette initiative ne prouve pas à elle seule la bonne foi. Le contribuable peut en effet avoir sciemment commis l'irrégularité au moment de la déclaration et ne la réparer que parce qu'il en a tiré un bénéfice suffisant ou parce qu'il craint d'être découvert. C'est pourquoi une jurisprudence constante refuse de voir dans la régularisation automatiquement une manifestation de la bonne foi (CE 27 avr. 1979, n° 7309, *RJF,* 1979, 6, 192, concl. Martin-Laprade).

238 SANCTIONS. — En cas de manquement délibéré et pour l'impôt sur le revenu et l'impôt sur les sociétés, les droits correspondant au redressement, il est fait application de l'intérêt de retard (0,75 % par mois) et d'une majoration de 40 % (art. 1729-1 CGI).

C - Manœuvres frauduleuses

239 DÉFINITION. — Ni le droit fiscal ni le droit pénal ne donnent une définition des manœuvres frauduleuses. Elles s'analysent comme la mise en œuvre volontaire de procédés ayant pour effet soit de faire disparaître ou de réduire la base imposable, soit d'obtenir du fisc des remboursements injustifiés. La panoplie est impressionnante : émission de fausses factures, passation d'écritures comptables fictives, tenue d'une double comptabilité... Dans tous les cas il est nécessaire que le contribuable fasse usage de procédés spécifiques dans le but de mettre en échec les compétences fiscales. C'est ainsi que le seul fait de souscrire des déclarations insuffisantes en l'absence de tout autre acte, opération, artifice ou manœuvre destinés à égarer ou restreindre le pouvoir de vérification de l'administration n'est pas constitutif d'une manœuvre frauduleuse (CE 19 déc. 1979, Chaussat, *DF,* 1980, 25, 1426, concl. Martin-Laprade, *D.,* 1980, J, 286, note Amselek). Contrairement aux conclusions du commissaire du gouvernement, il a été jugé qu'une société puisse se rendre coupable de manœuvres frauduleuses, en dissimulant des recettes et par un montage visant à égarer l'administration, mais non le gérant (CE 19 oct. 1988, n°s 67683 et 67684, *Les Petites Affiches,* 1989, 29, 4, concl. Fouquet).

240 REMBOURSEMENT OBTENU INDÛMENT. — Par une décision du 26 janvier 1972 (société Gaïtz-Hocky), le Conseil d'État a jugé que l'indemnité de retard ne pouvait être assise que sur les taxes sur le chiffre d'affaires effectivement éludées. L'administration s'est ralliée à cette jurisprudence et a étendu la portée à l'ensemble des sanctions exigibles en cas d'insuffisance ou de défaut de déclaration en matière de TVA. En conséquence, la remise en cause d'un remboursement de crédit de taxes sur le chiffre d'affaires n'était assortie d'aucune sanction fiscale.

Depuis le 1er janvier 2002, l'article 1787 CGI permet d'appliquer une amende fiscale lorsque pour obtenir indûment un remboursement de crédit de taxes sur le chiffre d'affaires, le redevable se sera rendu coupable de manœuvres frauduleuses ou d'un abus de droit, ou que l'administration aura pu établir la mauvaise foi du contribuable.

241 SANCTIONS. — Il est fait application de l'intérêt de retard (0,75 % par mois) et d'une majoration de 80 % (art. 1729-1 CGI). Ces pénalités sont applicables, alors même que des poursuites pénales pour fraude fiscale n'auraient pas été engagées.

Lorsque le procédé employé est constitutif d'un abus de droit, il est dû une amende égale au double des droits, impôts ou taxes réellement exigibles.

L'article 1733 CGI prévoit que l'intérêt de retard ne s'applique pas lorsque l'insuffisance des chiffres déclarés n'excède pas le dixième de la base d'imposition retenue après redressement en matière de droits d'enregistrement, de taxe de publicité foncière et d'impôt sur la fortune ; le vingtième de la base d'imposition retenue après redressements en matière d'impôts sur les revenus et cotisations perçues au titre de la participation des employeurs à l'effort de construction. Le bénéfice de cette tolérance est réservé aux contribuables de bonne foi. Lorsque le montant des droits mis à la charge du contribuable est assorti d'une majoration de 40 % si la mauvaise foi du contribuable est établie ou de 80 % s'il s'est rendu coupable de manœuvres frauduleuses, ou d'abus de doit, la tolérance légale n'est pas applicable, y compris pour les droits qui ne sont passibles que de simples intérêts de retard.

II | Les manquements à des obligations formelles

Sont sanctionnés le défaut et les retards d'accomplissement de certaines formalités.

242 Défaut ou retard de paiement des impôts. — Le défaut de paiement ou le paiement tardif des impôts recouvrés par voie de rôle donnent lieu au versement d'une majoration de 10 % assise sur les sommes non réglées le 15 du deuxième mois qui suit celui de la mise en recouvrement du rôle. Les autres impôts donnent lieu au versement d'une indemnité de retard égale pour le premier mois à 3 % du montant différé et à 1 % chaque mois suivant.

Ces majorations dès lors qu'elles sont déterminées en fonction des droits exigibles constituent un accessoire de l'impôt ou un impôt supplémentaire (CE 10 mai 1952, *GD,* 152, Cass. civ., 23 mai 1960, *RSLF,* 1961, 713, chron. Chrétien ; CE 26 mai 1970, Soc. Grasse Arôme, *Rec.,* 354).

243 DÉFAUT OU RETARD DE PRODUCTION DE DÉCLARATION. — S'ils concernent des documents utilisés pour le contrôle de l'impôt, l'amende encourue est de 15 €, portée à 150 € si le contribuable ne s'est pas exécuté dans un délai de trente jours suivant mise en demeure. Lorsqu'ils concernent des documents utilisés pour l'établissement de l'impôt une majoration proportionnelle vient assortir la taxation d'office.

Section II
Les sanctions pénales

Les sanctions pénales viennent pour l'essentiel prolonger les sanctions administratives en ce qu'elles se rapportent aux mêmes infractions et que leur cumul est possible. Le Conseil constitutionnel a posé pour principe qu'en cas de cumul entre sanctions fiscales et sanctions pénales, le montant global ne doit pas dépasser le montant le plus élevé de l'une des sanctions encourues (DC 97-395 du 30 déc. 1997, *RFDC,* 1998, 33, 166 et s., note Philip).

244 QUALIFICATION DE FRAUDE FISCALE. — L'article 1741 CGI donne d'abord une définition générale du délit : la soustraction frauduleuse ou la tentative de soustraction frauduleuse à l'établissement ou au paiement total ou partiel des impôts.

Un premier point doit être précisé. La soustraction frauduleuse ou la tentative de soustraction frauduleuse n'implique nullement que le contribuable ait eu recours à des manœuvres frauduleuses au sens de l'article 405 du Code pénal (Cass. crim., 3 oct. 1974, *D.,* 1975, 211, note Robert et Tixier). L'infraction est constituée d'un élément matériel, la soustraction, et d'un élément moral, l'intention et la volonté d'échapper à l'impôt (Cass. crim., 8 août 1990, Katan, *DF,* 1990, 50, note Tixier et Lamulle). Mais l'existence de ce dernier élément doit nettement et distinctement être établie conformément à l'article L 227 LPF, qui exige que doit être apportée la preuve du caractère intentionnel de la soustraction (Cass. crim., 17 oct. 1983, *Bull. crim.,* n° 246, p. 628). Celui-ci pourra ressortir de faits tels que l'usage de fausses factures, de la tenue d'une comptabilité délibérément irrégulière, la production de déclarations fiscales sciemment inexactes.

La jurisprudence consacre un principe selon lequel, pour qu'un délit de fraude fiscale soit constitué, il suffit que la soustraction à l'établissement ou au paiement de l'impôt revête un caractère intentionnel, c'est-à-dire que l'auteur de l'infraction ait été animé par une volonté de fraude. Il n'est nullement nécessaire que soit rapportée l'existence de manœuvres frauduleuses (Cass. crim., 2 juill. 1998, n° 97-83843, *D.,* 1999, 30, 434, note Tixier et Lamulle).

Viennent ensuite à titre d'énumération faussement limitative les diverses modalités de perpétration du délit : omission volontaire de déclaration (Cass. crim., 2 nov. 1977, *Bull. crim.,* n° 324, p. 827), dissimulation volontaire d'une part des sommes sujettes à l'impôt (Cass. crim., 10 févr. 1976, *Bull. crim.,* n° 49, p. 117), organisation de l'insolvabilité (Cass. crim., 25 juin 1979, *Bull. crim.,* n° 223, p. 607) ou tous autres agissements frauduleux (Cass. crim., 26 mai 1976, *Bull. crim.,* n° 185, p. 476).

245 INDÉPENDANCE DES INSTANCES PÉNALE ET FISCALE. — Selon un principe bien établi les poursuites pénales pour fraude fiscale et la procédure administrative tendant à la fixation de l'assiette et de l'étendue des impositions sont par leur nature différentes et indépendantes l'une de l'autre (Cass. crim., 9 avr. 1970, Fournié, *DF,* 1970, 28, 833, *GD,* 201). Il en résulte que le juge répressif n'a pas à surseoir à statuer jusqu'à ce que le juge de l'impôt se soit prononcé (Cass. crim., 18 nov. 1976, *Bull. crim.,* n° 332, p. 846), et que la chose jugée au fiscal ne s'impose pas au pénal (Cass. crim., 10 mars 1986, *Bull. crim.,* n° 96, p. 244). Cette indépendance se justifie par l'éventail plus large des preuves admises devant le juge pénal qui doit statuer selon son intime conviction. Aussi ne pourra-t-il fonder sa décision sur la seule constatation de l'existence de redressements effectués par l'administration (Cass. crim., 11 oct. 1982, *Bull. crim.,* n° 209, p. 573).

246 PEINES. — Le délinquant est passible d'une amende de 37 500 € et d'un emprisonnement de un à cinq ans. Les peines sont aggravées si la fraude a été réalisée ou facilitée au moyen d'achats ou de ventes sans facture ou de fausses factures. En cas de dissimulation les peines ne sont applicables que si la dissimulation excède le dixième de la somme imposable. La récidive dans un délai de cinq ans entraîne des peines plus lourdes : 100 000 € d'amende et dix ans d'emprisonnement. S'ajoutent des peines accessoires (exclusion des marchés publics) et des peines complémentaires (affichage du jugement de condamnation, interdiction d'exercer, suspension du permis de conduire).

247 OPPOSITION À CONTRÔLE FISCAL. — Parmi les délits spéciaux on doit citer l'opposition à contrôle fiscal. Définie aux articles 1737, 1746 et 1747 CGI l'opposition peut être individuelle ou collective. La mise en œuvre de la qualification fait l'objet d'une jurisprudence très compréhensive destinée à sanctionner toutes les formes d'action qui ont pour résultat d'apporter volontairement un obstacle à l'exercice de la mission appartenant aux agents de l'administration. Elle est sanctionnée par des amendes et des peines de prison.

Pour aller plus loin

248 LA RELATION-ADMINISTRATION CONTRIBUABLE. — Les rapports entre les contribuables et l'administration fiscale se caractérisent par une tension qui fait leur originalité malgré le développement du thème lénifiant de la participation. Sur la structure de l'administration fiscale : L'administration fiscale, *RFFP,* 1986, 15. Pour un commentaire circonstancié de la loi du 6 janvier 1948 relative à l'organisation de l'administration fiscale : De la Martinière, L'évolution des structures de l'administration fiscale, *Histoire du droit des finances publiques,* vol. II : *Les grandes étapes de l'évolution de la fiscalité d'État. Textes à l'appui* (ouvr. collectif), Economica, coll. « Finances publiques », 1987, p. 517 ; M. Bouvier, M.-C. Esclassan, *L'administration fiscale en France,* PUF, coll. « Que sais-je ? », 1988, 127 p. ; P. Bertoni, La réorganisation de l'administration fiscale depuis 1914, *Rev. Trésor,* 1995, 8-9, 522 (analyse des phases historiques de la réorganisation). Sur le contribuable acteur et usager : J.-P. Lukaszewicz, La participation des contribuables à l'administration fiscale, *RSF,* 1969, 539 ; P. Lavigne, Le contribuable comme usager de l'administration fiscale, *RFFP,* n° 15, 1986, 77 ; T. Lambert, Le contribuable face à l'administration fiscale, *Psychologie et science administrative* (ouvr. collectif), PUF, coll. « CURAPP », 1985, p. 102 ; H. Arbousset, Les garanties accordées au contribuable tricheur, *Les Petites Affiches,* 2000, 1, 6 (étude de l'art. L 80 E LPF).

249 LA BONNE FOI OU L'ABSENCE DE MANQUEMENT. — Principe régulateur des rapports de l'administration et du contribuable : E. Kornprobst, *La notion de bonne foi. Application au droit fiscal français,* Paris, 1980 ; C. Vernot, *Essai sur les moyens de protection du contribuable de bonne foi face à l'administration fiscale,* Th. Paris I, 1981 (dactyl.).

250 LE REFUS DE L'IMPÔT. — G. Jèze, Le refus concerté de payer l'impôt, *RSLF,* 1933, 257 ; R. Ludwig, La grève de l'impôt, *RSF,* 1973, 671 : J.-M. Robert, L'opposition à l'impôt : délits de l'article 1769 du CGI, *D.*, 1961, chron., p. 45 ; P. Beltrame, La résistance à l'impôt et le droit fiscal, *RFPP,* 1984, 5, 21.

251 SANCTIONS FISCALES. — Comme introduction à l'étude des sanctions fiscales infligées par l'administration on lira deux études essentielles : M. Waline, La nature juridique des pénalités fiscales, *RSLF,* 1949, 14 ; J. Molinier, Pour une clarification du droit de la répression fiscale, *DF,* 1980, 45, 1237, que l'on complétera par la synthèse de B. Neel, *Pénalités fiscales et douanières,* Th. Rouen, 1985. *Adde* L. Sfez, La nature juridique des sanctions fiscales non pécuniaires, *RSF,* 1966, 361. La réforme des sanctions fiscales est en cours dans le sens d'une amélioration du principe de proportionnalité et d'une claire distinction entre les amendes véritables et les simples intérêts de retard (R. A. Vivien, Rapport sur le projet de loi modifiant les procédures fiscales et douanières, *JO, Doc. AN,* n° 703, 2e session, ord. 1986-1987) ; T. Lambert, *Contrôle fiscal. Droit et pratique,* PUF, coll. « Droit fondamental », 1998, p. 191 ; M. Bornhauser, La modération des pénalités fiscales devant le juge de l'impôt, *BF Lefebvre,* 1993, 10, p. 617 (article important) ; P. E. Spitz, Sanctions fiscales et droits de la défense, *RFFP,* 1993, 42, 193 (motivation des sanctions) ; M. Jazani, Sanctions fiscales et pouvoir de modération du juge de l'impôt, *BF Lefebvre,* 1999, 6, 270 (examen critique) ; P. Durand, Apprauvrissez-vous !, *Rev. adm.,* 2000, 316, 371 (quand un fonctionnaire de la DGI plaide pour que ni l'administration ni le juge ne puissent moduler les sanctions) ; S. Austry, Les sanctions administratives en matière fiscale, *AJDA,* 2001 (numéro spécial), p. 51 (tour d'horizon complet du sujet) ; P. Marchessou, Le poids de la dualité de juridiction sur les sanctions fiscales, *Mélanges Waline,* Dalloz, 2002, p. 671 (important). Les actes d'un colloque international font le point : T. Lambert (sous la dir. de), *Les sanctions administratives fiscales : aspects de droit comparé,* L'Harmattan, coll. « Finances publiques », 2006, 245 p.

252 LA FRAUDE. — Études de théorie juridique de la fraude : G. Lerouge, *Théorie de la fraude en droit fiscal,* Paris, 1944 ; B. Taddei, *La fraude fiscale,* Paris, 1974 ; J. Borricand, La notion de fraude fiscale, *JCP (Cl.),* 1982, 13856 ; B. Navatte, La fraude et l'habileté en droit fiscal, *D.*, 1951, chron., p. 87 ; J. Cosson, V° Fraude fiscale, *Répertoire Dalloz de droit pénal* ; J.-C. Martinez, *La légitimité de la fraude fiscale, Études de finances publiques. Mélanges en l'honneur de Paul-Marie Gaudemet,* Economica, coll. « Finances publiques », 1984, p. 921.

253 LES MÉCANISMES DE LA FRAUDE. — J. Cosson, *Les industriels de la fraude fiscale,* Paris, 1971 ; J. Cosson, La fraude par opérations fictives, *GP,* 1969, I, 81, et les différentes contributions de Regards sur la fraude fiscale (études coordonnées par L. Cadiet et N. Neveu), Economica, 1986.

254 SANCTIONS PÉNALES FISCALES. — L'ensemble des problèmes juridiques posés par la répression pénale en matière fiscale est traité par B. Néel, M. Betch, Juge pénal et juge fiscal, *Le juge fiscal* (ouvr. collectif), Economica, coll. « Finances publiques », 1988, p. 85 ; G. Tixier, J.-P. Derouin, *Droit pénal de la fiscalité,* Dalloz, coll.

« Droit usuel », 1989 ; G. Klein, *La répression de la fraude fiscale : étude sur le particularisme du droit pénal des impôts,* Th. Nancy, 1975 ; M. Mallet, *La répression pénale de la délinquance fiscale,* Th. Montpellier, 1981 ; P. Di Malta, *Droit fiscal pénal,* PUF, coll. « Fiscalité », 1992 ; P. Derouin, L'apport du droit pénal au régime juridique des sanctions fiscales, *Les Petites Affiches,* 1992, 120, 70 (article important) ; J. Buron, *Droit pénal fiscal,* LGDJ, coll. « Systèmes », 1993 ; D. Davoust, La répression pénale de la fraude fiscale, *Les Petites Affiches,* 1995, 109, 4 (quelques données statistiques) ; T. Lambert, La place des poursuites pénales dans le dispositif général de lutte contre la fraude fiscale, *Les Petites Affiches,* 1999, 86, 4 ; M. Sieraczek-Abitan, La Commission des infractions fiscales : une garantie illusoire accordée aux contribuables, *GP,* 8 août 2000, p. 2 (plaidoyer convaincant).

L'indépendance des procédures conduit à ce que la procédure fiscale suivie par l'administration à l'encontre d'un contribuable n'est pas affectée par le sort des autres procédures administratives ou judiciaires : G. Goulard, L'indépendance des procédures. Retour à un principe traditionnel, *RJF,* 1996, 1, 2. Complétez par B. Plagnet, La répression de la fraude fiscale : vers un rapprochement de la répression administrative et de la répression pénale ?, *BF Lefebvre,* 1995, 3, 155 (analyse nuancée de la jurisprudence conduisant à douter du principe de l'indépendance des procédures administratives et pénales). Les actes d'un colloque international font le point : T. Lambert (sous la dir. de), *Les sanctions pénales fiscales,* L'Harmattan, coll. « Finances publiques », 2007, 192 p.

DEUXIÈME PARTIE

LES RÉGIMES D'IMPOSITION

255 VANITÉ DES CLASSIFICATIONS. — Les classifications des différentes catégories d'impôt sont nombreuses. Leur variété est le signe même de leur relativité mais ne nous intéressent ici que les classifications juridiques. Si nous ouvrons le Code général des impôts, la lecture des titres paraît suggérer l'existence de distinctions profondes : impôts directs et taxes assimilées, taxes sur le chiffre d'affaires et taxes assimilées, contributions indirectes et monopoles fiscaux, enregistrement, publicité foncière, impôt de solidarité sur la fortune, timbre. Mais le doute s'instaure très vite lorsque l'on constate que, nulle part, se dégagent les critères constituant la clé de cette qualification. C'est qu'en réalité la codification, dans sa structure, traduit l'impossibilité d'atteindre une classification qui ait une portée juridique effective. Quelques indications sur la généalogie de cette ramification juridiquement arbitraire suffiront à convaincre.

En droit fiscal français la classification repose sur une dichotomie fondamentale : impôts directs, impôts indirects, qui remonte aux textes réformateurs adoptés par l'Assemblée constituante. Le décret du 22 décembre 1789 complété par l'instruction du 8 janvier 1790 oppose la contribution directe assise directement sur la propriété ou sur les personnes qui se lève par voie de rôle et la contribution indirecte assise sur des faits de commerce et de consommation payée par un intermédiaire économique à chaque opération et supportée en dernier lieu par le consommateur. Définition complexe qui combine le critère économique de l'incidence, c'est-à-dire la détermination de celui qui a la charge finale de l'impôt et le mode de recouvrement. La liaison a incontestablement une certaine apparence mais elle est très faible. Le critère proprement juridique, le mode de recouvrement, n'est en effet jamais inéluctablement, par nature imposé par l'objet du prélèvement fiscal. Même si une imposition à l'origine doit être versée spontanément sans émission d'un rôle, un acte administratif peut toujours intervenir pour déclencher le recouvrement en cas de non-paiement. Le mode de recouvrement n'est donc pas l'élément topique d'un régime d'imposition.

En vérité, comme l'avait bien mis en évidence Trotabas, toute imposition est essentiellement une construction juridique qui s'ordonne autour de la nature du prélèvement, cette dernière lui donnant sa cohérence. C'est pourquoi il ne peut exister de classification juridique fondée sur un critère général externe qui rende compte de l'ordonnancement de tous les régimes d'imposition. À cette rationalité générale, il faut opposer la rationalité locale de chaque imposition. C'est ce qui explique que chaque concept en droit fiscal n'a de valeur que fonctionnellement. Prenons l'exemple de la notion de déduction : en matière d'impôt sur le revenu, de TVA ou d'enregistrement, la notion n'a ni le même contenu, ni la même fonction ; dans chaque cas c'est l'objectif du prélèvement qui lui donne sa valeur.

C'est pourquoi renonçant à toute classification juridique des régimes d'imposition on se bornera à une présentation en fonction de l'objet du prélèvement qui globalement conditionne la technique juridique : imposition de revenu, imposition de la dépense, imposition du capital.

Titre premier

L'imposition des revenus

256 Expériences. — Les techniques fiscales d'imposition des revenus des personnes physiques et morales ont longtemps été affectées d'incertitudes et n'ont connu qu'une rationalisation progressive. Leur unification, quant à elle, reste inachevée.

La première formule consista à créer par la loi du 29 juin 1872 un impôt sur le revenu des valeurs mobilières, perçu dans les formes des droits d'enregistrement au moyen d'un prélèvement anonyme effectué par les établissements bancaires. On était encore loin de l'impôt général sur le revenu difficilement accepté par l'opinion malgré la multiplication des projets et propositions déposés devant les Chambres en cette fin du XIXe siècle.

Ce n'est qu'à la suite de longs travaux parlementaires qu'apparut un premier système d'imposition des revenus. Une loi du 15 juillet 1914 établit un impôt général sur le revenu assis sur l'ensemble des revenus du contribuable, connus de l'administration fiscale par la rédaction d'une déclaration. Parallèlement, avec la loi du 31 juillet 1917, étaient créés des impôts cédulaires frappant des catégories de revenus selon des règles et des taux propres. Création de l'impôt sur les bénéfices commerciaux et industriels remplaçant la patente comme impôt d'État, de l'impôt sur les bénéfices agricoles, de l'impôt sur les traitements, salaires et pensions, de l'impôt sur les professions non commerciales ; maintien de l'ancien impôt foncier sur les propriétés bâties et non bâties et de l'impôt sur les revenus mobiliers complété par l'impôt sur le revenu des créances, dépôts et cautionnements.

Toutefois seules les grandes lignes de la réforme donnaient l'image de la rationalité : généralisation de l'imposition et respect de la diversité des facultés constitutives. L'évasion et la fraude, la multiplication des réformes de détail, fruits de la démagogie parlementaire, ont eu tôt fait de ruiner l'édifice.

257 LA RÉFORME DE 1948 ET L'IMPÔT SUR LE REVENU DES PERSONNES PHYSIQUES. — C'est, fait significatif, par un décret du 9 décembre 1948 que les indispensables améliorations techniques furent apportées.

Les personnes physiques sont désormais soumises à un seul impôt comprenant deux éléments, la taxe proportionnelle et la surtaxe progressive. La taxe proportionnelle frappe les différentes catégories de revenus fixés selon des règles qui leur restent propres à un taux unique (18 %) qui sera par la suite assorti d'une décote dégressive. La surtaxe progressive atteint en principe les revenus déjà soumis à la taxe proportionnelle quoique les règles d'assiette aient été souvent différentes, avec un taux progressif.

L'originalité de la réforme de 1948 a donc consisté essentiellement dans l'affirmation de l'unicité de l'impôt plus que dans sa complète réalisation. Elle a laissé subsister une dualité d'imposition et conservé à la surtaxe progressive le caractère d'impôt de superposition que revêtait antérieurement l'impôt général sur le revenu. Si elle a substitué aux différents impôts cédulaires une taxe proportionnelle unique, cet effort vers l'unicité a été compromis par l'exonération de taxe proportionnelle accordée aux traitements et salaires en contrepartie de l'institution d'un versement forfaitaire unique de 5 % payé par les employeurs et par l'application d'un taux réduit de 9 % aux revenus artisanaux ou libéraux qui n'excédaient pas un certain plafond. Au cours des années le retour à une différenciation des conditions d'imposition suivant les natures de revenus n'a fait que s'accentuer au point d'aboutir, à la veille de la réforme de 1959, à une situation voisine de celle qui existait avant 1948.

258 LA RÉFORME DE 1959 ET L'IMPÔT SUR LE REVENU. — La réforme réalisée par la loi du 28 décembre 1959 a consisté à créer un impôt unique sur le revenu des personnes physiques et à confirmer les principes de personnalisation et de progressivité qui inspiraient déjà la législation antérieure.

La taxe proportionnelle et la surtaxe progressive ont été remplacées par un impôt unique à taux progressif sur le revenu des personnes physiques. Toutefois était instituée à titre temporaire une taxe complémentaire sur certaines catégories de revenus non salariaux qui a été supprimée à compter de 1970.

Cette unification n'implique pas que tous les revenus catégoriels soient traités fiscalement de manière identique. Il existe actuellement huit catégories de revenus dont la détermination obéit à des règles particulières qui tiennent compte de leurs caractéristiques propres et de la connaissance inégale que peut en avoir l'administration fiscale. On distingue : les traitements, salaires, pensions et rentes viagères, les bénéfices des professions non commerciales, les bénéfices agricoles, les rémunérations allouées aux gérants et associés de certaines sociétés, les revenus fonciers, les revenus de capitaux mobiliers et les plus-values de cession.

La personnalisation de l'impôt s'est traduite par le maintien du quotient familial et par la création, au profit des personnes de condition modeste, d'un régime d'exonération et de décote.

La progressivité de l'impôt est obtenue par la décomposition du revenu imposable en un certain nombre de tranches auxquelles sont appliqués des taux d'imposition croissants qui ont pu varier, certaines années, de 0 à 70 %.

259 La réforme de 1948 et l'impôt sur les sociétés. — Avant 1948 les sociétés n'étaient pas soumises à une imposition spéciale, leurs résultats étaient passibles de l'impôt cédulaire qui frappait tous les bénéfices industriels et commerciaux. La réforme de 1948 a eu pour objet de créer un impôt spécifique sur les bénéfices des personnes morales dont le taux était fixé initialement à 24 % et qui fut progressivement relevé jusqu'à atteindre 50 % en 1958.

Cette création s'explique par la volonté d'imiter certaines expériences anglo-saxonnes, dont le *corporate income tax* américain, et par la présomption que les sociétés ont une forte capacité contributive. Le résultat immédiat fut la surimposition des bénéfices distribués par les sociétés. On assistait en effet à une triple imposition des dividendes qui après avoir été soumis à l'impôt sur les sociétés étaient passibles, au titre de l'impôt sur le revenu, de la taxe proportionnelle et de la surtaxe progressive. Un premier allégement de la fiscalité des bénéfices distribués a été obtenu en 1959 par la création d'une retenue à la source que les actionnaires étaient autorisés à imputer sur leur impôt sur le revenu. La réforme décisive fut la création de l'avoir fiscal par la loi du 12 juillet 1965. Cet avoir fiscal, égal à la moitié du dividende encaissé par l'actionnaire, était déduit du montant de son impôt sur le revenu. Il s'analysait alors en une véritable ristourne d'impôt sur les sociétés destinée à atténuer la surimposition des dividendes distribués.

Chapitre 1

La conception des revenus

Le droit fiscal n'est jamais parvenu à définir une notion unique du revenu imposable, condition d'application d'un régime unifié d'imposition. Ce n'est qu'en marge d'un raisonnement attaché aux conceptions cédulaires que l'on voit apparaître, de façon souvent très discrète, les éléments d'une définition du revenu et de son régime.

Section I
La qualification des revenus

260 Catégories. — Héritage du système cédulaire, le Code général des impôts ne définit pas le revenu. Si le chapitre Ier du livre I comporte une section II portant une définition générale du revenu imposable on s'aperçoit que les articles 12 et 13 ainsi concernés ne visent que les caractères du revenu : annualité et produit net. Au contraire, on trouvera la définition des revenus fonciers (art. 14), des bénéfices industriels et commerciaux (art. 34), des bénéfices agricoles (art. 63), des traitements, salaires, pensions et rentes viagères (art. 73 à 81), des bénéfices des professions non commerciales (art. 92), des revenus des capitaux mobiliers (art. 108 à 125), des plus-values de cession à titre onéreux (art. 150 A à 150 G).

Toutefois l'interprétation de ces dispositions ne peut être assurée par la seule exégèse de textes contenant des dispositions à la fois trop techniques et trop spécifiques. L'impôt sur le revenu a une vocation synthétique. Il a donc été nécessaire de subsumer une notion de revenu qui puisse permettre de gouverner les qualifications particulières, d'opérer les rattachements à la loi fiscale de produits n'entrant *a priori* dans aucune définition légale. Ces raisonnements assumés par la jurisprudence ont pris appui sur des dispositions légales et ont même parfois suscité leurs propres modifications.

I | La notion de revenu

261 Théories. — La doctrine comme la jurisprudence s'est partagée plus ou moins explicitement entre deux théories, celle de la source et celle de l'enrichissement pour dégager un critère du revenu.

Historiquement première, la théorie de la source qui a servi au législateur de 1914-1917 s'inspire très directement du droit civil et de la notion de fruit (art. 583 et s. C. civ.). Elle postule la réunion de deux éléments : une source permanente du revenu qui peut être un bien corporel, incorporel ou l'activité du contribuable et un produit de cette source susceptible de se renouveler. Une telle théorie permet d'écarter de la matière imposable les accroissements de valeur des biens et les profits occasionnels.

La théorie de l'enrichissement repose non pas sur une référence juridique mais sur l'analyse économique. Pour reprendre les termes des conclusions d'un commissaire du gouvernement qui en fut le plus ardent promoteur, le revenu ne peut s'entendre que de l'ensemble des gains nets réels et non purement monétaires réalisés par le contribuable au cours de l'année d'imposition quelle qu'en soit la forme ou la source. Seul cet ensemble de gains mesurerait exactement ce que constitue économiquement le revenu, c'est-à-dire ce que le contribuable peut dépenser ou accumuler par l'épargne au cours de la période d'imposition sans entamer le stock de capital dont il disposait au début de celle-ci donc, sans s'appauvrir (Delmas-Marsalet, concl. sur CE 30 nov. 1973, n° 86977, *Rec.*, 681).

Toute la difficulté vient de ce que le législateur, au cours des réformes qui ont suivi celles de 1914-1917, n'a pas choisi uniformément de faire prévaloir l'une des conceptions. La définition du revenu à partir de l'enrichissement gouverne la théorie du bilan et l'imposition des plus-values de cession réalisées par les particuliers. La théorie de la source marque de son empreinte la définition si importante, on le verra, des bénéfices non commerciaux. Pour le reste la jurisprudence semble osciller.

Force est donc de présenter les illustrations du raisonnement tenu à l'occasion de situations topiques.

262 LA THÉORIE DU BILAN. — On appelle théorie du bilan le mode de détermination du revenu imposable au titre des BIC et de l'impôt sur les sociétés. Dans un premier temps, la jurisprudence, fidèle à la théorie de la source, ne retenait que l'imposition des gains dégagés par le compte d'exploitation, c'est-à-dire ceux qui étaient engendrés par les opérations habituelles rentrant dans l'objet normal de l'entreprise. Ainsi se trouvaient exclues de l'imposition les plus-values d'actif réalisées en cours ou en fin d'exploitation, au motif qu'elles provenaient d'opérations exceptionnelles ne relevant pas de l'activité normale de l'entreprise. L'administration fiscale, qui entendait soumettre ces plus-values à l'impôt, fit adopter en 1934 et en 1941 une nouvelle définition du bénéfice imposable qui incluait dans celui-ci l'enrichissement de l'entreprise quelle qu'en soit la cause révélée par la comparaison des bilans au début et à la fin de la période d'imposition. C'est l'application de cette théorie du bilan qui a permis d'imposer les profits de toute origine réalisés par l'entreprise. La solution a été partiellement transposée pour dégager le bénéfice réel des entreprises agricoles et celui qui est tiré de l'exercice d'activités libérales.

263 LES PROFITS DE TOUTE NATURE. — Le classement des revenus en catégories a ses limites. Il était nécessaire de rassembler en une catégorie compréhensive les revenus que l'on ne pouvait rattacher directement aux autres catégories. C'est, dans le Code général des impôts, les bénéfices non commerciaux qui jouent ce rôle de « catégorie balai » depuis la rédaction de l'article 92 issue de la loi du 13 janvier 1941 ainsi conçue : « Sont considérés comme provenant de l'exercice d'une profession non commerciale ou comme revenus assimilés aux bénéfices non commerciaux, les bénéfices... de toutes occupations, exploitations lucratives et sources de profits ne se rattachant pas à une autre catégorie de bénéfices ou de revenus. » La marque de la théorie de la source est certaine et la jurisprudence ne manque pas de rechercher l'existence d'une activité, de démarches ou de diligences effectuées par le contribuable en contrepartie desquelles sont versées les sommes ainsi considérées comme des revenus (CE 20 oct. 1941, *S.*, 1942, 3, 23, concl. Letourneur ; CE 28 juin 1963, n° 53793, *DF,* 1963, 47, Doc., concl. Ducamin ; CE 19 avr. 1972, Ministre de l'Économie c/ E..., *RSF,* 1973, 181, concl. Delmas-Marsalet) cette exigence minimale d'une activité à l'origine du revenu est un facteur certain d'extension du champ de l'imposition puisqu'elle permet d'appréhender le résultat d'opérations isolées accomplies par le contribuable (CE 12 juill. 1978, n° 1738, *RJF,* 1978, 10, 289 ; CE 3 oct. 1984, n° 38642, *RJF,* 1984, 12, 738) même lorsqu'elles sont frauduleuses (CE 29 nov. 1982, n° 28305, *RJF,* 1983, 1, 33). Toutefois, dans certains cas limites, la prise en considération d'autres éléments devient nécessaire. S'agissant d'abord d'activités susceptibles d'engendrer des profits aléatoires, le juge tient compte de l'influence possible des intéressés sur la nature des résultats, ainsi les gains tirés de jeu de pur hasard ne seront pas des revenus (CE 23 juill. 1976, n° 99398, *RJF,* 1976, 11, 341 ; CE 21 mars 1980, n° 11235, *RJF,* 1980, 5, 220) mais ceux qui peuvent être escomptés à la suite de la mise en œuvre d'une préparation adaptée le seront (CE 7 mai 1980, n° 18035, *DF,* 1981, 13, 685, concl. Martin-Laprade). L'élément subjectif devient prédominant lorsqu'il est nécessaire de qualifier certaines libéralités. Logiquement, des sommes qui ne sont pas versées en contrepartie d'une activité du bénéficiaire ne peuvent constituer des revenus, ainsi la perception du montant d'une créance faisant partie d'un actif successoral n'est pas assimilée à la perception d'un revenu (CE 7 mai 1980, n° 7948, *DF,* 1981, 31-32, 1554, concl. Lobry). Le juge a dû cependant dépasser cette conception objective et s'attacher à l'intention des parties et à des considérations morales pour analyser la situation de personnes dont le train de vie est assuré par des subsides qu'elles reçoivent de tiers (CE 25 nov. 1981, n° 15495, *DF,* 1982, 14, 761, concl. Verny ; *RJF,* 1981, 12, 555, chron. Léger). Les sommes reçues par une femme entretenue auront le caractère de revenus (CE 29 juill. 1983, n° 34223, *DF,* 1983, 49, 2256, concl. Verny ; *RJF,* 1983, 10, 491, chron. Racine), celles versées par un père à son fils seront de pures libéralités (CE 20 avr. 1984, n° 36185, *RJF,* 1984, 6, 369). Même si la référence formelle à l'idée d'activité est conservée, il est clair que son rôle n'est plus déterminant dans l'opération de qualification. On achèvera cette évocation du relativisme de la notion de revenu en rappelant une jurisprudence qui, tout en rendant hommage à la théorie de la source, consacre en réalité celle de l'enrichissement. À l'occasion de contrôles fiscaux, l'administration peut déceler l'accroissement du patrimoine des contribuables sans réussir à en déterminer l'origine. La pratique conduit alors à réputer cet enrichissement bénéfice non commercial (CE 24 mars 1976, n° 92875, *DF,* 1977, 23, 893, concl. Schmeltz). Certes la jurisprudence a exigé que l'administration l'impute à une activité lucrative caractérisée (CE 17 déc. 1976, n° 1692, *DF,* 1977, 31-37, 1274, concl. Fabre) mais cette référence demeure souvent artificielle et permet d'imposer des plus-values dégagées sur des éléments du capital du contribuable (CE 23 juin 1982, n° 25317, *DF,* 1983, 9, 354, concl. Rivière ; CE 6 févr. 1984, n° 20325, *RJF,* 1984, 4, 232 ; *DF,* 1984, 26, 1252, concl. Fouquet).

264 LES PLUS-VALUES. — La plus-value dans son sens premier désigne l'accroissement de valeur d'un bien. Au regard de l'impôt sur le revenu une distinction essentielle s'impose ; celle des plus-values latentes et des plus-values réalisées. Les plus-values latentes sont constituées par les accroissements de valeur des biens enregistrés alors que ces biens sont détenus par leur propriétaire. Elles ne sont pas imposables à l'impôt sur le revenu. En revanche, les plus-values réalisées qui se révèlent à l'occasion de la cession d'un bien sont imposables. Les plus-values professionnelles provenant de la cession de tout ou partie des biens affectés à l'exercice d'une profession commerciale, agricole ou libérale ont été assimilées à des revenus par le biais de la théorie du bilan. Les plus-values réalisées par les particuliers lors de la cession à titre onéreux d'éléments de leur patrimoine ont commencé par faire l'objet de taxations spécifiques : cessions de terrains à bâtir (art. 150 *ter* ancien CGI), profits spéculatifs occasionnels sur ventes d'immeubles (art. 35 A ancien du CGI), plus-values réalisées à l'occasion de la cession de certains droits sociaux (art. 160 CGI). Les auteurs du projet qui est devenu la loi du 19 juillet 1976 avaient pour ambition d'élargir la base de l'impôt sur le revenu à l'ensemble des plus-values réalisées par les particuliers mais la résistance de l'opinion et de nombreux parlementaires ont conduit à des modifications faisant place à des exonérations et à des régimes particuliers. Il reste que l'article 150 A du CGI pose le principe de l'imposition à l'impôt sur le revenu des plus-values réalisées par des personnes physiques ou des sociétés de personnes lors de la cession à titre onéreux de biens ou de droits de toute nature.

La jurisprudence avait parallèlement consacré cet élargissement du champ du revenu aux plus-values en utilisant l'article 92 du CGI. On vit ainsi imposer des plus-values provenant de la construction d'immeubles sur un terrain au motif qu'elles avaient eu pour source une « occupation » ou une « exploitation » du contribuable (CE 28 juin 1963, n° 53796, *DF,* 1963, 47, Doc., concl. Ducamin ; CE 16 oct. 1964, n° 62089, *DF,* 1964, 48, 1228 ; CE 26 janv. 1968, n° 73700, *DF,* 1968, 9, 312), de même pour des plus-values provenant de capitaux mobiliers (CE 19 avr. 1972, n° 80768, *RSF,* 1973, 181, concl. Delmas-Marsalet ; *DF,* 1972, 34, 916). Cette interprétation compréhensive ne pourra que se développer dans le sens de l'assimilation de la plus-value au revenu pour les situations qui n'entreraient pas dans le champ d'une disposition légale, l'article 92 du CGI jouant alors le rôle de « catégorie balai » pour les plus-values.

265 LES REVENUS DE SUBSTITUTION. — Le contribuable peut être amené à percevoir des sommes ou indemnités en compensation de la perte des revenus ou d'éléments de son capital. Dans ce cas, le principe est que fiscalement le régime des sommes versées en compensation d'un revenu est celui qui est attaché au revenu lui-même. On se bornera à donner quelques exemples d'un raisonnement uniforme. À côté de l'indemnité principale d'expropriation représentative du bien exproprié sont versées parfois des indemnités accessoires destinées à compenser la perte de certains revenus causée par l'opération. Comme les recettes dont elles ont pour objet de compenser la perte, ces indemnités sont normalement imposables dans les catégories de revenus correspondantes (CE 11 juin 1975, n° 93269, *RJF*, 1975, 280 ; CE 16 juin 1980, n° 4811, *RJF*, 1980, 105 ; CE 6 févr. 1981, n° 19087, *DF*, 1983, 4, 65, concl. Lobry). Il a été jugé qu'en cas d'expropriation, l'indemnité qui a pour objet de compenser les frais de transfert et réinstallation d'équipements constitue une recette de l'exercice au cours duquel l'indemnité a été allouée (CE 24 nov. 1986, n° 50202, *RJF*, 1987, 1, concl. Fouquet). Plus largement, dans tout contentieux indemnitaire, il importe de rechercher si les sommes versées sont représentatives de revenus ou viennent dédommager la perte de valeur d'un capital (CE 7 juin 1978, n° 8222, *DF*, 1979, 10, 449, concl. Lobry).

L'application qui en est la plus répandue concerne les indemnités perçues par un salarié lors de la rupture du contrat de travail. Le Conseil d'État analyse avec lucidité les préjudices subis par les salariés licenciés. Échappe à l'impôt la part de l'indemnité qui a pour objet de réparer le préjudice résultant de la perte de salaire, mais aussi le préjudice moral et professionnel (CE 1er avril 1987, n° 65741, *Les Petites Affiches*, 1988, 84, concl. Fouquet ; CE sect. 20 janv. 1992, n° 76405, *DF*, 1992, 17, 884, concl. Arrighi de Casanova). Est exonérée d'impôt, par exemple, une part importante de l'indemnité de licenciement versée à un cadre supérieur âgé de plus de 50 ans (CE 26 juin 1985, n° 20206, *DF*, 1985, 46, concl. de Guillenchmidt).

II | L'AUTONOMIE DES REVENUS

266 PRINCIPES. — Chaque catégorie de revenu obéit à des règles de qualification précises qui en assurent l'autonomie. La discrimination se vérifie aisément quand une même personne physique perçoit des revenus de nature différente, chacun est traité fiscalement en fonction du régime de la catégorie à laquelle il appartient. Il apparaît même que des revenus relevant d'une même catégorie soient distingués. Ainsi les revenus tirés de plusieurs entreprises distinctes exploitées par une même personne peuvent faire l'objet d'impositions distinctes (CE 6 nov. 1974, n° 88541, *DF*, 1975, 21-22, 715, concl. Schmeltz). Mais cette autonomie peut être remise en cause par la volonté du contribuable, la nature des choses ou la loi.

267 EFFETS DE L'INSCRIPTION AU BILAN. — La théorie du bilan a un effet absorbant en ce que les revenus tirés d'éléments inscrits à l'actif sont fondus dans les revenus de l'entreprise. C'est ainsi que tous les revenus des biens immeubles dont une société est propriétaire et qui comme tels sont inscrits à son bilan sont assimilés aux revenus de la société et perdent leurs caractéristiques de revenus fonciers. La liberté d'affectation au bilan de l'entreprise individuelle produit les mêmes effets. Les revenus d'un immeuble inscrit au bilan relèveront intégralement du régime des BIC.

268 THÉORIE DE L'ACCESSOIRE. — Certains revenus parce qu'ils se rattachent à une activité engendrant une autre catégorie de revenus peuvent être assimilés à cette dernière : les revenus de bâtiments d'habitation affectés à une exploitation agricole perdent leur caractère de revenus fonciers distincts pour être rattachés aux bénéfices agricoles (CE 25 janv. 1967, nº 68804, *Rec.,* 33). Les revenus tirés d'actes commerciaux accessoires sont intégrés aux bénéfices non commerciaux tirés d'une activité libérale principale (CE 18 déc. 1974, nº 92298, *RJF,* 1975, 3, 104).

269 CARACTÈRE ATTRACTIF DES BIC. — L'article 155 du CGI dispose : « Lorsqu'une entreprise industrielle ou commerciale étend son activité à des opérations dont les résultats entrent dans la catégorie des bénéfices de l'exploitation agricole ou de celle des bénéfices des professions non commerciales, il est tenu compte de ces résultats pour la détermination des BIC à comprendre dans les bases de l'impôt sur le revenu. » Cette assimilation légale ne joue que si les activités sont complémentaires (CE 4 juill. 1979, nº 99765, *DF,* 1980, 22-23, 1224, concl. Fabre ; CE 23 juin 1982, nº 28059, *DF,* 1983, 8, 284, concl. Rivière) et que si l'activité agricole est prépondérante (CE 4 févr. 1974, nº 89543, *DF,* 1974, 14-15, 392 ; CE 26 oct. 1977, nº 98438, *DF,* 1978, 39, 1396, concl. Fabre). La notion d'entreprise visée à l'article 155 CGI ne doit pas être limitée à son acception juridique, mais doit être mise en œuvre dans sa dimension économique au regard de l'activité exercée. Pour faire application de cette disposition il convient de rechercher la prépondérance de l'activité commerciale ou industrielle et de vérifier l'intégration verticale et horizontale des activités. Par exemple : les bénéfices d'un groupement forestier, personne morale indépendante, constitué de deux exploitants industriels de scieries doivent être imposés au titre des BIC (CE 9 nov. 1990, Friand-Bourdier, *DF*, 1990, 51, concl. Chahid-Nourai).

Section II
Les caractères du revenu imposable

I | L'ANNUALITÉ

L'année est le cadre temporel d'appréciation du revenu imposable. La mise en œuvre de ce principe implique que soit identifiée la période annuelle retenue et définis les critères de rattachement des revenus à cette période.

A - Les principes

270 REVENUS DES MÉNAGES. — Sont annuellement imposables les revenus dont les contribuables ont disposé pendant l'année civile. C'est donc la disposition du revenu entre le 1er janvier et le 31 décembre qui constitue le critère de rattachement.

La notion de disponibilité du revenu a donné lieu à une abondante jurisprudence qui en a précisé les contours. L'idée de base est simple : pour qu'un revenu soit disponible il faut que le contribuable ait eu la possibilité matérielle de l'appréhender.

La remise d'une somme en espèces, la remise d'un chèque avant qu'il soit porté au crédit du compte du contribuable (CE 3 avr. 1981, n° 18321, *RJF*, 1981, 6, 315), l'inscription d'une somme à un compte courant (CE 24 juill. 1981, n° 24017, *DF*, 1982, 52, 2484, concl. Rivière) suffisent à constituer la disponibilité du revenu.

L'héritier acceptant sous bénéfice d'inventaire une succession doit être regardé comme ayant, en droit, la disposition des fruits de la succession (CE 9 janv. 1991, Emmanuelli, *DF,* 1991, 10, concl. Arrighi de Casanova). Peu importe dès lors le comportement ultérieur du contribuable qui pourra s'abstenir de le prélever (CE 14 oct. 1983, n° 36555, *RJF,* 1983, 12, 664), seule étant retenue la possibilité matérielle d'opérer le prélèvement quels que soient par ailleurs les droits du contribuable sur ces sommes ; le fait prime le droit (CE 29 juin 1977, n° 3806, *DF,* 1978, 43, 1646, concl. Lobry ; CE 26 mai 1982, n° 19531, *DF,* 1983, 5, 117, concl. Léger). En vertu de cette même philosophie seront disponibles les sommes effectivement perçues bien que, juridiquement, elles auraient dû être affectées à un emploi forcé : sommes reçues par un contribuable en état de règlement judiciaire et affectées à l'extinction de ses dettes (CE 19 déc. 1980, n° 14207, *DF,* 1981, 18, 1951, concl. Rivière), sommes saisies arrêtées (CE 4 juill. 1979, n° 6295, *RJF,* 1979, 10, 345 ; CE 6 janv. 1984, n° 29639, *RJF,* 1984, 3, 137). En revanche n'est pas disponible une somme dont l'attribution au contribuable est décidée juridiquement mais ni versée en espèces ou inscrite à un compte (CE 26 juill. 1982, n° 20662, *RJF,* 1982, 10, 469), une somme inscrite à un compte courant mais bloquée en garantie des prêts consentis à la société versante (CE 23 févr. 1977, n° 97450, *RJF,* 1977, 4, 155), mais le blocage d'un compte courant de dirigeant ne fait pas obstacle à ce que la somme inscrite à ce compte soit regardée comme disponible à la date d'inscription dès lors que c'est le dirigeant qui décide de l'affectation à son compte courant des sommes qui lui sont dues par la société (CE 4 oct. 1990, Cassonne, *DF,* 1990, 17-18, concl. de Saint-Pulgent), ou encore, ce qui est d'un usage assez courant, la somme qu'une société a inscrite sur un compte frais à payer sans la payer ni l'inscrire au compte de l'intéressé (CE 27 juill. 1979, n° 12219, *RJF,* 1979, 11, 373). À noter que les sommes perçues par un mandataire sont réputées être à la disposition du contribuable dès leur encaissement. Cette disponibilité n'est qu'une présomption simple, la preuve contraire peut être apportée par le contribuable (CE 24 juill. 1987, n° 55849, *DF,* 1988, 42, 1926, noter Schmitt). Si c'est le contribuable qui a lui-même organisé l'indisponibilité du revenu celui-ci devra être réputé disponible (CE 10 oct. 1984, n° 35677, *RJF,* 1984, 12, 746).

271 Revenus des entreprises. — Les entreprises qui tiennent une comptabilité ont le choix de la date de clôture de leur exercice. Elles peuvent même retenir un exercice d'une durée inférieure ou supérieure à douze mois. Lorsque l'entreprise n'a pas établi de bilan elle doit être réputée avoir exercé son activité dans le cadre de l'année civile (CE 4 nov. 1974, n° 91396, *DF*, 1975, 14-15, 504, concl. Latournerie). Le critère de la disponibilité ne joue pas ; on doit tenir compte des créances acquises pendant l'exercice et les revenus sont imposables au titre de l'année au cours de laquelle ils sont devenus certains même si, en fait, ils n'ont pas été perçus ou mis à la disposition de leur bénéficiaire (CE 26 avr. 1972, n° 80564, *Rec.*, 319 ; CE 6 juill. 1979, n° 99012, *RJF*, 1979, 10, 335). Spécialement en matière de bénéfices industriels et commerciaux les bénéfices sont réputés réalisés à la clôture de l'exercice. C'est seulement à cette date que les exploitants individuels peuvent être réputés avoir réalisé les bénéfices même s'ils ne les ont pas effectivement appréhendés (CE 9 mars 1983, n° 24725, *DF*, 1983, 42, 1921, concl. Schricke).

Si en principe l'assiette de l'impôt sur le revenu au titre des bénéfices non commerciaux est déterminée en fonction des sommes mises à la disposition du contribuable (CE 11 juin 1980, n° 11510, *RJF*, 1980, 9, 356), celui-ci peut choisir de déterminer ses résultats comme en matière de bénéfices industriels et commerciaux.

B - Le système du quotient

Cette technique visant à limiter les effets de la progressivité concerne les revenus exceptionnels ou différés. Depuis l'imposition des revenus de 1992, la technique dite de l'étalement a été abrogée et remplacée par le système du quotient qui consiste à calculer l'impôt correspondant au revenu exceptionnel ou différé en ajoutant le quart, en principe, de ce revenu au revenu net global « courant » de l'année de sa réalisation, et en multipliant par quatre la cotisation supplémentaire ainsi obtenue.

272 Revenus exceptionnels. — Les revenus exceptionnels ne sont pas déterminés en fonction de l'importance de leur montant mais de leur nature. La qualification de revenus exceptionnels ne peut être refusée du seul fait que les revenus sont tirés d'une activité professionnelle (CE 28 mai 2001, n° 216312, *DF,* 2001, 44-45, 1001, concl. Austry). Il ne suffit pas que le contribuable ait bénéficié d'une conjoncture exceptionnellement favorable pour que les revenus tirés de cette situation soient exceptionnels (CE 17 mai 1989, n° 75710, *DF,* 1989, 39, comm. 1657, concl. Martin-Laprade). Il faut que ce soient des revenus non susceptibles d'être recueillis annuellement par le contribuable dans l'exercice normal de ses activités. Il en va ainsi, par exemple, de plus-values réalisées lors de la cessation d'une activité professionnelle (CE 16 déc. 1981, n° 23102, *DF,* 1982, 12, 624, concl. Verny), de réserves distribuées par une société (CE 9 nov. 1981, n° 22725, *DF,* 1982, 8, 315), des profits tirés par un particulier du lotissement d'un terrain (CE 10 nov. 1976, n° 94298, *DF,* 1976, 51, 1905), d'une prime exceptionnelle dont l'octroi ne répond pas aux conditions habituelles de rémunération d'un salarié (CE 28 oct. 1983, n° 33533, *DF,* 1984, 7, 249, concl. Fouquet) mais, au contraire, les gains exceptionnels provenant d'une activité habituelle ne pourront bénéficier de l'étalement (CE 6 févr. 1981, n° 18273, *DF,* 1981, 24-25, 1295, concl. Verny). De la même façon, le Conseil d'État estime que le profit résultant de la vente par un brocanteur de deux tableaux de maître n'excède pas le cadre habituel de sa profession, et ne constitue pas un revenu exceptionnel (CE 1er déc. 1999, n° 193264, *DF,* 2000, 16, 322, concl. Arrighi de Casanova).

L'utilisation d'un tel critère est particulièrement défavorable aux artistes dont la vente des œuvres est très souvent irrégulière (CE 20 avr. 1983, n° 33149, *DF,* 1983, 49, 2251, concl. Schricke), c'est pourquoi le législateur a créé (art. 100 *bis* CGI) pour les contribuables qui disposent de bénéfices provenant de la propriété littéraire, artistique ou scientifique un régime spécial et optionnel d'imposition sur la moyenne trisannuelle des revenus (CE 21 déc. 1990, Boudin, *DF,* 1992, 23, concl. Gaeremynck).

Le revenu exceptionnel ne peut donner lieu à l'application du système du quotient que s'il dépasse la moyenne des revenus nets d'après lesquels le contribuable a été imposé au titre des trois dernières années.

273 Revenus différés. — Ce sont des revenus qui, quel que soit leur montant, par leur date d'échéance correspondent à une période de plusieurs années mais qui, en raison de circonstances indépendantes de la volonté des bénéficiaires, ont été mis à leur disposition au cours d'une même année. On peut citer les rappels de traitements, salaires, ou pensions correspondant à plusieurs années, les loyers arriérés perçus en une seule fois. La qualification est parfois délicate, il faut que les sommes n'aient pas été versées à leur échéance normale ; ainsi n'est pas un revenu différé une indemnité perçue à raison de services rendus sur plusieurs années mais à l'échéance prévue (CE 14 mars 1979, n° 19867, *DF,* 1980, 13, 704, concl. Rivière).

274 Modalités du système du quotient. — Purement facultatif, la mise en œuvre de ce système est subordonnée à une demande expresse du contribuable. Lorsque le revenu exceptionnel ou différé est imposé à la suite d'une proposition de rectifications, le contribuable a la possibilité de demander l'application du dispositif. Si le contribuable demande à tort l'application de ce système, l'administration peut requalifier l'opération dans le cadre d'une notification d'une proposition de rectifications. Il peut en outre s'en prévaloir dans le cadre d'une procédure contentieuse.

Il faut d'abord calculer l'impôt résultant de l'application du barème progressif au seul revenu « ordinaire ». Puis, il est fait application du même calcul sur le revenu « ordinaire » majoré du quart du revenu exceptionnel ou différé. La différence entre les deux résultats précédents est multipliée par quatre, ce qui donne la cotisation supplémentaire liée au revenu exceptionnel ou différé. Le montant de l'impôt dû est l'addition de l'impôt lié au revenu « ordinaire » et de l'impôt résultant du revenu exceptionnel ou différé.

275 Bénéfices agricoles. — Un régime spécial adapté à l'irrégularité des revenus agricoles est applicable aux bénéfices exceptionnels excédant la moyenne des résultats des trois années précédentes sans qu'il y ait eu de changement substantiel des conditions d'exploitation.

L'exploitant qui réalise un bénéfice supérieur à 25 000 € et excédant une fois et demie la moyenne des résultats des trois années précédentes peut demander que la fraction de ce bénéfice qui dépasse les montants ci-dessus fixés ou cette moyenne, si elle est supérieure, soit rattachée, sur option, par fractions égales, aux résultats de l'exercice de sa réalisation et des six exercices suivants.

II | La valeur nette

276 Principe de la déduction des charges. — Le revenu imposable est un revenu net. C'est ce que rappelle l'article 13-1 du CGI : « Le bénéfice ou revenu imposable est constitué par l'excédent du produit brut, y compris la valeur des profits et avantages dont le contribuable a joui en nature, sur les dépenses effectuées en vue de l'acquisition et de la conservation du revenu. » Définition générale qui est relayée par la définition légale des charges afférentes à chaque catégorie de revenus. Une telle rédaction suscite immédiatement une interrogation : des « frais » qui ne relèvent d'aucune définition spécifique des charges peuvent-ils être déductibles s'ils correspondent à la définition générale. La réponse est positive. Le juge fiscal recherche en effet si les dépenses litigieuses rentrent dans le champ des dispositions particulières relatives aux catégories de revenu et à défaut si elles peuvent être conformes à la définition de l'article 13-1 (CE 20 juin 1969, n° 73204, *Rec.*, 330).

Reste alors à approfondir le sens de cette définition qui est essentiellement négatif : pour les entreprises ne constituent pas des charges déductibles les sommes qui ne correspondent pas à la diminution de l'actif net, pour les particuliers en sont exclus les frais engagés pour accroître ou maintenir le patrimoine du contribuable (CE 20 juill. 1971, n° 81146 ; *DF,* 1972, 50, 1821, concl. Delmas-Marsalet ; CE 25 mai 1979, n° 11211, *DF,* 1979, 40, 1888).

Il faut enfin remarquer que ces charges sont totalement indépendantes des charges déductibles du revenu global qui, malgré la similitude de dénomination, ne correspondent pas à la même conception (CE 16 juin 1982, n° 25426, *DF,* 1983, 13, 601, concl. Léger).

277 Modalités. — La déductibilité d'une charge suppose d'abord que cette dernière se rapporte à un revenu qui soit effectivement imposé (CE 15 juin 1977, n° 2594, *DF,* 1977, 30, 1192). Les charges sont admises en déduction des revenus réalisés au cours de l'année où elles ont été supportées alors même qu'elles ont été engagées à raison de revenus non encore perçus (CE 13 févr. 1974, n° 86174, *DF,* 1974, 25, 751, concl. Schmeltz).

Pour aller plus loin

278 GÉNÉRALITÉS SUR LA TECHNIQUE FISCALE. — Consultez notamment : L. Mehl et P. Beltrame, *Science et technique fiscale,* PUF, coll. « Thémis »,1984, l'ouvrage a été réédité en 1997 sous le titre *Techniques, politiques et institutions fiscales comparées* ; M. Lauré, *Traité de politique fiscale,* PUF, 1956 (un classique) ; C. David, *L'impôt sur le revenu des ménages. Assiette imposable,* Economica, coll. « Droit des affaires et de l'entreprise », 1988 (une somme déjà ancienne) ; P. Beltrame, *La fiscalité en France,* Hachette, coll. « Les fondamentaux », 2009 ; P. Serlooten, *La fiscalité française,* Dalloz, coll. « Connaissance du droit », 1996, réédité en 2000 sous le titre *Introduction au droit fiscal.* On suivra l'évolution des conceptions fiscales au travers de la lecture de G. Orsoni *L'évolution de la notion d'impôt,* Th. Aix, 1975 (dactyl.), de M. Bouvier et M.-C. Esclassan, *Essai de contribution à une théorie générale de l'impôt,* Th. Lyon II, 1980 (dactyl.), et de P. Beltrame, *Les systèmes fiscaux,* Paris, PUF, 1975.

Un ouvrage d'initiation sous formes d'articles de très grande qualité scientifique permet d'aborder tous les grands concepts de la technique fiscale : P. Beltrame, *L'impôt,* Paris, MA Éditions, 1987.

On mesurera l'apport de la jurisprudence en consultant : C. David, O. Fouquet, B. Plagnet, P. F. Racine, *Les grands arrêts de la jurisprudence fiscale,* 5e éd., Dalloz, coll. « Les grands arrêts », 2009, 1 135 p.

Il n'existe pas de travaux généraux et approfondis sur l'histoire des techniques fiscales en dehors de certains chapitres de G. Ardant, *Théorie sociologique de l'impôt,* Paris, 1965, mais sur l'histoire fiscale générale on peut consulter : J.-J. Clamageran, *Histoire de l'impôt en France,* Paris, 1876, G. Ardant, *Histoire de l'impôt,* Fayard, coll. « Les grandes études historiques », 1971 et 1972 ; A. Neurrisse, *Histoire de l'impôt,* Paris, PUF, coll. « Que sais-je ? », 1978 ; R. Schnerb, *Deux siècles de fiscalité française, XIXe et XXe siècles,* Paris, Mouton, 1973 (recueil d'articles) ; J.-M. Garrigou-Lagrange, Évolution du système fiscal français au XXe siècle, *RSF,* 1961, 199). L'analyse de l'évolution de l'impôt au XIXe et au début du XXe siècle en France et à l'étranger a été faite par C. Rosier, *L'impôt,* Éd. Aubier, 1936. Pour une histoire détaillée et chiffrée de l'impôt de 1945 jusqu'aux années 1990-1991 : J.-Y. Nizet, *Fiscalité, économie et politique. L'impôt en France, 1945-1990,* LGDJ, 1991 (les développements épousent la chronologie de la période étudiée). La politique fiscale de la Ve République a fait l'objet de quelques études : C. de Brie et P. Charpentier, *La politique fiscale de la République,* Th. Paris, 1972 (6 vol. dactyl.) ; G. Tournié, *La politique fiscale sous la Ve République,* Toulouse, Éd. Privat, 1985 (très utiles indications sur la fiscalité de la IIIe et de la IVe République) ; P. Bertoni, *Les politiques fiscales sous la Ve République. Discours et pratiques (1958-1991),* L'Harmattan, coll. « Logiques juridiques », 1995 (la continuité des politiques fiscales). Sans oublier G. Chambas et J.-L. Combes, L'impôt progressif sur le revenu : deux siècles de débat en France, *RFFP,* 2001, 74, 197.

L'étude des classifications fiscales a fait l'objet de travaux déjà anciens, qui, fait caractéristique, n'ont pas été renouvelés : M. Chrétien, La distinction des impôts directs et des impôts indirects présente-t-elle encore une réelle utilité ?, *Bull. des sc. écon.* (Coimbra), vol. 3, 1954, 157, et vol. 4, 1955, 1 ; Y. Rullière, Utilité et réalité de la distinction entre impôts directs et indirects, *RSF,* 1966, 368 ; J.-C. Ducros, Les typologies fiscales dichotomiques, *RSF,* 1974, 231.

On retrouve les difficultés des distinctions et leur relativité en jurisprudence lorsqu'elles servent à déterminer le juge compétent pour connaître du contentieux des impositions : B. Castagnède, La répartition des compétences juridictionnelles en matière fiscale, Th. Paris I, 1972, et J.-J. Bienvenu, Variations sur les difficultés de fonder le partage des compétences juridictionnelles, *RFFP,* n° 17, 1987, 31 ; T. Lambert, *L'autonomie relative du contentieux fiscal. Contentieux fiscal. Principes et pratiques* (ouvr. collectif), Éd. STH, 1989, p. 141.

279 CONCEPTIONS GÉNÉRALES. — On recourra d'abord aux anciennes synthèses : Ch. Philippe, *Le problème fiscal de l'impôt sur le revenu,* Éd. Gallot, 1898 ; P. Binet, *Les grands problèmes de l'impôt sur le revenu,* Sirey, 1926 ; E. Allix, M. Lecerclé, *L'impôt sur le revenu, traité théorique et pratique,* Éd. Rousseau & Cie, 1926 ; L. Bocquet, *L'impôt sur le revenu cédulaire et général,* Sirey, 1933, 5 vol., pour aboutir à P. Beltrame, *L'imposition des revenus,* Berger-Levrault, coll. « L'Administration nouvelle », 1970.

Sur l'unité de l'impôt sur le revenu : J.-M. Marcireau, L'unicité de l'impôt sur le revenu, *RSF,* 1973, 101 ; J.-P. Casimir, La résurrection des catégories cédulaires dans l'impôt sur le revenu français, *Mélanges Sibille,* 1981, p. 305. On pourra suivre l'évolution des conceptions par la lecture de quelques thèses : E. Vessiliez, *Unité ou dualité de l'impôt sur le revenu,* Th. Paris, 1948 ; H. Isaïa, *La personnalisation de l'impôt sur le revenu (1918-1972),* Th. Nice, 1973 ; J.-P. Damon, *L'imposition discriminatoire des revenus,* Th. Paris, 1968 ; A. Colombeau, *Disparités et inégalités dans l'assiette de l'impôt sur le revenu,* Th. Aix, 1976 ; N. Bréjon de Lavergnée, *L'enrichissement de l'État par l'IRPP. Accroissement du produit de l'impôt,* Th. Paris, 1973 ; S. Tsoulidès, *Les procédures d'imposition réelle,* Th. Paris XIII, 1984. Pour replacer les problèmes fiscaux dans une perspective historique lire H. Isaïa, J. Spindler, La création d'un système d'imposition des revenus, *Histoire du droit des finances publiques,* vol. II : *Les grandes étapes de l'évolution de la fiscalité d'État. Textes à l'appui,* Economica, coll. « Finances publiques », 1987, 13.

280 AUJOURD'HUI. — On analysera les problèmes contemporains de l'impôt sur le revenu à travers la lecture de différents rapports de Conseil des impôts publiés au *Journal officiel,* puis du Conseil des prélèvements obligatoires publiés à La Documentation française. Quand la progressivité de l'impôt sur le revenu est remise en cause : B. Castagnède, La réforme de l'impôt sur le revenu en France, *L'Année fiscale,* 2006, 9.

281 SUPPRIMER L'IMPÔT SUR LE REVENU ? — La suppression de l'impôt sur le revenu est devenue un thème à la mode, mais la question n'est pas nouvelle : *Faut-il supprimer les impôts ?* (ouvr. collectif), Plon, coll. « Tribune libre », 1957 ; M. Jobert, Fiscalité et progrès : supprimer l'impôt sur le revenu, *Pouvoirs,* n° 23, 1982, 103, et surtout G. Dufaud, *L'impôt sur le revenu à supprimer,* Paris, Economica, 1986 (contient une analyse très documentée sur les dysfonctionnements de cette imposition) ; R. Maury, *J'accuse l'impôt sur le revenu,* Calmann-Lévy, 1996. Pour certains il n'est pas possible de supprimer l'impôt sur le revenu tant pour des raisons budgétaires que pour des considérations au regard des obligations communautaires : G. Orsoni, Peut-on supprimer l'impôt sur le revenu ?, *RFFP,* 1990, 29, 71. Pour d'autres, l'impôt sur le revenu n'est pas réformable : G. Malabouche, L'impôt sur le revenu peut-il être réformé ?, *RFFP,* 1996, 54, 183. Pour ceux qui envisagent de remplacer l'impôt sur le revenu par une TVA atténuée et une imposition du capital : G. Bernard, Critique contemporaine de l'impôt, *Les Petites Affiches,* 1990, 141, 25.

Les propositions de réformes ne manquent pas. Pour un constat précis et des propositions circonstanciées : B. Ducamin *et al.*, *Études des prélèvements fiscaux et sociaux pesant sur les ménages,* La Documentation française, coll. « Rapports officiels », 2 vol., 1996 (beaucoup d'informations sur les prélèvements fiscaux et sociaux).

282 HISTOIRE. — Il manque une histoire d'ensemble des techniques d'imposition des revenus. On pourra lire comme introduction à ces problèmes E. Seligman, *L'impôt sur le revenu,* Paris, 1913. Des documents parlementaires importants retracent l'état des controverses et surtout des mentalités : *Rapport du citoyen Thiers précédé de la proposition du citoyen Proudhon relative à l'impôt sur le revenu et suivi de son discours prononcé à l'Assemblée nationale le 31 juillet 1848,* Paris, 1848 ; Y. Guyot, *L'impôt sur le revenu, Rapport fait au nom de la Commission du budget sur les questions soulevées par diverses propositions relatives à l'impôt sur le revenu,* Paris, 1886 ; *L'impôt sur le revenu et l'impôt sur les revenus dans les pays étrangers, notes réunies par la Direction générale des contributions directes,* Paris, Impr. nat., 1895 ; Commission extraparlementaire de l'impôt sur les revenus instituée au ministère des Finances, *Procès-verbaux,* Paris, Impr. nat., 1895 (2 vol.).

De nombreuses thèses de valeur très inégale ont été consacrées à la question de l'impôt sur le revenu entre 1890 et 1920, on leur préférera quelques écrits contemporains : L. Say, *Les solutions démocratiques de la question des impôts. Conférences faites à l'École des sciences politiques,* Paris, 1896 ; C. Philippe, *Le problème fiscal de l'impôt sur le revenu,* Paris, 1898 ; P. Duclos, *L'impôt sur le revenu,* Paris, 1904 ; G. Gros, *L'impôt sur le revenu. Essai d'économie financière,* Paris, 1907, et quelques réactions caractéristiques d'économistes français : C. Gide, La psychologie et l'impôt sur le revenu, *Rev. écon. pol.,* 1889, 220 ; P. Leroy-Beaulieu, La mystification du projet d'impôt général sur le revenu, *L'Économiste français,* 1896. Pour une synthèse des projets entre 1848 et 1914 lire A. Héritier, Un catalogue des projets d'impôt sur le revenu. Une analyse fiscale de 1848 à 1914, *Rev. Trésor,* 1999, 7, 418 (bien documenté).

Pour apprécier la façon dont un réformateur concevait le système fiscal on lira l'indispensable J. Caillaux, *Les impôts en France,* Paris, 2e éd., 1911 (2 vol.), mais la meilleure façon de comprendre la construction technique laborieuse du système d'imposition des revenus est de suivre les chroniques de la *RSLF* : A. Révillon, *RSLF,* 1907, 407 ; *RSLF,* 1908, 236 et 415 ; J.-M. Bouchard, *RSLF,* 1909, 85, 365, 613 ; E. Bouvier, *RSLF,* 1912, 542 ; J. Haristoy, *RSLF,* 1914, 301 ; *RSLF,* 1916, 5 ; *RSLF,* 1917, 52, 414, 636 ; *RSLF,* 1918, 125.

Il existe des synthèses qui relèvent plus de l'histoire politique que de l'histoire des techniques : P. Daudignon, *Histoire de l'impôt direct en France depuis 1790,* Th. Paris II, 1973 ; M. Frajerman et D. Winock, *Le vote de l'impôt général sur le revenu, 1907-1914,* Mémoire Paris VIII (dactyl.) ; B. Vandeginste, *Le Sénat et l'impôt sur le revenu (1909-1917),* Th. 3e cycle, Paris-Sorbonne, 1961 (dactyl.) ; J.-N. Jeanneney, La bataille de la progressivité sous la IIIe République, *Pouvoirs,* n° 23, 1982, 21.

283 CRITÈRES ET CARACTÉRISTIQUES DU REVENU. — Pour bien comprendre les enjeux de la qualification on se reportera à deux excellents travaux : C. A. Colin, *La notion du revenu en matière fiscale,* Th. Paris, 1924, et M. Chrétien, Les gains en capital, *DF,* 1976, nos 21, 24, 28, 30. Voir aussi : L. Mehl, Le traitement fiscal des gains en capital, *Cahiers de dr. fisc. int.,* vol. 13, 1960 ; J. Daguet, *La notion fiscale de bénéfice,* Th. Caen, 1959 ; R. Blancher, La notion de revenu en droit fiscal, *D.,* 1960, chron., p. 142 ; J. Grosclaude, Une extension de la notion fiscale de revenu : l'imposition des plus-values sur terrains à bâtir, *JCP,* 1966, I, 1986. On lira également avec intérêt les interventions de MM. Vedel, Lalumière, *Uri devant la Commission Monguilan, Rapport de* *la commission d'étude d'une imposition généralisée des plus-values,* t. II, Paris, La Documentation francaise, 1975. Synthèse dans J. Quesnel, *Les gains non imposables à l'impôt sur le revenu,* Th. Bordeaux 1, 1981 (dactyl.). *Adde* P.-F. Racine, Réflexions sur la notion de revenu, *BF,* 1984, 2, 67.

Sur les revenus de substitution : C. David, Régime fiscal et régime de sécurité sociale applicables aux indemnités perçues par un salarié lors de la rupture du contrat de travail, *D. soc.,* 1981, 684 ; X., Indemnités perçues lors de la cessation du contrat de travail, *BF,* 1985, 4, 139.

Sur l'autonomie des revenus : M. Cozian, Les méthodes d'imposition en cas de pluralité de professions, *Les grands principes,* p. 203 ; M.-C. Bergerès, Une manifestation du caractère attractif des BIC : l'article 155 du CGI, *DF,* 1983, II, 380 ; F. Alcade, *La profession libérale en droit fiscal,* Paris, 1984, p. 183 et s. (importants développements sur la notion fiscale d'accessoire).

Sur la disponibilité du revenu : M. Cozian, Fiscalité des entreprises et fiscalité des ménages, *Mélanges P.-M. Gaudemet,* 1984, 671.

Jurisprudence topique :

— Inscription au crédit d'un compte : concl. sur CE 29 juin 1977, n° 3806, *DF,* 1978, 43, 1637 ; concl. sur CE 24 juill. 1981, n° 52, 2472 ; concl. sur CE 26 mai 1982 n° 19531, *DF,* 1983, 5, 117 ; concl. sur CE 28 mai 1984, n° 40, 1649 ; concl. sur CE 3 juill. 1985, n° 47921, *DF,* 1985, 49, 2113, et M. Cozian, La non-imposition des revenus inscrits à un compte de « charges à payer », *Grands principes,* p. 537 ; J. Grosclaude, L'imposition des revenus inscrits en compte, *Mélanges P.-M. Gaudemet,* p. 805.
— Effets du blocage de compte : concl. sur CE 23 févr. 1977, n° 97450, *DF,* 1978, 17, 647.
— Revenus en indivision : CE 25 juill. 1980, n° 13970, *DF,* 1980, 43, 2106 ; CE 6 mars 1991, Baudrand, *Bull. Joly,* 1991, 4, 450.
— Incidence d'un règlement judiciaire : concl. sur CE 19 déc. 1980, n° 14207, *DF,* 1981, 18, 951.
— Incidence d'une saisie-arrêt : concl. sur CE 20 mars 1985, n° 21159, *DF,* 1985, 41, 1672.
— Effets du blocage d'un compte courant : CE 4 oct. 1990, Cassonne, *DF,* 1990, 17-18, concl. de Saint-Pulgent.

284 LA VALEUR NETTE DU REVENU. — Lire : M. Cozian, Le revenu imposable est un revenu net, *Les grands principes de la fiscalité des entreprises,* 4ᵉ éd., Litec, 1999, p. 201 ; Mandelkern, concl. sur CE 15 mai 1974, n° 88924, *DF,* 1975, 2, 49 ; M. D. Hagelsteen, chron., *RJF,* 1978, 5, 149.

Sur l'annualité de l'impôt : F. Bezille, *Annualité de l'impôt et indépendance des exercices comptables,* Th. Dijon, 1981 (dactyl.).

Sur l'étalement des revenus : article de Y. Gaudemet, *DF,* 1975, 13, 6 ; P.-F. Racine, Le régime fiscal des écrivains, *BF,* 1983, 4, 235.

Jurisprudence topique :

— Revenus exceptionnels : CE 14 mars 1979, n° 10867, *DF,* 1979, 26, 1343 (indemnité de départ à la retraite) ; concl. sur CE 16 déc. 1981, n° 23102, *DF,* 1982, 12, 606 (plus-value à long terme), et chron. *RJF,* 1975, 10, 307 ; *RJF,* 1982, 2, 66 : *RJF,* 1983, 6, 335.
— Revenus différés : CE 12 mai 1976, n° 88111, *RJF,* 1976, 7-8, 231 ; CE 12 déc. 1979, n° 15558, *RJF,* 1980, 2, 47 (critère du retard anormal indépendant de la volonté du contribuable).
— Portée de l'option pour l'étalement : concl. sur CE 15 nov. 1978, n° 10208, *DF,* 1979, 32-38, 1691 (révocation).

Chapitre 2

La détermination des revenus catégoriels

Les revenus catégoriels doivent être pris en compte pour leur valeur réelle, ce qui implique la mise en œuvre de règles spécifiques adaptées à la nature des revenus et des activités imposés. Mais soit par faveur, soit par impossibilité d'en connaître les montants réels, la loi fiscale admet dans certaines hypothèses une forfaitisation de l'évaluation.

Section I
Les bénéfices industriels et commerciaux

Les règles d'assiette des bénéfices industriels et commerciaux revêtent une grande importance puisque, à quelques différences près, elles sont communes aux entreprises imposées à l'impôt sur le revenu et à l'impôt sur les sociétés. Les bases imposables sont déterminées à partir de la situation patrimoniale de l'entreprise telle qu'elle figure à son bilan et font intervenir des règles comptables souvent complexes.

I | Les activités imposables

285 Analyse de l'activité. — La qualification procède d'abord de l'analyse de la nature de l'activité comme l'y invite l'article 34 du CGI : « Sont considérés comme bénéfices industriels et commerciaux, pour l'application de l'impôt sur le revenu, les bénéfices réalisés par des personnes physiques et provenant de l'exercice d'une profession commerciale, industrielle ou artisanale... » La lettre du texte est suffisamment explicite et compréhensive pour faire l'économie de subtiles exégèses. La difficulté viendra de cas limites où l'activité commerciale rejoint l'activité civile ou l'activité libérale. Dans ce cas les critères déterminants pour emporter la qualification de BIC seront ceux du personnel employé, du matériel utilisé, des méthodes de vente et de publicité mises en œuvre (CE 3 nov. 1976, n° 99416, *DF,* 1977, 11, 426 ; CE 10 oct. 1979, n° 9441, *DF,* 1980, 19, 1021, concl. Martin-Laprade ; CE 9 févr. 1983, n° 10943, *DF,* 1983, 20-21, 1042). Traditionnellement la qualification est indifférente au caractère illicite de l'activité (CE 18 mars 1981, n° 6404, *DF,* 1981, 24-25, 1279). Il a été jugé qu'une activité rémunérée par une commission fixée proportionnellement à l'augmentation du chiffre d'affaires, alors même qu'elle ne donne pas lieu à la mise en œuvre de moyens matériels et humains particuliers, revêt le caractère d'une activité d'agent d'affaires et présente un caractère commercial (CE 8 juin 2001, n° 220978, *BDCF,* 2001, 10, 117, concl. Séners).

286 LES ASSIMILATIONS LÉGALES. — L'article 35 du CGI rattache aux bénéfices industriels et commerciaux les produits d'un certain nombre d'activités. On retiendra surtout l'activité des marchands de biens qui achètent en leur nom, en vue de les revendre, des immeubles, des fonds de commerce, des actions ou parts de sociétés immobilières. Cette disposition vise d'abord les professionnels de l'immobilier mais aussi, et c'est là son danger, les particuliers qui font habituellement de telles opérations. L'extension du champ de l'imposition dépendra alors de l'appréciation souvent très compréhensive de cette condition d'habitude (CE 29 avr. 1985, n° 44549, *RJF,* 1985, 6, 444) qui peut être remplie même s'il y a eu opération unique (CE 9 mars 1977, n° 98504, *RJF,* 1977, 181). Les mêmes observations peuvent être faites pour les activités de promotion immobilière (CE 11 janv. 1984, n° 37870, *RJF,* 1984, 3, 131). Certaines locations relèvent également de cette catégorie quand le propriétaire donne en location un immeuble à usage professionnel avec son équipement ou un logement meublé. Enfin les profits de lotissements réalisés par les personnes ayant la qualité de marchands de biens sont soumis aux BIC.

Quand la prépondérance de l'activité commerciale n'est pas établie et qu'en outre l'intégration entre les activités commerciales et non commerciales n'est pas démontrée, chaque activité recevra une imposition au titre du revenu catégoriel qui lui est propre (CE 10 mai 1991, Dehorne, *Les Petites Affiches,* 1991, 86, 4, concl. Fouquet).

II | Les composantes de l'actif de l'entreprise

287 Implications de l'article 38 CGI. — Le bénéfice imposable répond aux exigences de la théorie du bilan mais la loi fiscale donne deux définitions simultanées du bénéfice imposable. C'est le bénéfice net déterminé par les résultats d'ensemble des opérations de toute nature effectuées par les entreprises, y compris notamment les cessions d'éléments quelconques de l'actif soit en cours, soit en fin d'exploitation. À cela s'ajoute que le bénéfice net est constitué par la différence entre les valeurs de l'actif net à la clôture et à l'ouverture de la période dont les résultats doivent servir de base à l'impôt, diminuée des suppléments d'apport et augmentée des prélèvements effectués au cours de cette période par l'exploitant ou par les associés. L'actif net s'entend de l'excédent des valeurs d'actifs sur le total formé au passif par les créances des tiers, les amortissements et les provisions justifiés.

La notion d'actif apparaît centrale pour déterminer le bénéfice imposable puisque doivent être prises en considération l'ensemble de ses variations. On analysera ses principaux éléments : immobilisations, créances, stocks, plus-values de cession et profits de toute nature.

A - Les immobilisations

288 Importance de l'actif immobilisé. — La distinction de l'actif immobilisé au sein de l'actif répond à des préoccupations fiscales spécifiques.

D'une manière générale, il convient de considérer comme faisant partie de l'actif immobilisé l'ensemble des éléments de l'actif autres que ceux qui constituent l'objet même de l'activité de l'entreprise, donc tous les éléments permanents de l'exploitation.

Ce statut fiscal d'actif immobilisé conditionne la mise en œuvre des règles de détermination du bénéfice imposable sur trois points. Les immobilisations doivent d'abord être inscrites au bilan pour leur valeur d'origine (art. 38 *quinquies,* annexe III CGI) ; lorsqu'elles se déprécient, elles peuvent alors donner lieu à un amortissement ou à une provision pour dépréciation. Toutefois, doivent être considérés comme affectés par nature à l'exploitation, et par conséquent comme éléments de l'actif immobilisé, les biens qui ne peuvent être utilisés qu'en vue de l'exercice d'une profession, alors même qu'ils ne figurent pas au bilan de l'entreprise (CE 28 déc. 2007, req. 271895, Vuarand, *DF,* 2008, 10, comm. 194, concl. Glaser). Les dépenses afférentes aux immobilisations servent ensuite de critère négatif pour la détermination des charges déductibles : les dépenses exposées pour l'acquisition, l'aménagement, l'amélioration des valeurs immobilisées ne sont pas déductibles du bénéfice imposable car elles ont pour contrepartie l'entrée d'un nouvel élément d'actif dans le patrimoine de l'entreprise ou l'accroissement de sa valeur. Enfin, les plus-values et moins-values engendrées par la cession d'un élément d'actif immobilisé font l'objet d'un régime d'imposition particulier tandis que les gains et les pertes relatives à l'exploitation de l'actif disponible entrent dans le champ de l'imposition de droit commun.

289 CRITÈRES. — L'opération de qualification consiste à identifier les éléments de nature à constituer un outil de production ou ayant pour effet d'accroître le potentiel de production de l'entreprise. Assez facile à réaliser pour les immobilisations corporelles, elle donne lieu à des raisonnements plus raffinés lorsqu'il s'agit d'immobilisations incorporelles.

S'agissant des premières on retiendra quelques exemples : le matériel de bureau (CE 27 nov. 1870, n° 70616, *Rec.,* 702), les outils de production (CE 27 juin 1973, n° 79628, *Rec.,* 441), les travaux d'amélioration des conditions d'exploitation (CE 2 juill. 1969, n° 74095, *Rec.,* 355), d'aménagement d'un gisement (CE 8 janv. 1975, n° 93348, *Rec.,* 14).

Les difficultés de définition des immobilisations incorporelles ont eu longtemps comme illustration de qualification du « pas de porte » ou droit d'entrée versé par le preneur à l'occasion d'un bail commercial. Après l'avoir considéré comme un supplément de loyer et donc une charge déductible, le Conseil d'État a nuancé son analyse et admet qu'il peut être, en fonction des clauses du bail et du niveau normal des loyers, assimilé au prix d'acquisition d'un élément incorporel de l'actif immobilisé lorsqu'il a pour contrepartie des avantages commerciaux et lorsqu'il est payé en sus d'un loyer normal (CE 8 mars 1978, n° 7135, *DF,* 1978, 52, 2050, concl. Fabre ; CE 23 janv. 1980, n° 17060, *DF,* 1980, 50, 2551, concl. Martin-Laprade). Très souvent le juge recherche si, par leur nature, les droits incorporels ont une incidence directe et durable sur l'activité de l'entreprise. Feront ainsi partie de l'actif immobilisé les droits d'exclusivité de vente (CE 9 mars 1979, n° 8911, *DF,* 1979, 27, 1404), les droits d'exploitation tirés d'une concession de service public (CE 27 juin 1973, n° 78629, *DF,* 1974, 10, 281, concl. Mehl), le droit d'occupation du domaine public (CE 26 févr. 1990, SARL Brambi-Fruits, *DF,* 1990, 40, 1755, concl. Chahid-Nourai), la maîtrise d'un procédé technique (CE 6 déc. 1985, n° 53001, *DF,* 1986, 18, 898, concl. Latournerie), l'acquisition d'un fichier d'adhérents auprès d'une entreprise exerçant la même activité (CAA Paris, 22 janv. 1991, SARL France-Loisirs, *DF,* 1991, 48, 2284, concl. Bernault).

Il faut enfin tenir compte de la liberté d'inscription au bilan reconnue au profit de l'exploitant individuel qui peut avoir pour effet de donner à des biens qui ne sont pas utilisés pour les besoins de l'entreprise, le caractère d'immobilisation.

B - Les créances

Par commodité on traitera également des dettes de l'entreprise obéissant aux mêmes règles.

290 EFFETS DE LA COMPTABILITÉ D'ENGAGEMENT. — Contrairement à la fiscalité des ménages, la fiscalité des entreprises est indifférente aux encaissements et paiements effectifs ; elle tient compte des engagements, c'est-à-dire qu'elle impose le rattachement à un exercice dès que la créance est acquise ou que la dette est née. Cette question délicate a fait, pour les créances, l'objet de solutions légales (loi du 29 déc. 1978) codifiées à l'article 38, 2 *bis,* CGI.

a) Les créances. — Elles sont rattachées en principe à l'exercice au cours duquel intervient la livraison des biens ou l'achèvement des prestations. Cette règle ne concerne que les créances sur la clientèle donc celles qui procèdent de la vente d'éléments du stock ; pour la vente des éléments d'actif immobilisé, la date à retenir est celle du transfert de propriété définie par le contrat (CE 16 oct. 1974, n° 89775, *DF,* 1975, 4, 98, concl. Latournerie). Quand le contrat de vente comporte une clause de réserve de propriété, la livraison est assimilée à la remise matérielle du bien. La chose est plus complexe concernant la promesse de vente. Cette dernière a un caractère unilatéral car elle n'implique pas un engagement définitif de l'acquéreur que le vendeur ne peut contraindre à acheter. En conséquence, la créance du vendeur ne devient exigible qu'à la date où l'acquéreur s'est engagé de façon ferme à acquérir, opération qui peut être matérialisée par la signature d'un acte. Enfin, le dépôt versé par le bénéficiaire d'une promesse unilatérale de vente n'est acquis définitivement au vendeur que dans la mesure où les conditions suspensives stipulées par la promesse sont réalisées (CE 27 janv. 1989, Rojat, *Les Petites Affiches,* 1991, 133, 3, concl. Fouquet).

Si les créances correspondent à des prestations continues ou à des prestations discontinues mais à échéances successives, les produits doivent être pris en compte au fur et à mesure de l'exécution (CE 14 nov. 1990, SARL Européenne de Publicité et d'Édition, *DF,* 1991, 20, 1069, concl. Fouquet). S'il s'agit de travaux d'entreprise, les créances seront acquises à la date de réception des travaux ou à celle de la mise à disposition du maître de l'ouvrage quand elle est antérieure.

À noter qu'une indemnité que le vendeur garde du fait de l'annulation de la vente est une recette imposable et non une indemnité pour dommages-intérêts (CE 28 juill. 2000, n° 194153, *BDCF,* 2000, 1, 116, concl. Arrighi de Casanova).

b) Les dettes. — Elles sont rattachées à l'exercice au cours duquel elles sont devenues certaines dans leur principe et déterminées dans leur montant alors même qu'elles n'ont pas encore été payées à la clôture.

291 CERTITUDE. — Pour que la comptabilisation soit probante en l'absence de la constatation des faits objectifs d'encaissement ou de décaissement il faut que les créances et les dettes enregistrées présentent une certaine authenticité. C'est là l'exigence de certitude.

a) Les créances. — La certitude doit affecter tant leur principe que leur montant (CE 31 oct. 1984, n° 21159, *DF,* 1985, 8, 379, concl. Racine). La certitude du montant tient à la connaissance immédiate de celui-ci ou tout au moins à la connaissance de son mode de détermination (CE 25 juill. 1980, n° 13059, *RJF,* 1980, II, 468). Par exemple : le bénéfice d'une subvention doit être comptabilisé dès qu'il est acquis (CE 21 juill. 1989, Sté Luxazur et Philippot, *DF,* 1990, 7, comm. 302, concl. de Saint-Pulgent). Pour les créances d'origine contractuelle, la précision de leur détermination dépendra de l'analyse des rapports juridiques (CE 14 nov. 1984, n° 30328, *RJF,* 1985, 1, 45), pour les créances délictuelles ou d'origine légale, la certitude naît du caractère constitutif de la décision qui en arrête le montant (CE 15 oct. 1965, n° 55359, *DF,* 1985, 50, 1117, concl. Lavandès ; CE 4 févr. 1972, n° 79721, *DF,* 1972, 28, 1052, concl. Schmeltz). Quand, ultérieurement, la créance vient à être contestée, cet événement ne lui fait pas pour autant perdre son caractère certain, il appartient seulement de constituer une provision pour créance litigieuse (CE 31 mai 1978, n° 5107, *DF,* 1979, 13, 618, concl. Fabre).

b) Les dettes. — Elles sont tenues pour certaines dans leur principe quand elles correspondent à des créances acquises et quand elles sont susceptibles d'être évaluées avec précision (CE 22 mai 1968, n° 71569, *DF,* I, 968, 28, 898 ; CE 14 nov. 1984, n° 30328, *RJF,* 1985, 1, 44).

292 ÉVALUATION. — Les créances et les dettes doivent être inscrites pour leur montant total, taxes comprises (CE 7 mai 1969, n° 71206, *Rec.,* 806 ; CE 19 déc. 1984, n° 39133, *RJF,* 1985, 2, 115), et pour leur valeur nominale. Si la créance ou la dette est indexée, le contribuable a seulement la possibilité de constituer une provision correspondant à la charge supplémentaire probable résultant du jeu de l'indexation (CE 2 févr. 1977, n° 328, *DF,* 1977, 29, 1144, concl. Martin-Laprade).

La solution n'a pas eu une telle stabilité pour les créances et dettes libellées en monnaie étrangère. Après avoir admis qu'elles devaient être évaluées à la clôture de chaque exercice d'après le cours des changes à cette date, le Conseil d'État avait renversé sa jurisprudence en alignant leur régime sur celui des créances et dettes libellées en francs : inscription au bilan pour leur valeur nominale et constitution possible d'une provision à la clôture de chaque exercice qui correspondrait au montant de la perte probable (CE 29 juill. 1983, n° 29042, *RJF,* 1983, 10, 494, concl. Verny). Cette solution est infirmée pour l'avenir par les dispositions de l'article 14 de la loi du 24 décembre 1983 qui prévoient que les écarts de conversion des devises, des créances et des dettes libellées en monnaie étrangère sont déterminés à la clôture de chaque exercice en fonction du dernier cours de change et pris en compte pour la détermination du résultat fiscal de l'exercice. Une entreprise qui s'est abstenue de constater l'existence d'une perte de change à la clôture de l'exercice perd donc la faculté de la comptabiliser ultérieurement.

C - Les stocks

293 QUALIFICATION. — Pour reprendre une définition donnée par M. Bissara (concl. sur CE 3 févr. 1984, n° 27227, *DF,* 1984, 21-22, 1015 ; *RJF,* 1984, 4, 199, chron. de Guillenchmidt), le stock est constitué par l'ensemble des biens acquis ou créés par l'entreprise pour être revendus en l'état ou après transformation, c'est-à-dire les produits ou marchandises qui font l'objet même de l'industrie ou du négoce, les matières et fournitures destinés à s'incorporer aux produits ou à être cédés avec ceux-ci comme les emballages perdus, les déchets ainsi que certains biens qui, tel le petit outillage, ne sont pas destinés à s'incorporer au produit vendu mais qui, en raison de leur faible durée de conservation peuvent être assimilés à des matières consommables pour l'exploitation. Quelques illustrations : les terrains constituent l'objet même du négoce d'un lotisseur (CE 18 juill. 1973, n° 78340, *Rec.,* 516), les véhicules destinés à être revendus possédés par un concessionnaire d'automobiles (CE 22 avr. 1985, n° 35962, *RJF,* 1985, 6, 419, chron. Gaeremynck).

Cette qualification dépend de l'analyse objective de la situation du bien dans le processus d'exploitation de l'entreprise et est indépendante de la nature de l'inscription comptable. C'est à l'administration, comme au juge fiscal, de procéder à une requalification en écartant les indications erronées données par la comptabilité (CE 23 nov. 1983, n° 44183, *DF,* 1984, 8, 324, concl. Latournerie).

294 ÉVALUATION. — Les stocks doivent en principe être évalués à leur coût réel, c'est-à-dire au prix de revient qui est constitué :

— pour les marchandises, matières premières et fournitures par le prix d'achat augmenté des frais accessoires tels que frais de transport et droits de douane (CE 3 nov. 1976, Soc. Brousse, *Rec.,* 470). Elles sont évaluées hors TVA quand l'entreprise assujettie la récupère ;
— pour les produits fabriqués et les productions en cours, par le prix d'achat des matières premières et fournitures consommées augmenté de toutes les charges de production, notamment des charges salariales, des amortissements du matériel de production à l'exception des frais financiers.

Cette évaluation se fait sous le contrôle de l'administration fiscale et du juge qui peuvent procéder aux réintégrations nécessaires dans les bénéfices imposables du premier exercice non prescrit (CE 26 juill. 1985, n° 39115, *RJF,* 1985, 10, 715).

Lorsque certains éléments du stock sont dépréciés et ont une valeur réelle inférieure au prix de revient, ils sont évalués au cours du jour de la clôture de l'exercice sans que l'entreprise puisse choisir de retenir le prix de revient (CE 12 mars 1971, n° 78321, *Rec.,* 244). Ce cours du jour est égal à la valeur que l'entreprise retirerait de la vente du bien effectuée dans des conditions normales à la date d'inventaire. Pour le calculer elle peut utiliser une méthode forfaitaire lorsque celle-ci permet de cerner de plus près l'étendue de la dépréciation (CE 7 nov. 1975, n° 83136, *DF,* 1976, II, 395, concl. Latournerie ; *RJF,* 1975, 12, 372, chron. Martin-Laprade), à charge pour elle de justifier le bien-fondé des coefficients choisis (CE, 9 juill. 1982, n° 26291, *DF,* 1983, 10, 380, concl. Léger). Ce mode d'évaluation est retenu alors même que la faculté de constituer une provision pour dépréciation de stock n'a pas été utilisée (CE 23 févr. 1977, n° 98252, *DF,* 1978, 17, 652, concl. Lobry ; *RJF,* 1977, 4, 137, chron. Hagelsteen). Quand un contribuable a le choix, entre soit la méthode d'évaluation de droit commun d'après le prix de revient, soit une méthode spécifique plus adaptée aux données d'une exploitation agricole, il s'agit d'une décision de gestion opposable à l'administration (CE 18 nov. 1988, n° 58811, *Les Petites Affiches,* 1989, 47, 5, concl. Fouquet).

Enfin il faut rappeler qu'en cas de variation à la hausse des stocks, le contribuable a la possibilité d'inscrire une provision pour fluctuation des cours ou une provision pour hausse de prix. En cas de variation négative la dépréciation constatée sur le stock sera comptabilisée sous la forme de provisions (CE 7 nov. 1975, n° 86136, *RJF,* 1975, 12, 372, chron. Martin-Laprade). Si la comparaison entre le prix de revient déjà supporté majoré de l'ensemble des coûts qui restent à supporter pour vendre les marchandises excède les recettes escomptées, c'est-à-dire le cours du jour (art. 38-3 CGI), la perte probable peut faire l'objet d'une provision en vertu de l'article 39-5 CGI (CE 10 févr. 1989, n° 72281, *RF compt.,* 1989, 203, 47, note Louit).

D - Les plus-values et les moins-values d'actif

295 DÉFINITIONS. — Les plus-values réalisées et les moins-values dégagées lors de la cession de tout élément de l'actif immobilisé en cours ou en fin d'exploitation sont retenues en principe pour la détermination du résultat fiscal.

La plus-value est constituée par l'excédent du prix de cession sur la valeur d'origine de l'élément d'actif diminuée des amortissements qui ont été pratiqués et qui sont admis en déduction pour l'établissement de l'impôt. Au contraire, lorsque le prix de cession de l'élément est inférieur au prix de revient diminué des amortissements, la différence représente la moins-value. Le prix de cession à retenir est celui qui est stipulé dans l'acte, déduction faite des frais engendrés par la vente. Pour le calcul de la plus-value réalisée par l'acquéreur lors de la revente ultérieure de ses parts, le prix d'acquisition de celles-ci doit être majoré des sommes qu'il a versées postérieurement à l'acquisition pour combler le passif social (CE 26 sept. 2001, n° 199540, *BDCF,* 2001, 12, 152, concl. Bachelier). Si l'administration a relevé une dissimulation de prix au regard des droits d'enregistrement on doit lui substituer le prix ainsi rectifié.

Les plus-values et moins-values fiscalement considérées ne concernent pas seulement celles qui apparaissent à l'occasion d'une cession au sens juridique du terme. Elles peuvent avoir pour origine tout événement ou fait qui a pour résultat de faire sortir une immobilisation de l'actif de l'entreprise (CE 28 mars 1979, n° 9718, *DF,* 1979, 46-47, 2253, concl. Martin-Laprade).

On donnera deux exemples : lorsqu'un sinistre provoque la destruction d'un élément de l'actif de l'entreprise et que l'indemnité perçue en contrepartie du bien détruit excède la valeur comptable du bien figurant au bilan, il y aura une plus-value d'actif (CE 7 mars 1973, n° 83200, *DF,* 1973, 44, 1680, concl. Delmas-Marsalet) à l'opposé, et c'est une hypothèse assez répandue, quand survient la liquidation d'une société, celle-ci a pour effet de provoquer définitivement la perte de valeur des parts sociales détenues par d'autres entreprises qui devront alors faire apparaître des moins-values correspondantes (CE 26 oct. 1983, n° 33457, *DF,* 1984, 29, 1365, concl. Bissara).

De la même manière, l'indemnité versée en contrepartie de la réalisation d'un bail commercial est une plus-value de cession portant sur un élément incorporel d'actif immobilisé (CE 23 févr. 2000, n° 162659, *DF,* 2000, 26, 529, concl. Courtial).

296 LE COURT ET LE LONG TERME. — Le régime des plus-values et des moins-values varie selon qu'elles sont à court ou à long terme.

Les plus-values à court terme sont celles qui sont réalisées à l'occasion de la cession d'immobilisations de toute nature acquises ou créées par l'entreprise depuis moins de deux ans et celles qui sont réalisées à l'occasion de la cession de biens amortissables acquis ou créés depuis plus de deux ans. Dans ce dernier cas, la plus-value n'est à court terme que dans la limite des amortissements pratiqués et à long terme pour le surplus.

Les moins-values à court terme sont celles qui résultent de la cession de biens non amortissables détenus depuis moins de deux ans ou de biens amortissables quelle que soit la durée de leur détention.

Toutes les autres plus-values et moins-values sont considérées comme étant à long terme. Sont également soumis au régime des plus-values à long terme les produits de la cession ou de la concession de brevets et des provisions pour dépréciation de portefeuille devenues sans objet.

Lorsqu'une seule cession concerne à la fois des biens amortissables et des biens non amortissables il y a lieu de distinguer des fractions du prix correspondant à chaque catégorie de biens afin d'identifier la nature des plus-values ou moins-values dégagées (CE 10 juin 1981, n° 13832, *RJF,* 1981, 9, 397, concl. Rivière).

Comme on peut le constater, la déduction des amortissements est un élément essentiel de détermination du montant des plus-values à court terme ; seront retenus les amortissements normalement pratiqués dont les amortissements exceptionnels ou accélérés ainsi que les amortissements effectués en période déficitaire et réputés différés.

297 RÉGIME. — L'un des objectifs de leur régime est d'assurer une compensation avant imposition.

Les plus-values et moins-values à court terme font l'objet d'une compensation générale à la clôture de chaque exercice. Si celle-ci fait apparaître une plus-value nette à court terme, elle sera ajoutée aux résultats imposables. L'entreprise a la possibilité de répartir le montant net des plus-values à court terme par parts égales sur l'année de leur réalisation et les deux suivantes. Si la compensation fait apparaître une moins-value nette à court terme, celle-ci s'impute sur les bénéfices d'exploitation et peut alors faire naître, si les bénéfices sont inférieurs, un déficit d'exploitation imputable et reportable dans les conditions normales.

La compensation des plus-values et des moins-values à long terme peut faire apparaître une plus-value nette à long terme. Celle-ci peut d'abord être utilisée pour compenser des moins-values à long terme subies au cours des dix exercices antérieurs et qui n'avaient pas encore été imputées ou pour compenser le déficit de l'exercice et des déficits reportables. Au cas contraire, la plus-value nette est imposée à un taux réduit : 19 % pour des entreprises relevant de l'impôt sur les sociétés, 16 % pour les entreprises relevant de l'impôt sur le revenu. Compte tenu des impositions additionnelles que sont le prélèvement social, la CSG et la CRDS, le taux d'imposition de cette dernière est de 28,1 % (2009). Concernant la plus-value des entreprises soumises à l'impôt sur les sociétés de 19 %, il faut ajouter la contribution additionnelle de 3 % (art. 235 *ter* ZA CGI) et le cas échéant la contribution sociale de 3,3 % (art. 235 *ter* ZC CGI).

Si la compensation fait apparaître une moins-value nette à long terme, celle-ci n'est pas déductible des résultats et pourra être imputée sur les plus-values nettes à long terme éventuellement dégagées au cours des dix exercices suivants à partir d'immobilisations de même nature ou pourra être compensée avec la réserve spéciale des plus-values à long terme dans la limite des plus-values inscrites à cette réserve.

Il existe en effet des obligations supplémentaires à la charge des entreprises soumises à l'impôt sur les sociétés. Elles doivent, après l'imposition au taux réduit de 15 %, bloquer le solde (85 %) des plus-values à long terme à un compte de réserve spéciale l'affectant ainsi à l'autofinancement. Si, au contraire, elles distribuent immédiatement la plus-value, celle-ci sera imposée au taux normal de l'impôt sur les sociétés (CE 4 juin 1982, n° 23498, *DF,* 1983, 6, 178, concl. Rivière).

Pour les contribuables relevant de l'impôt sur le revenu qui exercent une activité commerciale ou artisanale et dont les recettes n'excèdent pas les limites du forfait, les plus-values réalisées sont exonérées d'impôt à condition que les biens cédés fassent partie de l'actif immobilisé et que l'activité artisanale ou commerciale ait été exercée depuis au moins cinq ans à la date de l'apparition de la plus-value. Le plafond de recettes ouvrant droit à cette exonération s'apprécie par référence à l'année au cours de laquelle la plus-value a été effectivement réalisée (CE 16 avr. 1984, n° 38027, *RJF,* 1984, 6, 347, concl. Racine).

298 PLUS-VALUES ET MOINS-VALUES LATENTES. — Existant indépendamment de toute cession d'une immobilisation elles correspondent aux variations de la valeur réelle du bien par rapport à la valeur comptable inscrite au bilan.

Les plus-values latentes sont prises en compte au moment de la réévaluation du bilan ou à l'occasion de la constatation des gains de change en fin d'exercice.

Les moins-values latentes sont constatées sous la forme de provisions pour dépréciation des immobilisations

E - Les produits de toute nature

Doivent être pris en compte tous les produits figurant au compte de résultat de l'exercice. Ils sont les plus divers puisqu'ils peuvent se rapporter à n'importe quelle opération effectuée par l'entreprise. On retiendra les plus caractéristiques.

299 PRODUITS ACCESSOIRES. — Ils correspondent à l'accomplissement d'activités annexes ou à la mise en valeur de certains éléments d'actif. Au premier rang on doit citer les revenus des immeubles inscrits au bilan. Lorsqu'un immeuble est affecté à l'habitation de l'exploitant ou mis à la disposition d'un associé gratuitement, le montant de cet avantage estimé à la valeur locative normale des locaux doit être rattaché aux résultats imposables. Les revenus agricoles et les bénéfices non commerciaux tirés d'activités accessoires sont intégrés à la base d'imposition.

300 PRODUITS FINANCIERS. — Les intérêts, quels qu'ils soient, acquis par une entreprise industrielle ou commerciale sont à intégrer au résultat de l'exercice en cours et imposés en tant que bénéfices (CE 12 févr. 1992, Sté Sofcar, *DF,* 1992, 21-22, 1032, concl. Arrighi de Casanova). Les produits de créances, dépôts, cautionnements et comptes courants perçus par l'entreprise, et comme tels ne bénéficiant pas du prélèvement libératoire, doivent être compris dans les produits de l'exercice au cours duquel ils sont acquis. Lorsqu'il s'agit de revenus donnant lieu à crédit d'impôt, pour que l'entreprise en bénéficie il faut, d'une part, qu'elle déduise ces revenus du bénéfice et que, d'autre part, le montant soit déclaré au titre des revenus mobiliers. Si l'entreprise est soumise à l'impôt sur les sociétés, les revenus mobiliers sont compris dans les bénéfices imposables mais le montant du crédit d'impôt vient en déduction de l'impôt sur les sociétés.

301 SUBVENTIONS. — Les subventions ont une part trop grande dans la vie de l'entreprise pour que le droit fiscal soit resté indifférent à leur régime, qu'elles aient pour origine des versements de collectivités publiques ou d'autres entreprises dans le cadre des relations de groupe.

En principe, qu'elles soient publiques ou privées, l'attribution de subventions a pour effet d'augmenter l'actif de l'entreprise et doit donc être comprise dans des résultats imposables de l'exercice au cours duquel elles sont acquises.

Toutefois, lorsqu'il s'agit de subventions d'équipement versées par l'État ou les collectivités publiques (CE 22 juill. 1977, n° 716, *DF,* 1978, 29, 1186, concl. Fabre ; CE 14 juin 1982, n° 22512, *RJF,* 1982, 8-9, 388) et qui sont utilisées à la création ou à l'acquisition d'immobilisations amortissables (CE 7 déc. 1988, n° 78959, *DF,* 1989, 26, 1295, concl. Martin-Laprade), ces aides doivent être rapportées aux bénéfices imposables de chacun des exercices suivant la date de leur versement à concurrence du montant des amortissements pratiqués à la clôture de ces exercices (art. 42 *septies* CGI ; CE 16 déc. 1991, Sté Gel Occitan, *DF,* 1992, 28, 1358, concl. Fouquet). L'article 61 de la loi de finances pour 1995 clarifie les choses : ont seules le caractère de subvention d'équipement les subventions affectées à la création ou à l'acquisition d'immobilisations déterminées et identifiées dès l'octroi de la subvention.

La multiplication des subventions accordées entre entreprises d'un même groupe et souvent leur irrégularité au regard de la théorie de l'acte anormal de gestion a conduit le législateur à normaliser leur régime (art. 216 A CGI) et à accorder une exonération en faveur de certains abandons de créances et de subventions qui leur sont assimilées : lorsqu'une société mère a accordé à l'une de ses filiales une subvention non déductible de ses résultats imposables, celle-ci n'est pas prise en compte pour la détermination des résultats imposables de la société bénéficiaire à condition que cette dernière prenne l'engagement de procéder à l'augmentation de son capital au profit de la société mère pour un montant égal à la subvention consentie.

La solution a le mérite de la logique fiscale, on aimerait que la logique financière conduise à exclure les subventions publiques du résultat imposable car cette taxation aboutit à la récupération par l'État une part souvent importante des subventions qu'il accorde ou à un transfert indu de recettes au profit de l'État lorsque les subventions sont accordées par d'autres personnes publiques.

F - La réévaluation des bilans

L'inflation implique une actualisation de la valeur comptable des éléments de l'actif des entreprises. C'est l'objectif de la réévaluation des bilans.

302 MODALITÉS. — Plusieurs lois en 1946, 1948, 1959 ont défini des régimes de réévaluation qui comportaient certains avantages fiscaux. Le dernier en date, institué par deux lois du 29 décembre 1976 et du 30 décembre 1977, a au contraire permis aux entreprises d'effectuer cette réévaluation en fonction des valeurs des éléments d'actifs au 31 décembre 1976 dans un esprit de neutralité fiscale.

La loi n° 83-353 du 30 avril 1983 autorise désormais une « réévaluation libre » en fonction de la valeur des actifs estimés aux prix du marché et selon leur utilité pour l'entreprise. Les plus-values dégagées par la réévaluation sont incluses dans les bénéfices imposables. La nouvelle valeur comptable est retenue pour le calcul des amortissements et des plus-values et moins-values de cession.

III | LA DÉTERMINATION DU BÉNÉFICE NET

Le bénéfice net est établi sous déduction des amortissements, des provisions et des charges.

A - Les amortissements

303 CARACTÉRISTIQUES. — L'amortissement est la constatation comptable de la perte subie sur la valeur d'actif des immobilisations qui se déprécient avec l'usage et le temps. Il appartient au contribuable d'en faire la preuve (CE 2 août 2007, req. 288271, Sté Deleplanque, *DF,* 2008, 19-20, comm. 313, concl. Glaser). Pour maintenir la valeur initiale des capitaux engagés dans l'entreprise, l'exploitant doit compenser cette perte par un prélèvement sur les bénéfices de l'exploitation. Telle est la raison de la déduction des amortissements.

L'entreprise a l'obligation de constater un amortissement minimal de telle sorte qu'à la clôture de l'exercice la masse cumulée des amortissements comptabilisés pour chaque immobilisation soit au moins égale au total des amortissements qui auraient pu être déduits selon la méthode linéaire. Si cette obligation n'est pas respectée, l'entreprise perd définitivement le droit de déduire la fraction des amortissements qui a été irrégulièrement omise ou différée. Lorsqu'en revanche le montant des amortissements pratiqués excède celui des amortissements susceptibles d'être admis en déduction pour l'assiette de l'impôt, l'administration réintègre la différence dans le bénéfice imposable. En pratique des amortissements réintégrés sont reportés en déduction des bénéfices des exercices suivants quand l'entreprise a pratiqué des amortissements inférieurs à ceux auxquels elle avait droit.

304 CONDITIONS DE DÉDUCTION. — Les amortissements ne sont déductibles que s'ils répondent aux conditions suivantes :

a) Ils ne peuvent porter que sur des éléments de l'actif immobilisé. Comme l'entreprise, en principe, ne peut faire figurer à l'actif de son bilan que les biens dont elle est propriétaire, ne sont amortissables que les biens dont l'entreprise est propriétaire. Lorsque la propriété est démembrée, le nu-propriétaire a seul le droit d'amortir (CE 5 oct. 1977, n° 4718, *DF,* 1979, 17, 786, concl. Lobry ; *RJF,* 1977, 12, 386, chron. Hagelsteen) et non l'usufruitier (CE 8 nov. 1965, n° 63472, *DF,* 1966, 2, Doc., concl. Lavondès). Dans cette logique le locataire ne peut amortir le bien loué (CE 5 nov. 1962, n° 53220, *DF,* 1963, n° 42 *bis,* 111, concl. Ducamin), dès lors que le bien fait l'objet d'une inscription régulière au bilan (CE 21 avr. 2000, n° 177412, *DF,* 2001, 6, 90, concl. Goulard). Il existe cependant des exceptions. L'entreprise qui a édifié des constructions sur le sol d'autrui doit en porter le prix de revient à l'actif de son bilan, alors même que ses droits sur ces constructions ne sont pas ceux d'un propriétaire, et pratiquer sur ces éléments corporels des amortissements dont le taux tienne compte de la durée normale de leur utilisation (CE 7 févr. 1979, n° 8475, *DF,* 1980, 21, 1150, concl. Lobry). Les entreprises concessionnaires de services publics peuvent amortir les immobilisations mises à leur disposition par le concédant et restant la propriété de celui-ci.

Enfin, tirant la conséquence de la réalité fiscale de la société en participation, la jurisprudence reconnaît à celle-ci le droit de pratiquer des amortissements sur les immobilisations qui lui sont affectées et qui figurent à l'actif de son bilan alors même que, juridiquement, elles appartiennent aux associés (CE 13 juill. 1979, n° 5763, *RJF,* 1979, 10, 323, concl. Rivière).

b) Ils ne peuvent porter que sur des immobilisations qui se déprécient du fait de l'usage et du temps. La plupart des immobilisations corporelles répondent à cette exigence, à l'exception des terrains qui ne sont donc pas amortissables (CE 26 mai 1976, n° 98898, *Rec.,* 277). La question est plus délicate pour les immobilisations incorporelles. Après des incertitudes, la jurisprudence a posé la règle que les éléments incorporels de l'actif immobilisé sont amortissables s'il est certain que, dès leur création ou leur acquisition, leurs effets bénéfiques sur l'exploitation de l'entreprise prendront fin nécessairement à une date déterminée (CE 4 avr. 1979, n° 8153, *RJF,* 1979, 6, 202 ; CE 10 déc. 1982, n° 15381, *DF,* 1983, 23, 1222, concl. Verny). La solution a été appliquée à des brevets (CE 10 nov. 1982, n° 15890, *DF,* 1983, 13, 598, concl. Schricke), aux droits d'exploitation d'une concession de service public (CE 27 juin 1973, n° 79628, *Rec.,* 441), à un logiciel (CE 22 févr. 1984, n° 39535, *DF,* 1984, 27, 1300, concl. Verny), à un fonds de commerce dès lors qu'il est normalement prévisible lors de sa création ou de son acquisition que ses effets bénéfiques sur l'exploitation prendront fin à une date déterminée (CE 1er oct. 1999, n° 177809, *DF,* 1999, 45, 824, concl. Goulard).

c) Ils doivent être effectivement constatés en comptabilité, c'est-à-dire avoir été comptabilisés dans les écritures de l'entreprise à l'expiration du délai de déclaration et figurer au bilan de clôture de l'exercice. La sanction est rigoureuse : un amortissement non comptabilisé ne peut être déduit (CE 24 mai 1967, n° 65410, *Rec.,* 218) de même que l'amortissement d'un élément dont le prix d'acquisition a été porté à tort en frais généraux (CE 22 déc. 1976, n° 95228, *RJF,* 1977, 2, 59).

d) Ils ne peuvent se rattacher qu'à des immobilisations dont l'acquisition est conforme à l'intérêt de l'entreprise. Ne seront donc pas admises les déductions qui constitueraient des actes anormaux de gestion (CE, 1er févr. 1978, n° 3402, *RJF,* 1978, 3, 74) ou qui porteraient sur les biens somptuaires dont la déduction des charges est exclue en vertu de l'article 39-4 CGI.

305 CALCUL. — Les amortissements doivent être calculés de telle sorte que leur montant cumulé permette de reconstituer le prix de revient de l'immobilisation à l'expiration de la durée normale d'utilisation.

La base de calcul de l'amortissement est constituée par le prix de revient : coût d'achat augmenté des frais accessoires en cas d'acquisition, valeur d'apport pour les immobilisations apportées par un tiers, coût réel de production pour des immobilisations créées par l'entreprise. Les biens ouvrant droit à la déduction de la TVA doivent être retenus pour leur prix de revient diminué de la déduction à laquelle ils donnent droit.

La durée d'amortissement n'est pas fixée *a priori* mais déterminée d'après les usages de chaque commerce ou industrie (CE 25 nov. 1981, n° 11383, *DF,* 1982, 13, 680, concl. Verny) sous réserve des conditions spécifiques d'exploitation qui justifient une dérogation à ces usages (CE 26 avr. 1985, n° 35263, *DF,* 1985, 28, 1278, concl. Fouquet). L'amortissement des rames du TGV, par exemple, se fait selon les usages, c'est-à-dire sur vingt ans (CE 18 mai 2005, req. 261623 et 261791, Banque populaire Loire et Lyonnais, *DF,* 2005, 36, comm. 571, concl. Donnat). Toutes ces valeurs de référence sont fixées par l'entreprise sous le contrôle de l'administration fiscale et du juge (CE 10 nov. 1982, n° 15890, *DF,* 1983, 13, 598, concl. Schricke). Il a été jugé, par exemple, que l'administration ne peut remettre en cause les durées d'amortissement admises par les usages en se fondant sur la durée effective d'utilisation du bien (CE 4 oct. 1989, Sté Petitgras, *DF,* 1990, 52, 2444, concl. de Saint-Pulgent). Elles peuvent alors donner lieu à l'application de trois régimes d'amortissement différents.

a) L'amortissement linéaire. — Il consiste à déduire chaque année un amortissement égal au montant du prix de revient divisé par le nombre d'années correspondant à la durée normale d'utilisation de l'élément à amortir. Cette durée est déterminée en fonction des usages mais il existe des valeurs moyennes :

	Années d'amortissement	*Taux (%)*
Bâtiments commerciaux	50 à 20 ans	2 à 5
Bâtiments industriels	20 ans	5
Immeubles à usage de bureaux	25 ans	4
Outillage	10 à 5 ans	10 à 20
Automobiles et matériel roulant	5 à 4 ans	20 à 25
Mobilier	10 ans	10
Matériel de bureau	10 à 5 ans	10 à 20
Agencements et installations	20 à 10 ans	5 à 10

En principe, l'amortissement linéaire a pour point de départ l'entrée en service du bien mais il est possible de retenir la date d'acquisition chaque fois que le matériel se déprécie du seul fait du temps indépendamment de son utilisation.

Ce type d'amortissement s'applique obligatoirement à tous les biens acquis ou créés avant le 1er janvier 1960 et aux biens qui n'entrent pas dans le champ d'application de l'amortissement dégressif. L'entreprise peut aussi, facultativement, l'appliquer aux biens entrant dans le champ d'application de l'amortissement dégressif lorsqu'elle ne retient pas ce dernier système.

b) L'amortissement dégressif. — Il consiste à déduire chaque année un amortissement calculé en appliquant un taux constant à la valeur résiduelle du bien, c'est-à-dire à la valeur non encore amortie. Ce taux est obtenu en multipliant le taux d'amortissement linéaire par un coefficient :

— 1,5 si la durée d'utilisation du bien est de trois ou quatre ans ;
— 2 si la durée d'utilisation du bien est de cinq ou six ans ;
— 2,5 si la durée d'utilisation du bien est supérieure à six ans.

L'amortissement dégressif n'est jamais obligatoire et peut s'appliquer (art. 22, annexe II, CGI) aux :

- matériels et outillages utilisés pour des opérations industrielles de fabrication, de transformation ou de transport ;
- matériels de manutention ;
- installations destinées à l'épuration des eaux et à l'assainissement de l'atmosphère ;
- installations productrices de chaleur ou d'énergie ;
- installations de sécurité ;
- machines de bureau, à l'exclusion des machines à écrire ;
- installations de magasinage et de stockage.

Les bâtiments industriels peuvent en bénéficier si leur durée normale d'utilisation n'excède pas quinze ans. L'amortissement dégressif est réservé aux biens d'équipements normalement utilisés au stade de la production dans des entreprises industrielles (CE 27 janv. 1989, Sté Agria France, *DF,* 1989, 25, 1220, concl. Fouquet). En sont exclus les biens usagés au moment de l'acquisition et ceux dont la durée normale d'utilisation est inférieure à trois ans. Les biens d'équipement des entreprises artisanales ou commerciales peuvent faire l'objet d'un amortissement dégressif, dès lors qu'ils sont identiques à ceux utilisés par les entreprises industrielles dans leur activité productive, peu importe l'importance ou le prix des biens en cause (CE 8 nov. 2000, n° 212316, *DF,* 2001, 14, 311, concl. Austry).

Ce type d'amortissement, qui a pour résultat de faire porter l'essentiel de l'amortissement sur les premières années d'utilisation, incite les entreprises à renouveler rapidement leurs immobilisations et est conforme aux exigences du progrès technique qui entraîne une dévalorisation rapide et croissante des équipements.

c) L'amortissement accéléré ou exceptionnel. — Ces amortissements sont le plus souvent étrangers à toute notion de dépréciation anormale des immobilisations et entraînant corrélativement un raccourcissement de la période d'utilisation par rapport à celle qui est généralement constatée. Il s'agit de déductions exorbitantes du droit commun, accordées pour des motifs particuliers. Prévu par des dispositions particulières, il consiste à procéder initialement à une déduction exceptionnelle sur le prix de revient, les amortissements étant ensuite calculés sur la valeur résiduelle du bien sur le mode linéaire

Ce système est destiné à encourager l'investissement en permettant un amortissement plus rapide des biens dès leur première utilisation. Il fait dans chaque cas l'objet d'une réglementation spéciale. On citera l'amortissement exceptionnel des dépenses d'acquisition de logiciels (art. 236, II, CGI) qui permet, à compter des exercices ouverts depuis le 1er janvier 1984, aux entreprises d'amortir en totalité sur une période de douze mois le coût de revient d'un logiciel. De même certains investissements en faveur de l'environnement peuvent faire l'objet d'amortissements exceptionnels, notamment les matériels destinés à lutter contre le bruit ou l'acquisition de véhicules non polluants.

B - Les provisions

306 CARACTÉRISTIQUES. — Les provisions sont des déductions opérées sur des résultats d'un exercice en vue de faire face ultérieurement à une perte ou à une charge dont l'objet est nettement précisé et dont la réalisation apparaît probable en raison d'événements survenus au cours de l'exercice. C'est une méthode d'anticipation des charges qui est complétée par l'institution de provisions spécifiques constituées en vertu de textes particuliers.

Fiscalement, la constitution de provision est toujours facultative (CE 18 juin 1971, n° 81709, *Rec.*, 458), l'entreprise ayant la liberté de les aménager dans les limites légales (CE 5 mars 1975, n° 89781, *DF*, 1975, 17, 594, concl. Fabre), elle prend donc la forme d'une décision de gestion (CE 20 févr. 1961, n° 45131, *Rec.*, 133).

La déduction du bénéfice brut est subordonnée à la régularité de la provision. Lorsque celle-ci est irrégulière, lorsqu'elle est devenue sans objet ou lorsque cet objet n'a pas été réalisé dans un délai raisonnable (CE 1er févr. 1978, n° 3490, *RJF*, 1978, 3, 81), la provision devra être réintégrée. En principe, cette réintégration aura lieu dans les résultats de l'exercice où la provision figure pour la première fois (CE 13 juill. 1963, n° 55624, *Rec.*, 450) ou à défaut dans des écritures du premier exercice non prescrit où elle continue de figurer (CE 27 oct. 1967, n° 70659, *Rec.*, 397).

L'entreprise est toujours en droit d'annuler une provision qu'elle avait constituée en rapportant son montant aux résultats de l'exercice à la clôture duquel elle a cessé de figurer au bilan (CE 6 févr. 1985, n° 40309, *RJF,* 1985, 4, 292).

Lorsque la perte ou la charge à laquelle il a été fait face se réalise, son montant vient compenser la provision. Si la provision est d'un montant inférieur, le solde est déduit des résultats imposables, si elle est d'un montant supérieur l'excédent viendra grossir les résultats imposables.

307 CONDITIONS FORMELLES DE DÉDUCTION. — Pour être admises en déduction les provisions doivent d'abord être effectivement inscrites en comptabilité dans les écritures de l'exercice (CE 27 févr. 1980, n° 12737, *DF,* 1980, 22-23, 1233) et, d'autre part, être inscrites sur le relevé des provisions annexé à la déclaration de résultat. L'absence de relevé ou le défaut d'inscription d'une provision sur le relevé entraîne le rejet des provisions (CE 24 nov. 1982, n° 25400, *RJF,* 1983, 1, 23). Dans ce relevé l'entreprise doit indiquer l'objet précis de la provision sans avoir à en développer les circonstances mais toutes les mentions qu'elle y insère lui sont opposables (CE 30 avr. 1969 n° 74863, *Rec.,* 225 ; CE 22 nov. 1972, n° 82638, *Rec.,* 748). La production tardive du relevé est assimilée à un défaut de production. La Haute Assemblée a posé pour principe que sont déductibles les provisions constituées en vue de faire face à des pertes pourvu que celles-ci soient probables et nettement précisées mais sans exiger que ces pertes correspondent à la disparition ou à la dépréciation d'un élément d'actif précédemment comptabilisé (CE 5 déc. 1990, Maison Jourdan, *RJF,* 1991, 1, 8, concl. Chahid-Nourai). Dans le même esprit, il n'est pas nécessaire que la provision pour grosses réparations soit accompagnée d'une programmation ou d'un calendrier des travaux à réaliser (CE 27 juill. 2005, req. 259009 et 259678, Sté Michel Guérard conseil, *DF,* 2006, 15, comm. 325, concl. Collin).

308 CONDITIONS MATÉRIELLES DE DÉDUCTION. — Elles sont liées à la notion même de provision. Les pertes et charges en prévision desquelles les provisions sont constituées doivent présenter quatre caractères :

a) Elles doivent être déductibles par nature. C'est la logique même. On ne peut anticiper la déduction d'une charge qui, si elle se réalisait, ne serait pas déductible. C'est ainsi que les provisions destinées à faire face à des dépenses ayant pour contrepartie un accroissement des valeurs d'actifs ou à des pertes ou charges qui n'incombent pas à l'entreprise dans le cadre d'une gestion commerciale normale (CE 14 mai 1980, n° 9259, *RJF,* 1980, 7-8, 310) sont irrégulières.

b) Elles doivent être nettement précisées. Le risque doit être suffisamment individualisé et son importance évaluée avec une approximation suffisante (CE 12 oct. 1984, n° 28834, *DF,* 1985, 6, 188, concl. de Guillenchmidt). Tout est affaire de nuance : sera rejetée une provision pour créances douteuses calculée par application d'un pourcentage sur l'ensemble des créances (CE 1er mars 1978, n° 4400, *DF,* 1978, 22, 894) mais sera admise une méthode forfaitaire d'évaluation d'une dépréciation de stocks reposant sur des statistiques sérieuses (CE 7 nov. 1975, n° 86136, *DF,* 1976, 11, 395, concl. Latournerie ; *RJF,* 1975, 12, 372, chron. Martin-Laprade).

c) Elles doivent être probables et non simplement éventuelles. C'est là le critère essentiel. Selon la formule consacrée, la probabilité doit résulter de la situation de fait et de droit existant à la clôture de l'exercice concerné telle qu'elle résulte des opérations réalisées jusque-là par l'entreprise (CE 9 juill. 1982, n° 33033, *RJF,* 1982, 10, 454). C'est ignorer la nature des provisions que d'amettre leur bien-fondé ou leur montant puissent résulter de la réalisation *a posteriori* de tel ou tel risque ou de la survenance *a posteriori* de telle ou telle charge (CE 23 mai 1990, Éts Semanaz & Cie, *DF,* 1990, 30, 1541, concl. Racine). On mesure les nécessités d'appréciation d'espèces qui expliquent la prolifération du contentieux des provisions. Cette prévisibilité raisonnable de la charge ou de la perte implique que soient analysées la nature du risque et son intégration dans l'activité normale de l'entreprise (ex. : CE 22 juin 1983, n° 21662, *DF,* 1983, 51, 2359, concl. Verny pour des provisions pour exécution d'une garantie contractuelle ; CE 12 janv. 1983, n° 28542. *DF,* 1983, 24, 1288. concl. Verny pour des provisions pour risques de crédit ; CE 9 juill. 1982, n° 33033, *DF,* 1983, 9, 333, concl. Léger pour des provisions pour prix de campagne).

d) Elles doivent résulter d'événements en cours à la clôture de l'exercice. Cette condition évite la constitution de provisions ayant pour origine des anticipations sans fondement, laissons M. Bissara l'expliciter : « Désormais, pour qu'une provision soit déductible il faut que la charge future à laquelle elle se rapporte se rattache précisément à des opérations déterminées effectuées au cours de l'exercice ou des exercices antérieurs ou bien que, par son caractère exceptionnel qui ne permet pas de la rattacher aux opérations d'aucun exercice détermine, elle soit assimilable à une perte d'exploitation. Une charge future, qui, en vertu de l'un ou l'autre de ces critères, ne peut faire l'objet d'une provision, s'impute naturellement sur les résultats de l'exercice au cours duquel les dépenses correspondantes sont exposées : elle en constitue une charge normale puisque le bénéfice imposable est déterminé d'après les résultats d'ensemble des opérations de toute nature effectuées par l'entreprise au cours de l'exercice » (concl. sur CE 29 juill. 1983, n° 27981, *RJF,* 1983, 10, 496).

309 VARIÉTÉ DES PROVISIONS. — Il existe quelques provisions types constituées couramment par les entreprises. On citera en premier lieu les provisions pour créances douteuses dont le recouvrement est compromis par la mauvaise situation financière du débiteur et pour créances litigieuses qui sont l'objet d'une contestation sur leur existence même ou leur montant. Pour être provisionnable la dépréciation d'une créance, résultant de l'écart entre la valeur réelle et la valeur nominale, doit apparaître comme probable en raison d'une perspective de cession de la créance avant son échéance (CE 3 juill. 1992, SA Vag. Financement, *Bull. Concl. fiscales,* 1991, 1, 20, concl. Garemynck). Les provisions pour impôt à payer sont également fréquentes. Elles sont admises lorsque la charge fiscale a un caractère permanent et qu'elle a pour origine des faits survenus au cours de l'exercice (ex. : taxe d'apprentissage). Autre exemple : un fabriquant qui s'engage auprès de ses clients à reprendre les invendus peut constituer une provision d'un montant correspondant à la fraction que ses clients ont l'habitude de lui retourner (CE 10 avr. 1991, Sté Milton Bradley France, *Les Petites Affiches,* 1991, 130, concl. Arrighi de Casanova). En revanche, à la suite d'une interdiction légale, des indemnités de congés payés versées par l'entreprise ne pouvaient faire l'objet de provisions et devaient être déduites du bénéfice imposable au titre de l'exercice au cours duquel elles étaient effectivement versées. La loi n° 6-1318 du 30 décembre 1986 a prévu deux modes de déduction : un régime de droit commun qui autorise la déduction des indemnités correspondant aux droits acquis par les salariés au cours de l'exercice et un régime optionnel ouvert aux seules entreprises créées avant le 1er janvier 1987 qui permet de reconduire les errements anciens en ne déduisant que les seules indemnités effectivement versées au cours de l'exercice. Il est possible, par exemple, de faire une provision pour franchise de garantie décennale des constructeurs mais, elle n'est déductible qu'à compter de l'exercice de réception partielle ou totale de l'ouvrage, car ce n'est qu'à ce moment-là que la charge devient probable (CE 13 janv. 2006, req. 259824, Sté Colas Midi Méditerranée, *RJF,* 2006, 4, 277, concl. Verclytte).

310 PROVISIONS RELATIVES AUX STOCKS. — Destinées à assurer l'entreprise contre les effets de l'inflation, elles ont acquis une grande importance pratique.

Il est d'abord nécessaire de constituer une provision pour dépréciation de stocks quand, à la clôture de l'exercice, le cours du jour est inférieur au coût de revient. L'entreprise doit justifier du cours du jour qu'elle a retenu (CE 26 janv. 1990, SA Sica Union, *Les Petites Affiches,* 1990, 64, 7, concl. Fouquet). Pour faciliter sa constitution le juge fiscal a admis que l'entreprise puisse recourir à des méthodes forfaitaires d'évaluation (CE 7 nov. 1975, n° 86136, *DF,* 1976, II, 395, concl. Latournerie ; *RJF,* 1975, 12, 372, chron. Martin-Laprade) à condition que celles-ci soient suffisamment sérieuses (CE 18 mars 1983, n° 27832, *RJF,* 1983, 5, 279 ; CE 12 oct. 1984, n° 28834, *DF,* 1985, 6, 188, concl. de Guillenchmidt).

Si, pour une matière ou un produit donné, l'entreprise constate, au cours d'une période ne pouvant excéder deux exercices successifs, une hausse de prix supérieure à 10 %, elle pourra pratiquer en franchise d'impôt une provision pour hausse des prix correspondant à la fraction de cette hausse excédant 10 % (art. 39-1-5° CGI).

Enfin, les entreprises dont l'objet principal est de faire subir en France la première transformation à des matières acquises sur des marchés internationaux ou à des matières acquises sur le territoire national et dont les prix sont étroitement liés aux variations des prix internationaux peuvent également constituer en franchise d'impôt des provisions pour fluctuation des cours. Cette provision ne peut se cumuler pour un même bien avec la provision pour hausse des prix (art. 39-1-5° CGI).

C - Les charges

311 CONDITIONS GÉNÉRALES DE DÉDUCTION. — Ont le caractère de charges déductibles les dépenses qui se traduisent par une diminution de l'actif net, qui sont nécessaires à la mise en œuvre ou à la marche de l'entreprise sans avoir pour effet ou pour objet d'accroître son actif immobilisé. C'est ce critère négatif qui permet le plus souvent d'identifier les charges (CE 7 juill. 1982, n° 24514, *DF,* 1983, 14, 674, concl. Bissara ; CE 25 mai 1983, n° 33520, *DF,* 1983, 44, 2039, concl. Rivière). Toutefois la tentation est grande de multiplier ce type de dépenses rattachées de manière plus ou moins factice aux intérêts de l'entreprise. Pour contenir les abus le législateur et la jurisprudence ont posé des exigences très fermes de diverses natures.

a) Les frais et charges doivent toujours être exposés dans l'intérêt direct de l'exploitation et se rattacher à la gestion normale de l'entreprise. On retrouve ici l'application de la théorie de l'acte anormal de gestion. Elle permet d'exercer une salutaire police des frais prétendument généraux en écartant toutes les dépenses faites dans le seul intérêt des dirigeants : aménagement des propriétés privées (CE 22 déc. 1982, n° 27846, *DF,* 1983, 16-17, 854, concl. Rivière), services liés au comportement et aux besoins personnels, mais peut conduire à des analyses plus raffinées des stratégies de l'entreprise (CE 18 nov. 1983, n° 32817, *DF,* 1984, 13, 647, concl. Racine ; CE 1er juill. 1983, n° 28315, *DF,* 1984, 5, 149, concl. Rivière).

Une charge qualifiée d'acte normal ne signifie pas pour autant qu'elle soit obligatoirement déductible. Le Conseil a jugé, par exemple, que la prise en charge par une polyclinique d'une indemnité de non-réinstallation versée à un chirurgien est un acte normal de gestion. Mais, ayant pour contrepartie l'acquisition d'un élément incorporel, la somme en cause n'est pas déductible (CE 20 mars 2000, n° 196133, *DF,* 2000, 41, 758, *BDCF,* 2000, 5, concl. Arrighi de Casanova).

b) Les frais et charges doivent correspondre à une charge affective et être appuyés de justifications suffisantes. Il faut que toutes les charges soient inscrites en comptabilité et que l'entreprise puisse faire état de circonstances ou de documents appropriés pour en justifier l'existence (CE 26 juill. 1982, n° 27823, *DF,* 1983, 10, 384, concl. Schricke). Par exemple : une créance ne peut être comptabilisée en perte que si celle-ci est définitive, et non seulement certaine, caractéristique qui doit être attestée par un acte ou par l'échec de démarches effectuées pour obtenir le remboursement de la créance (CE 27 mars 1991, Éts Menet Frères, *DF,* 1992, 14, 714, concl. Chahid-Nourai).

Certaines catégories de frais doivent, de plus, donner lieu à des justifications particulières.

Les entreprises soumises à l'impôt sur le revenu d'après leur bénéfice réel et les sociétés sont tenues de fournir à l'appui de leur déclaration de résultats le relevé détaillé de certaines catégories de frais lorsque leur montant excède certaines limites fixées à l'article 4 J, annexe IV, CGI : rémunérations versées aux 5 ou 10 personnes les mieux rémunérées ainsi que leurs frais de voyage et de déplacement, cadeaux de toute nature à l'exception des objets conçus pour la publicité, frais de réception. Le défaut de déclaration entraîne l'exclusion des sommes de la catégorie des charges déductibles (CE 13 nov. 1985, n° 43425, *DF,* 1986, 19, 948, concl. de Guillenchmidt). Même régulièrement déclarées ces dépenses peuvent être réintégrées dans les bénéfices imposables lorsqu'elles sont excessives.

De même, les entreprises qui ne déclarent pas les commissions, courtages, ristournes commerciales ou autres qu'elles ont versés à des tiers ne faisant pas partie de leur personnel salarié perdent le droit de les porter dans leurs frais professionnels (CE 21 mars 1980, n° 13694, *DF,* 1982, 21, 1157, concl. Lobry).

c) Certaines charges, de caractère somptuaire, sont en principe exclues des charges déductibles : dépenses de chasse et de pêche, d'achat ou de location de résidences de plaisance ou d'agrément. La non-déductibilité s'applique à l'amortissement des voitures particulières pour une certaine fraction de leur prix d'acquisition (taxes comprises) fixée au regard de la date de mise en circulation. Relèveraient-elles d'une gestion commerciale normale, ces dépenses ne seraient pas déductibles (CE 25 nov. 1981, n° 11383, *DF,* 1982, 13, 680, concl. Verny) à moins qu'elles se rapportent à la gestion de services sociaux ou soient indispensables à la réalisation de l'activité de l'entreprise.

Le nouvel article 39-2 CGI, issu de la loi du 15 mai 2001 relative aux nouvelles régulations économiques, interdit pour l'avenir la déduction des amendes pour entrave à la concurrence.

312 CATÉGORIES DE CHARGES DÉDUCTIBLES. — Il est impossible d'énumérer toutes les charges déductibles, la loi fiscale (art. 39-1 CGI) en donnant d'ailleurs une liste non limitative. On se bornera à évoquer certains problèmes spécifiques posés par leur déductibilité.

a) Les frais de personnel. — Ces rémunérations directes ou indirectes allouées par les entreprises à leur personnel ne sont admises en déduction des résultats que dans la mesure où elles correspondent à un travail effectif et ne sont pas excessives eu égard à l'importance du service rendu. Quand un salarié exerce dans plusieurs entreprises, le caractère excessif ou non de la rémunération s'apprécie distinctement pour chaque entreprise (CE 23 janv. 2002, n° 216733, *RJF,* 2002, 4, 378). Viennent s'y ajouter les charges sociales accessoires au versement des rémunérations et les cotisations versées au titre des régimes de retraite résultant d'obligations légales ou contractuelles ou même au titre des régimes institués par l'employeur si ceux-ci s'appliquent statutairement à l'ensemble du personnel salarié ou à certaines catégories de salariés de l'entreprise (CE 31 oct. 1975, n° 94157, *DF,* 1976, 3, 52, concl. Latournerie). Pour être déductible la dépense relative au personnel doit satisfaire aux conditions d'être un véritable engagement juridique de l'employeur, d'être impersonnel et général (CE 9 nov. 1990, Laboratoires Nicholas, *RJF,* 1990, 12, concl. Arrighi de Casanova). Sont déductibles les primes versées aux compagnies d'assurance en vue de garantir au personnel l'allocation de départ à la retraite ou de congédiement (CE 6 nov. 1991, SARL groupement professionnel de collecte, achats et ventes d'issues et sous-produits d'abattoirs, *Bull. Joly,* 1992, 1, p. 104). Ce régime favorable aux initiatives sociales des entreprises peut même être étendu aux aides particulières accordées à certains salariés lorsqu'elles correspondent effectivement aux besoins des bénéficiaires (CE 5 nov. 1984, n° 43573, *DF,* 1985, 30, 1376, concl. Latournerie) mais non aux avantages indifférenciés (CE 18 mars 1985, n° 39556, *DF,* 1985, 43, 1815, concl. de Guillenchmidt).

b) Les frais financiers. — Leur variété ne fait que s'accroître en fonction de l'ingéniosité des montages financiers faits par les entreprises. Sont naturellement déductibles les intérêts des sommes prêtées par les tiers. Ils constituent une charge soit de l'exercice au cours duquel ils ont couru, soit de l'exercice au cours duquel ils sont échus, le contribuable pouvant librement opter entre ces deux possibilités (CE 9 oct. 1981, n° 1553, *DF,* 1982, 4, 108, concl. Verny). La jurisprudence est plus prudente pour admettre la déduction des charges résultant du jeu d'une clause d'indexation. Afin d'éviter que ce mécanisme n'aboutisse à accorder une rémunération anormalement élevée au prêteur, elle exige que l'index choisi soit légal, que la durée du prêt soit suffisamment longue pour justifier l'indexation et que celle-ci ne s'applique qu'aux échéances du prêt (CE 8 mai 1981, n° 8294, *DF,* 1981, 29, 1977, concl. Verny).

Les charges peuvent parfois découler d'arrangements plus subtils et être moins directes. Ainsi en est-il de la déductibilité des primes payées par une entreprise pour l'assurance sur la vie contractée sur la tête d'un dirigeant dans le cas où elle a besoin d'un concours financier et où le prêteur exige la souscription de cette assurance et la délégation de cette police à son profit (CE 14 mars 1984, n° 38870, *DF,* 1984, n° 28, 1339, concl. Racine).

Toutefois si les frais financiers ont pour origine les difficultés de trésorerie nées de prélèvements abusifs de l'exploitant ou des associés, ces charges cessent d'être déductibles car elles ne peuvent plus être regardées comme supportées dans l'intérêt de l'entreprise (CE 29 juill. 1983, n° 35947, *DF,* 1983, 51, 2357, concl. Schricke).

Il convient de ne pas oublier les obligations comptables : un entrepreneur individuel qui n'a pas inscrit un emprunt au passif de son bilan ne peut déduire les intérêts afférents à cet emprunt, alors même que celui-ci aurait été contracté dans l'intérêt de l'entreprise (CE 10 déc. 1999, n° 164982, *DF*, 2000, 13, 254, concl. Arrighi de Casanova).

IV | Méthodes d'évaluation du bénéfice

Les entreprises assujetties à l'impôt sur le revenu dans la catégorie des bénéfices industriels et commerciaux sont imposées d'après leur bénéfice réel (régime du bénéfice réel ou régime simplifié d'imposition) ou d'après un bénéfice déterminé forfaitairement. Les entreprises soumises à l'impôt sur les sociétés sont obligatoirement imposées d'après leur bénéfice réel.

A - Régime du bénéfice réel

313 Champ. — Sont obligatoirement placées sous le régime du bénéfice réel les entreprises dont le chiffre d'affaires annuel excède 763 000 € pour les entreprises de ventes et de fourniture de logement et 230 000 € pour les autres entreprises, notamment les prestataires de services. Les entreprises auxquelles s'applique de plein droit le régime simplifié d'imposition peuvent opter pour le régime du bénéfice réel.

314 Obligations. — Le bénéfice réel est déterminé selon les règles exposées précédemment. On rappellera que pour les sociétés le bénéfice inclut non seulement les bénéfices industriels et commerciaux mais l'intégralité des bénéfices et revenus réalisés dans l'exercice (revenus fonciers, revenus de valeurs et capitaux mobiliers...). Les entreprises sont soumises à l'intégralité des obligations comptables et doivent pouvoir présenter à toute réquisition de l'administration tous documents comptables, pièces de recettes et de dépenses de nature à justifier l'exactitude des résultats indiqués dans leur déclaration. Celle-ci doit être déposée annuellement avant le 1er avril si l'exercice comptable coïncide avec l'année civile, avant le 1er mars dans les autres cas.

B - Régime simplifié d'imposition

315 CHAMP. — Le régime simplifié d'imposition s'applique de plein droit aux entreprises dont le chiffre d'affaires annuel n'excède pas 763 000 € pour les entreprises de vente et de fourniture de logement ou 230 000 € pour les autres. Ces entreprises peuvent opter pour le régime réel.

316 OBLIGATIONS. — Ce régime qui s'adresse aux petites et moyennes entreprises a pour objet de les inciter, à se doter d'une comptabilité semblable à celle des entreprises soumises au bénéfice réel. Toutefois, depuis 1983, la loi fiscale (art. 302 *septies* A CGI) permet facultativement aux entreprises passibles de l'impôt sur le revenu d'adopter une comptabilité supersimplifiée. Les simplifications portent sur la méthode d'évaluation des stocks, la tenue d'une comptabilité de trésorerie en cours d'année. Qu'il y ait ou non adoption d'une comptabilité supersimplifiée, les obligations déclaratives sont considérablement allégées.

C - Régime des « micro-entreprises »

317 PRINCIPES. — Ce régime est le régime de droit commun applicable aux entreprises dont le chiffre d'affaires annuel n'excède pas 80 000 € pour les entreprises de ventes ou de fourniture de logement ou 32 000 € pour les autres entreprises (depuis 2008). Dans un souci de simplification et d'allégement des formalités, ces entreprises sont respectivement imposées sur une base forfaitaire fixée à 30 % ou 50 % du montant de leurs recettes. Certaines entreprises sont exclues de ce régime en raison de leur forme (sociétés) ou de la nature de leur activité. Celles qui relèvent de ce régime peuvent opter pour le régime simplifié ou le régime réel. Seule la cession de biens affectés à l'exploitation donne lieu à l'imposition des plus-values selon le régime des plus-values professionnelles.

318 OBLIGATIONS. — D'un point de vue fiscal, les exploitants doivent tenir un registre des achats appuyé des pièces justificatives. Les prestataires de services doivent tenir un livre-journal présentant au jour le jour le détail des recettes professionnelles. Les contribuables sont dispensés de produire une déclaration spécifique, ils portent directement sur leur déclaration de revenu global le montant du chiffre d'affaires annuel ainsi que les plus- et moins-values réalisées au cours de l'année.

Section II
Les bénéfices non commerciaux

I | Les activités imposables

319 Activités professionnelles. — Les bénéfices non commerciaux sont d'abord les bénéfices tirés de l'exercice des professions libérales, c'est-à-dire d'activités accomplies en toute indépendance, pour les distinguer du salariat, et dans lesquelles l'activité intellectuelle joue le principal rôle, pour les distinguer des professions industrielles et commerciales. On citera les avocats, les médecins, les architectes, les artistes qui entrent tous dans ce champ d'application mais il peut s'agir aussi d'activités professionnelles qui n'ont pas reçu la reconnaissance légale : activité de guérisseur (CE 25 nov. 1981, n° 15495, *DF,* 1982, 14, 761, concl. Verny), prostitution (CE 11 mars 1985, 44801, *DF,* 1986, 28, 1321). Les produits des charges et offices entrent également dans la catégorie des bénéfices non commerciaux sauf lorsque la charge ou l'office donne lieu à une activité commerciale.

320 Écrivains, compositeurs et inventeurs. — Les bénéfices tirés de la production littéraire, scientifique ou artistique relèvent par principe des bénéfices non commerciaux. Toutefois comme ces revenus versés par des tiers échappent difficilement au contrôle de l'administration fiscale, il a été prévu une possibilité d'assimilation au régime des traitements et salaires. À condition qu'ils soient intégralement déclarés par les tiers, les droits d'auteur perçus par les écrivains et compositeurs sont, sauf option expresse pour le régime des BNC, soumis à l'impôt sur le revenu selon les règles prévues en matière de traitements et salaires. La déduction des frais professionnels est opérée soit par justification des frais réellement exposés, soit forfaitairement, dans ce dernier cas des contribuables opèrent la déduction de 10 % propre aux traitements et salaires. Jusqu'à l'imposition des revenus de 2000, ils ont pu pratiquer en outre, dans certaines limites, une déduction supplémentaire de 25 %. Dans l'hypothèse d'une activité salariée complémentaire, le plafonnement de la déduction de 10 % s'applique, s'il y a lieu, globalement.

Lorsque le contribuable perçoit d'une part, les droits d'auteur déclarés par des tiers et, d'autre part, des traitements et salaires, il doit opter globalement au titre des deux catégories de revenus soit pour la déduction des frais réels, soit pour la déduction forfaitaire (CE 30 sept. 1981, 16601, *RJF,* 1981, II, 506, chron. Léger). Les prix, à l'exception du prix « Nobel » et de récompenses internationales de niveau équivalent dont la liste est fixée par décret, sont imposables au titre des revenus accessoires de la production littéraire et artistique, mais afin d'encourager la création il a été décidé, sous certaines conditions (note DGI du 5 oct. 1983, *DF,* 1983, 43, ID, 7860), d'instituer un abattement sur le montant de ces récompenses.

Le régime fiscal des produits de la propriété industrielle est, quant à lui, assez complexe. Les produits provenant de la cession de brevets, de procédés ou de techniques, de la concession de licences d'exploitation, de la cession de brevets sont soumis à l'impôt sur le revenu dans la catégorie des bénéfices non commerciaux mais taxés au taux de 16 % applicable aux plus-values à long terme. Les autres produits, tels que ceux provenant de la cession ou de la concession de marques de fabrique ou formules de fabrication, de la cession ou de la concession de dessins et de modèles, sont soumis au droit commun mais bénéficiant d'un abattement forfaitaire de 30 % au profit de l'inventeur pour tenir compte des frais exposés en vue de la réalisation de l'invention si les frais réels n'ont pas déjà été admis en déduction pour la détermination du bénéfice imposable (CE 9 déc. 1983, 35990, *DF,* 1984, 27, 1303, concl. Racine).

321 TOUTES ACTIVITÉS LUCRATIVES. — Selon la formule consacrée, la catégorie des bénéfices non commerciaux est une « catégorie balai » dans laquelle entrent tous les profits dénommés tirés d'une quelconque activité n'entrant dans le champ d'aucune autre catégorie. Les choses sont parfois compliquées par exemple : les gains innommés doivent être imposés non au titre des BNC mais au niveau du revenu global, car il s'agit d'un revenu indéterminé, sauf si l'administration établit que ces gains sont les revenus d'une profession non commerciale (CE 8 oct. 1990, Delaurens et Kroll, *DF,* 1990, 49, 2273, concl. Arrighi de Casanova). Ce revenu catégoriel concerne d'abord les activités lucratives habituelles sans être professionnelles, c'est l'exemple classique des profits tirés de la répétition d'opérations de commerce (CE 28 mars 1984, n° 30371, *DF,* 1984, 40, 1659, concl. Fouquet) mais aussi les opérations isolées comme l'achat et la revente de créances (CE 4 juill. 1979, n° 5506, *DF,* 1980, 21, 1163, concl. Fabre) ou le résultat d'agissements frauduleux (CE 29 nov. 1982, n° 28305, *DF,* 1983, 11, 494). Des gains de jeux réalisés par un contribuable qui a été en mesure d'en réduire l'aléa sont imposables dans la catégorie des BNC (CE 2 juill. 2001, n° 211134, *DF,* 2001, 47, 1079, concl. Maugüe).

Les profits tirés de la répétition d'opérations de bourse de valeurs (CE 13 juill. 1967, n° 63504, *Rec.,* 327) sont imposables dans cette catégorie. Le Conseil d'État a adapté sa jurisprudence, devant le développement du courtage en ligne, en précisant que les opérations de bourse effectuées à titre habituel par les particuliers s'entendent de celles effectuées dans des conditions analogues à celles qui caractérisent une activité exercée par une personne se livrant à titre professionnel à ce type d'opérations (CE 14 févr. 2001, n° 189572, Boniface, *GP,* 23-24 janv. 2002, 37, note E. Boulanger et P.-M. Sauvage). Le juge considère que l'ampleur et la fréquence des opérations ne suffisent plus à caractériser le critère d'habitude. Pour entrer dans le champ d'application de l'article 92-2 CGI il est nécessaire que le contribuable ait réalisé ces opérations selon des techniques et avec un savoir-faire identiques à ceux d'un professionnel. Le Conseil d'État retient l'importance des opérations, leur nature spéculative et enfin les techniques mises en œuvre (CE 5 nov. 2003, req. 241201, Riglet, *DF,* 2004, 21, comm. 508, concl. Séners).

L'article 92-1 CGI ne permet pas de taxer un profit réalisé passivement, en conséquence la plus-value retirée d'une cession de créance n'est pas imposable en BNC dès lors que l'administration n'établit pas l'existence d'une activité particulière en vue de cette cession (CE 23 juill. 1993, Louvat, *DF,* 1993, 40, 1855, concl. Arrighi de Casanova). L'extension extrême de la catégorie porte sur les sommes perçues d'un tiers lorsqu'elles ne procèdent pas d'une intention purement libérale (CE 25 nov. 1981, n° 15495 *DF,* 1982, 14, 761, concl. Verny ; CE 29 juill. 1983, n° 34223, *DF,* 1983, 49, 2255, concl. Verny). Il a été jugé que l'administration ne peut fonder une imposition dans la catégorie des BNC sans démontrer, au préalable, que les sommes considérées à ce titre constituent des revenus, c'est-à-dire se rattachant à une activité ou source de profits génératrice de revenus (CE 16 déc. 1988, Sellem, *DF,* 1990, 9, 439, concl. Martin).

Les subtilités ne manquent pas : les subsides versés à une concubine constituent une libéralité non imposable alors que ceux reçus par une femme entretenue sont imposables au sens de l'article 92 CGI (CE 18 nov. 1988, n° 75596, *DF,* 1989, 12, 589, concl. Fouquet).

II | La détermination des bases d'imposition

Le bénéfice à retenir est constitué par l'excédent des recettes totales sur des dépenses nécessitées par l'exercice de la profession. On marquera certaines spécificités propres à la fixation du revenu net.

322 Consistance de l'actif. — L'introduction par la jurisprudence (CE 29 avr. 1985, n° 43759, *DF,* 84, 40, 1617, concl. Bissara) d'une certaine liberté d'affectation, par les personnes physiques, des biens soit au patrimoine privé, soit au patrimoine professionnel dans le régime d'imposition aux BNC exige que l'on opère des distinctions entre les immobilisations susceptibles d'être inscrites à l'actif. Cette inscription doit être corroborée par le caractère effectif de l'usage professionnel (CE 3 juin 1992, Soulier, *DF,* 1993, 15, 781, concl. Fouquet). Il y a d'abord les éléments affectés par nature à l'exercice de la profession lorsqu'ils ne peuvent être utilisés que pour l'exercice de l'activité professionnelle : installations, matériels spécifiques, droit de présentation de la clientèle, finance d'un office... Ceux-ci doivent être obligatoirement inscrits sur le registre des immobilisations et des amortissements ; en l'absence d'inscription, ces éléments sont considérés tout de même comme faisant partie du patrimoine professionnel du contribuable. Il y a ensuite les éléments non affectés par nature à l'exercice de la profession mais qui sont utilisables pour la réalisation de cette activité (immeubles, installations générales...). Ils peuvent, au choix du contribuable, être inscrits sur le registre des immobilisations et des amortissements ou être conservés dans son patrimoine privé. Enfin, les éléments qui ne sont pas utilisés pour l'exercice de la profession ne peuvent jamais faire partie du patrimoine professionnel des intéressés. Cette distinction a des effets directs sur la détermination des plus-values et moins-values de cession d'éléments d'actif professionnel. Celles-ci sont en effet limitées aux opérations portant sur les éléments affectés par nature à l'exercice de la profession et sur des éléments non affectés par nature mais inscrits par le contribuable sur le registre des immobilisations. Mais il existe une autre incidence. Le transfert dans le patrimoine personnel du contribuable d'un bien inscrit à l'actif professionnel constitue une cession génératrice de plus-value ou de moins-value (CE 19 nov. 1977, n° 189, *DF,* 1978, 15-16, 603, concl. Rivière ; *RJF,* 1978, I, 7, chron. Hagelsteen). Il existe un régime spécial d'imposition de ces plus-values défini aux articles 93 *quarter,* I, 151 *sexies* et 151 *septies* CGI.

Par dérogation à cette règle et à compter du 1er janvier 1996, les contribuables soumis au régime de la déclaration contrôlée peuvent opter, avant le 1er février de l'année d'imposition, pour la détermination de leur bénéfice à partir des créances acquises et des dépenses engagées au cours de l'année d'imposition.

323 RÈGLE DE LA COMPTABILITÉ DE CAISSE. — Conformément aux dispositions de l'article 93 CGI, le bénéfice non commercial à retenir, dans les bases de l'impôt sur le revenu, est constitué par l'excédent des recettes totales encaissées au cours de l'année d'imposition sur les dépenses nécessitées par l'exercice de la profession et effectivement acquittées au cours de cette même année. Il est toutefois admis que, sur demande des contribuables, le bénéfice imposable soit déterminé en tenant compte des créances acquises et des dépenses engagées au cours de l'année d'imposition. Cette dérogation, qui résultait d'une tolérance administrative, est prévue par l'article 93 A CGI. L'option doit être exercée avant le 1er février de la première année au titre de laquelle le bénéfice est déterminé, celle-ci peut être dénoncée par le contribuable avant le 1er février de l'année au titre de laquelle le bénéfice est déterminé en fonction des recettes encaissées et des dépenses payées.

Peuvent être comprises, dans les recettes professionnelles, les sommes reçues des clients au cours de l'année soit par voie de règlement direct, soit par voie d'inscription à un compte et qui présentent un caractère disponible ainsi que des biens ou valeurs mobiliers et immobiliers donnés en paiement (CE 24 oct. 1980, n° 14614, *DF,* 1981, 14, 723, concl. Schricke ; *RJF,* 1981, 5, 219, chron. Sauvé). Cela ne signifie pas pour autant que tous les mouvements de fonds affectant la trésorerie du contribuable doivent être regardés comme des recettes professionnelles. Il faut écarter toutes les sommes qui ne sont pas définitivement acquises telles celles qui constituent de simples dépôts effectués par les clients (CE 24 janv. 1979, n° 5471, *DF,* 1979, 45, 2187, concl. Rivière).

324 LES DÉDUCTIONS DU REVENU BRUT. — On retrouve la trilogie : amortissements, provisions, charges.

L'amortissement des immeubles, du matériel affecté à l'exercice de la profession est effectué suivant les règles applicables en matière de bénéfices industriels et commerciaux. Pour être déductible il faut donc qu'il soit comptabilisé (CE 21 déc. 1979, n° 1 1680, *DF,* 1980, 43, 2124, concl. Rivière).

Les provisions sont en principe exclues parce que incompatibles avec la comptabilité de caisse (CE 9 juill. 1980, n° 11847, *DF,* 80, 4849, 2453, concl. Verny). Elles ne peuvent être déduites que si, par voie de tolérance, l'entreprise est autorisée à tenir une comptabilité commerciale.

Les charges déductibles sont celles qui sont nécessitées par l'exercice de la profession. La jurisprudence est sur ce point assez restrictive ne se contentant pas d'un rapport direct entre la dépense et la profession mais exigeant que la dépense soit indispensable au bon exercice de la profession (CE 24 févr. 1982, n° 18656, *RJF*, 1982, 4, 155, chron. Racine ; CE 23 mai 1984, n° 38681, *DF*, 1985, 4, 90, concl. Latournerie), ce qui n'exclut pas la prise en compte des dépenses destinées à couvrir des risques de toute nature occasionnés par l'activité (CE 4 juill. 1984, n° 35207, *DF*, 1985, 10, 511, concl. Racine). Lorsque les charges portent sur des locaux à usage mixte, servant à la fois à l'habitation et à l'exercice de la profession, seule est déductible la fraction des charges qui correspondent aux locaux affectés à l'usage professionnel (CE 28 févr. 1983, n° 28747, *DF*, 1983, 25, 1352, concl. Rivière), même s'ils ont été maintenus dans le patrimoine privé (CE 11 avr. 2007, req. 287808, M. et Mme Roche, *DF*, 2008, 22, comm. 351, concl. Verot et note Schmitt). Toutes les charges doivent naturellement être appuyées des justifications nécessaires. Ne sont déductibles que celles qui ont été effectivement payées au cours de l'année d'imposition, c'est là une autre conséquence du principe de la comptabilité de caisse.

III | Méthodes d'évaluation du revenu

Depuis le 1er janvier 2000, l'obligation de mentionner l'identité du client, ainsi que le montant, la forme et la date de versement des honoraires sur le livre-journal s'impose à toutes les professions non commerciales astreintes au secret professionnel, même si le contribuable n'a pas adhéré à une association agréée.

325 Déclaration contrôlée. — Le contribuable déclare le montant exact de son bénéfice qui est alors imposé sous le régime dit de la déclaration contrôlée. Ce régime est obligatoire pour les contribuables dont le montant annuel des recettes excède 32 000 € (2009), les officiers ministériels et les contribuables ayant opté pour le régime d'imposition de l'article 100 *bis* CGI. Il peut être adopté sur option par les autres contribuables. Les obligations comptables consistent dans la tenue d'un livre-journal retraçant au jour le jour le détail des recettes et des dépenses professionnelles et d'un document comportant les éléments d'actifs compris dans le patrimoine professionnel avec le montant des amortissements effectués. Les contribuables doivent enfin produire une déclaration spéciale adressée à l'administration fiscale avant le 1er mars de chaque année.

326 RÉGIME SPÉCIAL « MICRO ». — Ce régime s'adresse aux contribuables dont le montant annuel de recettes n'excède pas 32 000 € (2009) et qui sont exonérés de TVA, ou bénéficient de la franchise de TVA. Ils sont imposés sur un bénéfice évalué forfaitairement à 66 % de leurs recettes, et peuvent opter pour le régime de la déclaration contrôlée. Les contribuables portent directement dans leur déclaration de revenu global le montant brut de leurs recettes. L'abattement, de 34 %, couvre toutes les charges, y compris les cotisations sociales et les amortissements linéaires des biens affectés à l'exploitation. Seule la cession de biens affectés à l'exploitation donne lieu à l'imposition des plus-values selon le régime des plus-values professionnelles. Les contribuables doivent tenir, et présenter éventuellement à l'administration, un document enregistrant le détail journalier de leurs recettes professionnelles. Ces contribuables peuvent opter pour le régime de la déclaration contrôlée. Cette option est valable et irrévocable pour une période de deux ans, elle est reconduite tacitement par période de deux ans.

327 ARTICLE 100 *BIS* CGI. — Pour tenir compte de l'irrégularité des revenus provenant de la production littéraire, scientifique ou artistique les contribuables soumis à la déclaration contrôlée peuvent demander que leurs bénéfices soient calculés en retranchant de la moyenne des recettes de l'année d'imposition et des deux années précédentes ou de l'année d'imposition et des quatre années précédentes la moyenne des dépenses afférentes aux mêmes années. L'option pour l'application de ce régime est irrévocable. L'article 23 de la loi du 29 décembre 1994 (n° 94-1162) ajoute que les contribuables qui adoptent ce mode d'évaluation pour une année quelconque sont obligatoirement soumis au régime de la déclaration contrôlée. Il s'agit d'une option valable tant qu'elle n'a pas été expressément révoquée.

Section III
Les bénéfices agricoles

328 Activités imposables. — Les revenus imposables dans la catégorie des bénéfices agricoles sont ceux que l'exploitation de biens ruraux procure aux fermiers, métayers et propriétaires exploitants. Ils concernent les profits tirés de la culture, de l'élevage, de l'exploitation forestière, des exploitations avicoles, piscicoles et des activités constituant le prolongement normal de ces exploitations à moins qu'eu égard à l'importance du matériel employé et au nombre des employés on doive les inclure dans le champ des bénéfices industriels et commerciaux (CE 14 déc. 1977, n° 6292, *DF,* 1978, 31, 1256, concl. Martin-Laprade). Lorsque sont menées parallèlement une activité industrielle et commerciale et une activité agricole, le rattachement à l'une de ces deux catégories se fait à partir de la recherche de l'activité prépondérante au regard du volume des affaires et des relations de complémentarité entre les deux activités (CE 5 déc. 1979, n° 9325, *DF,* 1980, 40, 1866, concl. Fabre).

329 Application des règles relatives aux BIC. — Sous réserve de certaines dispositions propres, le bénéfice réel de l'exploitation agricole est déterminé et imposé selon les règles applicables en matière de bénéfices industriels et commerciaux.

Le bénéfice imposable se détermine par application de la théorie du bilan (CE 7 juill. 1982, n° 10904, *RJF,* 1982, 10, 498, chron. Racine). Les immeubles bâtis ou appartenant à l'exploitant et utilisés pour les besoins de l'exploitation sont obligatoirement inscrits à l'actif. En revanche le contribuable peut opter pour le maintien des terres dans son patrimoine privé (CE 25 juill. 1980, n° 1522, *DF,* 1981, 46, 2041, concl. Rivière ; *RJF,* 1980, 10, 412, chron. Schricke ; CE 9 mars 1983, n° 25355, *RJF,* 1983, 5, 296). Cette option est une décision de gestion, formulée de façon expresse et qui ne saurait découler d'une attitude implicite résultant de la non-inscription des terres à l'actif (CE 17 mai 1991, Mme Chenuault, *DF,* 1991, 39, comm. 1699, concl. Arrighi de Casanova). La comptabilité d'engagement retrouve son empire (CE 15 févr. 1982, n° 24855, *RJF,* 1982, 4, 194 ; CE 26 juill. 1982, n° 26434, *RJF,* 1982, 10, 466), les amortissements qui ne peuvent concerner les terres proprement dites les plantations sont amortissables : CE 25 juill. 1980, précité) et les provisions doivent répondre aux conditions générales édictées en matière de BIC (CE 21 mars 1980, n° 13896, *DF,* 198271, 24, concl. Lobry ; CE 9 mars 1983, n° 25355, *DF,* 1983, 40, 1828, concl. Schricke). Les plus-values de cession sur terrain à usage agricole sont imposables selon le régime des plus-values non professionnelles, que si les recettes ne dépassent pas les limites du forfait (CE 17 juill. 2000, n° 208508, *DF,* 2001, 11, 222, concl. Touvet).

Il a été jugé qu'une indemnité d'assurance qu'a perçue un agriculteur doit, dans la mesure où elle est compensée par des charges et des pertes de recettes induites par un sinistre, être comprises comme étant un revenu imposable (CE 28 juill. 2000, n° 189781, *DF,* 2001, 21, 469, concl. Goulard).

330 MÉTHODES D'ÉVALUATION DU REVENU. — Trois régimes d'imposition peuvent être applicables : bénéfice réel, bénéfice simplifié, bénéfice forfaitaire. À cela s'ajoute un régime transitoire d'imposition, applicable jusqu'en 2005, pour permettre de faire passer les exploitants individuels du forfait à un régime de bénéfice réel simplifié ou normal.

a) Le régime normal de bénéfice réel s'applique de plein droit aux exploitants dont la moyenne des recettes annuelles calculée sur deux années consécutives excède 350 000 € (2009). Il peut être choisi sur option par les exploitants qui relèvent anormalement du forfait ou du régime simplifié. À noter que les intérêts des soldes créditeurs d'un compte courant servant à financer des opérations indissociables de l'activité agricole sont à retenir pour déterminer le seuil du régime réel (CE 31 mai 2000, n° 187165 et 187166, *DF,* 2001, 9, 177, concl. Goulard). Le bénéfice réel fait l'objet d'une déclaration dans les conditions applicables aux bénéfices industriels et commerciaux.

b) Le régime simplifié d'imposition d'après le bénéfice réel est applicable de plein droit aux exploitants dont la moyenne des recettes annuelles calculée sur deux années consécutives est comprise entre 76 300 € et 350 400 €, aux exploitants exerçant une activité commerciale de négociants en bestiaux lorsque la moyenne de leurs recettes agricoles n'excède pas 274 400 €. Il peut être choisi sur option par les exploitants relevant normalement du forfait. Le bénéfice est déterminé selon les règles applicables en matière de bénéfice réel normal sous réserve de certaines particularités concernant les immobilisations, la détermination du produit brut, les frais et charges, avec notamment l'impossibilité de constituer des provisions. La déclaration de résultats comme des obligations comptables comportent un certain nombre d'allégements par rapport au régime normal de bénéfice réel.

L'article 14-VII de la loi de finances pour 2001 et le décret n° 2001-524 du 14 juin 2001 ont pour objet de rapprocher le régime réel normal et le régime simplifié et unifient le dispositif applicable en cas de changement de régime d'imposition, notamment en matière d'évaluations des stocks et immobilisations.

c) Le régime du bénéfice forfaitaire est le plus répandu et le plus original. C'est un bénéfice net moyen qui tient compte de tous les profits et charges d'exploitation, il concerne de plein droit les exploitants agricoles dont la moyenne des recettes annuelles calculées sur deux années consécutives n'excède pas 76 300 € et qui n'ont pas opté pour un autre régime d'imposition.

Sont d'abord fixés dans le cadre du département ou de la région agricole les éléments de calcul du bénéfice forfaitaire pour chaque nature de culture ou d'exploitation par la commission départementale des impôts directs et des taxes sur le chiffre d'affaires sur propositions de l'administration.

La détermination des bases d'imposition individuelles est obtenue par le classement de l'exploitation dans l'une des catégories types définie par la commission départementale. Le bénéfice forfaitaire est alors dégagé pour les exploitants fermiers par la multiplication du bénéfice moyen à l'hectare fixé pour la catégorie considérée par la superficie de l'exploitation. Pour les propriétaires exploitants, le bénéfice forfaitaire est égal à celui de l'exploitant-fermier auquel on ajoute une somme égale au revenu ayant servi de base à la taxe foncière pour l'ensemble des propriétés du contribuable affectées à l'exploitation.

En principe, les plus-values dégagées par la réalisation d'éléments affectés à l'exploitation sont exonérées.

Tous les exploitants placés sous le régime du forfait doivent souscrire une déclaration spéciale contenant les renseignements nécessaires au calcul du forfait.

d) Le régime transitoire peut être exercé par les forfaitaires, jusqu'au terme d'une période de cinq ans. Ceci vaut pour les exploitants qui ont opté avant le 1er mai 2000. Les exploitants qui dépassaient la limite du forfait, et qui n'ont pas été soumis à un régime réel, pouvaient opter pour le régime transitoire, dans les mêmes conditions que ceux qui relèvent du forfait. À échéance des cinq ans, si la moyenne de recettes des deux dernières années couvertes par le régime transitoire était supérieure à 114 400 €, l'exploitant était imposable selon les règles d'un régime réel à compter du 1er janvier de l'année suivante, dans le cas contraire il pouvait retourner au forfait ou opter pour un régime réel dans les conditions de droit commun.

Section IV
Les revenus fonciers

331 COMPOSITION DES REVENUS IMPOSABLES. — Sont compris dans la catégorie des revenus fonciers les revenus des propriétés bâties, les revenus des propriétés non bâties et les revenus accessoires provenant de la location du droit d'affichage, de la concession d'exploitation, des redevances ayant leur origine dans le droit de propriété ou d'usufruit.

Le type même du revenu foncier est le loyer perçu par le propriétaire ou l'usufruitier d'un immeuble. Encore faut-il que ce loyer soit normal. Si le loyer est anormalement bas, c'est-à-dire notoirement inférieur à celui qui est habituellement pratiqué dans les limites de la réglementation applicable, l'administration fiscale pourra procéder à la réintégration de la différence (CE 28 mai 1980, n° 17326, *DF,* 1981, 15, 778, concl. Martin-Laprade). Dans la même logique, le propriétaire qui met gratuitement un bien immobilier à la disposition d'un tiers doit être considéré comme ayant disposé des loyers qu'il avait pu percevoir en contrepartie de la location (CE 15 févr. 1984, n° 37377, *RJF,* 1984, 4, 266) et l'attribution sans indemnité au bailleur, de constructions ou d'aménagements effectués par le locataire, est constitutive d'un revenu foncier en nature imposable (CE 10 juill. 1981, n° 12865, *DF,* 1981, 52, 2365, concl. Verny ; CE 27 févr. 1984, n° 19461, *RJF,* 1984, 4, 238). Les revenus que produiraient les propriétés dont le propriétaire se réserve la jouissance entrent dans le champ de l'application de l'impôt (CE 3 nov. 1978, n° 3421, *DF,* 1979, 26, 1344 ; CE 7 mai 1980, n° 8145, *DF,* 1981, 45, 1982, concl. Lobry sur le calcul du loyer par référence) à l'exception très importante des logements dont le propriétaire se réserve la jouissance (art. 15, II, CGI) avec leurs dépendances immédiates.

La remise à titre gratuit d'un immeuble au bailleur à l'issue d'un bail à construction constitue pour lui un revenu foncier (art. 33 *bis* CGI). Par conséquent, l'indemnité d'assurance, versée en contrepartie de la destruction de l'ouvrage édifié par le preneur et destiné à être remis gratuitement au bailleur doit également être considérée comme un revenu foncier (CE 21 mars 2003, req. 235874 et 235875, *AJDI,* 2004, 1, 46, note Maublanc).

On rappellera que les revenus des propriétés inscrites à l'actif d'une entreprise industrielle ou commerciale ou faisant partie d'une exploitation agricole ou bien utilisés pour l'exercice d'une profession non commerciale rentrent dans le bénéfice professionnel correspondant.

Enfin, des dispositions spécifiques rangent dans la catégorie des bénéfices industriels et commerciaux les locations et sous-locations en meublé et les locations d'établissements industriels et commerciaux munis du matériel ou du mobilier nécessaire à leur exploitation.

332 DÉTERMINATION DU REVENU NET. — Le revenu imposable est égal à la différence entre le montant du revenu brut et le total des charges déductibles. Le revenu brut comprend des sommes encaissées par le bailleur au cours de l'année d'imposition. Il s'agit naturellement des loyers et fermages mais aussi des remboursements des charges, des dépenses incombant normalement au propriétaire et mises par convention à la charge des locataires, des revenus des immeubles dont le propriétaire se réserve la jouissance, des recettes exceptionnelles : subventions relatives à des travaux admis en déduction, indemnités d'assurance versées à un propriétaire sinistré, droit de pas de porte à condition qu'il n'ait pas pour contrepartie la dépréciation d'un élément du patrimoine du bailleur (CE 24 févr. 1978, n° 97347, *DF,* 1978, 41, 1553, concl. Rivière ; *RJF,* 1978, 12, 346, chron. Verny ; CE 28 sept. 1984, n° 38704, *RJF,* 1984, II, 684). De ces sommes devront être déduites les dépenses payées par le propriétaire pour le compte du locataire, la taxe additionnelle au droit de bail. L'ensemble des dépenses supportées par le propriétaire, si elles sont justifiées dans leur nature et dans leur montant, au titre de l'administration et de la gestion des immeubles loués non meublés sont déductibles. Les rémunérations des gardiens et concierges, celles versées à des tiers au titre d'honoraires ou de commissions, les primes d'assurance se rapportant au bien loué et les frais de procédures sont autant de charges déductibles. Le contribuable peut, au lieu et place de ces déductions suivant le montant réel, choisir de bénéficier d'une déduction forfaitaire de 14 %, taux qui sera ramené à 6 % pour les logements bénéficiant du régime d'amortissement « Robien », « Besson » ou « Périssol ».

333 TAUX MAJORÉS. — Les déductions sont fixées en fonction des régimes, plus ou moins incitatifs, qui sont mis en place. En effet, il existe différents régimes qui ouvrent droit à des déductions spécifiques. Par exemple, le propriétaire d'un logement ancien qui a opté pour le dispositif « Besson-ancien » bénéficie, depuis l'imposition des loyers de 2005, d'une déduction spécifique de 26 %. Autre exemple, un investissement locatif dans le neuf, pour lequel le contribuable opte pour le dispositif « Borloo-neuf » bénéficie d'un abattement de 30 % sur les loyers de 2008, tout comme le propriétaire d'un logement pour lequel le contribuable opte pour le dispositif « Borloo-ancien » en secteur intermédiaire, ou encore ceux qui ont souscrit au capital d'une société civile de placement immobilier ayant opté pour le dispositif « Borloo-neuf ». Le taux peut être porté à 60 % pour les revenus des locations de logements consenties à des personnes aux ressources très modestes (dispositif « Lienemann »).

334 PROVISIONS. — Le contribuable peut déduire des provisions et charges pour travaux qui ont été votées dès lors que celles-ci sont prévues aux articles 14-1 et 14-2 de la loi du 10 juillet 1965 sur la copropriété. Il s'agit des dépenses de travaux, qui n'ont pas à figurer dans le budget prévisionnel, notamment les travaux portant sur les équipements communs, et les dépenses courantes de maintenance. À noter que les provisions spéciales appelées par le syndic pour faire face aux travaux susceptibles d'être nécessaires dans les trois ans à venir, mais non encore décidés par l'assemblée générale, ne sont pas concernés. Parallèlement à la déduction des provisions pour charges, le contribuable doit réintégrer celles qui ont été déduites à tort au vu du relevé des charges qui a été présenté lors de l'assemblée générale pour approuver les comptes de l'exercice précédent.

335 LE MICRO FONCIER. — Dans un souci de simplification et d'allégement, un régime particulier a été mis en place, de plein droit à compter des revenus de 2001, au profit des contribuables dont le revenu brut foncier annuel, procuré par des immeubles urbains ou ruraux, est inférieur à 15 000 €. Le revenu net imposable est déterminé en appliquant un abattement de 30 %, couvrant l'ensemble des charges de la propriété. Les contribuables soumis à ce régime peuvent opter de façon irrévocable et reconductible, pour une période de cinq ans, pour le régime réel.

336 LES DÉFICITS. — Les déficits fonciers qui résultent de dépenses autres que les intérêts d'emprunts sont déductibles du revenu global dans la limite annuelle de 10 700 €. La fraction des déficits qui est supérieure à cette limite, ou qui provient des intérêts d'emprunts, est uniquement imputable sur les revenus fonciers des dix années suivantes. L'imputation des déficits fonciers sur le revenu global n'est pas optionnelle. Toutefois, elle sera remise en cause si le contribuable cesse de louer l'immeuble avant le 31 décembre de la troisième année qui suit cette imputation, sauf si l'abandon de la location est motivé par le licenciement, l'invalidité ou le décès du contribuable ou de l'un des époux soumis à l'imposition commune ou en cas d'expropriation de l'immeuble ayant donné lieu à un déficit.

En cas de remise en cause de l'imputation d'un déficit foncier sur le revenu global, le revenu foncier et le revenu global des trois années qui précèdent celle au cours de laquelle intervient la cessation de la location sont reconstitués selon les modalités applicables en cas de non-imputation sur le revenu global. Cependant, si le contribuable a déclaré au titre de la même année un déficit imputable en tout ou partie sur le revenu global provenant d'immeubles différents et si le contribuable cesse de louer l'un d'entre eux dans les trois ans qui suivent l'imposition, la fraction du déficit imputable sur le revenu global est reconstituée en faisant abstraction des résultats déficitaires des immeubles cédés ou dont la location a cessé.

Section V
Les plus-values non professionnelles des particuliers

337 IDENTIFICATION. — Les régimes d'imposition que l'on va examiner ici ne s'appliquent en principe qu'aux seules plus-values réalisées par des particuliers ou des sociétés de personnes, à l'exclusion de celles qui peuvent être dégagées lors de la cession d'éléments d'actif immobilisé d'une entreprise industrielle, commerciale, artisanale, agricole ou d'une activité non commerciale. Elles ne concernent donc que des éléments du patrimoine privé de contribuable. Encore faut-il les identifier lorsque le contribuable est un exploitant individuel.

Plusieurs hypothèses sont à considérer. Si les biens ont été inscrits à l'actif du bilan d'une entreprise ou sur le registre des immobilisations, que ce soit en vertu d'une obligation légale ou d'une décision de gestion du contribuable, leur cession relèvera du régime des plus-values professionnelles. Si les biens n'ont pas fait l'objet d'une telle inscription, on respectera cette abstention qui est une décision de gestion à moins qu'elle porte sur des biens pour lesquels le contribuable ne dispose d'aucune latitude d'action, c'est le cas notamment des biens affectés par nature à une profession non commerciale. Ces derniers ne pourront jamais être réputés appartenir au patrimoine privé du contribuable, leur cession sera toujours comprise dans le régime des plus-values professionnelles. Lorsque l'inscription ne peut révéler la classification du bien, on recourt à des critères objectifs. Pour les entreprises soumises au régime micro-entreprise et qui ne sont pas tenues d'établir un bilan, ont un caractère professionnel les plus-values dégagées lors de la cession d'immobilisations affectées à l'exploitation et pour les entreprises agricoles lors de la cession des terres. Pour les professions non commerciales soumises au régime micro et qui ne sont pas astreintes à la tenue d'un registre des immobilisations, l'ensemble des biens affectés à l'exploitation est réputé faire partie du patrimoine professionnel et les plus-values de cession afférentes auront le caractère professionnel. Il faut enfin tenir compte des plus-values dégagées à la suite de la « circulation » des biens du patrimoine privé à l'actif de l'entreprise ou inversement. On assiste alors à un fonctionnement du régime d'imposition puisque la plus-value acquise par le bien pendant son appartenance au patrimoine privé est imposable au régime des plus-values des particuliers tandis que la plus-value acquise par le bien pendant la période d'inscription au bilan est soumise au régime des plus-values professionnelles.

I | Les plus-values sur immeubles et titres de sociétés non cotées à prépondérance immobilière

338 Champ d'application. — L'opération dégageant la plus-value imposable est constituée par toute transmission de propriété à titre onéreux : vente, expropriation, échange, apport en société. Elle doit porter sur des immeubles bâtis ou non bâtis, des droits immobiliers (usufruit, nue-propriété, servitudes), des titres de sociétés non cotées à prépondérance immobilière, des titres de sociétés immobilières transparentes. Elle doit enfin être réalisée soit par une personne physique, soit par une société de personnes relevant de l'impôt sur le revenu sans qu'elle puisse se rattacher à une activité professionnelle. La généralité des critères d'imposition est tempérée par un grand nombre d'exonérations dont on évoquera les principales. Sont d'abord exclues les plus-values réalisées lors de la cession d'une résidence principale sous les conditions que l'immeuble soit la résidence habituelle de son propriétaire et que l'occupation ait été effective depuis son achèvement ou sinon qu'elle ait duré au moins cinq ans, même sous une forme discontinue. Le souci de sauvegarder une certaine immunité patrimoniale minimale ainsi que la mobilité géographique et professionnelle est évident. L'exonération de la première cession d'un logement s'y apparente. Il faut que ce logement qui n'est pas la résidence principale soit acquis ou achevé depuis au moins cinq ans et que, par ailleurs, le cédant ne soit pas propriétaire de sa résidence principale ou ne l'ait pas vendue depuis moins de deux ans. Le Conseil d'État a exonéré d'imposition les plus-values réalisées sur la cession d'une résidence principale occupée à titre de jouissance des parts d'une société civile immobilière (CE 17 mai 1989, Rousset, *DF,* 1989, 47-48, 2162, concl. Liebert-Champagne).

À noter que l'administration a étendu l'exonération dont bénéficient les époux séparés ou divorcés aux séparations des concubins ou des partenaires liés par un PACS (*BOI,* 8 M-2-07, instruction 24 juill. 2007).

La détention de parts d'une société civile immobilière propriétaire d'un immeuble équivaut à une détention directe de cet immeuble par le porteur de parts (CE 8 juill. 1998, n° 165227, *DF,* 1998, 41, 882, concl. Bachelier). Par extension, l'associé d'une société de personnes est en droit de bénéficier de l'exonération prévue en faveur de la cession d'un premier logement, de la même manière que s'il en avait été lui-même propriétaire (CE 8 sept. 1999, n° 183380, *DF,* 2000, 39, 714, concl. Goulard).

Enfin viennent s'ajouter des exonérations tenant au montant du prix de vente, à la valeur de l'ensemble du patrimoine immobilier du contribuable, à la qualité du cédant (titulaire de pension vieillesse non imposable à l'impôt sur le revenu). Le jeu d'un abattement pour durée de détention aboutit également à une exonération à l'expiration de la vingt-deuxième année de la possession pour les immeubles autres que les terrains à bâtir, le délai étant porté à trente-deux ans pour ces derniers.

339 CALCUL DE LA PLUS-VALUE. — La plus-value est en principe égale à la différence entre, d'une part, le prix de cession augmenté des charges en capital et indemnités stipulées au profit du cédant et diminué des frais de cession et, d'autre part, une somme égale au prix d'achat ou à la valeur vénale du bien au jour de la mutation à titre gratuit majorée des dépenses de construction, agrandissement, réparation et amélioration lorsqu'elles n'ont pas été déjà déduites du revenu imposable ainsi que des intérêts des emprunts contractés pour l'acquisition ou la réparation d'une résidence secondaire. Le montant ainsi dégagé fait l'objet de corrections qui tiennent compte de la durée de possession. Les plus-values réalisées en moins de deux ans sont intégralement assimilées à un revenu. Les plus-values réalisées en plus de deux ans requièrent deux sortes d'adaptation : l'application au prix d'acquisition ou à la valeur vénale du bien d'un coefficient d'érosion monétaire qui assure une réévaluation en fonction de l'indice des prix à la consommation et l'application à la plus-value d'un abattement par année de possession. Un abattement général de 1 000 € (2009) est pratiqué sur le total des plus-values mobilières et irmmobilières réalisées au cours de l'année tandis que la cession d'une première résidence secondaire imposable dont le propriétaire a eu la disposition pendant au moins cinq ans donne lieu à un abattement de 6 100 € pour un couple marié, ou de 4 600 € pour les personnes seules, majoré de 1 525 € par enfant vivant ou représenté qu'il soit ou non à charge. On notera qu'aucune imputation des moins-values n'est possible sauf exceptions très limitées (cession en bloc d'un ensemble immobilier acquis par fractions, rapatriés d'outre-mer) ce qui est contraire à la vocation synthétique d'une imposition sur le revenu.

L'exonération de la plus-value à la suite d'une expropriation n'est pas subordonnée au remploi de la totalité de l'indemnité, mais joue au prorata des sommes remployées (CE 9 févr. 2001, n° 195745, *BDCF,* 2001, 4, 56, concl. Goulard).

340 MODALITÉS D'IMPOSITION. — Le fait générateur de l'imposition de la plus-value est constitué par la cession. Elle est donc établie au titre de l'année au cours de laquelle la cession est intervenue, quel que soit par ailleurs le mode de paiement du prix. Un report de taxation est prévu pour les cessions de terrains à bâtir (art. 238 *nonies* et s. du CGI). La déclaration de la plus-value imposable est faite à la fois dans la déclaration d'ensemble des revenus et dans une déclaration spéciale (n° 2049) jointe.

Pour atténuer la progressivité de l'impôt relatif aux cessions intervenant plus de deux ans après l'acquisition du bien on applique le système du quotient. Il consiste à diviser par cinq le total net des plus-values imposables de l'année et à ajouter ce cinquième au revenu global net. On calcule alors le supplément d'impôt dû en raison du cinquième de la plus-value. Ce supplément sera ensuite multiplié par cinq pour déterminer l'impôt total dû au titre de la plus-value. Le contribuable peut en outre, sur demande expresse, bénéficier d'un fractionnement du paiement par parts égales pendant cinq ans mais les fractions d'impôts mises en recouvrement sont assorties chaque année d'un intérêt au taux légal.

II | Les plus-values mobilières

La loi n° 7660 du 19 juillet 1976 prévoyait l'imposition des plus-values provenant de la cession à titre onéreux des biens ou des droits de toute nature, ce qui incluait nécessairement les biens et les droits de nature mobilière. Depuis le 1er janvier 2000, les plus-values réalisées par les particuliers à l'occasion de la cession de valeurs mobilières ou de droits sociaux sont soumises à un régime d'imposition unique à l'impôt sur le revenu, sous la forme d'une taxation forfaitaire.

341 Plus-values sur valeurs mobilières. — Les personnes physiques qui, dans la gestion de leur patrimoine, réalisent des profits par la cession (en Bourse ou de gré à gré) d'actions, d'obligations ou de titres participatifs cotés sur une bourse française ou étrangère ou négociés sur le second marché sont imposables dans la catégorie des bénéfices non commerciaux à un taux forfaitaire de 18 % (2009) auquel il faut ajouter 12,1 % de prélèvements sociaux (2009) lorsque le montant des cessions excède 25 730 € (cessions réalisées en 2009). Les gains nets doivent être supérieurs à cette somme dont le montant varie chaque année et sont calculés en faisant la différence entre le prix de cession diminué des frais de cession et le prix effectif d'acquisition majoré des frais correspondants. Lorsque les titres cédés ont été acquis avant 1979, le contribuable peut opter pour une évaluation forfaitaire du prix d'acquisition égale au cours le plus élevé de l'année 1978. Certains emprunts d'État comportant une clause d'exonération (emprunt 8,80 % 1966, 4,5 % 1973) et les échanges de titres réalisés à l'occasion des opérations de nationalisation et de privatisation échappant à l'imposition. Les titres recueillis à la faveur d'un don manuel doivent être évalués à leur valeur vénale au jour de l'acquisition, sous réserve que le contribuable puisse apporter la preuve de cette valeur. En l'absence de justification suffisante, les titres ont une valeur d'acquisition nulle pour le calcul de la plus-value de cession ultérieure (CE 7 avr. 2006, req. 270444, *Dr. Sociétés,* 2006, comm. 134, note Pierre).

342 PLUS-VALUES SUR BIENS MEUBLES. — Il existe une imposition des plus-values de cession par des particuliers de biens meubles autres que les valeurs mobilières et les métaux et objets précieux. Les modalités d'imposition sont celles des plus-values immobilières. Il faut que le montant annuel des ventes excède 5 000 € (2009) et que les biens vendus soient possédés depuis moins de vingt et un ans. Les exonérations sont nombreuses et la taxation ne concerne véritablement que les cessions de bateaux de plaisance, de vins ou eaux-de-vie reçus en paiement de fermages, les opérations dans les bourses de marchandises lorsqu'elles ne relèvent pas du régime des BNC.

343 TAXATION DES VENTES DE MÉTAUX ET OBJETS PRÉCIEUX. — Le législateur a introduit en 1976 une taxe forfaitaire assimilée à la taxation des plus-values. Les objets précieux sont soumis à un régime spécial car il est le plus souvent impossible de déterminer leur prix d'acquisition et la durée de leur possession par un particulier. Le législateur a préféré instituer une imposition forfaitaire sur les ventes par des particuliers de métaux précieux, d'objets d'art, de collection ou d'antiquités : par exemple, les opérations relatives aux métaux précieux supportent une taxe forfaitaire de 7,5 % sur le prix de vente, quel que soit le montant global de l'opération. Jusqu'en 2014, ce taux est majoré de 0,5 % au titre de la CRDS. L'impôt est supporté par le cédant qui peut toujours opter pour le régime d'imposition des plus-values sur les biens meubles, ce qui lui permet de bénéficier d'une exonération totale lorsque le bien est possédé depuis plus de vingt et un ans.

Section VI
Les revenus des capitaux mobiliers

Ils se divisent en deux catégories principales déterminées en fonction de l'existence ou non d'un aléa qui affecte leur montant : les produits des placements à revenu fixe, les produits des placements à revenu variable.

I | Les produits de placement à revenu fixe

344 Description. — Ils se définissent comme des prêts d'argent consentis à des personnes physiques ou morales et assortis d'une rémunération revêtant en principe la forme d'un intérêt. On ne peut que donner une énumération des principaux qui entrent dans le champ de l'impôt :

— produit des emprunts émis par le Trésor public (à l'exception des intérêts de l'emprunt 1,5 % 1973) ;
— intérêts des bons du Trésor sur formules et des bons assimilés ;
— produits des obligations et de tous autres titres d'emprunt négociables émis par les personnes morales françaises de droit public ou de droit privé ;
— produits des bons de caisse ;
— revenus des créances, dépôts, cautionnements et comptes courants qui ne sont pas compris dans les recettes d'une entreprise industrielle, commerciale, agricole ou de l'exercice d'une profession non commerciale ;
— produits des titres de créances négociables et gains résultant de la cession de ces titres.

Leur régime d'imposition varie selon la nature des produits encaissés ou l'option exercée par le contribuable. L'obligation faite aux établissements payeurs de déclarer à l'administration les bénéficiaires et le montant des produits à revenu fixe s'applique à l'ensemble des produits versés, quelle que soit la qualité de personne physique ou morale du bénéficiaire (CE 4 nov. 1992, SCI du 8, rue Saint-James, *DF,* 1994, 14, 650, concl. Gaeremynck).

345 RETENUE À LA SOURCE. — Cette retenue, dont le fait générateur est la mise à disposition des intérêts (CE 29 sept. 1982, n° 22688, *DF,* 1983, 13, 602, concl. Bissara), est assise sur le montant brut des produits imposables et calculée selon un taux fixé par l'article 187-1 CGI. Elle est pratiquée par la collectivité débitrice des revenus qui la verse à l'administration fiscale et correspond au paiement anticipé d'une fraction de l'impôt sur le revenu. Elle ouvre droit à un crédit d'impôt d'égal montant imputable sur le montant global de l'impôt sur le revenu et peut éventuellement être restituée.

Sont soumis à la retenue à la source les produits des obligations, des titres d'emprunts négociables, des titres participatifs, émis avant le 1er janvier 1987. En sont exonérés les produits des fonds d'État.

346 PRÉLÈVEMENT LIBÉRATOIRE. — Il s'agit cette fois d'un prélèvement forfaitaire sur le montant des produits imposables qui a pour effet de libérer définitivement de l'impôt sur le revenu les produits auxquels il s'applique. Ceux-ci n'ont donc pas à entrer en compte pour la détermination du revenu net global du contribuable. Le prélèvement et son versement au Trésor sont opérés par l'établissement payeur qui est soit le débiteur, soit l'intermédiaire (banque) qui assure le paiement des revenus.

Ce régime est d'abord obligatoire pour les produits payés à l'étranger ou à des personnes domiciliées ou ayant leur siège hors de France.

Il peut aussi être opéré sur option. Cette option est réservée aux personnes physiques imposables (CE 24 nov. 1982, n° 32297, *RJF,* 1983, 1, 37). Elle ne peut concerner que les obligations négociables émises dans les conditions approuvées par le ministre des finances, les bons de caisse émis par des banques, le capital ou les intérêts ne doivent en aucun cas faire l'objet d'une indexation (CE 15 févr. 1982, n° 20469, *DF,* 1982, 23, 1328, concl. Verny). Son bénéfice a été étendu aux intérêts des sommes mises par les associés à la disposition de leur société sous forme de compte bloqué. L'option devient irrévocable à l'égard des produits pour lesquels elle a été exercée même si, par la suite, elle se révèle fiscalement désavantageuse. Aucune disposition législative ou réglementaire n'imposant le renouvellement de l'option, celle-ci demeure valable aussi longtemps qu'elle n'a pas été révoquée (CE 27 oct. 1999, n° 171171, *BDCF,* 1999, 12, 120, concl. Goulard).

Le prélèvement forfaitaire est susceptible de s'appliquer aux produits des placements à revenu fixe de toute nature. Le taux du prélèvement est en général de 18 % (2009) auquel s'ajoute 8,2 % pour la CSG, 0,5 % pour la CRDS, 2 % de prélèvement social, 0,3 % et 1,1 % de contributions additionnelles (2009). Certains produits font l'objet de régimes spéciaux (plans d'épargne populaire, bons et contrats anonymes...).

On comprend dès lors que l'option n'est avantageuse pour le contribuable que si le revenu global atteint une tranche d'imposition imposée à un taux supérieur à celui du prélèvement applicable.

II | Les produits de placement à revenu variable

Ils sont constitués par les revenus des actions, parts sociales et revenus assimilés distribués par les personnes morales soumises à l'impôt sur les sociétés.

A - Identification des produits distribués

347 Les distributions régulières. — Constitue naturellement des produits distribués le résultat des distributions régulièrement décidées par les organes sociaux. On citera les dividendes, intérêts et tous autres produits des actions et des parts de fondateur distribués par les sociétés anonymes et les sociétés en commandite par actions, les sommes ou valeurs attribuées aux porteurs de parts au titre du rachat de ces parts, des tantièmes, jetons de présence alloués aux membres du conseil d'administration ou du conseil de surveillance par des sociétés anonymes, de boni de liquidation des sociétés.

Mais s'en tenir aux seules décisions prises par les organes de la personne morale est fiscalement dangereux car leur sera laissée la possibilité d'organiser des distributions camouflées ou indirectes hors impôt. Pour éviter cette fraude le décret du 9 décembre 1958 a imposé des critères objectifs et comptables, indépendants des décisions sociales en les doublant d'un système de présomptions qui pèsent sur la personne distributrice plutôt que sur le bénéficiaire. Il a été jugé qu'une somme à un compte de frais à payer ne vaut pas pour son bénéficiaire mise à disposition, sauf lorsque celui-ci est le maître de l'affaire et qu'il joue un rôle déterminant dans les décisions d'affectations prises par la société (CE 20 mars 1996, n° 139844, *DF,* 1996, 25, 769, concl. Bachelier).

Le Conseil d'État a une conception extensive de la notion de revenus distribués considérant que « les avantages consentis par une société de personnes doivent être considérés comme appréhendés par les associés de celle-ci » (CE 3 nov. 2004, req. 234525, M. et Mme Riga, *Dr. sociétés,* 2005, 2, p. 28, note Pierre).

348 LE RESPECT DU DROIT COMMUNAUTAIRE. — La Cour de justice des Communautés européennes a jugé que constituait une entrave non justifiée au principe de liberté d'établissement, visé par l'article 43 traité CE, une législation nationale accordant un traitement fiscal différent à des dividendes distribués par une filiale selon que le siège de la société mère est situé dans l'État de la société distributrice ou dans un autre État membre (CJCE 14 déc. 2006, aff. 170/05, Denkavit International BV, *RJF,* 2007, 3, comm. 374). En conséquence, en l'absence de montage artificiel, lorsqu'une société européenne bénéficie de dividendes de source française afférents à une participation supérieure à 5 % du capital de la société distributrice et se trouve, du fait d'un régime d'exonération applicable dans son État de résidence, privée de toute possibilité d'imputer la retenue à la source en principe prélevée en France (art. 119 *bis* 2 CGI), les distributions ne sont plus soumises à ladite retenue. Si l'impossibilité d'imputer tout ou partie de la retenue à la source apparaît postérieurement à la date de la distribution, la restitution de la quote-part de retenue non imputable peut être demandée par voie de réclamation contentieuse.

349 LA DIRECTIVE 2003/48/CE DU 3 JUIN 2003. — Celle-ci a été transposée en droit interne et codifiée sous les articles 242 *ter,* 1768 *bis* et 199 *ter* CGI. L'objectif est l'imposition effective des revenus de l'épargne sous forme de paiement d'intérêts dans l'État membre où le bénéficiaire effectif a sa résidence fiscale, conformément aux dispositions législatives de l'État membre. Pour ce faire, il est mis en place une transmission automatique d'informations entre États membres de l'Union européenne concernant le paiement de revenus qualifiés d'intérêts par un agent payeur établi dans un État membre à un bénéficiaire effectif, personne physique ou entité assimilée, établi dans un autre État membre. Cette directive dite « épargne » prévoit, à titre transitoire, un dispositif particulier pour l'Autriche, le Luxembourg et la Belgique consistant en l'application aux revenus versés par les agents payeurs établis dans ces États à un bénéficiaire effectif résident dans un autre État membre, une retenue à la source dont le taux augmente progressivement, et un partage des recettes entre les deux États membres concernés.

350 LES DISTRIBUTIONS IRRÉGULIÈRES. — Elles sont découvertes par le jeu de certaines dispositions légales spécifiques.

a) L'article 109-1, 1°, CGI. — Il considère comme revenus distribués toutes les sommes ou valeurs mises à la disposition des associés, actionnaires ou porteurs de parts et non prélevés sur les bénéfices.

Il s'agit cette fois de sommes non prélevées sur les bénéfices (détournements de sommes appartenant à la société, prélèvements en période déficitaire) ce qui fait du dispositif de l'article 109-1, 2°, un complément de celui qui est prévu pour l'article 109-1, 1°. Logiquement la circonstance que l'exercice ne dégage pas un bénéfice imposable n'est pas un obstacle au jeu de cette disposition (CE 5 janv. 1964, n° 51058, *DF,* 1964, 43, Doc., concl. Dufour) mais l'administration ne bénéficie d'aucune présomption ; elle doit apporter la preuve de l'appréhension des sommes litigieuses par les associés (CE 29 avr. 1985, n° 60209, *DF,* 1985, 45, 1913, concl. Bissara). Par exemple : les dépenses supportées par une SARL pour l'édification d'un bâtiment appartenant à un associé constitue, sur ce fondement, un avantage imposable entre les mains de ce dernier (CE 5 mars 1999, n° 140779, *BDCF*, 1999, 4, 46, concl. Loloum).

Un abandon de créances effectué par une société au profit d'une personne physique constitue pour cette dernière un avantage réputé distribué (CE 19 mars 2001, n° 198543, *BDCF*, 2001, 6, 79, concl. Courtial).

b) L'article 111-*a*. — Il considère comme revenus distribués, sauf preuve contraire, les sommes mises à la disposition des associés directement ou par personnes ou sociétés interposées à titre d'avances de prêts ou d'acomptes.

La présomption est légale mais simple. La preuve contraire peut être apportée par l'intéressé qui démontrera par exemple que l'opération en cause ne présente pas le caractère d'une distribution exceptionnelle ou anticipée de produits sociaux (CE 16 janv. 1980, n° 9588, *DF*, 1980, 50, 2555, concl. Fabre) ou qu'il n'a pas disposé des sommes frauduleusement inscrites à son compte (CE 6 févr. 1981, n° 12580, *DF*, 1981, 26, 1365, Schricke). Cette preuve contraire est admise même lorsque la somme litigieuse a été réputée revenu distribué en application de l'article 109-1, 1°. Il considère comme revenus distribués tous les bénéfices ou produits qui ne sont pas mis en réserve ou incorporés au capital. Cette disposition n'est toutefois pas applicable aux sommes réintégrées dans les résultats qui ne font apparaître aucun bénéfice (CE 18 déc. 1989, Sté Rockwell-Collins France, *DF*, 1990, 25-26, 1230, concl. Fouquet).

Le calcul de leur montant pour un exercice peut s'obtenir en retenant les bénéfices qui ont servi d'assiette à l'impôt sur les sociétés augmentés de ceux qui en sont exonérés et de ceux qui ont été réalisés dans des entreprises exploitées hors de France et diminués du montant de l'impôt sur les sociétés. Du montant des bénéfices imposables ainsi corrigés seront retranchées les sommes qui, prélevées sur ces bénéfices, ont été incorporées au capital ou mises en réserve. Normalement ce calcul doit faire apparaître une concordance absolue entre la masse des revenus distribués ainsi déterminée et le total des distributions déclarées. S'il n'en est pas ainsi il existe deux méthodes d'identification des distributions cachées : une méthode synthétique qui consiste à comparer les postes de capital, de réserves, de résultats du bilan d'un exercice avec ceux de l'exercice précédent et une méthode analytique qui consiste à décomposer les postes significatifs du bilan. C'est, de loin, cette dernière méthode qui est la plus couramment employée (concl. Schricke sur CE 8 janv. 1982, n° 20003, *DF,* 1982, 26, 1376).

Les dispositions de l'article 109-1, 1°, ont pour effet de faire présumer la distribution des bénéfices qui n'ont été ni régulièrement distribués, ni incorporés au capital, ni mis en réserve (CE 9 févr. 1977, n° 85633, *RJF,* 1977, 4, 159). Cette présomption est irréfragable à l'égard de la société qui ne peut apporter la preuve contraire qu'ils n'ont pas été réellement distribués, qu'ils sont restés investis dans l'entreprise (CE 8 juin 1983, n° 29320, *RJF,* 1983, 8-9, 455). La présomption ne joue que s'il existe des bénéfices et est donc inapplicable à un résultat déficitaire, en revanche elle est indifférente à la qualité du destinataire de la distribution qui ne doit pas nécessairement être un associé (CE 10 mai 1972, n° 79927, *Dupont,* 1972, 5, 188).

c) L'article 47 de l'annexe II. — Il prévoit que tout redressement du bénéfice imposable à l'impôt sur des sociétés au titre d'une période sera pris en compte au titre de la même période pour le calcul des sommes distribuées.

Cette disposition a une portée pratique considérable car la mise en évidence de bénéfices irrégulièrement distribués est le plus souvent le résultat d'un redressement des bénéfices sociaux sans qu'à l'origine l'objet du redressement soit nécessairement lié à la détection de distributions irrégulières. Une application aveugle de ce texte peut conduire à des résultats iniques que la jurisprudence s'est efforcée de limiter.

Un redressement peut d'abord conduire à réintégrer des sommes qui, en tout état de cause, n'auraient jamais pu faire l'objet d'une distribution réelle, c'est le cas de la réintégration fiscale d'amortissements, de provisions ou du rehaussement de valeurs d'exploitation. Fallait-il contre toute logique les considérer comme des distributions ? C'est ce qu'admettait la doctrine administrative et la jurisprudence (CE 8 janv. 1982, n° 20003, *DF,* 1982, 26, 1376, concl. Schricke). Le Conseil d'État a décidé d'imposer des corrections en exigeant que l'administration établisse que les sommes réintégrées ont bien été désinvesties (CE 5 déc. 1984, n° 46952, *RJF,* 1985, 2, 96, concl. Latournerie) ou encore, lorsque le redressement a pour origine une erreur de comptabilisation, que cette dernière ne conduise pas à transformer en revenu distribué une somme qui, par ailleurs, a fait l'objet d'une affectation régulière (CE 11 mai 1984, n° 47658, *DF,* 1984, 30, 1576, concl. Fouquet).

Un redressement peut ensuite conduire à compenser un déficit déclaré. Dans ce cas plusieurs solutions peuvent être retenues. Si le redressement aboutit à substituer à un déficit déclaré un solde bénéficiaire, la fraction de redressement ayant annulé le déficit n'est susceptible d'être imposée au titre des revenus distribués que si le service apporte la preuve de l'appréhension par les associés des sommes ainsi réintégrées (CE 16 févr. 1977, n° 93412, *DF,* 1977, 51, 1836, concl. Fabre ; CE 14 juin 1982, n° 22301, *DF,* 1983, 7, 254) alors que la fraction excédant le déficit est présumée distribuée sur le fondement de l'article 109-1, 1°. Si le redressement aboutit à annuler ou à réduire le déficit déclaré, les sommes réintégrées ne seront considérées comme distribuées que si l'administration apporte la preuve évoquée ci-avant.

351 ARTICLE 123 *BIS* CGI. — À compter de l'imposition des revenus de 1999, les personnes physiques qui détiennent une participation de 10 % au moins dans une structure financière étrangère bénéficiant d'un régime fiscal privilégié sont imposables en France, dans la catégorie des revenus de capitaux mobiliers, à raison des bénéfices correspondants, même si ceux-ci ne sont pas distribués. Le pourcentage de détention à retenir est en principe celui constaté à la clôture de l'exercice de l'entité étrangère, ou au 31 décembre en l'absence d'exercice clos au cours de l'année. Mais s'il est plus élevé, il y a lieu de retenir le pourcentage détenu pendant au moins cent quatre-vingt-trois jours au cours de l'exercice ou de l'année civile. Les structures étrangères visées peuvent être des personnes morales ou toutes sortes d'organismes (entités, groupements). Sont exclus du dispositif les fonds commun de placements (FCP) ainsi que les organismes de placements collectifs en valeurs mobilières (OPCVM) qui ont leur siège dans l'Union européenne et qui fonctionnent conformément aux dispositions de la directive 85/61/CEE du 20 décembre 1985. Le montant imposable du revenu de capitaux mobiliers de la personne physique est déterminé par application aux résultats de l'entité étrangère du pourcentage des droits financiers, détenus directement ou indirectement par l'intermédiaire d'une chaîne de participations, après déduction de l'impôt étranger acquitté localement.

B - Identification des bénéficiaires des distributions

352 LE JEU DE L'ARTICLE 117 CGI. — Les distributions identifiées, celles-ci seront imposées à l'impôt sur les sociétés mais elles doivent aussi être imposées à l'impôt sur le revenu entre les mains de leurs bénéficiaires. Il reste donc à déterminer ceux-ci, qui peuvent être des associés ou des tiers.

Si l'administration connaît leur identité, elle redressera directement leur revenu imposable du montant du revenu distribué dans la catégorie des revenus mobiliers. C'est notamment le cas lorsque la distribution est le résultat d'un acte anormal de gestion sous forme d'une libéralité à l'un des associés (CE 14 oct. 1981, n° 18746, *DF,* 1982, 8, 320, concl. Schrameck) ou porte sur la fraction d'une rémunération excessive (CE 16 janv. 1980, n° 9587, *DF,* 1980, 50, 2555, concl. Fabre) ou sur un avantage occulte, c'est-à-dire un avantage non individualisé en comptabilité et non déclaré par la personne distributrice mais dont l'identité du bénéficiaire ressort des circonstances mêmes de la distribution (CE 25 janv. 1984, n° 36756, *RJF,* 1984, 3, 168).

Si l'administration ignore cette identité, elle pourra recourir à la procédure de l'article 117 en invitant la société à indiquer dans un délai de trente jours l'identité des bénéficiaires, les dates des versements et le montant des sommes allouées à chacun d'eux. Si la société s'abstient de répondre ou donne une réponse insuffisamment précise (CE 28 mai 1980, n° 7533, *RJF,* 1980, 7-8, 320), elle supportera l'impôt sur le revenu distribué selon que l'entreprise a ou non fait figurer spontanément dans sa déclaration de résultats le montant des sommes litigieuses.

Si l'autodésignation d'un dirigeant de société permet à l'administration d'établir l'identité du bénéficiaire des éventuelles distributions occultes, elle reste sans influence sur la preuve de l'existence et du montant du complément du bénéfice social (CE 15 oct. 1990, n°s 72789 et 72790, *DF,* 1992, 24-25, 1187, concl. Martin).

353 Effets de l'indépendance des procédures. — Si, à la suite de la procédure de l'article 117, la société révèle l'identité des bénéficiaires et que ceux-ci reconnaissent la perception de la distribution (CE 8 nov. 1974, n° 83219, *RJF,* 1975, 1, 27), l'administration pourra poursuivre le redressement de leurs revenus. Si, au contraire, les personnes désignées par la société refusent de reconnaître la distribution, il appartient à l'administration d'apporter la preuve qu'elles ont appréhendé les sommes litigieuses et la preuve de leur montant en vertu du principe général d'indépendance des impositions de la société et des bénéficiaires (CE 8 nov. 1974, n° 83219, *RJF,* 1975, 9, 267, chron. Martin-Laprade).

C - Modalités d'imposition

354 Suppression de l'avoir fiscal. — Dans un souci d'harmonisation fiscale communautaire, l'article 93 de la loi de finances pour 2004 a supprimé l'avoir fiscal pour les revenus distribués perçus par les personnes physiques à compter du 1er janvier 2005 et mis en place un nouveau dispositif d'imposition sur la demi-base du revenu perçu (réfaction de 50 %). Ces personnes bénéficient d'un crédit d'impôt, égal à 50 % des revenus déclarés ramené à 40 % depuis l'imposition des revenus 2006, plafonné suivant la situation de famille, calculé sur le montant total des revenus distribués imposables ainsi que des revenus perçus en franchise d'impôt dans un plan d'épargne en actions.

355 Majoration de 25 %. — La loi de finances pour 2006 a institué pour l'imposition de certains revenus distribués ne bénéficiant ni de la réfaction, ni de l'abattement, l'application d'une majoration de 25 %, conduisant à imposer sur 125 % du montant (*BOI,* I-11-06, instruction 27 nov. 2006). Ceci concerne les rémunérations et avantages occultes ainsi que la fraction des rémunérations considérée comme excessive, qui n'est pas déductible des bénéfices et qui est taxée comme revenu distribué. Il en va de même des revenus provenant de participations dans des structures financières étrangères soumises à un régime fiscal privilégié.

356 GAINS NETS DE CESSION DE VALEURS MOBILIÈRES ET DE DROITS SOCIAUX. — L'article 29 de la loi de finances rectificative pour 2005 a modifié les modalités d'imposition. Ces gains nets sont réduits d'un abattement pour durée de détention, égal au tiers par année de détention des titres cédés et applicable dès la sixième année, ce qui conduit à une exonération totale de la plus-value réalisée lors de la cession de titres détenus depuis plus de huit ans.

D - Abattement global

357 MONTANT. — Pour le calcul de l'impôt sur le revenu un abattement de 40 % (2009) est pratiqué sur le montant brut des dividendes ou revenus assimilés distribués. Au titre des mesures destinées à favoriser l'épargne et l'investissement il a été institué sur certains revenus (dividendes d'actions de sociétés françaises cotées ou non, produits de parts de SARL, intérêts des sommes inscrites en comptes bloqués d'associés) un abattement annuel de 1 525 € (2009) pour les célibataires, veufs, divorcés ou les époux soumis à une imposition distincte et de 3 050 € (2009) pour les couples soumis à une imposition commune.

Section VII
Les traitements, salaires, pensions et rentes viagères

I | LES TRAITEMENTS ET SALAIRES

358 CRITÈRE GÉNÉRAL. — Sont rangés dans la catégorie des traitements et salaires les revenus professionnels perçus par les contribuables qui ont la qualité de salarié et qui sont donc liés à un employeur par un contrat de travail ou soumis à un statut comme les fonctionnaires. Derrière ces situations se trouve impliquée l'existence d'un lien de subordination qui permet dans des cas limites d'assurer la qualification : il se révèle lorsque le contribuable n'agit que sur ins-

truction de son employeur (CE 30 mai 1980, n° 14318, *RJF,* 1980, 9, 357), lorsqu'il est soumis à des obligations de service, à des horaires impératifs (CE 24 avr. 1981, n° 25248, *RJF,* 1981, 6, 917). Le juge est alors conduit à examiner les conditions dans lesquelles est exercée l'activité en cause ; la subordination peut ainsi exister alors même que l'activité requiert par nature une certaine indépendance. Sera salarié un médecin qui, hors du domaine médical, devra se conformer aux décisions et directives prises par la direction de l'établissement où il travaille (CE 30 mai 1979, n° 2762, *DF,* 1980, 10, 531, concl. Martin-Laprade), un professeur de l'enseignement supérieur privé qui devra respecter les prescriptions et directives de l'administration de l'école (CE 1er juill. 1983, n° 49937, *DF,* 1983, 43, 1999, concl. Rivière). Cette méthode peut aboutir à qualifier salaires des sommes qui ont l'apparence de libéralités : une bourse accordée par un organisme sera regardée comme un salaire si, en contrepartie, le bénéficiaire doit se conformer aux directives de l'organisme payeur quant à la nature du travail ou des études à entreprendre (CE 12 févr. 1975, n° 92034, *RJF,* 1975, 42 145). Les primes des médaillés olympiques (Jeux d'Atlanta, 1996) ne sont pas imposables.

359 SALAIRES DE SUBSTITUTION. — Les sommes dont le versement a pour objet de suppléer des salaires perdus revêtent fiscalement le même caractère que les salaires dont elles sont le substitut (Fabre, concl. sous CE 19 mai 1976, n° 1013, *DF,* 1977, 11, 396). Une application privilégiée de ce principe est faite pour qualifier les indemnités perçues par les salariés à l'occasion de la rupture de leur contrat de travail : elles sont imposables pour la part qui représente la compensation de la perte du salaire (CE 24 mai 1978, n° 8191, *DF,* 1979, 42, 2013, concl. Rivière ; *RJF,* 1978, 7-8, 218, chron. Verny ; CE 19 janv. 1983, n° 35399, *RJF,* 1983, 3, 177). À compter de l'imposition des revenus de 1996, les indemnités journalières de repos versées en application de la législation sociale aux salariées en congé de maternité sont imposables.

360 INDEMNITÉS DE RUPTURE DU CONTRAT DE TRAVAIL OU DU MANDAT SOCIAL. — L'article 80 *duodecies* CGI pose, pour les indemnités versées depuis le 1er janvier 1999, un principe d'assujettissement à l'impôt sur le revenu de l'ensemble de ces indemnités, assorti d'un certain nombre d'exceptions tenant à la nature ou au montant des indemnités versées. La loi de finances rectificative pour 2000 a transposé aux indemnités de mise à la retraite, sous réserve du montant du plafond d'exonération en valeur absolue fixée par référence au tarif de l'impôt de solidarité sur la fortune, le dispositif d'exonération déjà applicable aux indemnités de licenciement. Ne sont donc pas concernées les indemnités versées aux salariés qui prennent l'initiative de leur départ à la retraite ou en préretraite. Les indemnités de départ volontaire sont en partie exonérées si ce départ s'inscrit dans le cadre d'un plan social, elles seront totalement exonérées dans les autres cas.

361 FONCTIONS ÉLECTIVES. — Certaines indemnités liées aux fonctions publiques ou électives sont imposables dans la catégorie des traitements et salaires (art. 204-O *bis* CGI). Sont notamment concernées les indemnités parlementaires et indemnité de résidence perçues par les députés et sénateurs, les indemnités de fonction des élus locaux qui renoncent à la retenue à la source libératoire, les indemnités de fonction allouées aux membres des chambres consulaires (chambre d'agriculture, chambre de commerce et de l'industrie...).

362 ACCESSOIRES DU SALAIRE. — La jurisprudence a imposé que les accessoires de la rémunération suivent le régime fiscal de la rémunération principale. On citera les pourboires perçus à l'occasion de la profession (CE 29 juill. 1983, n° 42130, *RJF,* 1983, 11, 613) et surtout les avantages en nature, mise à disposition d'un véhicule (CE 6 juill. 1983, n° 37122, *RJF,* 1983, 10, 503), d'un logement de fonction (CE 19 avr. 1982, n° 25305, *RJF,* 1992, 6, 289), prise en charge par l'employeur de certains frais (CE 29 juill. 1983, n° 33573, *DF,* 1984, 52, 2368, concl. Schricke). Quand un litige concerne l'évaluation de l'avantage en nature régulièrement déclaré par le contribuable, c'est à l'administration d'apporter la preuve de l'insuffisance qu'elle allègue.

Par exception au jeu de la règle de l'accessoire, l'article 81-1° CGI affranchit de l'impôt les allocations spéciales destinées à couvrir les frais inhérents à la fonction ou à l'emploi et effectivement utilisés conformément à leur objet. Bénéficient également de cette exonération les indemnités, allocations et remboursements de frais réels perçus par les dirigeants de sociétés et par les salariés dont la rémunération totale excède la plus faible des rémunérations allouées aux dirigeants de leur entreprise. Mais si ces sommes sont calculées forfaitairement elles redeviennent imposables (art. 80 *ter* CGI).

L'article 4 de la loi de finances pour 2001 a institué un dispositif fiscal et social en vue de favoriser l'équipement des familles en matériel informatique. Les avantages en nature reçus par les salariés dans le cadre d'un accord d'entreprise, entre le 1er septembre 2001 et le 31 décembre 2002, prévoyant l'attribution ou la mise à la disposition gratuite ou pour un prix modéré de matériels informatiques neufs ainsi que la fourniture gratuite, ou à un prix modéré, de prestations directement liées à l'utilisation de ces biens sont exonérés d'impôt sur le revenu. L'entreprise ne pourra pas déduire de son résultat imposable les charges correspondantes. Les avantages octroyés ne sont pas assujettis aux cotisations de sécurité sociale et autres contributions sociales (CSG, CRDS).

Le Conseil d'État a jugé que les sommes versées par un employeur pour assurer à ses salariés un régime complémentaire de retraite de prévoyance ne sont pas imposables au nom du salarié dès lors qu'elles résultent d'un véritable engagement juridique opposable à l'entreprise et que celui-ci présente un caractère général et impersonnel (CE 16 févr. 2001, req. 202632, Ministre c/ Horwitz, *RJF,* 2001, 5, comm. 617).

363 RÉMUNÉRATIONS DE STAGES. — Des stages ponctuels, effectués au cours de la scolarité des étudiants en complément de leur formation générale, peuvent donner lieu à la perception d'indemnités. Ceux-ci sont exonérés d'impôt sur le revenu si la durée de ces stages n'excède pas trois mois. L'enfant qui poursuit ses études dans ces conditions ouvre droit, pour le parent qui le compte à sa charge, à la réduction d'impôt visée à l'article 199 *quater* CGI. Les salaires versés aux apprentis sont, dans une certaine limite, exonérés d'impôt sur le revenu (art. 81 *bis* CGI).

364 HEURES SUPPLÉMENTAIRES. — Les heures supplémentaires et complémentaires sont exonérées. L'exonération vaut aussi pour la majoration de salaire correspondante, dans la limite prévue par la convention collective ou l'accord salarial. Toutefois, le salarié doit mentionner dans sa déclaration annuelle de revenus le montant de la rémunération exonérée car celle-ci est prise en compte pour l'appréciation du droit à la prime pour l'emploi.

II | Les pensions et rentes viagères

365 Pensions. — Sauf exonérations légales (art. 81 CGI) sont imposables les allocations, rentes ou indemnités qui représentent la contrepartie de droits acquis à raison d'une activité exercée antérieurement (pensions de vieillesse et de retraite), la contrepartie d'une réduction ou d'une perte de capacité (pensions d'invalidité) ou qui constituent un secours aux personnes privées de moyens d'existence.

Les pensions alimentaires versées en exécution des dispositions du Code civil (art. 205 et s., 254 et s., 276, 282, 285, 293, 294) sont imposables entre les mains des bénéficiaires (CE 27 avr. 1983, n° 37087, *RJF,* 1983, 6, 355).

366 Rentes viagères. — Toutes les rentes viagères, quelle que soit leur forme ou leur origine sont en principe soumises à l'impôt sur le revenu. Lorsqu'elles sont constituées à titre onéreux, elles ne sont imposables que pour une fraction de leur montant (art. 158-6 CGI), les avantages se calculant distinctement et se cumulant lorsque le crédirentier bénéficie de plusieurs rentes (CE 15 mai 1974, n° 92427, *Rec.,* 288). Toutefois si la rente viagère est servie au titre de dommages-intérêts pour la réparation d'un préjudice corporel, l'exonération est de droit (art. 81-9 *bis* CGI).

367 Exonérations légales. — Les dispositions de l'article 81 CGI énumèrent les sommes qui auraient normalement le caractère d'une pension ou d'une rente et qui sont exonérées. De cette énumération hétéroclite on retiendra les prestations familiales de l'article L 510 du Code de la Sécurité sociale. Son champ d'application est interprété restrictivement puisqu'il inclut les prestations allouées en application d'obligations légales et non les régimes conventionnels (CE 31 oct. 1980, n° 8221, *DF,* 1982, 6, 224, concl. Rivière ; *RJF,* 1980, 12, 483, chron. J. M. S.). L'article 4 de la loi du 21 août 2007, en faveur du travail, de l'emploi et du pouvoir d'achat, étend l'exonération prévue en faveur des jeunes travaillant pendant leurs congés scolaires ou universitaires (art. 81-36 CGI).

III | La détermination du revenu net

Il est naturellement constitué par l'excédent du revenu brut des dépenses payées pour l'acquisition ou la conservation du revenu. Sa détermination ne présente d'intérêt qu'en matière de traitements et salaires.

368 Le revenu brut. — Il est constitué par toutes les sommes mises à la disposition du contribuable par son employeur, qu'il s'agisse de sommes perçues en espèces, versées au crédit d'un compte ou d'avantages en nature (CE 29 juill. 1983, n° 33573, *DF,* 1984, 52, 2368, concl. Schricke) dont l'estimation doit être faite à leur valeur réelle.

369 Les charges. — Elles comportent d'abord des cotisations de caractère social : toutes les cotisations salariales versées au titre des régimes de sécurité sociale de base couvrant l'assurance vieillesse et la prévoyance, les cotisations ou les primes versées aux organismes de retraite et de prévoyance complémentaires auxquels le salarié est affilié à titre obligatoire à l'exclusion des régimes sur-complémentaires de retraite institués par accords d'entreprise (CE 2 déc. 1983, n° 43760, *DF,* 1984, 11, 541, concl. Verny).

Ce sont les frais inhérents à la fonction ou à l'emploi qui font l'objet de dispositions originales.

Le contribuable se verra appliqué une déduction forfaitaire qui est fixée à 10 % du montant du revenu déterminé après déduction des cotisations à caractère social, dans les limites fixées chaque année par la loi de finances. Elle s'applique séparément pour chaque membre du foyer fiscal. Comme toute déduction forfaitaire pour frais professionnels elle constitue une présomption irréfragable, excluant tant l'obligation pour le contribuable d'apporter la preuve des frais réellement exposés par lui que la possibilité pour l'administration d'apporter la preuve de l'absence de frais exposés par le contribuable (CE 21 mars 1955, n° 31068, Dupont, 1955, 332 ; CE 9 oct. 1981, n° 22808, *DF,* 1982, 5, 188, concl. Verny ; *RJF,* 1981, 11, 506, chron. Léger).

Si le contribuable estime avoir engagé un montant de dépenses supérieur à celui que représentent des déductions forfaitaires, il peut faire état de ses frais réels. Le contribuable doit alors faire la preuve que les frais sont inhérents à l'emploi (CE 17 mai 1982, n° 22770, *DF,* 1983, 10, 403, concl. Rivière) et justifier leur réalité et leur montant (CE 27 juill. 1984, n° 34621, *RJF,* 1984, 10, 571). Ils sont déductibles au titre de l'année pendant laquelle ils ont été supportés même s'ils se rattachent aux traitements d'années antérieures (CE 6 oct. 1976, n° 1163, *RJF,* 1976, 11, 323, chron. M. D. F.).

Il serait vain de donner une énumération des frais inhérents à l'emploi qui varient avec la nature de celui-ci. On se bornera à quelques exemples caractéristiques. La déduction des frais de transport entre le domicile et le lieu de travail pour une distance supérieure à 40 km fait l'objet, traditionnellement, d'appréciations nuancées ; ils ne sont en effet déductibles que s'ils sont normaux (CE 27 juill. 1984, n° 38702, *RJF,* 1984, 10, 600), la jurisprudence tenant compte de l'ensemble des circonstances professionnelles et personnelles justifiant l'implantation éloignée du domicile, notamment l'état de santé du contribuable ou de son conjoint (CE 9 déc. 1981, n° 23074, *RJF,* 1982, 2, 90), l'exercice par l'un des époux d'une activité professionnelle dans un lieu différent (CE 20 mars 1970, n° 75730, Dupont, 1970, 262 ; CE 24 juill. 1981, n° 21621, *RJF,* 1981, 10, 478), la possession d'un logement acquis ou construit à proximité d'un précédent lieu de travail (CE 15 mars 1978, n° 4473, *RJF,* 1978, 5, 166) ou les difficultés spécifiques du logement (CE 20 mars 1970, n° 24655, Dupont, 1970, 262). Le caractère précaire d'une activité exercée par le contribuable ne justifie pas le maintien de son domicile à une distance anormale de son lieu de travail (CE 3 mai 2000, n° 186252, *BDCF,* 2000, 6, 76, concl. Courtial). L'administration recommande à ses agents de mettre en œuvre « de façon pragmatique et bienveillante » (*BOI,* 5 F-18-01) ces dispositions. Sera réputée anormale une implantation qui relève de la pure convenance personnelle (CE 28 sept. 1984, n° 38465, *RJF,* 1986, 11, 683), de considérations totalement étrangères aux nécessités familiales ou professionnelles. Le juge fiscal n'est pas indifférent à la mobilité professionnelle, il admettra la déduction des frais exposés pour acquérir un diplôme, une qualification nouvelle, pour préparer une reconversion (CE 24 oct. 1973, n° 85992, *DF,* 1974, 41, 1172, concl. Delmas-Marsalet ; CE 11 juill. 1984, n° 17103, *DF,* 1984, 49, 2196, concl. Fouquet).

370 ENGAGEMENT DE CAUTION. — Les sommes versées par un contribuable en exécution d'un engagement de caution peuvent être déduites du revenu imposable lorsqu'elles ont été acquittées en vue de la conservation du salaire de l'intéressé. Cette faculté est subordonnée à ce que le montant de l'engagement de caution ne soit pas hors de proportion avec les rémunérations perçues. Conformément à la doctrine administrative et à la jurisprudence, la déductibilité des sommes versées par un salarié en exécution d'engagements de caution est subordonnée au fait que l'engagement doit se rattacher directement à la qualité de dirigeant et qu'il doit avoir été pris en vue de servir les intérêts de l'entreprise. Il ne doit pas être hors de proportion avec les rémunérations allouées à l'intéressé ou qu'il pouvait escompter au moment où il a été contracté. Il s'agit en réalité de préserver le salaire et non de sauvegarder le capital de l'entreprise.

IV | DÉTERMINATION DU REVENU IMPOSABLE

371 TRAITEMENTS, SALAIRES, PENSIONS, RENTES VIAGÈRES CONSTITUÉES À TITRE GRATUIT. — Les pensions et rentes viagères à titre gratuit ouvrent droit à un abattement de 10 % quel que soit l'âge du contribuable et même s'il continue à exercer une activité professionnelle. Un minimum et un plafond concernant cet abattement sont fixés par la loi de finances. Les rentes viagères à titre onéreux sont considérées comme un revenu que pour une fraction de leur montant, d'après l'âge du crédirentier lors de l'entrée en jouissance de la rente soit : 70 % si à la date considérée l'intéressé était âgé de moins de 50 ans, 50 % s'il était âgé de 50 à 59 ans inclus.

Pour les rémunérations allouées par des sociétés à des personnes qui détiennent plus de 35 % des droits sociaux le taux de l'abattement est ramené à 10 % pour la fraction des traitements nets de frais professionnels excédant une limite fixée chaque année dans la loi de finances.

372 RENTES VIAGÈRES CONSTITUÉES À TITRE ONÉREUX. — Elles ne sont à comprendre dans les revenus de leur bénéficiaire que pour une fraction de leur montant qui varie selon l'âge du crédirentier au moment de l'entrée en jouissance de la rente.

373 DÉFICIT. — La jurisprudence admet qu'un déficit puisse être constaté dans la catégorie des traitements et salaires par suite de déduction de frais réels (CE 22 juin 1983, n° 32531, *RJF,* 1983, 8-9, 426, concl. Rivière). Il est alors déductible du revenu global et éventuellement reportable sur le revenu global des années suivantes dans les conditions prévues à l'article 156 CGI.

Section VIII
Les rémunérations des dirigeants de sociétés

Le régime des rémunérations des dirigeants de sociétés se caractérise par une extrême hétérogénéité rebelle à toute systématisation.

374 TRAITEMENTS ET SALAIRES. — Sont imposables dans cette catégorie les rémunérations de toute nature versées aux dirigeants de sociétés anonymes (président-directeur général, administrateur délégué, membres du directoire), aux gérants minoritaires de SARL et aux administrateurs titulaires d'un contrat de travail, au président, aux dirigeants des sociétés par actions simplifiées. Les dirigeants de SA bénéficient, dans les mêmes conditions que leurs salariés, de la déduction de 10 % pour frais professionnels. Les dirigeants de sociétés nouvelles peuvent déduire, sous certaines conditions, les intérêts d'emprunts contractés pour souscrire au capital de la société.

375 RÉMUNÉRATIONS DE L'ARTICLE 62 CGI. — Les traitements, remboursements forfaitaires de frais et toutes autres rémunérations alloués aux gérants majoritaires des SARL, aux gérants des sociétés en commandite par actions ainsi qu'aux associés en nom des sociétés de personnes, aux membres des sociétés en participation et des sociétés de fait quand ces trois sortes de société ont opté pour le régime fiscal des sociétés de capitaux obéissaient, jusqu'en 1995, à un régime particulier.

À compter de l'imposition des revenus de 1996, le montant imposable des rémunérations allouées aux gérants et associés visés à l'article 62 CGI est déterminé, après déduction des cotisations sociales et primes mentionnées à l'article 154 *bis* CGI, selon les règles prévues en matière de traitements et salaires. Les intéressés peuvent désormais pratiquer la déduction forfaitaire de 10 % de frais professionnels.

376 REVENUS MOBILIERS. — Les jetons de présence alloués aux membres du conseil d'administration, aux membres du conseil de surveillance des sociétés anonymes sont imposables au nom des bénéficiaires dans la catégorie des revenus mobiliers. La fraction excédentaire des rémunérations exagérées des dirigeants de sociétés est également imposée comme revenu mobilier lorsque la société versante est soumise à l'impôt sur les sociétés. Par un arrêt de Plénière le Conseil d'État a jugé (10 avr. 1992, Institut international d'études françaises, *DF,* 1992, 45, 2097, concl. Martin) que les avantages accordés par une association à son dirigeant, directeur en titre et seul gestionnaire de fait, constituent des bénéfices distribués et imposables dans la catégorie des revenus de capitaux mobiliers.

377 BÉNÉFICES NON COMMERCIAUX. — Les rémunérations versées aux membres du conseil de surveillance des SARL et des sociétés en commandite par actions sont imposées à l'impôt sur le revenu au titre des bénéfices non commerciaux à condition qu'elles correspondent à un travail effectif.

378 RÉMUNÉRATIONS VERSÉES PAR LES SOCIÉTÉS RELEVANT DE L'IMPÔT SUR LE REVENU. — Lorsqu'elles sont versées aux associés elles sont soumises à l'impôt sur le revenu au nom de chaque bénéficiaire dans la catégorie correspondant à la nature de l'activité de la société : bénéfice industriel ou commercial, bénéfice non commercial, bénéfice agricole ou revenu foncier.

Pour aller plus loin

379 BÉNÉFICES INDUSTRIELS ET COMMERCIAUX. — P. Brisse, *La définition des bénéfices industriels et commerciaux. La divergence entre le droit fiscal et le droit commun,* Th. Bordeaux I, 1974 (dactyl.) ; M. Cozian, La définition fiscale du commerçant, *Mélanges Roblot,* 1984, p. 83 ; J. Laurent, *La commercialité fiscale de l'entreprise de locations d'immeubles,* Th. Rouen, 1977 ; Y. Nénard, Amortissement des composants : la recomposition des usages, *RJF,* 2005, 10, 706 (pour le Conseil d'État il faut retenir la durée de l'amortissement en fonction des usages).

Jurisprudence topique :

— Revente à titre habituel de produits agricoles : concl. sur CE 4 nov. 1984, n° 37534, *DF,* 1985, 14, 693.
— Exploitation d'un hôtel de prostitution : CE 15 févr. 1984, n° 35601, *DF,* 1984, 25, 1521 ; concl. sur CE 20 févr. 1981, *DF,* 1981, 42, 1849.
— Marchand de tableaux : CE 14 janv. 1983, n° 34132, *DF,* 1983, 18, 899.
— Activité d'entremise et d'agence d'affaires : concl. sur CE 28 oct. 1981, n° 22280, *DF,* 1982, 8, 316.
— Location de biens meubles : concl. sur CE 23 juill. 1980, n° 2386, *DF,* 1981, 21, 1063, concl. sur CE 26 mars, n° 11223, *DF,* 1980, 41, 1940.
— Locations de locaux meublés : concl. sur CE 1er févr. 1978, n° 2838, *DF,* 1978, 41, 1554 concl. sur CE 16 avr. 1980, n° 10828, *DF,* 1980, 29, 1594 ; chron., *RJF,* 1980, 5, 199 ; chron., *RJF,* 1978, 3, 69.

Quelques études particulières :

— C. Bruno, Bénéfices industriels et commerciaux et imposition des locations, *AJPI,* 1991, 2, 159 (bonne synthèse).
— B. Plagnet, Les règles d'évaluation des stocks : l'évolution de la jurisprudence, *BF Lefebvre,* 1990, 6, 398 (rapprochement fiscalité-comptabilité).
— M. Libert-Champagne, Détermination (usages professionnels) et imputation des amortissements, *RJF,* 1988, 4, 214 (définition et portée de l'usage).
— J. Turot, Provisions pour pertes et charges : que reste-t-il de la jurisprudence ?, *RJF,* 1992, 6, 471 (analyse pénétrante) ; X..., Les conditions de déduction des provisions, *BF Lefebvre,* 1987, 7, 368 (synthèse).
— L. Bailly, J. Rosenbaum, Les plus-values à long terme, *RF compt.,* 1991, 222, 49 (synthèse).

— E. Mignon, Prestations continues : la logique économique l'emporte, *RJF*, 2000, 9-10, 667 (les intérêts versés au titre d'opérations de crédit gratuit).
— A. G. Hamonic-Gaux, Distorsions entre provisions fiscales et comptables, *Nouvelles fiscales*, 2001, 854, 39 (art. important).
— J.-L. Rossignol, La problématique comptable et fiscale des éléments incorporels, *Les Petites Affiches*, 2001, 140, p. 4 et 141, p. 4 (synthèse utile).
— P. Fernoux, Entreprise individuelle : stratégie de location de l'immobilier, *BF Lefebvre*, 2001, 3, 117 (étude stimulante).

380 BÉNÉFICES NON COMMERCIAUX. — B. Lassale, *Les professions non commerciales et l'évolution de leur régime fiscal*, Th. Bordeaux I, 1975 ; F. Alcade, *La profession libérale en droit fiscal*, Paris, 1984 ; M. Schmitt, *L'imposition des professions médicales et paramédicales*, Th. Strasbourg, 1981 (dactyl.). Il est indispensable de consulter la monographie très synthétique de J.-L. Fonters, M. Maillot, *La fiscalité des professions libérales*, LGDJ, coll. « Systèmes », 1992, à compléter par R. Lanteri, Y a-t-il une fiscalité des professions libérales, *RFFP*, 1991, 37, 13. Concernant l'application de l'article 92-2 CGI aux profits boursiers : L. Olléon, La Bourse et l'avis, *RJF*, 2003, 12, 943.

Jurisprudence topique :

— P. Donsimoni, Notion d'opérations de bourse effectuées à titre habituel par les particuliers au regard de l'article 92-2 du CGI, *JCP*, 1994, éd. E, I, 398 (analyse de la jurisprudence du Conseil d'État qui, par un faisceau d'indices, précise la notion d'opérations de bourse).
— Régime des subsides perçus d'un tiers : chron., *RJF*, 1980, 3, 91 ; chron., *RJF*, 1981, 12, 555 ; chron., *RJF*, 1983, 10, 491 ; concl. sur CE 25 nov. 1981, n° 15495, *DF*, 1982, 14, 761 ; concl. sur CE 29 juill. 1983, n° 24223, *DF*, 1983, 49, 2255, et C. Louit, La notion de libéralité dans la jurisprudence fiscale du Conseil d'État, *Mélanges P.-M. Gaudemet*, 817.
— Profits retirés de l'achat et de la revente de droits immobiliers : CE 15 oct. 1975, n° 95974, *DF*, 1976, 5, 150, concl. Fabre ; CE 21 mars 1983, n° 27601, *DF*, 1983, 48, 65, concl. Bissara ; concl. sur CE 23 févr. 1977, n° 97450, *DF*, 1978, 17, 664 ; concl. sur CE 4 juill. 1979, n° 5506, *DF*, 1980, 21, 1163 ; concl. sur CE 9 janv. 1985, n° 39248, *DF*, 1985, 12, 626.
— Activités médicales et paramédicales : CE 27 janv. 1988, Bernet, *DF*, 1990, 29, comm. 1495, concl. Fouquet.
— Examen très complet de la notion de dépenses nécessitées par l'exercice de la profession dans les concl. Bachelier sur CE 13 nov. 1996, n° 128088, *DF*, 1997, 12, 319.

Quelques études particulières :

— J.-M. Leberre, L'exercice en groupe et la fiscalité des professions libérales, *RFFP*, 1991, 37, 33.
— G. Flécheux, La spécificité de la fiscalité de l'avocat, *RFFP*, 1991, 37, 41.
— Hagelsteen, concl. sur CE, plén. 8 avr. 1991 ; Aigueperse, *RJF*, 1991, 5, 330 (détermination de l'actif professionnel des entreprises non commerciales).
— Arrighi de Casanova, concl. sur CE 20 janv. 1992, Baladi, *DF*, 1992, 17, comm. 887 (qu'est-ce qu'une profession libérale ?).
— J.-F. Bulle, Aspects pratiques sur... le changement de mode d'exercice des professions libérales. Conséquences fiscales sur les créances acquises, *Droit sociétés*, 2001, 7, 7 (brèves remarques).
— M. Cozian, Le fisc et le voleur, *BF Lefebvre*, 2000, 3, 151 (délicat problème de la qualification juridique et des conséquences fiscales).

— J. Maïa, BNC : la distinction entre patrimoine privé et professionnel à l'épreuve de l'utilisation professionnelle d'un immeuble, *RJF,* 2001, 8-9, 703 (l'affectation du patrimoine).
— J. Duheim, Faut-il craindre les dispositions de l'article 92-2 du CGI ?, *JCP,* 2001, 42, 159 (les limites à la mise en œuvre du dispositif).

381 BÉNÉFICES AGRICOLES. — G. Bayard, *Les transformations contemporaines de la fiscalité directe agricole,* Th. Lille, 1977 (dactyl.) ; Cinquième rapport du Conseil des impôts, 1980. Voir aussi les chroniques fiscales de la *Revue de droit rural,* J.-L. Lenclos, *La notion d'activité agricole dans la jurisprudence fiscale du Conseil d'État,* Th. Limoges, 1978 (dactyl.),

Qu'est-ce qu'une activité agricole ? Pour répondre à cette question difficile : J. Turot, La notion d'activité agricole. L'agriculteur gagne du terrain, *RJF,* 1989, 1, 3 ; H. Isaïa, G. J. Martin, J. Spindler, Fiscalité et agriculture. Réflexions sur l'évolution récente de la jurisprudence fiscale des juridictions en matière agricole, *RF compt.,* 1991, 36, 103. Lire l'ouvrage original de M. Gizard, *Droit et fiscalité forestiers,* PUF, coll. « Droit fondamental », 1996, 480 p. Pour une analyse pratique de la fiscalité du secteur agricole et viticole consulter M.-P. Madignier, *Fiscalité agricole et viticole approfondie,* Litec, coll. « Fiscal », 2005, 648 p.

Les options fiscales, plus d'une vingtaine, méritent examen : B. Nonciaux, Les options fiscales en agriculture, *RF compt.,* 2000, 318, 12.

Concernant le cas particulier des groupements agricoles d'exploitation en commun : E. Mignon, Que reste-t-il du principe de transparence financière des GAEC ?, *RJF,* 2000, 4, 259 ; M.-P. Madignier, Une éclaircie dans la transparence fiscale des GAEC, *JCP N,* 2001, 263.

Jurisprudence topique :

— Régime du droit de chasse : Inst. du 8 juin 1977, *DF,* 1977, 26, ID, 5425.
— Régime des primes versées aux agriculteurs : Rép. Min. n° 23928, *DF,* 1978, 40, 1480 ; Inst. du 29 oct. 1984, *DF,* 1984, 48, 2114 ; concl. sur CE 28 mai 1984, n° 35117, *DF,* 1984, 32-38, 1503.
— Régime de la sous-traitance agricole : CE 11 mai 1979, n° 12862, *RJF,* 1979, 7-8, 255 ; CE 28 mai 1984, n° 35117, *DF,* 1984, 32-38, 1503, concl. Racine.
— Régime des plantations : chron., *RJF,* 1980, 10, 383 ; concl. sur CE 25 juill. 1980, n° 15122, *DF,* 1981, 46, 2041 ; concl. Martin sur CE 20 mars 1991, André Sarazin, *DF,* 1993, 39, comm. 1777 (forfait forestier).
— Régime de l'écoulement des stocks : CE 29 sept. 1982, n° 22589, *DF,* 1983, 12, 549, concl. Bissara ; *RJF,* 1982, 11, 498, chron. Racine ; Inst. du 14 juin 1977, *DF,* 1917, 26, ID, 5426.
— Examen des erreurs commises dans la fixation d'un forfait : CE 28 janv. 1991, n° 54943, *DF,* 1991, 18, 968, concl. Fouquet.
— Distinction entre les bénéfices agricoles et les BIC : CE 20 mars 1991, Société civile agricole d'élevage du château de Vérigny, *DF,* 1992, 9, comm. 401, concl. Martin.
— Régime du forfait des producteurs de cognac : CE 1er juill. 1994, MODEF, *DF,* 1994, 43, comm. 1850, concl. Bachelier.
— Régime d'imposition des adhérents à un GAEC : CE 26 nov. 1999, n° 180796, concl. Courtial, *BDCF,* 2000, 1, 7.

382 REVENUS FONCIERS. — Les synthèses sont rares : J.-F. Picard, La notion de revenus fonciers, *RJF,* 1990, 3, p. 162 et 4, p. 238. Compléter par J.-F. Picard, La détermination du revenu foncier (revenu brut), *RJF,* 1991, 7, 515 et J.-F. Picard, La détermination du revenu foncier : les charges déductibles, *RJF,* 1992, 7, 563 ; F. Douet, À la recherche des frais de gérance perdus, *JCP N,* 1999, 25, p. 1023 (la distinction entre frais de gérance et frais de gestion) ; F. Magnin, Le nouveau micro-foncier, *Les Petites Affiches,* 2000, 45, 4 (examen de quelques pièges) ; Commentaire de la loi de finances, 2002 : J. Duhem, Les nouvelles règles applicables au régime du micro-foncier, *JCP N,* 2002, 10, 1188.

Signalons le douzième rapport du Conseil des impôts, La fiscalité de l'immobilier urbain, *JO,* 1992, 482 p. (parmi les thèmes étudiés, l'imposition des revenus fonciers occupe une place de choix). À compléter par P. Fernoux, La gestion fiscale du patrimoine, *Revenus et plus-values,* Éd. La Villeguérin, coll. « Gestion fiscale et juridique », 1998, 4e éd., 584 p. (une somme).

Jurisprudence topique :

— Locations selon un loyer anormal : chron., *RJF,* 1980, 3, 92 ; CE 9 nov. 1984, n° 30745, *DF,* 1985, 7, 276 ; CE 28 mai 1980, n° 17326, *DF,* 1981, 15, 778, concl. Martin-Laprade ; CE 10 juill. 1981, n° 12865, *DF,* 1981, 52, 2365, concl. Verny.
— Régime dépôt de garantie versé par le locataire : concl. sur CE 8 mai 1981, n° 19177, *DF,* 1981, 20, 1473 ; CE 28 mai 1984, n° 40758, *DF,* 1985, 7, 275.
— Régime de droit de chasse : CE 28 févr. 1975, n° 89759, *RJF,* 1975, 4, chron. 126 ; CE 2 mai 1980, n° 8145, *DF,* 1981, 451, 1982, concl. Lobry.
— Obligations fiscales en cas d'usufruit : chron., *RJF,* 1979, 4, 111 ; Rép. Min. n° 759, *DF,* 1982, II, 517 ; Inst. du 29 oct. 1982, *DF,* 1982, 4647, 2177 ; CE 10 juin 1983, n° 27820, *DF,* 1983, 43, 1967.
— Déductibilité des intérêts d'emprunts : CE 2 mars 1977, n° 99923, *DF,* 1977, 40, 1399, concl. Martin-Laprade ; CE 26 nov. 1982, n° 24845, *DF,* 1983, 18, 897, concl. Bissara.
— Déductibilité des indemnités d'éviction : CE 20 oct. 1978, n° 7157, *DF,* 1979, 27, 1397, concl. Lobry ; CE 15 oct. 1980, n° 16782, *DF,* 1980, 52, 2652, concl. Verny.
— Revenus fonciers et démembrement de propriété : CE 1er janv. 1994, Chollet, *DF,* 1994, 15, comm. 746, concl. Bachelier.
— Revenus fonciers et aménagements faits par le locataire : CE 28 juill. 1993, Dokhan, *DF,* 1994, 14, comm. 647, concl. Martin.
— Charges afférentes aux monuments historiques : CE 13 janv. 1995, Frémy, *DF,* 1995, 10, comm. 478, concl. Bachelier.

383 TRAITEMENTS ET SALAIRES. — Sur le régime des allocations pour frais d'emploi : Inst. 24 oct. 1984, *DF,* 1984, 48, ID, 8203, des avantages en nature : Inst. 1er févr. 1984, *DF,* 1984, 9, ID, 7967, et concl. sur CE 31 oct. 1979, n° 14384, *DF,* 1980 43, 2119 ; concl. sur CE 11 mai 1984, n° 47658, *DF,* 1984, 39, 1574 ; concl. sur CE 29 juill. 1983, n° 33573, *DF,* 1983, 52, 2368 ; J. Turot, Le charme discret des avantages en nature, *RJF,* 1991, 7, 511 (examen de l'évolution de la jurisprudence) ; J. Turot, Indemnités de licenciement : quand le Conseil d'État se fait juge de paix, *RJF,* 1991, 4, 235 (examen critique de la jurisprudence) ; G. Goulard, Frais professionnels des salariés : assouplissement des règles de déductibilité des frais de déplacement, *RJF,* 1994, 1, 2 (synthèse).

Jurisprudence topique :

— Caractère de salaire attribué à certaines rémunérations des artistes et sportifs : concl. sur CE 22 nov. 1980, n° 17049, *DF,* 1981, 45, 1987 ; CE 19 janv. 1983, n° 33830, *DF,* 1983, 19, 989.
— Situation des représentants de commerce au regard de l'imposition des traitements et salaires : concl. sur CE 28 janv. 1981, n° 15235, *DF,* 1981, 19-20, 1014 ; concl. sur CE 6 juill. 1977, n° 1072, *DF,* 1978, 28, 1140.
— Régime des gratifications accordées aux salariés : Inst. du 6 juill. 1981, *DF,* 1981, 31, 32, 1552 ; Rép. Min. n° 25893, *DF,* 1980, 21, 1160 ; Rép. Min. n° 24563, *DF.*

— Frais réels des salariés appliqués aux concubins : CE ass. 10 déc. 1993, Delmarre, *RJF,* 1994, 1, concl. Martin, p. 5.
— Salaire du conjoint de l'exploitant : Inst. du 9 mars 1979, *DF,* 1979, 14, 674 ; Inst. du 11 févr. 1982, *DF,* 1982, 10, 462, et D. Randoux, Le conjoint du chef d'une entreprise artisanale ou commerciale : collaborateur, salarié ou associé, *JCP,* 1983 *(Cl.).*
— Déductions forfaitaires supplémentaires : concl. sur CE 31 oct. 1979, n° 14384, *DF,* 1980, 43, 2119 ; concl. sur CE 7 févr. 1979, n° 8912, *DF,* 1980, 26, 1457, concl. sur CE 13 juill. 1979, n° 13940, *DF,* 1980, 14, 786 et 787 ; concl. sur CE 14 oct. 1981, n° 21616, *DF,* 1982, 5, 185 ; concl. sur CE 9 févr. 1983, n° 32106, *DF,* 1983, 29-30, 1546, concl. sur CE 18 nov. 1983, n° 35968, *DF,* 1984, 12, 613.
— L'imposition de l'indemnité de licenciement : CE 20 janv. 1992, de Gallier de Saint-Sauveur, *DF,* 1992, 17, comm. 884, concl. Arrighi de Casanova.
— Imposition de l'indemnité de départ : CE 31 mai 2000, n° 182616, *BDCF,* 2000, 9-10, 106, concl. Courtial.
— Déduction des cotisations de retraite complémentaire : CE 17 mai 2000, n° 190586, *BDCF,* 2000, 7-8, 89, concl. Bachelier.

384 PENSIONS ET RETRAITES
Jurisprudence topique :

— Régime des avantages sociaux accordés en application d'accords collectifs : chron., *RJF,* 1980, 12, 483 : chron., 1981, 4, 158 ; CE 2 déc. 1983, n° 43760, *DF,* 1984, II, 541, concl. Verny : concl. sur CE 31 oct. 1980, *DF,* 1982, 6, 224 ; Inst. du 31 mai 1983, *DF,* 1983, 25, 1349-1350 ; concl. sur CE 2 déc. 1983, n° 45387, *DF,* 1984, 11, 541.
— Situation des travailleurs privés de l'emploi : Inst. du 8 déc. 1980 *DF,* 1981, 1, 28 ; Rép. Min. n° 18933, *DF,* 1983, 5, 130 ; concl. sur CE 20 juin 1984, n° 12051, *DF,* 1984, 42, 1778 ; circulaire UNEDIC du 23 déc. 1983, *DF,* 1984, 21-22, 1025.
— Pensions alimentaires : Rép. Min n° 39969, *DF,* 1978, 13, 1411 ; CE 13 juin 1979, n° 14316, *DF,* 1980, 1, 34 ; Inst. du 17 mars 1982, *DF,* 1962, 14, 755.

385 REVENUS DE CAPITAUX MOBILIERS. — Pour certains auteurs les revenus de l'épargne dérivent d'un revenu primaire déjà taxé. Pour d'autres, seul le revenu réel de l'épargne, sous déduction de l'érosion monétaire, devrait être imposé. Sur ce sujet D. Besson, La taxation des revenus de l'épargne : légitimité, efficacité et modalités, *Regards sur l'actualité,* mars 1988, 139 (un débat toujours d'actualité) ; O. Fouquet, Les revenus de capitaux mobiliers peuvent-ils être qualifiés de revenus professionnels ?, *Rev. adm.,* 2008, p. 496 (analyse divergente de la jurisprudence de la Cour de cassation et du Conseil d'État).

386 PLUS-VALUES. — Outre l'ouvrage pratique de A. Delfosse, *Plus-value et transmission de patrimoine,* Éd. Maxima, 1997, 300 p., consultez quelques études particulières :

— La libre disposition d'une résidence secondaire : CE 8 nov. 1988, n° 61901, *DF,* 1988, 46-47, comm. 2114, concl. Martin-Laprade.
— Imposition suivant que l'immeuble est détenu par une société immobilière de copropriété, une SCI non transparente ou une société passible de l'IS : C. Bruno, Plus-values immobilières. Logement détenu par l'intermédiaire d'une société de personnes, *AJPI,* 1989, p. 589.
— A. Chappert, Augmentation de capital par incorporation de réserves et plus-values privées, *Defrénois,* 1999, n° 36957.

— M. Cozian, L'art de minimiser l'imposition des plus-values : transformer les immeubles en titres de participation, *Les Petites Affiches,* 1999, 180, 3 (examen de quelques pièges).
— R. Gaudet, La fiscalité des donations au secours de la fiscalité des plus-values, *Dr. et patrimoine,* 1999, 74, 36 (la donation aux enfants pour éviter les plus-values).
— Qu'est-ce qu'une résidence principale ?, CE 29 déc. 1999, n° 133065, *DF,* 2000, 22-23, 466, concl. Courtial.
— J.-C. Parot, L'imposition de la plus-value : que reste-t-il de l'annualité de l'impôt ?, *DF,* 2000, 24, p. 867.
— M. Bornhauser, Le régime fiscal des cessions des titres démembrés : la fiscalité a-t-elle horreur du vide ?, *DF,* 2001, 43, 1514 (examen du régime des plus-values de cession de droits sociaux).
— X. Petitjean, Régime fiscal des plus-values sur valeurs mobilières et droits sociaux : que faire des moins-values, *Les Petites Affiches,* 2002, 33, 4 (modalités d'imputation des moins-values).
— M. Cozian, Ruses d'un obsédé fiscal cherchant à échapper à l'imposition des plus-values immobilières, *JCP N,* 2004, 38, 1393 (présentation du dispositif organisé par la loi du 1er janvier 2004).
— F. Vauvil, Regard d'un non-fiscaliste sur la réforme des plus-values immobilières, *Defrénois,* 2004, 17, 1124 (mise en lumière de quelques difficultés).
— J. Sollier et C. de La Rue du Can, Compensation des moins-values commerciales et des plus-values agricoles à long terme : le silence de la loi l'interdit pas nécessairement ?, *BF Lefebvre,* 2006, 10, 889 (rappel de la volonté du législateur de soumettre l'ensemble des plus-values professionnelles à un régime de taxation identique).

387 LES DISTRIBUTIONS. — J.-L. Olivaux, *La distribution de dividendes,* Th. Paris IX, 1983 (dactyl.) ; E. Le Dolley, *L'entreprise et les distributions irrégulières en droit fiscal,* Th. Rennes, 1979 ; J.-F. Picart, La notion de bénéfice distribué, *RJF,* 1980, 3, 94 ; B. Plagnet, La définition des revenus distribués, *BF,* 1985, 5, 257 ; M. Cozian, L'imposition des distributions irrégulières, *Grands principes,* p. 458. On trouvera une analyse de la jurisprudence dans B. Plagnet, Définition des revenus distribués, *Juris-cl.,* fasc. 651 et s., complétez par C. Donnefort, *Fiscalité des produits financiers,* Éd. Liaisons, *Les nouvelles fiscales,* 1995 (une analyse approfondie). Étude de l'application de l'article 111 *c* CGI ; J. Maïa, Rémunérations et avantages occultes : pas de distribution sans imposition ?, *RJF,* 2001, 5, p. 395.

Jurisprudence topique :

— CE 12 févr. 1992, Schwerdlin, *DF,* 1992, 43, comm. 1964, concl. Hagelteen (nature des sommes réputées distribuées à un dirigeant d'association).
— CE 8 juill. 1992, Gardet, *DF,* 1993, 5, comm. 125, concl. Hagelsteen (notion de dividendes distribués et rachat par une société de ses propres actions).
— CE 29 déc. 1995, Société Hygiène et dératisation d'Auvergne, *DF,* 1996, 11, comm. 318 (précompte mobilier et produits réputés distribués en application de l'article 111 *bis* CGI).
— CE 4 déc. 1992, Brossard, *RFDA,* 1994, 1, concl. Hagelsteen, p. 362 (nature et régime fiscal des intérêts moratoires).
— CE sect. 28 févr. 2001, M. Thérond, *BDCF,* 2001, 5, 67 (notion d'avantage occulte au sens des articles 109-1 et 2 et 111 *c* CGI).
— CE 29 juin 2001, M. et Mme Belmes, *BDCF,* 2001, 10, 121 (avantage occulte versé par une société de personnes).

Pour une synthèse de la jurisprudence B. Plagnet, La jurisprudence récente relative à la définition de revenus distribués, *BF Lefebvre,* 2005, 12, 975.

388 RÉMUNÉRATIONS DE DIRIGEANTS DE SOCIÉTÉS. — E. Hanus, *La situation des dirigeants de sociétés par actions et de SARL en ce qui concerne leurs charges fiscales,* Th. Nancy, 1975 (dactyl.) ; C. Goldstein, *Le statut de gérant de SARL au regard du droit fiscal et de la sécurité sociale,* Th. Strasbourg, 1976 (dactyl.) ; H. Merle, *Les dirigeants d'entreprises et l'impôt,* Th. Lille II, 1973 (dactyl.) ; J.-P. Chiffaut-Molliard, *Les prélèvements effectués par les dirigeants de sociétés sur les résultats de l'exploitation,* Th. Paris I, 1975 ; M. Cozian, Le contrôle des rémunérations de dirigeants, *Grands principes,* p. 497 ; F. Vibert, Les faux gérants minoritaires de SARL en droit fiscal, *DF,* 1977, n° 45-46, 1028 ; M. Cozian, Les mille et une tricheries des faux gérants minoritaires de SARL, *Grands principes,* p. 479 ; G. Tixier, J.-P. Maublanc, *La fiscalité des dirigeants d'entreprise,* Dalloz, 1996 (indispensable et actuel).

389 COMPOSANTES DE L'ACTIF.

1° Les immobilisations : M. Cozian, La distinction des immobilisations, des stocks et des faits généraux, *Grands principes,* p. 110 ; P.-F. Racine, Éléments incorporels de l'actif immobilisé, *RJF,* 1983, 2, 66.

Jurisprudence topique :

— Emballages : concl. sur CE 25 nov. 1981, n° 10959, *DF,* 1982, 30, 1577 ; concl. sur CE 3 févr. 1984, n° 25889, *DF,* 1984, 21-22, 1015, et J.-F. Picard, Consignations d'emballages et fiscalité, *BF,* 1982, II, 549.
— Gisements : concl. sur CE 18 mars 1983, n° 31202, *DF,* 1983, 28, 1494.
— Logiciels, concl. sur CE 22 févr. 1984, n° 39535, *DF,* 1984, 27, 1300.

2° Les plus-values professionnelles : J.-N. Andrieu, *L'imposition des plus-values des bénéfices industriels et commerciaux,* Th. Paris, 1966 ; R. Favroux, Réflexions sur le régime des plus-values professionnelles, *BF,* 1983, 8, 485.

390 LES DÉDUCTIONS.

1° Les frais généraux : M. Cozian, Le contrôle des frais généraux, *Grands principes,* p. 285 ; J. Cabin-Saint-Marcel, Conditions générales de déduction des charges pour les entreprises industrielles ou commerciales, *JCP,* 1980 *(Cl.),* I, 8578 ; P. Serlooten, La fraude fiscale par majoration des charges déductibles, *DF,* 1985, 5, 160 ; S. Austry, *Charges ou immobilisations. La distinction fiscale en 100 questions,* Éd. EFE diff. Litec, 1996 (étude originale d'un membre du Conseil d'État).

M. Cozian, Les droits de succession ou de donation constituent-ils des charges déductibles ?, *Grands principes,* p. 241.

2° Les amortissements : M. Cozian, Les biens soumis à amortissement, les bases d'amortissement, *Grands principes,* p. 251 ; M. Gillet, Contribution à l'étude d'un problème controversé : l'amortissement des immobilisations chez les sociétés concessionnaires, *JCP,* 1972 *(Cl.),* II, 10664 ; E. Patris, *Les amortissements : fonctions et adaptations,* Th. Rennes, 1980 (dactyl.) ; P. Durand, L'enfer pourrait-il venir de l'amortissement ?, *Rev. adm.,* 1996, 289, 44 (les contours de la notion d'immobilisation).

3° Les provisions : M. Cozian, Le régime fiscal des provisions de droit commun, *Grands principes,* p. 291 ; C. Roisne-Megard, *Le régime juridique et fiscal des provisions dans le bilan des sociétés anonymes,* Th. Paris I, 1975 (dactyl.) ; P.-M. Fontaine, *Gestion fiscale des provisions,* Éd. EFE diff. Litec, 1996 (indispensable) ; J.-L. Pierre, Le traitement fiscal des provisions pour dépréciation d'immobilisations, *JCP,* 1993, éd. E, I, 261 (provisions sur les éléments du fonds de commerce, sur des titres de participation et sur des immeubles).

À côté des provisions du régime général, il existe des provisions constituées en vertu de textes particuliers. Un bon exemple est donné par les provisions des entreprises de presse. Ce régime dit « de l'article 39 *bis* ». Le régime particulier applicable aux investissements des entreprises de presse a été institué par la loi de finances pour 1946 et été reconduit avec des adaptations, par des dispositions législatives successives jusqu'au 31 décembre 1986. La loi de finances pour 1987 l'a reconduit jusqu'en 1991.

Les entreprises bénéficiaires sont les entreprises qui exploitent soit un journal quotidien ou hebdomadaire, soit une revue mensuelle ou bimensuelle consacrée pour une large part à l'information politique. Sur les critères de telles publications : CE 24 avr. 1981, n° 16401, *RJF,* 1981, 6, 291, concl. Schricke ; CE 11 janv. 1984, n° 26792, *DF,* 1984, 18, 934, concl. Racine ; *RJF,* 1984, 4, 202, chron. Guillenchmidt, et P.-F. Racine, chron., *RJF,* 1982, 12, 531.

Elles sont admises à constituer en franchise d'impôt une provision exclusivement affectée à l'acquisition de matériels et constructions strictement nécessaires à l'exploitation du journal. La provision ainsi constituée peut être affectée au financement du prix de revient de ces matériels et constructions dans la proportion de 40 % pour les publications et de 80 % pour les quotidiens et assimilés et ne peut excéder respectivement 30 % et 60 % du bénéfice de l'entreprise. Deux innovations à compter de 1987 : déduction des provisions afférentes aux impressions réalisées dans un État membre de la CEE et déduction des provisions afférentes aux matériels télématiques nécessaires à la production et à la diffusion de journaux télématiques qui constituent le prolongement de journaux édités sur support papier.

391 LES DÉFICITS.

M. Cozian, La gestion fiscale des déficits, *Grands principes,* p. 398 ; J.-C. Maitrot, Revenu global. Imputation et report des déficits, *Juris-cl. fisc.,* ID, fasc. 1010-1 ; M. Cozian, La chasse aux déficits fonciers de complaisance, *Mélanges Sibille,* Bruxelles, 1981, p. 355.

Choix de questions :

- Prise en compte d'un déficit dans le régime de l'évaluation administrative : chron., *RJF,* 1976, 3, 87.
- Déficit et forfait : concl. sur CE 15 déc. 1971, n° 81514, *DF,* 1973, 9, 307.
- Prescription et report déficitaire : chron., *RJF,* 1976, 3, 85.
- Déficit de nature agricole : concl. sur CE 29 déc. 1978, n° 5103, *DF,* 1979, 15, 732.
- Déficit dans la catégorie des revenus mobiliers : CE 29 avr. 1977, n° 808, *DF,* 1977, 38, 1313, concl. Rivière, *Rev. soc.,* 1977, 433, note Cozian.

Chapitre 3
Les formes d'imposition des revenus

La base d'imposition déterminée, c'est alors que divergent les méthodes d'imposition selon qu'elles concernent les personnes physiques et les personnes morales.

Section I
L'imposition des revenus des personnes physiques

L'imposition porte sur un revenu global qui est constitué à la fois des différents revenus nets catégoriels et de l'ensemble de ceux qui ont été perçus par les membres du foyer fiscal duquel sont déduites certaines charges.

I | LA DÉTERMINATION DE LA BASE GLOBALE D'IMPOSITION

392 SOMME DES REVENUS CATÉGORIELS. — Le revenu brut global est constitué par le total des revenus nets catégoriels diminué du montant des déficits susceptibles d'être imputés sur le revenu global. En principe le déficit constaté dans une catégorie de revenus est imputé sur le revenu global mais, pour éviter les abus, la déduction de certains déficits catégoriels est prohibée par la loi :

— Les déficits agricoles ne peuvent être admis en déduction du revenu global quand le total des revenus nets d'autres catégories dont dispose le contribuable excède 104 239 € (2009). Ils sont alors reportés sur les bénéfices agricoles des années suivantes pendant cinq années consécutives.

— Les déficits fonciers ne peuvent pas être imputés sur le revenu global, mais sur les revenus fonciers des cinq années suivantes. Toutefois, il sera procédé à l'imputation sur le revenu global, dans la limite annuelle de 10 700 € (2009), des déficits résultant des dépenses autres que les intérêts d'emprunts. Enfin, il est possible d'imputer sur le revenu global sans limitation des déficits provenant, par exemple, de travaux exécutés dans le cadre d'une opération de restauration immobilière.

— Les déficits d'activités non commerciales à caractère non professionnel ne peuvent être imputés que sur les bénéfices d'activités semblables durant la même année, ou les cinq années suivantes.

— Les déficits réalisés par les loueurs en meublé non professionnels mais aussi ceux générés par une activité industrielle ou commerciale exercée à titre non professionnel, ne peuvent être imputés que sur les bénéfices tirés d'activités de même nature exercées dans les mêmes conditions, qui ont été réalisés la même année ou pendant les cinq années suivantes.

— Les moins-values réalisées à l'occasion de la cession par des particuliers d'immeubles leur appartenant ne peuvent faire l'objet d'aucune imputation que ce soit sur des plus-values de même nature ou sur le revenu global.

Lorsque l'imputation des déficits sur le revenu global dégage un déficit celui-ci est reportable sur le revenu global pendant cinq ans.

393 SOMME DES REVENUS DU FOYER FISCAL. — Le foyer fiscal est l'unité d'imposition *ratione personae.* Il se limite à une seule personne lorsqu'il s'agit d'imposer les célibataires, les veufs, les divorcés sans personne à charge.

Si les personnes mariées sont fiscalement rigoureusement égales elles ne peuvent faire l'objet d'une imposition séparée que dans trois cas : lorsqu'elles sont séparées de biens et ne vivent pas sous le même toit, lorsque, étant en instance de séparation de corps ou de divorce, les époux ont été autorisés à avoir des résidences séparées, lorsque, à l'occasion de l'abandon du domicile conjugal par l'un des époux, chacun dispose de revenus distincts. L'année où se produit le mariage ou l'une de ces formes de séparation se succéderont imposition conjointe et impositions séparées ou inversement. La répartition des revenus s'effectue alors en fonction de la date à laquelle chaque titulaire en a disposé.

Les enfants célibataires âgés de moins de 18 ans sont rattachés de plein droit au foyer fiscal mais les parents peuvent demander leur imposition distincte s'ils disposent de revenus personnels. Lorsque les parents sont imposés séparément, l'enfant est rattaché au foyer fiscal du parent qui en a la garde.

Les enfants célibataires âgés de plus de 18 ans sont en principe imposés séparément sauf s'ils demandent le rattachement au foyer fiscal de leurs parents. L'option doit être acceptée par ceux-ci et n'est possible que dans trois cas : l'enfant est âgé de moins de 21 ans ; il est âgé de moins de 25 ans et justifie la poursuite d'études ; il effectue son service militaire. Cette option est ouverte dans les trois mêmes situations pour les enfants mariés, le rattachement pouvant s'exercer auprès des parents de l'un ou l'autre des conjoints. Les enfants infirmes célibataires majeurs sont, quel que soit leur âge, réputés à charge de leurs parents et de plein droit rattachés au foyer fiscal de ceux-ci. Le droit au rattachement s'étend aux enfants majeurs domiciliés à l'étranger même dans le cas où ils ne perçoivent aucun revenu imposable en France (CE 27 mars 1991, Daniel et Mathieu, *DF*, 1991, 49, 2369, concl. Chahid-Nourai).

Dans tous les cas, le rattachement au foyer fiscal constitue une option qui est irrévocable pour l'année considérée. Si celle-ci, faite sans discernement, conduit à des résultats par trop désavantageux, il est admis que l'administration puisse à titre gracieux accorder des dégrèvements correspondant à l'erreur commise.

394 PACS. — La loi n° 99-944 du 15 novembre 1999 permet à deux personnes physiques majeures, de sexe différent ou du même sexe de conclure un contrat, appelé pacte civil de solidarité (PACS), pour organiser leur vie commune. Les partenaires d'un PACS font l'objet d'une imposition commune à compter de l'année de la conclusion du PACS. Celle-ci revêt un caractère obligatoire. Elle porte sur l'ensemble des revenus ou bénéfices perçus ou réalisés au cours de l'année d'imposition par chacun des partenaires au contrat, ainsi que par leurs enfants ou personnes à charge. L'imposition est établie à leurs deux noms, séparés par le mot « ou ». En cas de rupture du contrat, chacun des partenaires est personnellement imposable pour les revenus dont il a disposé l'année au cours de laquelle le contrat a pris fin. En cas de décès de l'un des deux partenaires, le survivant est personnellement imposable pour la période postérieure au décès. L'article 8 de la loi de finances pour 2005 a institué des règles particulières d'imposition en cas de rupture du contrat l'année de sa souscription, ou l'année suivante, et lorsque les personnes liées par un PACS se marient l'année de la rupture ou l'année suivante.

II | Les déductions du revenu global

L'article 156 du CGI autorise la déduction de certaines charges du revenu global. Elles sont énumérées limitativement et sont totalement distinctes des charges prises en compte pour l'évaluation des revenus catégoriels (CE 4 juin 1976, n° 97732, *DF,* 1977, 6, 176, concl. Schmeltz). En réalité le terme de « charge » est tout à fait inadéquat. Elles ne correspondent nullement à l'acquisition d'un revenu mais constituent des dépenses qui, à raison de leur finalité, méritent de venir en déduction du revenu imposable.

395 Pensions alimentaires. — Les pensions alimentaires allouées en exécution des obligations alimentaires définies aux articles 205 à 211 du Code civil sont en principe déductibles du revenu global avec un plafonnement lorsqu'elles sont versées à des enfants majeurs. Ne sont donc pas déductibles les pensions étrangères aux obligations civiles (CE 24 avr. 1981, n° 19445, *RJF,* 1981, 6, 294), telles des pensions versées aux collatéraux (CE 11 oct. 1967, n° 71726, *Rec.,* 789) ou qui ne pourraient trouver de fondement dans une décision de justice (CE 8 juill. 1977, n° 97208, *RJF,* 1983, 12, 666) ou périphériques à l'obligation alimentaire (CE 1er oct. 1980, n° 17963, *RJF,* 1980, 11, 451). À noter que les pensions versées à un ascendant disposant de revenus suffisants sont étrangères à l'obligation alimentaire, en conséquence non déductibles du revenu de celui qui les verse (CE 17 mai 1989, n° 62770, *DF,* 1989, 40, 1771, concl. Liebert-Champagne).

La pension alimentaire peut être en nature. Par exemple, l'attribution en jouissance d'un logement commun à l'un des époux équivaut pour l'autre époux au versement d'une pension alimentaire sous forme d'un avantage en nature, celui qui n'a plus la jouissance du bien peut déduire de son revenu global le montant de l'avantage et s'il y a lieu les intérêts d'emprunt réglés pour cette partie du bien (CE 18 déc. 1992, n° 74860, *DF,* 1992, 15, 760, concl. Fouquet).

Pour en déterminer le montant, le juge fiscal recourt aux critères d'appréciation des besoins du bénéficiaire et la fortune du débiteur en usage en droit civil (CE 21 janv. 1981, n° 19842, *RJF,* 1981, 3, 101 ; CE 10 déc. 1984, n° 40626, *RJF,* 1985, 2, 106 ; CE 27 janv. 1986, n° 46063, *Les Petites Affiches,* 7 avr. 1986, p. 4).

Les pensions alimentaires versées aux enfants ne peuvent être déduites que par le parent qui n'en a pas la garde. La loi du 4 mars 2002, relative à l'autorité parentale, a prévu la déductibilité des pensions alimentaires versées pour l'entretien des enfants, en cas de divorce ou de séparation de corps, et spontanément revalorisées, alors qu'auparavant les revalorisations à l'amiable n'ouvraient droit à déduction qu'en l'absence de clause d'indexation dans le jugement et dans la limite de l'évolution du coût de la vie.

Le contribuable ayant recueilli sous son toit un ascendant sans ressources peut toujours déduire, s'il subvient à tous ses besoins, une somme forfaitaire par ascendant.

396 ABATTEMENT SPÉCIAL. — Le rattachement des enfants mariés au foyer fiscal de leurs parents permet à ceux-ci de pratiquer sur leur revenu global un abattement de 5 729 € par personne prise en charge (pour l'imposition des revenus 2008).

397 ACTIONS DE SOFICA. — Pour faciliter le développement de l'industrie cinématographique, une loi du 11 juillet 1985 a autorisé les personnes physiques à déduire 40 % des sommes effectivement versées au capital de sociétés pour le financement de l'industrie cinématographique ou audiovisuelle (SOFICA), dans la limite de 25 % du revenu global, et de 18 000 €.

398 PERTES EN CAPITAL DES CRÉATEURS D'ENTREPRISES. — Les personnes physiques peuvent sous certaines conditions déduire une somme égale au montant de leur souscription au capital d'une société créée à partir du 1er janvier 1987 si cette société se trouve en cessation de paiement dans les cinq ans qui suivent sa constitution.

Il est important de souligner que ces déductions ne peuvent être opérées qu'au titre de l'année pendant laquelle les dépenses auxquelles elles correspondent ont été faites. Si le montant de ces déductions venait à excéder celui du revenu global, la différence ne constituerait pas un déficit déductible des revenus imposables des années suivantes (CE 26 avr. 1976, n° 92743, *RJF,* 1976, 6, 199).

399 ACCUEIL DES PERSONNES DE PLUS DE 75 ANS. — Le contribuable peut déduire de son revenu global, dans une certaine limite, les avantages en nature consentis à des personnes âgées de plus de 75 ans envers lesquelles il n'a aucune obligation alimentaire, qui vivent sous son toit et dont le revenu imposable n'excède pas le plafond de ressources fixé pour l'octroi des allocations supplémentaires versées par le fonds de solidarité vieillesse et le fonds spécial d'invalidité.

III | LE CALCUL DE L'IMPÔT

Il s'effectue en plusieurs étapes.

400 LE BARÈME. — Le nombres de tranches qui était de 8 avant 1974, les taux variant de 10 % en 10 %, a été porté à 13, par la création de tranches intermédiaires. En 1982, avec la création d'une tranche à 65 %, le nombre est passé à 14. Cette tranche supérieure a été supprimée pour les revenus de 1986. Pour 1987, l'ensemble des taux ont été abaissés dans une proportion de 4 %, le taux maximum passant de 58 à 56,8 %. Depuis lors, le barème a conservé la même structure, les limites de tranche ayant, conformément aux traditions françaises, été actualisées. À ces modifications du barème se sont surajoutées des majorations et des minorations qui ont eu un effet sensible. En conséquence, de 1980 à 1983, il y a eu un alourdissement progressif de l'impôt par l'introduction de majorations. De 1984 à 1986, il y eut une baisse générale de 11 % de l'impôt.

La loi de finances pour 2003 a gardé 7 tranches (de 0 % à 49,58 %) et a baissé de 6 % l'ensemble des taux du barème, ce qui pérennise et amplifie la minoration de 5 % accordée de l'imposition des revenus de 2001. Le taux maximum d'imposition est fixé pour la première fois sous le taux symbolique des 50 % (49,58 %). Pour l'imposition des revenus 2008 il existe 5 tranches allant de 0 % à 40 %.

Le taux moyen d'imposition, également appelé pression fiscale, est défini comme le montant de l'impôt rapporté au revenu. Le phénomène de la progressivité apparaît lorsqu'on fait varier le revenu.

401 LE QUOTIENT FAMILIAL. — Pour alléger la charge fiscale résultant de la progressivité du tarif et pour tenir compte de la composition du foyer fiscal et des charges de consommation qu'il supporte on divise le revenu global en un certain nombre de parts.

Il convient de tenir compte des « personnes à charge » qui peuvent être des enfants célibataires mineurs, des enfants célibataires majeurs rattachés, des enfants infirmes, et des personnes invalides vivant sous le toit du contribuable. Chaque membre d'un couple de concubins fait l'objet d'une imposition séparée.

Le nombre de parts est le suivant :

— Les contribuables mariés bénéficient de deux parts auxquelles s'ajoutent, éventuellement, une demi-part pour chacune des deux premières personnes à charge et une part pour chaque personne à charge à compter de la troisième.

— Les célibataires, veufs ou divorcés, sans personne à charge n'ont qu'une part, à laquelle s'ajoute une demi-part s'ils sont, par exemple, titulaire d'une pension d'invalidité pour accident du travail d'au moins 40 % ou, autre exemple, s'ils ont plus de 75 ans et qu'ils sont titulaires de la carte de combattant.

— Les célibataires ou divorcés, ayant une ou plusieurs personnes à charge qui ne vivent pas en concubinage bénéficient d'une part entière au titre de la première personne à charge, s'ils vivent en concubinage la première personne à charge n'ouvre droit qu'à une demi-part. Même si, s'agissant d'un enfant, celui-ci n'est reconnu que par l'un des membres du couple, ou n'est l'enfant que de l'un deux.

— Les veuves (ou veufs) ayant une ou plusieurs personnes à charge bénéficient d'un nombre de parts égal à celui des contribuables mariés ayant le même nombre de personnes à charge (à compter de l'imposition des revenus de l'année 2008).

— Concernant les époux séparés, chaque époux est considéré comme célibataire ayant à sa charge les enfants mineurs dont il a la garde, ainsi que les enfants majeurs célibataires qui lui sont rattachés. Lorsque cette charge est répartie également entre chacun des parents dans le cadre de la résidence alternée des enfants, le quotient familial doit être divisé par deux si aucun accord préalable n'est intervenu sur son attribution (Avis CE 14 juin 2002, n° 241036, *RJF,* 2002, 8-9, concl. Bachelier). Le Conseil d'État a jugé que l'enfant de parents imposés séparément qui atteint sa majorité en cours d'année peut demander son rattachement au titre de cette année à celui de ses parents qui ne l'avait pas à sa charge en tant qu'enfant mineur au 1er janvier (CE 5 juin 2002, n° 224410, *BDCF,* 2002, 8-9, concl. Bachelier). Ce rattachement ne fait pas perdre le droit à majoration du quotient familial dont bénéficie l'autre parent qui a fait figurer l'enfant mineur qu'il avait à sa charge au 1er janvier. Le parent qui accepte le rattachement ne peut pas déduire la pension versée pour son enfant à l'autre parent. En conséquence, chaque parent bénéficie d'une majoration de son quotient familial au titre de l'année au cours de laquelle l'enfant devient majeur.

Tout est affaire de circonstances particulières, il a été jugé que des époux résidant pour l'un en France et pour l'autre à l'étranger peuvent néanmoins être considérés comme ayant une vie commune et ne pas être imposés distinctement (CE 19 janv. 1998, n° 126809, *BDCF,* 1998, 2, 1, concl. Arrighi de Casanova). Au contraire, des époux mariés sous le régime de la séparation de biens et vivant séparément doivent faire l'objet d'une imposition distincte malgré l'existence d'une société d'acquêts d'origine conventionnelle (CE 19 déc. 2007, req. 291849, M. Foray, *DF,* 2008, 9, comm. 184, concl. Landais).

Le Conseil d'État, dans le cadre du contentieux de l'excès de pouvoir, a annulé les dispositions de l'instruction du 22 avril 1996 excluant du bénéfice de la demi-part supplémentaire de quotient familial, prévue à l'article 194-II CGI, les parents isolés percevant de leur ex-conjoint ou ex-concubin une pension alimentaire versée spontanément (CE 11 févr. 1998, n° 185804, *RJF,* 1998, 4, 368). Par une instruction du 30 juin 1998 (*BOI,* 5 B-14-98) l'administration précise que le contribuable qui souhaite bénéficier d'une demi-part supplémentaire doit assumer la charge effective des enfants dont il a la garde, en dépit des subsides qui lui sont versés spontanément. Autrement dit, le parent qui assumerait la responsabilité intellectuelle et morale de l'enfant, mais n'en supporterait pas effectivement la charge matérielle, ne pourrait prétendre à l'avantage de la demi-part supplémentaire.

Par une décision rendue le 17 novembre 2000, sur un recours pour excès de pouvoir, le Conseil d'État a considéré qu'il résultait de la combinaison des articles 196 *bis*-I et 194-II CGI que pour apprécier si un contribuable vit seul avec un enfant à charge il fallait se placer au 1er janvier de l'année d'imposition (CE 17 nov. 2000, n° 210953, *RJF,* 2001, 2, 136, *DF,* 2001, 16, 366, concl. Bachelier), et non comme le soutenait l'administration dans une instruction du 22 avril 1996 « sans interruption du 1er janvier au 31 décembre de l'année d'imposition ».

On applique alors le tarif de l'impôt sur une seule part puis le montant de l'impôt ainsi obtenu est multiplié par le nombre de parts pour obtenir la somme due par chaque foyer fiscal.

Pour éviter que le jeu du quotient familial ne favorise trop les titulaires de hauts revenus, ses effets sont plafonnés.

402 PARTAGE DU QUOTIENT FAMILIAL. — Le droit de la famille admet depuis l'adoption de la loi du 4 mars 2002 que la résidence alternée de l'enfant au domicile de chacun de ses parents puisse constituer un mode d'exercice de l'autorité parentale. L'article 30 de la loi de finances rectificative pour 2002 en tire les conséquences. Lorsque l'enfant réside à titre habituel au domicile de l'un des parents la majoration de quotient familial lui est attribuée à titre exclusif. Si l'enfant réside alternativement au domicile respectif de chacun de ses parents, l'avantage du quotient familial est partagé de manière égale entre eux, sachant que chaque parent peut, par tout moyen, apporter la preuve qu'il assume la charge principale d'entretien et d'éducation de l'enfant. Corrélativement le partage du quotient familial entraîne le partage des réductions d'impôt et crédits d'impôts liés aux charges de famille : réduction d'impôt pour frais de scolarité, pour frais de garde des jeunes enfants...

403 VARIÉTÉ DE DÉDUCTIONS. — L'impôt sur le revenu ainsi calculé fait encore l'objet de corrections en raison de l'existence d'un certain nombre de réductions et d'imputations légales.

a) Les réductions pour charges concernant l'habitation principale. — La réduction bénéficie au seul propriétaire du logement où il réside habituellement pendant l'année d'imposition (CE 20 nov. 1981, n° 27566, *DF,* 1982, 10, 454, concl. Rivière ; CE 14 déc. 1984, n° 42438, *DF,* 1985, 10, 496, concl. Bissara). Les intérêts des prêts contractés auprès des établissements financiers en vue de financer l'acquisition ou la construction d'un logement affecté à l'habitation principale (art. 200 *quaterdecies* CGI) ouvre droit à un crédit d'impôt. Seuls les contribuables ayant acquis ou fait construire à crédit leur habitation depuis le 6 mai 2007 sont concernés. La base du crédit d'impôt est égale au montant des seuls intérêts d'emprunt payés au titre des cinq premières annuités de remboursement. Les intérêts payés ouvrent droit à un crédit d'impôt égal à 40 % de leur montant pour la première annuité de remboursement et 20 % de leur montant pour les quatre années suivantes. Les intérêts payés chaque année sont pris en compte dans la limite d'un plafond égal à 3 750 € (personne seule) ou à 7 500 € (couple soumis à une imposition commune), augmentés de 500 € par personne à charge. En outre diverses dépenses sont susceptibles d'ouvrir droit au crédit d'impôt en faveur du développement durable : les dépenses payées entre 2005 et 2008 pour l'acquisition d'une chaudière à basse température installée dans une habitation principale achevée depuis plus de deux ans, les dépenses payées entre 2007 et 2012 pour l'acquisition d'équipements de récupération et de traitement des eaux pluviales installées dans toute habitation principale, quelle que soit son ancienneté... À cela s'ajoute un crédit d'impôt d'aide à la personne (art. 200 *quater* A CGI) pour les contribuables qui font installer, dans leur résidence principale, des équipements destinés à faciliter l'accès aux personnes âgées ou handicapées.

b) Une réduction est accordée, sous certaines conditions, aux contribuables qui réalisent des investissements dans le secteur locatif au sein d'une résidence de tourisme classée dans une zone de revitalisation rurale ou dans une zone rurale inscrite sur la liste des zones concernées par l'objectif 2 des fonds structurels communautaires.

c) Autres réductions d'impôts (quelques exemples) :

Les salariés et les retraités peuvent bénéficier d'une réduction d'impôt égale à 50 % des sommes versées aux organisations syndicales représentatives, dans la limite de 1 % du revenu brut relevant des traitements, salaires, pensions et rentes viagères.

Les dépenses exposées par les contribuables pour la garde, à l'extérieur de leur domicile, de leurs enfants âgés de moins de 7 ans au 31 décembre de l'année d'imposition ouvrent droit à une réduction d'impôt sur le revenu égale à 25 % des dépenses. L'avantage est limité par enfant.

Les contribuables qui utilisent les services d'employés de maison déclarés bénéficient d'une réduction d'impôt égale à 50 % des dépenses supportées, dans la limite de 12 000 € majorée de 1 500 € par enfant à charge et par membre du foyer fiscal de plus de 65 ans (2009).

404 LA PRIME POUR L'EMPLOI. — Chaque membre actif du foyer fiscal est susceptible de la percevoir dès lors que le revenu fiscal de référence du foyer ne dépasse pas un certain plafond. Celle-ci prend la forme d'un crédit d'impôt. Pour 2008 : la prime est accordée à toute personne dont les revenus professionnels sont compris entre 3 743 € et un plafond déterminé en fonction de la situation familiale. Le calcul de la prime se fait d'abord au niveau de chaque membre du foyer fiscal, puis pour le foyer dans son ensemble. Une majoration est appliquée en fonction du nombre de personnes à charge. La prime est à imputer sur l'impôt sur le revenu à payer, si elle est supérieure à celui-ci elle est remboursée à son bénéficiaire (art. 220 *sexies* CGI). Depuis le 1er juin 2009 le revenu de solidarité active (RSA) est généralisé. Il garantit à toute personne dont les ressources sont inférieures à un certain seuil de disposer d'un revenu minimum et de voir ses ressources augmentées en cas d'accroissement de ses revenus professionnels. Le RSA versé à chaque contribuable est considéré comme un acompte à valoir sur le montant total de la prime dû au foyer.

405 LE CAS DES DONS ET SUBVENTIONS À DES ORGANISMES D'INTÉRÊT GÉNÉRAL. — Les dons aux organismes d'aide aux personnes en difficulté, qui procèdent à la fourniture gratuite de repas, contribuent à favoriser leur logement ou à la fourniture de soins ouvrent droit à une réduction d'impôt égale à 75 % du montant des versements dans la limite de 510 € (imposition des revenus 2009). L'excédent de versement par rapport à ce plafond ouvre droit à une réduction d'impôt de 50 %. Pour les autres dons, la réduction d'impôt est de 66 %, dans la limite de 20 % du revenu imposable. Les contribuables doivent joindre à leur déclaration de revenu global les pièces justificatives (art. 200-5 CGI).

La réduction d'impôt s'applique aussi aux dons versés en vue du financement d'une campagne électorale, ainsi qu'à ceux destinés à une association de financement d'un parti politique et enfin aux cotisations versées aux partis et groupements politiques, par l'intermédiaire de leurs mandataires.

406 CONTRIBUTIONS ADDITIONNELLES. — La contribution sociale généralisée (CSG) a été créée par la loi du 29 décembre 1990 (n° 90-1168) pour diversifier les sources de financement de la Sécurité sociale. Elle s'applique aux revenus d'activités (revenus professionnels non salariés, salaires...) et de remplacement (allocations de chômage, de préretraite, pensions, rentes viagères...), aux revenus du patrimoine (plus-values mobilières et immobilières) et aux produits de placements. Le Conseil constitutionnel a tranché le problème de la nature juridique considérant qu'il s'agissait non d'une cotisation sociale, mais d'un prélèvement fiscal entrant dans les « impositions de toute nature », visées à l'article 34 de la Constitution (DC 90-285 du 28 déc. 1990, *RJF,* 1991, 2, 213, 127), ce qui implique la prise en compte des capacités contributives. Ultérieurement le Conseil constitutionnel a précisé que le législateur peut modifier l'assiette de la CSG, notamment pour alléger la charge pesant sur les contribuables les plus modestes, mais à condition toutefois de ne pas provoquer de rupture caractérisée d'égalité entre les contribuables (DC 2000-437 du 19 déc. 2000, *RJF,* 2001, 3, 351, note J. E. Schoetl, *Les Petites Affiches,* 2000, 255, 4).

Le taux de la contribution, sur les revenus d'activités, c'est-à-dire les salaires et les revenus non salariaux, est de 7,5 % (2009). Les revenus de remplacement sont taxés à 7,5 % pour les allocations de préretraite et dans certains cas à 6,6 % ou 6,2 % (2009). Mais au regard de l'impôt sur le revenu, la CSG sur les revenus d'activité et de remplacement est déductible à hauteur de 5,1 %, la fraction non déductible est de 2,4 % (2009).

L'ordonnance du 24 janvier 1996 (n° 96-50) a mis en place une caisse d'amortissement de la dette sociale, afin d'apurer le déficit du régime général de la Sécurité sociale, alimentée par une recette exceptionnelle et temporaire (1er févr. 1996 - 31 janv. 2014) dénommée contribution au remboursement de la dette sociale (CRDS). Le Conseil constitutionnel veille à ce que toute modification du dispositif ne soit pas étrangère au domaine des lois de financement de la Sécurité sociale (DC 2000-437 du 19 déc. 2000, *RJF,* 2001, 3, 351).

Le taux de cette contribution est de 0,5 % et frappe les revenus d'activités et de remplacement, les revenus du patrimoine, les produits de placement à revenu fixe soumis au prélèvement libératoire et les revenus de l'épargne exonérés d'impôt sur le revenu, les ventes de métaux et objets précieux, une fraction des sommes misées sur les jeux de la Française des jeux ou au PMU ainsi qu'une fraction du produit brut des jeux réalisés dans les casinos. À noter que la CRDS n'est pas déductible du salaire imposable soumis à l'impôt sur le revenu.

407 LE RESPECT DU DROIT COMMUNAUTAIRE. — La Cour a jugé que ces prélèvements, en tant qu'ils frappaient des salaires et avaient pour objet de financer des régimes de Sécurité sociale, entraient dans le champ d'application des règlements communautaires régissant le droit d'assujettir les travailleurs salariés à des cotisations de Sécurité sociale (CJCE 15 févr. 2000, aff. 169/9, *RJF,* 2000, 3, comm. 436). Dans des conclusions le commissaire du gouvernement Glaser, s'appuyant sur la jurisprudence du Conseil constitutionnel, fait observer qu'il n'est pas possible de déduire une qualification de cotisation au regard du droit interne puisque ni la CSG ni la CRDS n'ouvrent droit à des prestations sociales, en conséquence de quoi elles ne sont pas intégralement déductibles du revenu imposable (CE 7 janv. 2004, req. 237395, Martin, *BDCF,* 2004, 4, p. 23, concl. Glaser). La Cour de justice considère que la CSG et la CRDS entrent dans le champ d'application du règlement CEE n° 1408/71 et doivent être calculées sur l'ensemble des revenus perçus, sous réserve d'application des conventions fiscales contre les doubles impositions (CJCE 3 avr. 2008, aff. C-103/06, M. Derouin c/ Union pour le recouvrement des cotisations de Sécurité sociale et d'allocations familiales de Paris-région parisienne (URSSAF Paris-région parisienne), *DF,* 2008, 22, comm. 349, note Bergerès). La Cour reconnaît que des cotisations sociales peuvent être régies par des techniques purement fiscales.

Pour la Cour de justice des communautés européennes l'assujettissement des travailleurs frontaliers au paiement de la CSG et de la CRDS est contraire à la coordination des systèmes nationaux de Sécurité sociale et au principe d'égalité de traitement (CJCE Plén. 15 févr. 2000, aff. C-34/98, *BDCF,* 2000, 3, 41, concl. La Pergola).

IV | Obligations des contribuables

408 Obligations déclaratives. — Toute personne imposable doit chaque année souscrire une déclaration d'ensemble de ses revenus sur un imprimé fourni par l'administration. Cette déclaration comporte des annexes et des déclarations spéciales pour les principaux revenus catégoriels.

Le défaut ou le retard de déclaration d'ensemble entraîne l'application d'une majoration de 10 % de l'intérêt et de la taxation d'office si la situation n'a pas été régularisée dans les trente jours d'une première mise en demeure.

409 Modalités de paiement. — Le paiement s'effectue normalement par le versement de deux acomptes provisionnels égaux chacun au tiers du montant de l'impôt de l'année précédente. Le solde est ensuite acquitté après la mise en recouvrement du rôle. Le contribuable peut opter pour le régime du paiement mensuel.

L'article 6 CGI prévoit que l'imposition est établie au nom de l'époux précédée de la mention « Monsieur ou Madame », la seule circonstance où, sur le rôle ou avis d'imposition, ne figure que la mention du mari est sans influence sur la régularité de l'imposition (CE 8 mars 2002, n° 223662, *RJF,* 2002, 6, 598).

410 BOUCLIER FISCAL. — La loi n° 2005-1719 du 30 décembre 2005 portant loi de finances pour 2006, codifiée à l'article 1er du CGI, a instauré un plafonnement des impôts directs en fonction des revenus. La loi n° 2007-1223 du 21 août 2007 en faveur du travail, de l'emploi et du pouvoir d'achat a modifié le dispositif. À compter du 1er janvier 2008 (revenus de 2006 et impositions 2007), le taux de plafonnement des impôts directs est fixé à 50 % des revenus, il était de 60 % pour le droit acquis en 2007.

Les impôts concernés par le plafonnement sont :

— l'impôt sur le revenu (imposition au barème progressif ou imposition forfaitaire) ;
— les contributions et prélèvements sociaux sur les revenus d'activité et de remplacement ;
— les revenus du patrimoine ou les produits de placements (CSG, CRDS, prélèvement social de 2 % et contribution additionnelle à ce prélèvement) ;
— l'impôt de solidarité sur la fortune ;
— la taxe d'habitation et la taxe foncière sur les propriétés bâties et non bâties afférentes à la résidence principale et certaines taxes additionnelles à celles-ci ;
— la taxe forfaitaire sur les métaux précieux, les objets d'art, de collection ou d'antiquité.

Ce sont les revenus de l'année de référence qui doivent être pris en compte : 2007 pour les demandes de restitution posées en 2009.

La demande de plafonnement est de nature contentieuse et vise le plafonnement des impôts personnels payés par les bénéficiaires en fonction de certains de leurs revenus. L'administration dispose d'un délai de trente jours pour instruire les demandes, qui peut être interrompu par une lettre d'attente ou une demande d'informations. Les contribuables qui n'obtiennent pas satisfaction peuvent saisir le juge de l'impôt et le conciliateur.

Enfin, les remboursements ne privent pas l'administration de son droit de contrôler ultérieurement les revenus, et, éventuellement, de remettre en cause les sommes obtenues par le contribuable au titre de sa demande de plafonnement qui pourrait être indue.

Section II
L'imposition des bénéfices des personnes morales

Le régime d'imposition n'est pas unifié. Les personnes morales peuvent être imposées soit à l'impôt sur les sociétés, soit à l'impôt sur le revenu.

I | L'IMPÔT SUR LES SOCIÉTÉS

A - Champ d'application

411 LES SOCIÉTÉS. — Sont obligatoirement soumises à l'impôt sur les sociétés : les sociétés anonymes, les sociétés en commandite par actions, les sociétés à responsabilité limitée, les entreprises unipersonnelles à responsabilité limitée lorsqu'elles sont créées par une personne morale. À cette liste l'article 206-4 CGI ajoute la part des bénéfices attribuée aux commanditaires dans les sociétés en commandite simple et aux associés des sociétés en participation dont la responsabilité est limitée et dont l'identité n'est pas révélée à l'administration fiscale (CE 21 mars 1983, n° 3011, *RJF,* 1983, 5, 282). Par l'effet des dispositions de l'article 206-2 CGI, les sociétés civiles sont passibles de l'impôt sur les sociétés quand elles utilisent des méthodes commerciales en vue de réaliser des profits dans le cadre de l'économie de marché (CE 10 oct. 1979, n° 9441, *DF,* 1980, 19, 1021, concl. Martin-Laprade).

412 LES ASSOCIATIONS. — La vocation désintéressée des associations semble *a priori* exclure toute forme d'imposition des revenus. Pourtant, juridiquement, il n'est pas interdit à une association de faire des profits pourvu que ceux-ci ne soient pas répartis entre ses membres. Un traitement fiscal s'imposait, il distingue selon l'origine des revenus.

Les revenus tirés de la gestion patrimoniale (produits de la location des propriétés de l'association, bénéfices tirés des propriétés agricoles, revenus des capitaux mobiliers) sont imposés au taux de 24 %.

Les revenus se rattachant à une exploitation ou à des opérations de caractère lucratif sont en revanche imposés au taux normal. Le caractère lucratif d'une opération réalisée au titre d'une année par un organisme sans but lucratif rend imposable la totalité des opérations réalisées par cet organisme au titre de l'année (CE 9 nov. 1990, Comité pour le développement industriel et agricole du Choletais, *DF,* 1991, 11, 573). L'idée est simple : pour éviter de constituer un privilège fiscal qui serait nécessairement une source de fraude, les associations qui interviennent sur le marché dans les mêmes conditions que les autres acteurs économiques doivent fiscalement être traitées de la même manière. Deux situations doivent à cet égard être distinguées. L'association peut d'abord être constituée pour rendre des services à ses membres, les sommes versées par ceux-ci à l'association apparaissent alors comme la rémunération de services rendus. L'activité ainsi déployée est réputée lucrative car la création de l'association ne répond plus à aucune vocation désintéressée (CE 20 déc. 1978, n° 11804, *DF,* 1979, 50, 2444, concl. Fabre ; CE 10 déc. 1982, n° 25243, *DF,* 1984, 14, 701, concl. Verny). L'association peut aussi, et c'est le cas le plus fréquemment rencontré, rendre des services à des tiers et tirer de cette activité des revenus. Codifiant une abondante jurisprudence, la doctrine administrative (Instr. du 27 mai 1977) reconnaît que l'exercice d'une activité commerciale n'est pas de nature à remettre en cause le caractère non lucratif d'une association lorsque quatre conditions sont réunies : l'activité exercée doit entrer strictement dans le champ de l'activité désintéressée de l'association ; sa gestion ne doit procurer aucun profit matériel direct ou indirect aux fondateurs, dirigeants et membres ; la réalisation d'excédents de recettes ne doit pas être systématiquement recherchée ; lorsqu'ils existent, les excédents doivent être réinvestis dans l'œuvre elle-même. Il semble que la jurisprudence récente utilise des critères plus souples : « ambiance de gestion lucrative » et conditions de concurrence faites aux entreprises commerciales (CE 3 oct. 1975, n° 88053, *DF,* 1976, 4,106, concl. Fabre ; CE 20 mai 1981, n° 24525, *DF,* 1985, 45, 2106 concl. Schricke).

Le Conseil d'État (ex. : CE 19 juin 1991, Assoc. Club des hélionautes, *DF,* 1991, 42, 1945, concl. Arrighi de Casanova) retient trois critères pour déterminer le caractère lucratif d'une activité :

1 / La nature de l'activité. — Des services analogues à ceux de l'association sont-ils ou peuvent-ils être rendus par des personnes animées par la recherche du profit ?
2 / Les modalités d'exercice. — Y a-t-il une démarche commerciale de l'association ?
3 / L'objet. — L'association cherche-t-elle à réduire des dépenses ou à augmenter des recettes ?

Les deux catégories d'opérations : gestion patrimoniale et gestion lucrative constituent deux secteurs distincts mais il est possible de compenser les résultats positifs et les pertes de chaque secteur.

Il arrive parfois qu'une société et une association soient imbriquées. Dès lors qu'il existe entre une association et une société une communauté d'intérêts, la gestion de l'association n'est pas totalement désintéressée (CE 6 mars 1992, AFACE, *RJF,* 1992, 4, 275, concl. Chahid-Nouraï). Dans le même ordre d'esprit, une association qui n'est que le prolongement d'une activité commerciale doit être appréciée comme s'étant livrée à une exploitation de caractère lucratif la rendant passible de l'impôt sur les sociétés (CE 20 juill. 1988, n° 54644 et 70041, *DF,* 1989, 16-17, 838, concl. de Saint-Pulgent).

Une instruction administrative publiée le 15 septembre 1998 (*BOI,* 4 H-5-98) a réaménagé le régime fiscal qui était applicable depuis 1977. Le nouveau dispositif vise à mieux garantir l'égalité fiscale entre les associations et les entreprises commerciales, et à assurer la sécurité juridique de ces organismes sans but lucratif créés par la loi du 1er juillet 1901. La gestion de l'organisme est-elle désintéressée ? Si elle ne l'est pas, celui-ci est imposable aux impôts commerciaux. Dans le cas contraire, il convient de se demander si l'organisme concurrence une entreprise ? Si ce n'est pas le cas, il est exonéré d'impôts commerciaux. S'il concurrence l'entreprise, il faut s'interroger afin de savoir si l'organisme exerce son activité dans des conditions similaires à celles d'une entreprise par le « produit » qu'il propose, le « public » qui est visé, les « prix » qu'il pratique et la « publicité » qu'il fait (la règle des 4 « P »). Ces critères s'apprécient dans l'ordre décroissant. Si l'organisme satisfait à ces critères, il est soumis aux impôts commerciaux, dans le cas contraire il est exonéré.

Le Conseil d'État a fait application de ces nouveaux critères en jugeant que les associations organisatrices de foires et salons sont en principe exonérées d'impôt sur les sociétés, à moins que ne soit démontré le caractère intéressé de leur gestion ou l'existence d'une foire analogue organisée dans la même zone par une entreprise commerciale (CE 1er mars 2000, n° 197584, *BDCF,* 2000, 4, 45, concl. Arrighi de Casanova).

413 LES PERSONNES PUBLIQUES. — Les établissements publics et les organismes publics jouissant de l'autonomie financière sont assujettis à l'impôt sur les sociétés lorsqu'ils se livrent à une exploitation ou à des opérations à caractère lucratif conformément au principe d'assimilation posé par la loi du 28 juin 1941. La nature de la mission, l'étendue des contrôles exercés par les pouvoirs publics, la part de subventions par rapport au total des recettes sont les critères qui servent à dégager le caractère lucratif de l'établissement quel que soit par ailleurs son statut administratif ou industriel et commercial. Toutefois le Conseil d'État semble vouloir soumettre tous les établissements industriels et commerciaux à l'impôt sur les sociétés (CE 5 avr. 1978, 28 oct. 1983, Cocaud, *AJDA,* 1984, 173, concl. Latournerie).

Si l'État, les départements, les communes ne sont pas imposés pour leurs services gérés en régie, les concessionnaires des services publics industriels et commerciaux sont passibles de l'impôt sur les sociétés (CE 5 avr. 1978, n° 1062, *RJF,* 1978, 6, 196).

B - La détermination du résultat imposable

L'évaluation du bénéfice imposable est effectuée selon les règles applicables aux BIC quel que soit l'objet de la société. Il existe cependant quelques variantes.

414 LES PLUS-VALUES. — Si la compensation entre plus-value et moins-value à long terme d'un exercice laisse apparaître une plus-value nette, à long terme, elle sera imposée au taux de 16 % pour les entreprises relevant de l'impôt sur le revenu, auquel s'ajoute les impositions additionnelles. Le taux est de 15 % pour les entreprises passibles de l'impôt sur les sociétés, majoré de la contribution additionnelle et le cas échéant la contribution sociale. Il est fait application de ce taux réduit que si les plus-values sont portées à une réserve spéciale.

415 DÉFICITS. — Le déficit subi pendant un exercice est considéré comme une charge de l'exercice suivant et déduit du bénéfice. Si ce bénéfice n'est pas suffisant pour que la déduction puisse être intégralement opérée, l'excédent du déficit est reporté successivement sur les exercices suivants qui suit l'exercice déficitaire à condition toutefois qu'il n'y ait pas eu entre-temps création d'un être moral nouveau, c'est-à-dire que l'objet social et la nature de l'activité de la société n'aient pas été modifiés (CE 27 juill. 1984, n° 16580, *DF*, 1984, 49, 2202, concl. Racine).

Pour les exercices ouverts depuis le 1er janvier 1984, les sociétés ont la possibilité d'opter pour le report en arrière de leur déficit *(carry-back)* sur les trois exercices précédant l'exercice au titre duquel il est constaté, faisant naître ainsi un excédent d'impôt versé au Trésor. L'option n'est possible que si la société a réalisé au cours des exercices précédents un investissement net en biens amortissables au moins égal au total des amortissements pratiqués pendant la période et que si elle s'est libérée effectivement de sa dette d'impôt relative aux trois exercices précédant la date de l'option. La créance fiscale ainsi dégagée servira à payer l'impôt sur les sociétés pendant une période de cinq ans, mais ne peut pas être proposée comme garantie pour le sursis de paiement (CE 25 janv. 1989, SRM International, *DF*, 1989, 44, 2041, concl. Martin).

C - Le calcul de l'impôt

416 TAUX. — Dans la perspective d'un allégement des charges des entreprises, le taux de droit commun de l'impôt sur les sociétés a été réduit progressivement de 50 à 33,33 % et concerne l'ensemble des bénéfices distribués ou non. Les plus-values à long terme restent imposées au taux de 15 %. Les PME, soumises à l'impôt sur les sociétés dans des conditions de droit commun, bénéficient, de plein droit d'un taux réduit de 15 % limité à 38 120 € (2009) par période de douze mois, ceci vaut pour les entreprises qui réalisent un montant de chiffre d'affaires hors taxes inférieur à 7 630 000 € (2009).

417 RÈGLEMENT. — Les crédits d'impôts attachés à des revenus de capitaux mobiliers compris dans les bénéfices sont imputés sur l'impôt sur les sociétés dû par la personne morale bénéficiaire.

C'est à la société qu'il revient de calculer le montant de l'impôt qui est dû et de le verser selon les modalités suivantes : quatre acomptes calculés en fonction du bénéfice réalisé pendant l'exercice précédent et le solde déterminé après la clôture de l'exercice.

II | L'IMPÔT SUR LE REVENU

418 PRINCIPES. — Les sociétés de personnes et assimilées (sociétés en participation, sociétés de fait, groupements d'intérêt économique...) ne sont pas imposables directement ; les bénéfices sont imposés au nom personnel des associés à raison de la part de bénéfices sociaux correspondant à leurs droits dans la société. La détermination du résultat imposable à répartir entre les associés est opérée dans les conditions prévues par les exploitants individuels suivant la catégorie de bénéfice dont relève l'activité de la société. Si les associés exercent leur activité professionnelle dans le cadre d'une société de personnes, ils peuvent considérer les parts sociales qu'ils possèdent comme des éléments d'actif affectés à l'exercice de la profession, ce qui les autorise à imputer les frais d'acquisition des droits sur la quote-part des bénéfices qui leur revient et à bénéficier du régime des plus-values professionnelles pour les plus-values dégagées à l'occasion de cession de droits sociaux. Les bénéfices sociaux d'une activité exercée en France par une société de personnes sont imposables en France entre les mains des associés, même si certains d'entre eux sont non-résidents (CE 4 avr. 1997, n° 144211, *RJF,* 1997, 5, 293, concl. Loloum).

Pour aller plus loin

419 LE QUOTIENT FAMILIAL. — Il fait l'objet de discussions et de contestations permanentes parmi les plus récentes productions : La famille et l'impôt, *RFFP,* n° 14, 1986, P. Pedrot, Le droit fiscal et la famille en situation monoparentale, *Regards sur la fraude fiscale,* Paris, 1986, p. 15 ; D. Mardesson, Le couple et l'égalité devant l'impôt sur le revenu, *JCP,* 1987, éd. E, II, 14947 ; M. Brazier, A. Depondt, *La fiscalité dans le divorce,* Litec, 1992 (de nombreuses références) ; E. Mignon, Quotient familial et notion d'enfant recueilli : « laissez à moi les petits enfants », *RJF,* 2000, 1, 3 (tour d'horizon de la jurisprudence). Lire B. Jadaud, Enfant à charge et fiscalité, *JCP N,* 2001, 40, 1476 et 41, 1520 (exposé très complet).

Concernant le PACS : F. Douet, Les effets du PACS sur la situation fiscale des concubins, *JCP N,* 1999, 48 ; P. Delmas Saint-Hilaire, Pacte civil de solidarité. Aspects fiscaux, *JCP N,* 2000, 10, 458.

Le rattachement d'un enfant au foyer fiscal : concl Fouquet sur CE 18 nov. 1988, n° 74383, *DF,* 1989, 13, comm. 645.

420 LA PROGRESSIVITÉ. — Commentaire de la décision du Conseil constitutionnel n° 93-320 du 21 juin 1993 conférant une valeur constitutionnelle à la progressivité de l'imposition du revenu des personnes physiques : X. Pretot, Le principe de la progressivité de l'impôt sur le revenu revêt-il un caractère constitutionnel ?, *Dr. soc.,* 1993, 9-10, 787 (analyse qui ne manque pas d'intérêt) ; J. Guez, Le principe de la progressivité de l'impôt sur le revenu : un principe introuvable ?, *DF,* 2006, 23, comm. 24 (interrogations pertinentes sur l'avenir du principe).

421 LES DONS. — Pour une analyse critique de la déductibilité des dons aux activités politiques, O. Schrameck, La fin de la laïcité fiscale, *AJDA,* 1988, 4, 267 ; M. Fourriques, De l'utilité fiscale du présent d'usage, *RF compt.,* 2006, 386, 37 (la distinction entre le présent d'usage et le don manuel) ; D. Bruneau, Dons aux organismes d'intérêt général et avantages fiscaux, *JCP N,* 2007 (hors série – legs et donations), p. 14 (synthèse utile).

422 EXTENSION DE L'IS. — Consultez : M. Martin, Le régime fiscal des associations, *DF,* 1985, 22-23, 752 ; 24, 784 ; P. Moulié, *L'imposition des personnes publiques,* LGDJ, coll. « Bibliothèque de science financière », 1974 ; T. Schmitt, La SAS et le droit fiscal, *Les Petites Affiches,* 2000, 185, 60 (assimilation à une société anonyme) ; J.-P. Casimir, M. Chadefaux et P. Collin, L'évolution actuelle de l'impôt sur les sociétés en France, *RF compt.,* 2001, 332, 22 (examen des tendances).

Le nouveau dispositif relatif à la fiscalité des associations a été commenté par C. Perdiau, La fiscalité nouvelle des associations, *Rev. Trésor,* 2000, 10, 584 ; consultez la *RFFP,* 2002, 78 qui a consacré un numéro au sujet.

423 LES SOCIÉTÉS DE PERSONNES. — M. Cozian et A. S. Peignelin, Un « sac d'embrouilles » : le régime fiscal des sociétés de personnes relevant de l'impôt sur le revenu, *DF,* 1994, 205 ; M. Cozian, Le passage à l'impôt sur les sociétés des sociétés de personnes non professionnelles, *Gestion et patrimoine,* 1994, mars-avril, p. 2 (analyse de l'option) ; P.-Y. Bourtourault *et al., Sociétés de personnes. Fiscalité française et internationale,* Éd. EFE, 1995, 239 p. (incontournable) ; P. Derouin, La transparence fiscale des sociétés de personnes, *DF,* 1997, 50, 1443 et 1451, 1484 (examen très complet) ; P. Durand, Les sociétés de personnes mal aimées de la fiscalité ?, *RA,* 1998, 304, 500.

424 CSG. — Lire L. Philip, La décision du 29 décembre 1990 du Conseil constitutionnel sur la contribution sociale généralisée et la notion d'impôt, *DF,* 1991, 14, 612 (analyse de la jurisprudence constitutionnelle relative aux prélèvements obligatoires) ; X. Pretot, La conformité à la Constitution de la loi instituant la contribution sociale généralisée, *Dr. social,* 1991, 4, 338 (analyse critique de la décision du Conseil constitutionnel) ; F. Querol, Le Conseil constitutionnel et la loi de finances pour 1991 (À propos de la décision n° 90-285 DC du 28 décembre 1990), *JCP,* 1991, G, 352 (la CSG et le principe d'égalité) ; Le 14e rapport du Conseil des impôts, *JO* (document 4285), 1995 (indispensable) ; J.-Y. Nizet, Contribution sociale généralisée : renouveau d'une taxation proportionnelle du revenu, *RFFP,* 1995, 51, 95 (la CSG n'est elle pas le point de départ d'une réforme d'ensemble de l'impôt sur le revenu ?) ; X. Prétot, La Cour de justice des Communautés européennes, le travailleur frontalier et la contribution sociale généralisée, *Dr. social,* 2000, 5, 529 ; P.-Y. Nizet : CSG, à propos d'une décision du Conseil constitutionnel, *RFFP,* 2001, 75, p. 179 (critique circonstanciée de la décision du 19 déc. 2000) ; M.-C. Bergerès, La CSG, la CRDS, le droit communautaire et les conventions de lutte contre les doubles impositions, *DF,* 2008, 22, comm. 349 (bonne synthèse).

425 LES DÉFICITS. — Analyse pénétrante de J. Turot, La gestion fiscale des déficits : comment ne pas perdre ses pertes, *RJF,* 1992, 2, 103. Complétez par T. Bouvier, Les faces cachées du *carry-back, Banque,* 1987, 471, 376 ; E. D., Report en arrière des déficits, *RF compt.,* 1990, 215, 28 (exemples chiffrés) ; E. Tort, Le report en arrière des déficits, *RF compt.,* 1999, 315, 61 (l'opportunité du report en arrière). Pour un exposé complet : G. Desquines, *Gestion fiscale des déficits de l'entreprise,* Éd. EFE, 2001, 282 p ; M.-C Bergerès, Les ambiguïtés du régime juridique de la créance de *carry-back, DF,* 2004, 15, 711 (pour l'auteur cette créance est de droit commun malgré son inaliénabilité).

426 RECOUVREMENT. — Le recouvrement des impôts a suscité quelques travaux parmi lesquels : P. Borras et A. Garay, *Le contentieux du recouvrement fiscal,* LGDJ, coll. « Systèmes », 1993, 168 p. (fort utile) ; T. Gasquet, Lettre de rappel et contentieux du recouvrement, ou comment tirer profit des méandres de l'article L 281 LPF, *DF,* 1999, 39, 1197 ; J.-M. Deleneuville, L'établissement d'un titre de recette ne constitue pas une « procédure administrative en cours », *Rev. pr. coll.,* 2000, 3, 91 ; G. Amlon, La vérification des créances fiscales, *Rev. pr. coll.,* 2000, 12, 163 ; P. Serlooten, Le recouvrement de la créance fiscale dans le droit des procédures collectives : bilan et perspectives, *Les Petites Affiches,* 2000, 178, 58 ; J. Brandeau, Le fisc et l'organisation d'insolvabilité, *Les Petites Affiches,* 2000, 243, 4 ; J. Maïa, Procédures d'urgence au stade du recouvrement : retour à l'égalité des armes entre le contribuable et le fisc, *RJF,* 2001, 7, 611 (commentaire éclairé de la jurisprudence) ; D. Grillet-Ponton, L'obligation solidaire des époux à la dette fiscale ou la tunique de Nessus ?, *DF,* 2001, 42, 1477 (examen des limites) ; E. obadia et M. Sieraczek, La responsabilité solidaire des époux au paiement de l'impôt sur le revenu : la nécessaire refonte d'une disposition obsolète, *DF,* 2006, 17-18, 883 (plaidoyer utile).

Deux thèses indispensables : A Lefeuvre, *Le paiement en droit fiscal,* L'Harmattan, coll. « Finances publiques », 2002 ; M. Masclet de Barbarin, *Le contentieux de recouvrement de l'impôt,* LGDJ, coll. « Bibliothèque de droit public », 2004. Compléter par G. Legrand, *Le recouvrement de l'impôt,* Litec, coll. « Fiscal », 2006, 433 p.

Concernant la retenue à la source : Loïc Levoyer, La retenue à la source : technique d'avenir en matière de fiscalité ?, *RFFP,* 2000, 71, 157 (plaidoyer favorable à cette technique) ; D. Blaise, Le prélèvement à la source de l'impôt sur le revenu : serpent de mer de la fiscalité directe ?, *BF Lefebvre,* 2008, 1, 9 (analyse des difficultés).

427 Le BOUCLIER FISCAL. — A. Pando, Le bouclier fiscal, pour quels revenus ?, *Les Petites Affiches,* 12 févr. 2007, p. 1093 et du même auteur Le bouclier fiscal, l'heure est à l'attentisme, *Les Petites Affiches,* 26 févr. 2007, p. 4 (beaucoup d'interrogations) ; F. Luzu, 2007 : l'an I du bouclier fiscal, *DF,* 2007, 7, Actu. 174 (les réflexes pratiques à acquérir).

Titre deuxième

L'imposition de la dépense

428 TECHNIQUES. — Les impôts sur la dépense ont pour objectif de frapper la consommation des ménages. Plusieurs techniques peuvent être employées : des impôts particuliers perçus à l'occasion de la circulation ou de la consommation de certains produits (système des droits indirects), un impôt général sur toutes les affaires qui relèvent de la production et de la consommation assis sur le prix global des produits vendus et des services rendus par les entreprises (taxes sur le chiffre d'affaires) à quoi s'ajoutent les droits de douane et les monopoles fiscaux.

En se fondant sur une décision de la CJCE du 13 juillet 1989 (Wisselink et Co, *DF,* 1990, 6, 252, concl. Mischo), le Commissaire du gouvernement Hagelsteen a défini la taxe sur le chiffre d'affaires comme étant un impôt général sur la consommation appliqué aux biens et aux services jusqu'au stade du commerce de détail et exactement proportionnel au prix de ces biens et services (CE 31 oct. 1991, Syndicat national des industriels de l'alimentation animale, *DF,* 1991, 39, 1717, concl. Hagelsteen).

La part respective de ces différents impôts a varié. Symboles de l'arbitraire de la Ferme générale, contraires à la liberté économique, les droits indirects ont connu un grand discrédit pendant la Révolution avant d'être réhabilités sous le Consulat et l'Empire. En progression constante pendant tout le XIXe siècle, ils représenteront plus de 50 % des recettes fiscales à la veille de la guerre de 1914. Ils furent à leur tour supplantés par les différentes formes d'impôts généraux sur la dépense.

Chapitre 1

La taxe sur la valeur ajoutée

429 RECHERCHE D'UNE TAXE GÉNÉRALE SUR LE CHIFFRE D'AFFAIRES. — Les nécessités budgétaires qui suivirent la Première Guerre mondiale et certains exemples étrangers ont conduit la France à instaurer un impôt sur le chiffre d'affaires assis sur le montant global des sommes perçues par les personnes physiques ou morales au titre de leur activité professionnelle. Plusieurs régimes se sont succédé.

Une loi du 31 décembre 1917 a d'abord créé une taxe sur les paiements qui frappait essentiellement les ventes au détail par l'apposition d'un timbre. Ce mode de perception donna lieu à une fraude importante et compromit le rendement de l'impôt. Une loi du 25 juin 1920 lui substitua un impôt sur le chiffre d'affaires, appliqué aux personnes assujetties aux bénéfices industriels et commerciaux et frappant cumulativement toutes les transactions du stade de la production à celui de la vente à la consommation. Ses effets économiques étaient particulièrement pernicieux : pénalisation des longs circuits de production et de commercialisation, encouragement des importations taxées qu'une seule fois. Ce système fut progressivement démantelé par l'institution d'exonérations nombreuses et la création en remplacement, pour certains produits, d'une taxe unique à la production et aboutit à la loi du 31 décembre 1936 à la substitution d'une taxe unique globale à la production qui frappait à un taux unique tous les produits au dernier stade de la production précédant la commercialisation. Mais la simplicité de ce régime fut de nouveau compromise par la mise en place de nouvelles taxes : taxe sur les transactions assise sur toutes les ventes (1940), taxe locale sur les opérations non passibles de la taxe à la production (1941).

En 1948 fut adoptée une réforme décisive : le régime des paiements fractionnés. La taxe à la production était désormais assise sur le prix de vente à chaque stade de la production, mais le redevable déduisait de cette taxe celle qui avait grevé ses achats. Chaque producteur payait désormais une fraction de l'impôt total exigible.

430 LA CRÉATION DE LA TVA. — Elle procède d'un perfectionnement du système des paiements fractionnés. La réflexion fut conduite, en France, par M. Lauré qui a démontré que la neutralité de l'imposition par rapport aux circuits économiques exigeait, d'une part, que toutes les taxes ayant grevé les dépenses constitutives de la valeur des biens produits et notamment les investissements devaient pouvoir être déduites et, d'autre part, que les paiements fractionnés devaient être étendus à l'imposition des services et du commerce de détail. C'est la loi du 10 avril 1954 qui donna naissance à la TVA. Celle-ci eut à l'origine un champ d'application restreint (secteur de la production, commerce de gros, commerce intégré) mais permettait la déduction des taxes assises sur les produits incorporés physiquement au bien (déduction physique) et des taxes grevant les équipements (déduction financière). Les progrès furent longs et difficiles. Une loi du 6 janvier 1966 supprima les taxes uniques et cumulatives périphériques et étendit la TVA au commerce de détail, à l'artisanat et aux prestations de services.

Section I
Champ d'application

431 PRINCIPES GÉNÉRAUX. — La lecture des articles 256 I et 256 A du CGI sur la définition du champ d'application de la TVA est de peu d'enseignement car ces dispositions renvoient l'une à l'autre sans permettre de dégager de critères précis. C'est la sixième directive du Conseil des ministres des Communautés européennes du 17 mai 1977 (*DF,* 1978, 10, 51) fixant les règles de détermination de l'assiette uniforme de la TVA et l'instruction du 15 janvier 1979 de la DGI (*DF,* 1979, II CA, 5994) qui constituent les textes les plus éclairants. La définition de ce champ d'application est formée de trois critères superposés et complémentaires.

Les opérations imposables doivent d'abord relever d'une activité économique effectuée à titre onéreux, c'est-à-dire toute activité de producteur, de commerçant ou de prestataire de services. Toutefois, une prestation ne peut être considérée comme effectuée à titre onéreux que s'il existe non seulement un lien direct entre la prestation et le bénéficiaire mais également un lien direct entre le niveau des avantages perçus par les bénéficiaires et la contre-valeur qu'ils versent au prestataire sans que toutefois cette relation soit obligatoirement une relation de stricte équivalence (CE 9 mai 1990, Comité économique agricole des producteurs de plants de pommes de terre de la région Nord de la France et du Bassin parisien, *RJF,* 1990, 6, 396, concl. Fouquet, note C. Louit, *RF compt.,* 1990, 215, 55). La notion d'activité économique regroupe les activités de nature industrielle ou commerciale, les activités libérales quelles que soient leurs modalités d'exécution sauf exonérations expresses (soins dispensés aux personnes par les membres des professions médicales ou paramédicales, travaux d'analyses de biologie médicale, peintres, sculpteurs, activités de conseil, d'assistance, de représentation de postulation et de plaidoirie des avocats et avoués, la plupart des activités d'enseignement), les activités agricoles dès lors que la moyenne des recettes annuelles calculée sur les deux années précédentes dépasse le seuil de 46 000 €. Les œuvres de l'esprit, au sens de la loi du 11 mars 1957, telles les activités d'un photographe de mode sont exonérées de TVA (CE 28 janv. 1991, Bourdin, *DF,* 1991, 18, 1006, concl. Fouquet). On notera que certains secteurs économiques échappent encore du fait de la loi à la TVA : celui des assurances (art. 261 C, 2°, du CGI), une grande partie des opérations bancaires et financières (art. 261 C, 1°, du CGI), soit parce qu'ils font déjà l'objet d'une imposition spécifique (taxe sur les assurances), soit pour éviter l'augmentation du prix des prestations.

La notion d'activité économique fournit un cadre dans lequel vient s'insérer la définition de la nature des opérations imposables. Il s'agit, d'une part, des livraisons de biens meubles corporels, c'est-à-dire du transfert de propriété de ces biens qui peut s'effectuer en exécution d'une convention ou de tout autre acte juridique. L'article 256 II du CGI exclut par là même les livraisons d'immeubles qui font l'objet d'un régime particulier et des transferts de propriété des biens incorporels qui sont considérés comme des prestations de services. Ces dernières forment, d'autre part, l'autre catégorie d'opérations imposables. Elles ne reçoivent fiscalement aucune définition particulière et sont considérées comme les opérations autres que les livraisons de biens meubles corporels. On relèvera notamment les locations, les transports, les travaux immobiliers, les actes d'intermédiaire et d'une manière générale toutes les activités qui relèvent du louage d'industrie ou du contrat d'entreprise par lequel une personne s'oblige à exécuter, moyennant une rémunération déterminée, un travail quelconque. À suivre la Cour de justice est une activité économique, l'activité effectuée dans le cadre d'un objectif d'entreprise (CJCE 14 nov. 2000, aff. C 142/99, *DF,* 2001, 3, 21, note Derouin).

L'opération imposable doit enfin être effectuée par un assujetti. En matière de taxes sur le chiffre d'affaires, sont considérées comme assujetties toutes les personnes physiques ou morales qui effectuent, d'une manière indépendante, à titre habituel ou occasionnel, une ou plusieurs livraisons de biens ou de prestations de services relevant d'une activité économique. La notion d'assujetti implique d'abord que la personne agisse de manière indépendante. C'est le cas de celle qui exerce son activité en vertu d'un contrat d'entreprise ou d'un contrat de mandat ; ce n'est naturellement pas le cas des salariés et autres personnes liées par un contrat de travail. Plus généralement, sont dans un état de subordination exclusif de la qualité d'assujetti les personnes qui sont soumises à des obligations précises quant aux lieux et horaires de travail, qui ne disposent que d'une liberté réduite dans la réalisation de leurs tâches, qui ont l'interdiction de travailler pour le compte d'une autre personne ou pour leur propre compte (CE 4 juill. 1973, n° 87349, *DF,* 1973, 51, 1740, concl. Mandelkern). Dernière précision essentielle : le statut juridique de l'assujetti est devenu totalement indifférent pour la détermination du champ de la TVA. Il y a rupture sur ce point avec une jurisprudence antérieure qui, sur le fondement des textes anciens, prenait en compte l'incidence de la forme juridique de l'acteur économique (CE 20 févr. 1974, Soc. Elsa, *DF,* 1974, 24, 738, concl. Latournerie et en dernier lieu : CE 7 oct. 1985, SARL Élevage de Kergoff, *DF,* 1986, 1, 22, concl. Latournerie).

La mise en œuvre de ces règles générales laisse place à des situations spécifiques qui méritent quelques précisions.

432 ACTIVITÉS CIVILES. — La gestion d'un patrimoine privé n'est pas considérée comme unc activité économique. Toutefois la limite entre la sphère privée et la sphère économique est nécessairement précaire. Il a été jugé que la location consentie par une SCI, excluant pour l'essentiel le matériel nécessaire à l'exploitant, présente un caractère civil, n'entraînant pas l'assujettissement à la TVA (CE 2 déc. 1988, n° 43745, *Journal spécial des sociétés,* 1990, 53, 2, note Blancher).

La multiplication, la fréquence de transactions relatives à certains éléments du patrimoine peut entraîner l'assimilation à une activité professionnelle imposable (CE, 14 févr. 1983, n° 34132, *RJF,* 1983, 3, 169). La solution est classique pour les achats et ventes d'immeubles faits par un particulier dans des conditions qui le font considérer comme un marchand de biens (CE 20 déc. 1985, n° 19519, *RJF,* 1986, 3, 166).

La loi a elle-même défini le régime d'imposition des locations d'immeubles : les locations de locaux nus à usage d'habitation ou à usage professionnel, ainsi que les locations de terrains non aménagés, sont en principe exonérées sauf si le bailleur participe aux résultats de l'entreprise locataire (CE 13 mars 1974, n° 90766, *DF,* 1975, 2, 58, concl. Mandelkern), mais les locations d'immeubles aménagés (locations meublées, locations d'installations professionnelles équipées) sont réputées des opérations commerciales imposables ainsi que les locations d'emplacements de toute nature pour le stationnement des véhicules quand leur utilisation n'est pas liée à l'usage d'un appartement dont la location est exonérée.

Les inventeurs ou leurs héritiers qui cèdent des brevets ou des licences d'exploitation qui font partie de leur patrimoine sont considérés comme effectuant une prestation de services imposable à la TVA.

433 LIBÉRALITÉS. — Hors du champ de la TVA parce qu'elles ne sont pas des opérations effectuées à titre onéreux, nombre de libéralités y ont été réintégrées par l'effet d'une jurisprudence très restrictive qui s'est instaurée à propos de l'imposition des subventions.

S'agissant d'abord des subventions publiques pour lesquelles il est difficile de discerner l'intéressement direct du dispensateur à l'activité économique du bénéficiaire, le juge fiscal n'a pas hésité à leur reconnaître le caractère taxable au motif assez artificiel qu'elles n'ont pu être versées qu'à raison de l'activité commerciale de l'entreprise qui la perçoit (CE 26 avr. 1963, n° 2469, Compagnie des transports de la Sarthe, *DF,* 1963, 26, Doc., concl. Ducamin ; CE 3 mars 1982, n° 19549, *RJF,* 1982, 4, 182 ; CE 22 juin 1984, n° 39978, *RJF,* 1984, 8-9, 504). Cette solution fut sans difficulté étendue aux subventions versées par une personne privée à un autre et présumées accordées dans l'intérêt de l'entreprise versante (CE 7 mai 1980, SARL Agepan, *DF,* 1981, 8, 367, concl. Martin-Laprade ; CE 6 juill. 1983, Soc. IAZ International France, *DF,* 1983, 52, 2416, concl. Bissara). Elle occupe maintenant un domaine considérable : rabais équivalant à une subvention (CE 20 oct. 1982, n° 23588, Soc. AMW France Texter, *DF,* 1983, 15, 775), abandon de créance à une filiale (CE 25 juill. 1980, n° 11169, *RJF,* 1980, 10, 407).

Toutefois si la subvention paraît dépourvue de tout motif commercial et est exclusivement une aide de caractère financier, elle devrait bénéficier de l'exonération applicable aux opérations financières. Par exemple, les subventions versées par les collectivités publiques à une chambre de commerce pour permettre le remboursement d'emprunts qu'elle a contractés pour équiper un aéroport ne sont pas soumises à la TVA en l'absence de liens directs entre de telles subventions et les prestations aéroportuaires (CE 10 juill. 1991, Chambre de commerce de Perpignan, *Les Petites Affiches,* 1991, 136, 4, concl. Arrighi de Casanova). La solution est identique concernant une association organisatrice d'un festival qui perçoit une subvention qui n'est pas directement liée au prix des spectacles et sans engagement concernant le prix de vente des billets (CE 10 mai 1999, n° 176468, *BDCF,* 1999, 8-9, 80, concl. Bachelier). De la même façon les subventions d'équilibre versées sans contrepartie par des collectivités publiques à une association n'entrent pas dans le champ d'application de la TVA (CE 31 mai 2000, n° 188012, *DF,* 2000, 50, 1002, concl. Courtial).

434 ACTIVITÉS DÉSINTÉRESSÉES. — Les opérations à but non lucratif, par définition, n'entrent pas dans la catégorie des opérations relevant d'une activité économique effectuée à titre onéreux et ne sont donc pas imposables. C'est là où se vérifie le mieux la prise en considération de la nature de l'activité sans référence au statut juridique de celui qui s'y livre. Une jurisprudence constante et très fine refuse en effet de déduire de la nature de l'organisme les caractéristiques de l'activité. C'est ainsi que les activités d'une association ne sont pas de plein droit exonérées. Encore faut-il que sa gestion ait effectivement un caractère désintéressé qui ressortira de l'administration bénévole, de l'absence de distribution de bénéfice, de l'absence de participation des sociétaires dans l'actif. Au cas contraire l'activité de l'association sera imposable à la TVA (CE 10 mars 1976, n° 93539, *DF,* 1976, 26, 907, concl. Fabre ; CE 14 oct. 1985, n° 37584, *DF,* 1986, 24, 1185). À l'inverse, une société commerciale pourra bénéficier de l'exonération en faveur des œuvres sans but lucratif, lorsque malgré sa nature elle fera la preuve des méthodes d'une gestion désintéressée (CE 28 sept. 1983, n° 35051, *RJF,* 1983, II, 576, chron. Guillenchmidt).

Dans les limites de cette jurisprudence générale il existe un certain nombre d'exonérations légales définies par l'article 261-7, 1°, du CGI.

Lorsqu'ils réalisent des opérations imposables, les organismes sans but lucratif sont soumis en principe aux obligations des redevables de la TVA.

435 ACTIVITÉS DES PERSONNES PUBLIQUES. — Les personnes publiques sont en principe assujetties à la TVA lorsqu'elles réalisent des activités imposables. Cependant les livraisons de biens et les prestations de services réalisées en exécution des services administratifs, sociaux, éducatifs et culturels sont hors du champ d'application de la TVA, à moins qu'elles n'entrent en concurrence avec des opérations de même nature effectuées par le secteur privé ou, en tout état de cause, qu'elles constituent de véritables activités économiques à titre onéreux comme les livraisons de biens neufs fabriqués en vue de la vente, les transports de biens ou de personnels (art. 256 B du CGI). Concrètement, le jeu de ces dispositions a pour effet de rendre imposables toutes les activités publiques du secteur concurrentiel, ainsi, par exemple, seront taxées les études effectuées par les services de l'État pour le compte des collectivités locales.

Toutefois les collectivités locales peuvent étendre le champ d'imposition à certains services par voie d'option. Par exemple, les recettes perçues par une collectivité locale en contrepartie de l'exécution du service public municipal de traitement des ordures ménagères sont, à défaut d'une option contraire de sa part, exclues du champ d'application de la TVA (CE 6 janv. 1988, Entreprises Georges Dobrouchless, *DF,* 1989, 45, 2134, concl. Leroy). Enfin les prestations de services entre collectivités locales sont elles-mêmes assujetties lorsqu'elles sont rendues pour les besoins de services dont les recettes sont imposées de plein droit ou par voie d'option.

436 LIVRAISONS À SOI-MÊME. — Le fonctionnement de l'entreprise peut donner lieu à la réalisation d'opérations qui, effectuées par des tiers, auraient donné lieu à imposition. La neutralité de la TVA par rapport aux circuits économiques, l'égalité fiscale dans la concurrence exigeant que ces opérations internes à l'entreprise soient soumises à l'impôt (art. 257 du CGI). Elles peuvent d'abord concerner des biens qui sont achetés ou fabriqués par l'entreprise et qui sont prélevés pour satisfaire des besoins autres que ceux de l'entreprise, notamment ceux du personnel, des dirigeants ou de tiers. Quelques exemples éclairciront cette situation qui peut paraître anormale : fourniture de repas gratuits au personnel (CE 9 mars 1983, n° 27230, *DF,* 1983, 31, 1625, concl. Schricke ; CE 4 déc. 1985, n° 43665, *RJF,* 1986, 2, 104), attributions gratuites de charbon au personnel des Houillères nationales (*RM,* n° 10995 à M. R. Huguet, 5 juill. 1982, *DF,* 1982, 32-38, 1711).

Elles portent ensuite sur les biens fabriqués, transformés par le redevable pour les besoins de l'entreprise (CE 13 déc. 1958, n° 70366, *DF,* 1969, 10, 385, concl. Dufour). Si les biens ainsi produits constituent des immobilisations, l'imposition est obligatoire, s'ils ont la nature de stocks, l'imposition est limitée aux biens exclus du droit à déduction et aux biens pour lesquels le prorata de déduction est inférieur à 90 %.

Dans tous les cas la base d'imposition est constituée par le prix d'achat des biens ou de biens similaires ou à défaut par le prix de revient.

L'oubli de déclarer une livraison à soi-même est sanctionné d'une amende (art. 30 loi de finances pour 1994), et le Conseil d'État refuse le droit de déduction d'une TVA sur livraison à soi-même que l'entreprise n'aurait pas déclarée (CE 13 févr. 1995, Semior, *DF,* 1995, 23-24, 1286). Il a été jugé qu'une entreprise assujettie et redevable de la TVA doit déclarer la livraison à soi-même d'un immeuble dans le mois de la livraison, sous peine d'une amende fiscale de 5 % prévue par l'article 1788 A CGI (CE 7 nov. 2008, req. 302032, SCI Vega investissement, *DF,* 2008, 51, comm. 626, concl. Olléon, note Stemmer).

437 IMPORTATIONS. — L'importation de biens en France donne lieu à la perception de la TVA lors de l'importation, au moment du passage de la frontière, qu'il y ait ou non transfert de propriété, que l'opération soit effectuée à titre onéreux ou gratuit, par un assujetti ou non. Le redevable est le déclarant en douane. Le taux, qui est celui qui est normalement applicable à l'intérieur, est appliqué à une base d'imposition formée de la valeur en douane augmentée des impôts, droits et prélèvements dus à raison de l'importation (sauf la TVA) et des frais accessoires intervenant jusqu'au premier lieu de destination. Les importations de services sont également imposables.

438 ACHATS EFFECTUÉS AUPRÈS DE NON-ASSUJETTIS. — Pour garantir l'égalité économique entre ces achats et ceux qui sont effectués auprès d'assujettis, la loi fiscale rend passibles de la taxe les achats suivants : alcools, conserves alimentaires, pierres précieuses et perles.

439 OPTIONS. — Les personnes qui exercent certaines activités normalement exonérées ont la possibilité d'opter pour l'assujettissement lorsque celui-ci se révèle avantageux pour elles. L'entreprise exonérée ne peut en effet déduire la TVA incluse dans le prix d'achat des biens et des services, dans le coût des investissements, ce qui majore d'autant ses prix de revient ; elle cherchera donc à éliminer ces rémanences de taxe tandis que ses clients, lorsqu'ils sont assujettis, ont intérêt à déduire le maximum de taxe. Telles sont les principales justifications de l'option.

En bénéficient :

— les agriculteurs qui ne sont pas de plein droit assujettis ;
— les auteurs d'œuvres de l'esprit (art. 260-1 du CGI) ;
— les collectivités locales, leurs groupements et leurs établissements publics pour les services suivants : fourniture de l'eau, assainissement, abattoirs publics, marchés d'intérêt national, enlèvement et traitement des ordures (art. 260 A du CGI) ;
— les banques pour certaines opérations (art. 260 B et 260 C du CGI) ;
— les personnes donnant en location un local nu pour les besoins d'une activité industrielle ou commerciale (art. 260, 2°, du CGI). À cet égard, le Conseil d'État a jugé que « le propriétaire de locaux qu'il donne en location nus peut opter pour l'assujettissement à la TVA dès lors que le locataire exerce dans lesdits locaux une activité de nature commerciale ou industrielle ou une activité consistant à effectuer des prestations de services, sans qu'il y ait lieu de rechercher si ce locataire entre ou non dans le champ d'application de ladite taxe » (CE 18 janv. 1988, n° 54659, *RJF*, 1988, 3, 146).

Le régime juridique des options varie selon leur nature. Elles durent en principe cinq années et sont renouvelables par tacite reconduction sauf dénonciation expresse. Elles ont pour effet de soumettre leur auteur à l'ensemble des obligations qui incombent aux redevables de la TVA.

440 EXPORTATIONS. — Les opérations d'exportation de biens sont exonérées sans que pour autant l'exportateur soit privé du droit de déduire la TVA pesant sur ses achats. Il peut même effectuer ceux-ci en franchise de taxe, ses fournisseurs conservant pour eux-mêmes le droit de déduire la taxe supportée en amont.

Les exportations de services obéissent à un régime qui dépend des règles de localisation des prestations de services. Le principe est que les prestations de services sont imposables à la TVA lorsque le prestataire est établi en France. Mais les prestations immatérielles et certains services matériellement localisables sont imposables en fonction du critère du lieu d'utilisation.

Section II
La TVA intracommunautaire

I | Généralités

441 Objectifs. — La loi n° 92-677 du 17 juillet 1992 (*JO*, 19 juill. 1992, p. 9700) a transposé en droit interne la directive 91/680/CEE, qui complète et modifie la directive 77/388/CEE, concernant le régime des échanges intracommunautaires. Celui-ci se caractérise par la suppression de tout contrôle et de toute formalité à finalité fiscale ou douanière liés au franchissement des frontières intracommunautaires et par la substitution, dans les échanges intracommunautaires, des notions d'acquisition et de livraison à celles d'importation et d'exportation qui subsistent pour les seules relations entre État membre et un territoire tiers à l'Union européenne.

Pour les particuliers, le dispositif a supprimé les franchises intracommunautaires et fixé un principe de liberté d'achat, sans limitation, dans un autre État membre.

Pour les entreprises, le paiement de la TVA intracommunautaire s'effectue selon les mêmes modalités que la TVA intérieure, les obligations déclaratives à finalité statistique ou fiscale sont modifiées ou allégées.

442 Refonte de la 1re et de la 6e directive. — La nouvelle directive TVA/112/CE qui abroge et remplace la 1re et la 6e directive a été publiée le 11 décembre 2006 (*JOUE* L 347). Elle est rentrée en vigueur au 1er janvier 2007. Ce texte est une véritable codification des règles de la TVA communautaire. Ce long texte, 414 articles et 12 annexes, intègre les dispositions relatives à la législation communautaire en matière de TVA qui étaient contenues dans d'autres actes juridiques. Le texte ne reprend pas des dispositions devenues obsolètes, car n'étant plus appliquée ou ayant épuisé leurs effets.

443 IDENTIFICATION DES OPÉRATEURS. — Tout assujetti qui effectue des opérations qui ouvrent droit à déduction, autres que des prestations de services pour lesquelles la taxe est due par le preneur, est identifié par un numéro individuel. Le numéro d'identification est la clé de voûte du système car c'est à partir de ce numéro communiqué par l'acheteur au vendeur que ce dernier pourra procéder à une livraison exonérée. Chaque État membre fournit un numéro à ses assujettis. Ce numéro permet de renseigner les autres administrations fiscales dans le cadre de l'assistance administrative. L'identifiant du client permet au fournisseur de facturer hors taxe les biens qu'il livre dans un autre État membre, tout assujetti a la possibilité de vérifier la validité de l'identifiant de l'entreprise avec laquelle il contracte.

444 TRANSITOIRE. — Le régime, mis en place à compter du 1er janvier 1993, avait un caractère transitoire, mais il a été prorogé au-delà de la date butoir initiale fixée au 31 décembre 1996, compte tenu des délais nécessaires à l'adoption puis à la transposition des nouvelles dispositions. Le régime définitif, dont la mise en place se fera à une date incertaine, est fondé sur la taxation dans le pays d'origine des marchandises. L'article 402 de la directive 2006/112/CE rappelle le caractère transitoire du régime actuel.

II | LE RÉGIME GÉNÉRAL DES ÉCHANGES ENTRE ENTREPRISES REDEVABLES DE LA TVA

445 LE DISPOSITIF. — Les biens expédiés ou transportés à partir de France vers un autre État membre, à condition que l'acquéreur dispose d'un numéro d'immatriculation à la TVA dans l'autre État membre d'arrivée de la marchandise et qu'il le fournisse au vendeur, ne sont pas imposés en France mais le sont dans le pays de destination des biens. La preuve du transport ou de l'expédition peut être administrée par tous moyens.

Les biens expédiés ou transportés à partir d'un État membre à destination de la France sont taxés, dans les conditions de droit commun, en France. Le fait générateur est constitué par l'entrée en possession des marchandises par l'acquéreur. La taxe est exigible le 15 du mois suivant celui au cours duquel est intervenu le fait générateur ou lors de la délivrance de la facture à l'acheteur si elle intervient avant cette date. Lorsque l'acquisition est effectuée par une personne non établie en France, celle-ci désigne un représentant fiscal qui acquitte la taxc exigible au titre de l'acquisition.

446 LA REPRÉSENTATION FISCALE. — Depuis le 1er janvier 2002, le régime des assujettis établis dans un État membre de l'Union européenne autre que la France, redevables de la TVA en France ou devant y accomplir des obligations déclaratives n'ont plus l'obligation de désigner un représentant fiscal. La notion de représentation fiscale pour les assujettis communautaires non établis en France est supprimée. Toutefois, les assujettis ont la faculté de désigner un mandataire qui effectue à leur place tout ou partie des formalités en question. À la différence du représentant légal, ce mandataire agit exclusivement sous la responsabilité de l'assujetti mandant, qui reste seul redevable légal de la taxe. Le mandataire désigné peut être domicilié en France ou à l'étranger.

III | EXAMEN DE QUELQUES CAS PARTICULIERS

447 VÉHICULES NEUFS. — L'acquisition d'un véhicule neuf dans un autre État membre est taxable en France. La taxe est due par l'acquéreur au taux en vigueur en France. La vente d'un véhicule neuf à un ressortissant d'un autre État membre est exonérée.

448 VENTES À DISTANCE. — Lorsqu'une entreprise française effectue des ventes à distance (ventes par correspondance) vers un autre État membre, la TVA française sera appliquée lorsque le montant total de ce type de ventes dans cet État n'excédera pas un seuil fixé par celui-ci (35 000 € ou 100 000 €). Si ce seuil est dépassé, la TVA du pays d'arrivée des biens s'applique. Pour les particuliers qui reçoivent en France des biens qui leur auront été expédiés par le vendeur à partir d'un autre État membre, ils supporteront la TVA française lorsque le montant des ventes à distance effectuées par le vendeur à destination de la France excède 100 000 €, ou lorsque le vendeur a opté pour le paiement de la taxe en France. Dans le cas contraire, le vendeur soumettra sa vente à la TVA de l'État membre de l'expédition du bien.

449 COLLECTIVITÉS PUBLIQUES ET ASSOCIATIONS. — Lorsqu'elles n'excèdent pas 10 000 € dans l'année, les acquisitions faites dans un autre État membre par un organisme non redevable de la TVA sont réputées effectuées toutes taxes comprises dans cet État, sauf si cet organisme a opté pour le paiement de la TVA ou si le vendeur est redevable de la TVA française en application du régime des ventes à distance.

IV | LE CONTRÔLE

450 BASES DE DONNÉES COMMUNAUTAIRES. — La coopération entre les administrations des États membres repose sur l'utilisation d'une base de recoupements, alimentée par les déclarations d'échanges de biens souscrites par les contribuables, et sur l'assistance administrative entre les États.

451 CONTRÔLE DE FACTURATION. — Exercé dans le cadre d'une procédure d'enquête administrative, le contrôle est destiné à rechercher des manquements aux règles et obligations de facturation auxquelles sont tenus les assujettis à la TVA. Ce droit d'enquête, visé aux articles L 80 F à L 80 J LPF, permet aux agents des impôts et des douanes d'intervenir de manière inopinée dans les entreprises, locaux et moyens de transport à usage professionnel, de 8 heures à 20 heures et durant les heures d'activité. La procédure débute par la remise d'un avis d'enquête et se clôt par un procès-verbal. Les constatations du procès-verbal ne donnent pas lieu à sanctions et ne peuvent être opposées à l'assujetti que dans le cadre d'une vérification fiscale.

452 LUTTE CONTRE LA FRAUDE. — L'article 93 de la loi de finances rectificative pour 2006, qui a complété, les articles 262 *ter,* 272 et 283 CGI, renforce le dispositif de lutte contre la fraude à la TVA intracommunautaire et, notamment, celle relative aux schémas de type « carrousel ». Il prévoit trois dispositions dont la mise en œuvre est subordonnée à la démonstration que les contribuables « savaient ou ne pouvaient ignorer » participer par leur action, à une opération frauduleuse. Ces trois points sont l'institution d'une procédure de solidarité en paiement, la remise en cause du droit à déduction et le refus du bénéfice de l'exonération de la livraison intracommunautaire effectuée par un assujetti. Ces dispositions s'appliquent aux livraisons de biens, les prestations de services ne sont pas dans le champ du nouveau dispositif. L'article 11 du règlement de coopération TVA 1789/2003/CE permet aux fonctionnaires français de se rendre dans les locaux des autres administrations fiscales européennes pour échanger des informations, de consulter sur place des informations relatives à des contribuables faisant l'objet d'une enquête en France et de se rendre directement dans les locaux des entreprises établies sur le territoire des États membres de l'Union.

L'administration peut avoir recours à un faisceau d'indices pour démontrer que des clients de livraisons intracommunautaires n'exercent pas d'activités réelles correspondant à leurs achats (CE 27 juill. 2005, req. 273619 et 273620, Sté Fauba France, *BDCF,* 2005, 11, 21, concl. Olléon).

453 FISCALIS. — Le Parlement européen et le Conseil de l'Union européenne ont adopté le programme FISCALIS par la décision du 30 mars 1998. Il s'agit d'un programme d'action communautaire qui vise à l'amélioration des systèmes de fiscalité intérieure du marché intérieur. Les administrations fiscales nationales échangent des fonctionnaires afin d'assurer une coopération efficace, effective et étendue entre les États membres. Elles cherchent à développer les contrôles multilatéraux.

Section III
Établissement de la TVA

I | Fait générateur et exigibilité

L'exigibilité de la TVA revêt une importance capitale dans le mécanisme d'imposition. Elle est constituée par l'événement qui permet au Trésor de faire valoir son droit au paiement de l'impôt, mais surtout elle permet de déterminer la période de déclaration et la date de naissance du droit à déduction. Le fait générateur ne joue qu'un rôle secondaire en ce qu'il coïncide dans certains cas avec l'exigibilité.

454 Livraisons de biens meubles corporels. — La délivrance des biens constitue pour ces opérations le fait générateur et l'événement qui rend la TVA exigible. On se réfère ici à la définition donnée par le Code civil, l'obligation de délivrance se réalisant soit par la remise matérielle, soit par l'accord des parties (CE 31 mars 1978, n° 1683, *RJF,* 1978, 5, 150, concl. Martin-Laprade). Le principe impose quelques solutions nuancées.

Dans les ventes à tempérament, la TVA est exigible dès la délivrance même si le contrat prévoit le transfert de propriété à la date du paiement de la dernière échéance. La même solution est retenue pour les contrats de location-vente, la taxe étant assise sur le montant cumulé des loyers prévus.

Dans les ventes assorties d'une clause de réserve de propriété, la TVA est exigible à la remise matérielle du bien, même si la clause a pour effet de différer le transfert de propriété à la date du paiement intégral du prix.

455 Prestations de services et travaux immobiliers. — Le fait générateur est constitué par l'exécution des services ou des travaux mais c'est l'encaissement du prix qui détermine l'exigibilité.

Les encaissements imposables concernent toutes les sommes perçues en exécution des prestations à quelque titre que ce soit (avances, acomptes, règlements pour solde). Si le paiement a lieu par traite, l'encaissement se situe à la date de l'échéance, s'il a lieu par affacturage l'exigibilité se situe au moment où le client paie la facture entre les mains du factor (CE 27 juill. 1984, Soc. L'Auxiliaire technique du Dauphiné, *DF,* 1984, 48, 2150, concl. Racine ; *RJF,* 1984, 10, 559, chron. Gaeremynck).

Mais les prestataires de services et les entrepreneurs de travaux immobiliers ont toujours la faculté d'opter pour le paiement de la taxe d'après les débits, c'est-à-dire à l'inscription des sommes au débit du compte client, ce qui coïncide en général avec la facturation.

II | Base d'imposition

La base d'imposition est constituée pour les livraisons de biens et les prestations de services par toutes les sommes, valeurs, biens ou services reçus ou à recevoir par le fournisseur ou le prestataire en contrepartie de la livraison ou de la prestation.

456 Éléments inclus. — Ils comprennent d'abord un certain nombre de frais qui peuvent être considérés comme des compléments du prix ou des frais accessoires : intérêts pour règlement à terme, frais d'assurance à la charge du fournisseur, commissions versées à des intermédiaires. Certains ont donné lieu à des solutions plus développées.

Les frais d'emballage font l'objet de deux régimes. Les emballages consignés sont normalement exonérés mais s'ils ne sont pas restitués dans les délais d'usage ils sont soumis à la TVA sur le montant de la consignation (CE 25 nov. 1981, n° 10598, *RJF,* 1982, 1, 4, chron. Léger). Les emballages vendus perdus sont imposables ; s'ils sont facturés à part, le taux d'imposition est celui qui est propre à l'emballage ; s'ils sont facturés globalement avec la marchandise, ils sont imposés au même taux que celle-ci.

Les frais de transports que le fournisseur d'un bien facture à son client sont en principe des frais accessoires à la livraison et sont inclus dans la taxe d'imposition mais le prix du transport peut être dissocié par la volonté des parties, il est alors soumis au régime d'imposition particulier aux opérations de transport.

Enfin les sommes versées au titre de l'inexécution des obligations contractuelles lorsqu'elles ne peuvent être dissociées des conditions de paiement doivent être réputées faire partie du prix convenu et sont comme telles taxables (CE 8 févr. 1978, n° 7709, *RJF,* 1978, 3, 70, chron. Hagelsteen).

À côté des frais, les droits indirects, les taxes parafiscales sont traditionnellement considérées comme des éléments du prix de vente à l'exclusion de la TVA elle-même.

457 L'APPORT DE LA CJCE. — L'article 236 de l'annexe II CGI, dans sa rédaction issue de l'article 4 du décret n° 89-885 du 14 décembre 1989, pris notamment sur le fondement d'une décision 89/487/CEE du Conseil des Communautés européennes du 28 juillet 1989, excluait du droit à déduction les dépenses de logement, de restaurant, de réception et de spectacles quel qu'en soit le bénéficiaire. La CJCE a jugé que le dispositif était contraire au principe de proportionnalité, car il autorisait une interdiction absolue de déduction pour une catégorie de dépenses sans que l'assujetti puisse démontrer l'absence de fraude ou d'évasion fiscale (CJCE 19 sept. 2000, aff. 177/99, Ampafrance SA, *RJF,* 2000, 11, 1392). Commentant cet arrêt dans une instruction, l'administration a précisé qu'elle n'autorisait la détaxation que pour les dépenses engagées au profit des tiers, toutes les dépenses supportées au bénéfice des dirigeants ou du personnel demeurant, selon elle, exclues du droit à déduction (*BOI,* 3 D-2-00 du 13 nov. 2000). Le Conseil d'État a annulé, pour excès de pouvoir, cette instruction en tant qu'elle incluait ces dépenses au nombre de celles qui n'ouvrent pas droit à déduction de la TVA (CE 27 mai 2002, n° 229133, *RJF,* 2002, 8-9, 925, chron. Olléon). Il ne restait plus à l'administration qu'à publier une nouvelle instruction précisant d'une part que les entreprises peuvent récupérer la TVA grevant les dépenses de restaurant, de réception et de spectacles exposés pour les dirigeants ou le personnel dans l'intérêt de leur activité (*BOI,* 3 D-3-02 du 15 juill. 2002).

Les pourboires lorsqu'ils constituent une majoration de prix réclamée à la clientèle, sont soumis à la TVA (CE 30 janv. 1976, n° 97401, *DF,* 1977, 18, 768, concl. Latournerie ; CE 18 mars 1983, n° 12979, *DF,* 1984, 21-22, 1073, concl. Verny), même dans le cas où le personnel encaisse directement et conserve le pourboire (CE 29 juin 1988, n° 79642 et 79644, *Les Petites Affiches,* 1990, 82, 11). Cependant, par l'effet d'une tolérance administrative de 1923, confirmée en 1976, l'employeur était dispensé d'acquitter la TVA sur les pourboires lorsque quatre conditions étaient remplies : information des clients sur la nature du pourboire et son pourcentage, répartition intégrale des pourboires entre les membres du personnel en contact direct avec la clientèle, reversements consignés dans un registre spécial, mention des pourboires dans la déclaration annuelle des salaires. La Cour de justice a condamné la France pour ne pas avoir assujetti à la TVA les pourboires intégrés dans les prix acquittés par les clients principalement des cafés, des restaurants et des salons de coiffure car il s'agit en réalité de la rémunération d'un service (« taxe de service ») (CJCE 29 mars 2001, aff. 404/99, Commission c/ France, *RJF,* 2001, 6, 893). L'administration a tiré pour conséquence que les majorations de prix perçues au titre du service devaient être soumises à la TVA, qu'elles soient centralisées par l'employeur ou perçues directement auprès de la clientèle par les employés, les gratifications que les clients versent spontanément (le surpourboire) continuent à ne pas être dans le chiffre d'affaires taxable (*BOI,* 3 A-8-01).

Toutes les décisions de la Cour ne vont pas dans le sens d'un assujettissement à la TVA. Par exemple, la doctrine administrative considérait les honoraires de transmission de prélèvements à un laboratoire aux fins d'analyses étaient imposables à la TVA (*BOI,* 3 A-3121). Cette position était confirmée par la jurisprudence (CE 30 avr. 1986, n° 46088, *DF,* 1987, 16, 826). La Cour de justice en a jugé autrement, considérant que l'acte de prélèvement et la transmission de celui-ci à un laboratoire constituaient des prestations étroitement liées à l'analyse, en conséquence ils devaient suivre le même régime que celle-ci et ne pas être assujettis à la TVA (CJCE 11 janv. 2001, aff. C-76/99, Commission c/ France, *DF,* 2001, 28, 662).

458 ÉLÉMENTS EXCLUS. — Les escomptes de caisse, remises, rabais, ristournes consentis aux clients ne font pas partie de la base d'imposition lorsqu'ils bénéficient effectivement et pour leur montant exact à l'acheteur et ne constituent pas la rémunération d'un service rendu. Sont également exclues les sommes encaissées par les intermédiaires en remboursement des débours engagés sur l'ordre et pour le compte de leurs commettants à condition qu'elles correspondent à des dépenses effectives et précises et qu'elles soient justifiées auprès du service des impôts.

459 RÈGLES SPÉCIALES. — La TVA est assise sur la marge bénéficiaire du redevable pour des mandataires et commissionnaires, les agences de voyage, les négociants en biens d'occasion et les marchands de biens. Pour les importations, la TVA est calculée sur la valeur en douane, pour les livraisons à soi-même sur le prix d'achat ou le prix de revient.

III | TAUX

Dans l'attente d'une harmonisation communautaire, la multiplicité des taux de TVA répond à des soucis de politique fiscale dont les principes ressortent du montant même de ces taux.

La Cour de justice a jugé que ne viole pas le principe de neutralité fiscale, contenu dans la 6e directive CEE, le fait de taxer à 2,1 % des médicaments remboursables par la Sécurité sociale et à 5,5 % ceux qui ne le sont pas (CJCE 3 mai 2001, aff. C 481/98, Commission c/ République française, *DF,* 2001, 43, 979, note Meier).

460 TAUX RÉDUIT. — Égal à 5,5 %, il frappe essentiellement les produits alimentaires et les produits d'origine agricole. On citera : l'eau de ville, le sucre, le lait, les produits alimentaires solides, la pâtisserie fraîche ; les produits d'origine agricole, avicole, piscicole et les produits de la pêche à condition qu'ils n'aient subi aucune transformation. En revanche, en sont exclus la confiserie, les boissons.

Certaines prestations de service relèvent du taux réduit. Celui-ci s'applique notamment à tous les transports de voyageurs quel que soit leur mode, ou encore aux prestations relatives à la fourniture et à l'évacuation de l'eau effectuées dans le cadre de la gestion municipale du service public municipal de l'eau ou de l'assainissement. Le taux réduit s'applique aussi aux opérations de construction de logements sociaux à usage locatif, financés à l'aide de prêts locatifs.

461 TAUX NORMAL. — Depuis le 1er avril 2000, le taux de droit commun est de 19,6 %. Le taux normal de 9,50 % applicable dans les départements de la Guadeloupe, de la Martinique et de la Réunion est abaissé à 8,50 % à compter de la même date. Ce taux s'applique à toutes les opérations imposables pour lesquelles un autre taux n'est pas prévu. Le taux normal, prévu par l'article 278 CGI, concerne la France métropolitaine, y compris la Corse.

Section IV
Détermination de la TVA déductible

462 PRINCIPES. — Le droit à déduction est le principe fondamental de la TVA. Il est rappelé par l'article 271 du CGI : la TVA qui a grevé les éléments du prix d'une opération imposable est déductible de la TVA applicable à cette opération. Il permet de concilier le paiement fractionné avec le caractère d'impôt unique assis sur le prix final reconnu à la TVA et de réaliser l'objectif de neutralité fiscale par rapport au circuit économique. L'article 273 CGI prévoit que doivent être déterminées les conditions dans lesquelles les assujettis qui ne réalisent pas exclusivement des opérations ouvrant droit à déduction peuvent néanmoins exercer ce droit dans des conditions précises.

Il est exercé par un assujetti répondant à un certain nombre de conditions légales que l'on examinera plus loin. Ce droit à déduction doit s'analyser comme une créance sur l'État, ce qui explique qu'il puisse être transféré notamment par voie de subrogation à un autre titulaire que celui qui est désigné par la loi (CE 22 févr. 1980, 21, 1131 ; CE 11 juill. 1983, n° 35079, *DF,* 1983, 52, 2394 ; CE 25 nov. 1985, n° 46007, *DF,* 1986, 8, 283, concl. Racine). C'est à l'administration qu'incombe la charge de la preuve lorsqu'elle refuse la déduction de TVA d'amont au motif que les services en cause ne sont pas nécessaires à l'exploitation (CE 6 avr. 2001, n° 198233, *BDCF,* 2001, 7, 92, concl. Mignon).

463 DC 29 DÉCEMBRE 2005. — Le Conseil d'État dans sa décision du 29 juin 2005 a jugé que les transporteurs étaient réputés avoir acquitté la TVA sur les péages autoroutiers pour la période antérieure au 1er janvier 2001 et, par conséquent, ils avaient droit à la déduction, de celle-ci (CE 29 juin 2005, req. 268681, Sté Éts Louis Mazet *et al., DF,* 2005, 48, comm. 772, concl. Olléon). Pour faire échec aux conséquences de cette décision, le législateur avait introduit un article 111 dans la loi de finances rectificative pour 2005 qui subordonnait la déduction de la TVA avant le 1er janvier 2001 à « la présentation d'une facture rectificative attestant que son montant a été payé en sus du prix figurant sur la facture initiale. Le Conseil constitutionnel dans sa décision du 29 décembre 2005 a censuré l'article incriminé au motif que celui-ci avait une portée rétroactive visant à faire échec aux conséquences de l'arrêt du Conseil d'État (DC 205-530, *RJF,* 2006, 3, comm. 291).

464 CONDITION D'ASSUJETTI. — Les opérations ouvrant droit à déduction s'entendent des livraisons de biens ou des prestations de services effectuées par un assujetti. Lorsqu'un assujetti réalise à la fois des opérations imposables et des opérations non imposables seule une partie de la TVA ayant grevé les achats peut être déduite. Cette proportion est fixée selon la règle du prorata ou selon la règle de l'affectation. Certaines opérations exonérées donnent cependant droit à déduction. Il s'agit essentiellement des opérations normalement imposables en France mais qui sont exonérées parce qu'elles se rattachent au commerce extérieur (livraisons de biens à l'exportation et prestations de services qui leur sont liées, prestations de services se rapportant à l'importation de biens et dont la valeur est comprise dans la base d'imposition à l'importation) des opérations faites en suspension de taxe. Un assujetti établi à l'étranger peut se faire rembourser la TVA ayant grevé des services rendus en France, même si la facture est établie au nom d'un mandataire, mais le commettant doit justifier qu'il a remboursé au mandataire les factures que ce dernier lui a transmises (CE 22 mars 1991, Sté Viskay Israël, *Les Petites Affiches,* 1991, 84, concl. Arrighi de Casanova).

465 CONDITION DE PROPRIÉTÉ. — En principe les assujettis ne peuvent opérer la déduction de la taxe ayant grevé les biens dont ils ne sont pas propriétaires. Cette condition, posée par la doctrine administrative, ne paraît pas être consacrée explicitement par la jurisprudence fiscale (CE 11 avr. 1977, n° 88215, *DF,* 1978, 13, 516, concl. Martin-Laprade ; CE 26 mars 1980, n° 8440, *RJF,* 1980, 5, 200, chron. Verny). Appliquée trop rigoureusement elle viendrait contrarier la conception large de la notion de livraison. Les dérogations sont considérables. On citera les plus classiques : déduction de la taxe afférente aux investissements immobiliers des collectivités publiques dont l'exploitation est concédée ou affermée (CE 28 mai 1980, n° 12831, *DF,* 1981, 28, 1445, concl. Martin-Laprade ; CE 27 juill. 1984, n° 36455, *DF,* 1985, 4, 108, concl. Fuillenchmidt), travaux de réparations ou d'améliorations pris en charge par les locataires d'immeubles.

466 CONDITION D'AFFECTATION. — N'est déductible que la taxe afférente aux biens et services acquis par l'assujetti et qui sont nécessaires aux besoins de l'exploitation. La déduction peut être ainsi remise en cause pour des achats relevant de l'acte anormal de gestion parce qu'ils ne sont pas faits dans l'intérêt de l'entreprise ou parce qu'ils cachent des détournements au profit de tiers (CE 21 mars 1986, n° 49823, *DF,* 1986, 26, 1281, concl. Fouquet).

467 CONDITIONS D'AFFECTATION EXCLUSIVE. — Il faut ensuite que les biens et services soient affectés de façon exclusive aux besoins de l'exploitation. La déduction sera refusée pour un matériel acquis pour l'exploitation mais qui est parallèlement mis gratuitement à la disposition d'un tiers (CE 15 févr. 1982, n° 25431, *DF,* 1982, 49, 2352, concl. Verny ; CE 13 févr. 1985, n° 41062, *DF,* 1985, 32-38, 1520, concl. Latournerie). Il existe cependant de nombreux tempéraments : déduction de taxe afférente à des immobilisations mises à la disposition de clients (CE 15 juin 1977, Soc. Diperco, *DF,* 1978, 3, 82, concl. Martin-Laprade ; CE 3 mars 1982, n° 17636, *DF,* 1982, 50, 2409, concl. Rivière), déduction de taxe afférente à des achats faits en commun par des assujettis (CE 1er mars 1978, n° 5538, *DF,* 1978, 52, 2061, concl. Rivière) et lorsqu'il est possible, par des critères physiques, de déterminer la part selon laquelle un bien ou un service est affecté respectivement aux besoins de l'entreprise et à d'autres besoins.

468 Conditions de forme. — L'existence de la mention de la TVA sur les factures d'achat conditionne l'exercice du droit à déduction. Si la taxe a été mentionnée en méconnaissance d'une règle objective que le destinataire devait connaître (champ de la TVA, mode de calcul, taux), la taxe facturée à tort n'est pas déductible par le redevable à qui elle a été facturée qu'il soit ou non de bonne foi (CE 29 déc. 1978, n° 9405, *DF,* 1980, 11, 606, concl. Lobry). Si l'erreur tient à une situation que le redevable pouvait ignorer, l'interdiction de déduire ne frappe que celui qui a connu l'irrégularité (CE 22 nov. 1978, n° 2419, *DF,* 1979, 22, 1140, concl. Fabre ; CE 24 janv. 1979, n° 9830, *DF,* 1979, 25, 1305 ; CE 23 avr. 1980, n° 9963, *DF,* 1981, 21, 1043, concl. Fabre). *A fortiori* la déduction est impossible si le contribuable n'est en possession d'aucune facture (CE 12 mai 1980, n° 13883, *DF,* 1980, 41, com. 2000, concl. Rivière). La régularisation des factures est cependant admise si elle intervient avant l'exercice du droit à déduction (CE 17 févr. 1982, n° 19434, *DF,* 1982, 41, 1864 ; CE 30 juin 1982, n° 20834, *DF,* 1983, 1, 29, concl. Schricke).

Le support formel de la déduction n'est plus la facture mais le document douanier s'il s'agit d'une importation et la déclaration de l'entreprise pour les livraisons à soi-même.

469 Conditions de délai. — Le droit à déduction prend naissance au jour de l'exigibilité de la taxe pour le fournisseur des biens ou des services. Le droit à déduction peut exister chez le redevable avant même la réalisation du fait générateur de la TVA due à raison des opérations qu'il effectue, donc avant même qu'il ait la possibilité d'opérer effectivement la déduction (CE 21 déc. 1979, n° 13230, *DF,* 1980, 32, 1765, concl. Martin-Laprade ; CE 6 févr. 1981, n° 17658, *DF,* 1981, 31-32, 1536, concl. Rivière ; CE 26 juill. 1985, n° 54894, *DF,* 1985, 51, concl. Fouquet). Dans cette hypothèse, le redevable se trouve bénéficiaire d'un crédit de TVA.

Le droit à déduction de la taxe afférente aux biens corporels acquis naît donc à la date de la livraison (CE 31 mars 1978, n° 1683,

RJF, 1978, 5, 150, concl. Martin-Laprade ; CE 30 janv. 1987, *RJF,* 1987, 3, 167). Qu'il s'agisse de biens constituant des immobilisations ou des biens autres que des immobilisations ou services, la déduction de la taxe les ayant grevés est opérée par imputation sur la taxe due par le redevable au titre du mois pendant lequel le droit à déduction a pris naissance.

Si la déduction n'a pas été opérée dans le délai réglementaire, l'omission pourra être réparée jusqu'au 31 décembre de la deuxième année qui suit celle où elle est intervenue.

470 DÉDUCTIONS INTERDITES. — Certains biens et services sont présumés irréfragablement faire l'objet d'une consommation finale par leurs bénéficiaires qui sont alors assimilés à des consommateurs ordinaires. L'interdiction vise la taxe afférente à des dépenses supportées par les entreprises pour des biens et des services utilisés par les dirigeants, le personnel ou des tiers :

- frais de logement ou d'hébergement ;
- frais d'acquisition et d'entretien des véhicules de transport de personnes (l'article 237, annexe II CGI excluant du droit à déduction les véhicules conçus pour le transport des personnes n'est pas incompatible avec la 6e directive CEE et les articles 95 et 96 du traité de Rome – CE 29 janv. 1992, SARL Entreprise Bouthiaux, *DF,* 1992, 19-20, 1009, concl. Chahid-Nourai) ;
- avantages en nature attribués aux employés ;
- les cadeaux de toute nature, même s'ils sont faits en vue d'obtenir des avantages commerciaux ou un comportement utile à l'entreprise (CE 15 juin 1977, no 95702, *DF,* 1978, 3, 82, concl. Martin-Laprade ; CE 14 juin 1978, no 6692, *DF,* 1979, 9, 417, concl. Martin-Laprade) et naturellement les cadeaux publicitaires (CE 10 mars 1986, no 49584, *RJF,* 1986, 5, 301) à moins qu'il ne s'agisse d'objets de faible valeur spécialement conçus pour la publicité ou de présentoirs publicitaires.

En supprimant totalement le droit à déduction de la TVA sur le gazole, la Cour de justice a jugé que la France avait manqué aux obligations de la 6e directive (CJCE 14 juin 2001, aff. C 40/00, Commission c/ République française, *DF,* 2001, 39, 861, note Desmorieux).

471 L'IMPUTATION. — Il est fait masse de l'ensemble des droits à déduction pour une période déterminée (mois) puis il est procédé à leur imputation sur la TVA due au titre des ventes réalisées au cours de la même période. Lorsque le solde est positif les redevables disposent d'un crédit de taxe déductible qui est reportable sur la TVA des périodes suivantes jusqu'à entière déduction. À noter qu'un redevable ne peut demander le remboursement d'un crédit de taxe déductible qu'à la condition de l'avoir mentionné dans les déclarations qu'il est tenu de déposer pour le paiement de la TVA (CE 27 juill. 1989, SCI Le Château, *DF,* 1989, 9, 983, concl. Martin). Ce crédit de taxe peut s'expliquer par une situation conjoncturelle (achats très importants dus à la constitution d'investissements ou de stocks) ou par des conditions structurelles (exportations régulières, ventes habituelles taxées à un taux moins élevé que les achats). Dans ce dernier cas, l'entreprise pourra obtenir le remboursement du crédit de TVA.

Les imputations sont en principe définitives ; elles ne peuvent être remises en cause que dans certaines conditions limitativement prévues par la loi. Ce sont les régularisations.

Il existe d'abord deux cas de régularisation applicables aux immobilisations. Lorsqu'une entreprise cède un bien immobilier avant le commencement de la neuvième année civile suivant celle au cours de laquelle le droit à déduction a pris naissance, elle est tenue de reverser une somme égale à la déduction initiale atténuée d'un dixième par année civile écoulée depuis la naissance du droit à déduction. La cession d'une immobilisation ayant le caractère d'un bien meuble avant le commencement de la quatrième année civile suivant celle de l'acquisition du bien entraîne le reversement d'une somme égale à la TVA initialement déduite, diminuée d'autant de cinquièmes que d'années civiles écoulées.

La régularisation concerne également les biens autres que les immobilisations et les services. Leur disparition ou leur utilisation pour une opération non imposable entraîne le reversement de la TVA déduite au moment où la dépense a été exposée.

En cas de destruction volontaire ou fortuite d'une immobilisation ou d'un stock, comme en cas de vol, l'entreprise est dispensée de la régularisation.

472 LA CONSTITUTION DE SECTEURS DISTINCTS D'ACTIVITÉS. — Forme de l'application du principe d'affectation, la constitution de secteurs distincts d'activités permet d'établir pour certaines entreprises des comptes distincts pour l'application du droit à déduction.

Plusieurs conditions sont posées pour l'application de ce régime. L'assujetti doit exercer plusieurs activités qui se distinguent par leur nature économique et, surtout, l'utilisation de moyens en personnel et en équipement différents. Par exemple, une société qui exerce simultanément une activité de construction d'immeubles destinés à la vente et une activité de location d'appartements (CE 14 déc. 1984, Soc. marseillaise de Constructions immobilières, *DF,* 1985, 32-38, 1522). Une activité au moins doit comprendre des opérations n'ouvrant pas droit à déduction. Quand ces conditions sont réunies, la constitution de secteurs distincts est de droit (CE 28 avr. 1977, Min. de l'Économie c/ SA Maison Sabarot, *Rec.,* 217).

L'entreprise doit alors tenir une comptabilité par secteurs qui suit distinctement les acquisitions de biens et services, les cessions de biens constituant des immobilisations, les transferts de biens entre secteurs, le montant des opérations imposables et non imposables. Le calcul des droits à déduction s'effectue en fonction des données propres à chaque secteur. La déduction pour chaque secteur est soit totale, nulle ou partielle ; dans ce dernier cas il est fait application pour le secteur considéré de la règle du prorata.

473 LA RÈGLE DU PRORATA. — Les assujettis qui ne réalisent pas exclusivement des opérations ouvrant droit à déduction sont autorisés à procéder à un pourcentage de déduction. C'est la règle du prorata.

Celle-ci ne s'applique que si les opérations taxables et les opérations non taxables relèvent d'un même secteur d'activité excluant ainsi la constitution de secteurs d'activités distincts (CE 7 mai 1979, *RJF,* 1979, 4, 130). Elle se traduit par le calcul d'un rapport dans lequel figurent au numérateur toutes les recettes qui ouvrent droit à déduction et un dénominateur constitué par l'addition du numérateur, des recettes exonérées et des recettes situées hors du champ de la TVA. La TVA grevant les biens et services qui ne sont pas exclusivement affectés à des opérations imposables (CE 21 févr. 1979, SA

Socofrein, *DF,* 1980, 5, 246, concl. Fabre) est déductible dans la limite de ce prorata.

Si ce prorata vient à varier de plus de 10 % lors des années postérieures à son calcul, une régularisation sera nécessaire pour les déductions concernant les seules immobilisations.

Section V
Les régimes d'imposition

474 LE RÉEL. — Les entreprises dont le chiffre d'affaires annuel hors taxe excède 763 000 € (HT) pour les entreprises de ventes, et de fournitures de logements et, 230 000 € (HT) pour les autres entreprises, sont soumises au régime du réel d'imposition. Elles doivent produire chaque mois un relevé spécial qui indique le total des opérations imposables, le montant des déductions, la TVA à payer et le crédit de taxe.

475 LE RÉEL SIMPLIFIÉ. — C'est le régime applicable aux entreprises dont le chiffre d'affaires annuel n'excède pas 763 000 € (HT) pour les entreprises de ventes et fournitures de logements, et 230 000 € (HT) pour les autres entreprises.

La TVA exigible est chaque mois déterminée à l'aide d'un coefficient appliqué au chiffre d'affaires hors taxe. Ce coefficient est calculé sur les affaires faites l'année précédente et est égal au rapport entre la taxe exigible avant déduction et le chiffre d'affaires total. Est déduite la TVA grevant les immobilisations. En fin d'année une récapitulation des opérations permet de calculer la TVA effectivement exigible d'après le montant des opérations. On procède alors aux régularisations qui s'imposent.

Il existe un régime supersimplifié qui permet de calculer chaque mois les acomptes de TVA à verser sur la base des encaissements effectués sous réserve de régularisation à la clôture de l'exercice.

476 LE RÉGIME MICRO-ENTREPRISE. — Il s'agit de dispenser les plus petits contribuables, qui restent des assujettis, de payer la TVA. Cette exonération est accordée aux contribuables dont les recettes annuelles hors taxe n'excèdent pas 80 000 € (HT) pour les entreprises de ventes, les hôtels, les cafés et les restaurants, 32 000 € (HT) pour les prestataires de services et les professions libérales. Ces entreprises doivent délivrer des factures avec la mention « TVA non applicable – article 293-B-I CGI », et peuvent opter pour le régime simplifié ou le régime réel, ce qui les conduit à opter pour le régime d'imposition des bénéfices correspondant.

Pour aller plus loin

477 HISTOIRE DE LA TVA. — Sur cette question on possède une étude qui est un modèle d'analyse historique de la formation des techniques fiscales : A. Frenkel, *La genèse de la TVA,* Th. Paris II, 1976 (dactyl.). À compléter par les mémoires de G. Delorme, De Rivoli à Bercy, *Souvenirs d'un inspecteur des finances (1952-1998),* Éd. Comité pour l'histoire économique et financière de la France, 2000.

Ouvrages généraux anciens J.-J. Philippe, *La taxe sur la valeur ajoutée,* Paris, 1973 ; P. Derouin, *La taxe sur la valeur ajoutée dans la CEE,* Paris, 1977 ; J.-P. Laval, J. Paultre de Lamotte, M. Guichard, F. Garcia, La TVA a cinquante ans, *DF,* 2004, 44-45, 1590 (questionnement très actuel) ; J.-J. Philippe, Cinquante ans de TVA : de sa préhistoire à son actualité, *DF,* 2005, 7, 382 (étude qui conduit au « quasi-blocage » de l'harmonisation communautaire).

478 LES MÉCANISMES. — On abordera cette question par des études techniques : J.-B. Geoffroy, *L'utilisation conjoncturelle de la TVA,* Th. Poitiers, 1981 ; J. Lafourcade, *Analyse et incidences des taxes sur le chiffre d'affaires dans la gestion des entreprises,* Paris, 1977 ; J. Lafourcade, *Les perspectives économiques des taxes sur le chiffre d'affaires,* 1982 ; J.-L. Olivaux, *Incidences de la TVA sur la trésorerie des entreprises,* Lille, 1979 ; J. Lafourcade, *L'application de la TVA aux professions judiciaires et juridiques,* Paris, 1983 ; J.-P. Chevalier, *La TVA agricole,* Paris, 1981 ; B. Néel, B. Plagnet (sous la dir. de), *La fiscalité du commerce extérieur,* Economica, 1991 (les actes d'un colloque). C. Clément *et al., La TVA dans les échanges internationaux,* Éd. Lefebvre, 1994 (ouvr. de référence) ; Sur le bilan de cette forme d'imposition : *VIe Rapport du Conseil des impôts,* 1983 ; E. Droin, Les fondements juridiques de la TVA en droit des obligations, *DF,* 1999, 14, 561 (une question souvent ignorée) ; Y. Bénard, Qu'est-ce qu'une taxe sur le chiffre d'affaires ?, *RJF,* 2007, 1, 3 (réponse éclairante).

479 NEUTRALITÉ. — L'analyse des taxes sur le chiffre d'affaires fait apparaître le concept de « neutralité ». À ce sujet : P. Boisselier, R. Teller, *Vers la neutralité des taxes sur le chiffre d'affaires. Histoire du droit des finances publiques,* vol. II : *Les grandes étapes de l'évolution de la fiscalité d'État textes à l'appui* (ouvr. collectif), Economica, coll. « Finances publiques », 1987, p. 221 ; complétez par C. Colette, L'impact de la TVA sur la trésorerie de l'entreprise, *RF compt.,* 1989, 207, 42 et J.-C. Huel, L'effet TVA, variable financière de gestion, *RF compt.,* 1990, 217, 74. Contribution à la définition de la notion d'activité économique : A. Daniel-Thézard, TVA : du nouveau à propos de la notion d'activité économique, *DF,* 2001, 19-20, DE LA 781. J.-C. Bouchard et O. Courjon, Le prorata et le principe de neutralité, *DF,* 2006, 48, comm. 66 (rappel de principes).

480 CHAMP D'APPLICATION TVA. — J.-J. Philippe, Le champ d'application de la TVA. Quelques problèmes essentiels, *DF,* 1993, 2068 (brève synthèse) ; G. Goulard, Champ d'application de la TVA : location de locaux à usage de bureaux, *RJF,* 1994, 3, 131 ; G. Goulard, Champ d'application de la TVA. Exclusion des opérations effectuées par un assujetti n'agissant pas en tant que tel, *RJF,* 1996, 2, 91 ; J. Maïa, Débat sur les frontières de l' « activité économique » imposable à la TVA, *RJF,* 2002, 2, 102.

481 DROIT À DÉDUCTION. — P. Collin, Exclusion du droit à déduction de la TVA, *RF compt.,* 1993, 249, 36 ; P. Tournés, Droits à déduction des sociétés percevant des produits financiers, *RJF,* 1993, 10, 733, Comité fiscal de la mission d'organisation administrative, Champ d'application et droit à déduction de la TVA, *DF,* 1995, 43, 1532 (indispensable) ; G. Goulard, L'exclusion des véhicules de transport de personnes du droit à déduction de TVA, *RJF,* 1995, 2, 78 (synthèse).

Avantages et inconvénients de l'option en matière de TVA : J. Lafourcade, L'imposition volontaire à la taxe sur la valeur ajoutée, *Les Petites Affiches,* 1990, 113, 20.

482 IMPÔT SUR LE REVENU OU TVA. — Pour ceux qui cherchent à opposer TVA et impôt sur le revenu lire les études stimulantes de M. Lauré, Considérations sur la permutation des charges TVA/IRPP, mettre en harmonie le système fiscal français avec celui de nos voisins et C. Louit, Réflexions sur la justice fiscale : impôt sur le revenu et TVA, ces deux études sont publiées dans *L'impôt sur le revenu en question* (ouvr. collectif), Litec, 1989. Complétez par P. B. Spahn, L'impôt direct sur la consommation : une utopie pour toujours, *RFFP,* 1990, 29, 85.

483 PROBLÈMES PARTICULIERS. — Y. Leclerc, Conséquences au regard de la TVA des opérations de fonds de commerce, *BF Lefebvre,* 1993, 5, 311 (analyse complète) ; P. Tournés, De l'incidence de la qualification du change manuel en prestation de services ou livraisons de biens, *RJF,* 1993, 4, 287 (analyse circonstanciée) ; P. Tournés, Incidence de la TVA sur le choix entre filiale ou succursale bancaire à l'étranger, *BF Lefebvre,* 1995, 5, 299 ; B. Jadaud, Kinésithérapeutes et TVA, *Les Petites Affiches,* 1996, 38, 8 (distinction entre les activités assujetties et celles qui ne le sont pas) ; M.-C. Bergerès, Les abandons de créances et la TVA, *DF,* 1999, 49, 1484 ; B. Vatier, L'incidence de la TVA sur les honoraires d'avocat, *GP,* 24-25 déc. 1999, p. 2 ; Y. Sérandour, L'influence des subventions sur le droit à déduction de la TVA, *JCP,* 2000, èd. E, 1221 ; E. Mignon, Disparition de marchandises : faut-il régulariser la TVA ?, *RJF,* 2000, 5, p. 395 ; P. Tournés, Hôtellerie, parahôtellerie et location meublée, *RJF,* 2001, 11, 915 ; P. Danis, TVA et autoroutes après l'arrêt de la CJCE du 12 septembre 2000, *BF Lefebvre,* 2001, 1, 5 ; C. Boyer-Merentier, Quelques réflexions sur l'utilisation du communiqué de presse pour modifier le régime de la TVA, *RFDA,* 2002, 2, 405 (le principe de légalité de l'impôt est parfois malmené) ; J. Lamarque, La TVA et la distinction entre services publics administratifs et services publics industriels et commerciaux, *Mélanges Waline,* Dalloz, 2002, 283 (examen d'un paradoxe) ; L. Levoyer, *Les collectivités territoriales et la TVA,* Le Moniteur, coll. « Les guides juridiques de la Gazette », 2005, 164 p. (guide pratique utile) ; C. Acard, Exonération de TVA de la gestion des OPCVM, *Banque et droit,* 2005, 103, 88 ; J. E. Schoettl, La TVA sur les péages autoroutiers à l'aune du droit constitutionnel, *Les Petites Affiches,* 2006, 11, 12 (commentaire de la décision du Conseil constitutionnel du 29 déc. 2005).

484 TVA INTRACOMMNAUTAIRE. — T. Lambert, De la directive CEE du 16 décembre 1991 à la loi du 17 juillet 1992, *AJDA*, 1992, 11, 724 (transposition de la directive) ; J.-J. Philippe, *La TVA à l'heure européenne*, Litec, 1993 (perspective historique d'un grand intérêt) ; P. Collin, TVA intracommunautaire : panorama des textes fiscaux, *RF compt.*, 1993, 249, 34 (utile) ; Les éditions de Bercy, La TVA intracommunautaire, 1995 (synthèse d'un colloque) ; Y. Serandour, Le droit à déduction de la TVA en jurisprudence communautaire, *JCP*, 1999, 49, 1954 ; J. Turot, Attention, ne jamais recongeler un produit décongelé, *DF*, 2000, 43, 1404 (la clause de gel contenue dans la 6e directive et la CJCE) ; C. Clément, Factures : vers une simplification, *BF Lefebvre*, 2001, 8-9, 503 (analyse d'une proposition de directive relative à la facturation) ; M. Guichard, « L'esprit des lois » communautaires en matière de TVA : du principe de neutralité, *DF*, 2001, 36, 1205 (le principe de neutralité) ; L. Bachelard et P. Danis, L'exonération de TVA des livraisons intracommunautaires à l'épreuve du juge, *BF Lefebvre*, 2004, 2, 84 (commentaire circonstancié).

Communication au Conseil et au Parlement européen relative à la stratégie visant à améliorer le fonctionnement du système de TVA dans le cadre du marché intérieur, *DF*, 2000, 26, 937 à compléter par le 19e rapport du Conseil des impôts (2001) qui livre une analyse de la TVA dans la perspective communautaire (indispensable). Nouvelle communication de la Commission relative à des mesures de lutte contre la fraude, *DF*, 2008, 10, 7 ; O. Fouquet, L'administration fiscale a-t-elle les moyens juridiques de lutter contre la fraude « carrousel » à la TVA intracommunautaire, *Rev. adm.*, 2006, 349, 44 (les difficultés juridiques de définition d'une fraude carrousel) ; J.-C Bouchard et J. H. Miller, La TVA : une question de principes. Analyse des grands principes communautaires, *DF*, 2009, 7, comm. 182 (étude remarquable).

Les rapports entre les directives communautaires et le droit interne : CE 17 mars 1993, Groupement pour le développement de la coiffure, *Les Petites Affiches*, 1993, 81, 19.

Chapitre 2

Les contributions indirectes

Ces impôts assis sur des faits de fabrication et de consommation sont par essence rebelles à toute systématisation. L'étude approfondie de leur régime est d'un intérêt limité. Ils viennent se superposer à la TVA poursuivant des objectifs économiques et fiscaux très différenciés. On se bornera à quelques exemples.

Section I
Régime des alcools

La production et la commercialisation de l'alcool font l'objet d'une réglementation très minutieuse qui constitue le régime économique de l'alcool sur lequel se greffe un régime fiscal.

485 Production et consommation. — Les distilleries industrielles, les bouilleurs ambulants sont soumis à de sévères mesures de contrôle qui sont le préalable nécessaire à la perception d'un droit de fabrication proportionnel au volume d'alcool et qui s'applique aux produits de parfumerie, aux produits médicamenteux et aux produits impropres à la consommation humaine en l'état. Un droit de consommation, dont le fait générateur est constitué par l'expédition à la consommation intérieure, est assis sur tous les alcools destinés à la consommation humaine selon des tarifs proportionnels variables.

On ne saurait examiner les droits sur les alcools sans évoquer le privilège des bouilleurs de cru. On entend par ce terme les fermiers, vignerons ou propriétaires qui distillent ou font distiller des vins, cidres, fruits provenant exclusivement de leur récolte et qui ne se livrent pas au commerce des alcools. Le privilège consiste à bénéficier d'une franchise de droit de consommation de dix litres d'alcool pur par an et d'une remise de 10 % du droit de consommation sur les eaux-de-vie produites en sus de la franchise. Ce régime de faveur est subordonné, pour limiter la fraude, à l'exécution de la distillation en dehors du domicile du bénéficiaire. L'allocation en franchise n'est plus attribuée de plein droit aux personnes qui répondent à la qualité de bouilleur de cru, elle est simplement maintenue à titre de privilège personnel aux bouilleurs de cru qui pouvaient prétendre à cette allocation au cours de la campagne 1959-1960. Ce droit est incessible et ne peut être transmis qu'au conjoint survivant.

Les droits de consommation ne peuvent être efficacement perçus qu'à condition que la matière imposable fasse l'objet d'un contrôle à la circulation. Les produits sont soumis à des formalités à la circulation qui prennent la forme de titres de mouvement

486 ÉCHANGES INTRACOMMUNAUTAIRES. — Depuis le 1er janvier 1993, la circulation des alcools s'effectue sous couvert d'un document d'accompagnement, valable dans toute l'Union européenne, établi par l'expéditeur et permettant de vérifier la circulation du produit au regard des impôts exigibles. Lorsque le client est un particulier, l'expédition s'effectue en droits acquittés au taux en vigueur dans l'État membre de destination. L'accise de l'État membre de destination sera acquittée par le vendeur, si le client est un particulier, par l'acquéreur dans les autres cas. À noter que les principaux opérateurs sur le marché peuvent être autorisés, contre la présentation d'une caution, à réaliser leurs opérations en suspension de droits.

Section II
Les monopoles fiscaux

487 Théorie. — Cette question qui fut très liée aux controverses sur l'intervention économique de l'État dans la première moitié du XXe siècle ne conserve plus en droit fiscal qu'un intérêt très secondaire, voire rétrospectif.

Un monopole fiscal consiste en la création d'une exploitation industrielle dont l'État se réserve le monopole et dont les bénéfices dégagés procurent au Trésor des ressources équivalentes à celles que procurerait un impôt assis sur les produits fabriqués et vendus. L'essence du monopole fiscal est donc la fixation par l'État du prix de ces produits de telle manière qu'il soit nettement supérieur au prix qui découlerait du jeu normal du marché. La différence, le surprofit, constitue le substitut d'un impôt assis sur le prix de vente des produits. De ce point de vue il ne faut pas confondre monopole économique et monopole fiscal. Un monopole fiscal suppose toujours un monopole économique mais s'en différencie par une fixation artificielle du prix des produits.

488 Adaptation. — La France s'était dotée de quelques monopoles fiscaux : tabac, allumettes, poudres, or l'article 37 du traité de Rome fait obligation aux États d'aménager progressivement les monopoles nationaux présentant un caractère commercial. Ces aménagements ont été effectivement réalisés. On prendra l'exemple des allumettes. C'est une loi du 2 août 1872 qui a attribué à l'État le monopole de l'achat, de la fabrication et de la vente des allumettes chimiques afin de remédier au défaut de rendement d'une taxe de fabrication des allumettes minée par la fraude. Une loi du 4 décembre 1972 a confirmé le monopole de l'État en matière de fabrication et d'importation mais a autorisé la libre importation des allumettes fabriquées dans les États membres de la Communauté. Cette importation peut être librement réalisée par tout particulier et commerçant à condition d'acquitter la TVA et un droit de fabrication. Ce dernier droit a été supprimé en 1982.

Pour aller plus loin

489 GÉNÉRALITÉS. — Mis à part S. Lavigne, *Contributions indirectes et monopoles fiscaux,* PUF, coll. « Que sais-je ? », 1991, il n'existe pas d'ouvrage récent sur les droits indirects, on se reportera au classique : E. Allix et M. Lecerclé, *Les contributions indirectes,* Paris, 1929. Sur l'aménagement des monopoles : G. Druesne, *Droit matériel et politiques de la Communauté européenne,* Paris, 1986, p. 219 ; T. Lambert, *Fiscalité et monopole : l'exemple des tabacs. Fiscalité française : examen de thèmes méconnus* (ouvr. collectif), Éd. LCF (diff. Litec), 1990, p. 95 ; P. Fontaneau *et al.,* Les accises sur les cigarettes dans la fiscalité européenne, *Rev. fisc. eur.,* 1996, 1.

Titre troisième

L'imposition du capital et du patrimoine

Les impôts sur le capital sont des impôts dont l'assiette repose directement ou indirectement sur la valeur du capital. Ils peuvent être prélevés du seul fait de la détention du capital ou à l'occasion de son transfert d'un patrimoine à un autre. La fiscalité française vérifie ces deux hypothèses.

Le patrimoine d'un contribuable est, dans sa nature comme dans sa composition, varié. L'impôt sur le patrimoine ne frappe pas l'ensemble de celui-ci car, en France, les gains en capital sont soumis à l'impôt sur le revenu et l'impôt sur les transactions à titre onéreux du capital est analysé comme étant un impôt sur la dépense. Nous ne retiendrons ici que l'impôt de solidarité sur la fortune qui est, effet, un impôt sur le capital non directement productif.

Chapitre 1

Les droits d'enregistrement

490 GÉNÉRALITÉS. — L'enregistrement consiste dans la reproduction ou l'analyse d'un acte sur un registre public. Par extension, on a donné le nom d'enregistrement aux déclarations de mutation souscrites à défaut d'acte sur des formules spéciales déposées au bureau de l'enregistrement. À l'occasion de l'accomplissement de ces formalités est perçu un impôt appelé droit d'enregistrement. D'où la distinction traditionnelle entre les droits d'actes et les droits de mutations. Seuls certains de ces derniers nous retiendront. En effet la plupart des mutations sont obligatoirement soumises à l'enregistrement, qu'elles aient donné lieu à la rédaction d'un acte ou non : ventes d'immeubles, successions, donations.

L'enregistrement est une formalité légale qui donne date certaine aux actes sous seing privé contre les tiers, qui permet la perception des droits qui frappent la convention constatée dans l'acte ou l'opération juridique énoncée dans la déclaration souscrite dans certains cas en l'absence d'acte, qui assure la conservation des actes sous seing privé car le plus souvent la formalité donne lieu au dépôt d'un double de l'acte auprès des services fiscaux.

Depuis le 1er octobre 1970, le champ d'application des droits d'enregistrement est déterminé par les modalités de mise en œuvre de la formalité d'enregistrement qui peut être la formalité d'enregistrement proprement dite (enregistrement de certains actes : actes notariés, actes portant transmission de propriété...), la formalité de publicité foncière (enregistrement de décisions judiciaires, mutations à titre gratuit...), la formalité fusionnée quand la formalité de publicité foncière s'effectue en même temps que l'enregistrement de l'acte.

La loi de finances pour 1999 (n° 98-1266 du 30 déc. 1998, *JO* du 31 déc. 1998, p. 20080) a apporté quelques modifications non négligeables. Afin de lutter contre les délocalisations de patrimoine, les articles 19 et 23 (modifiant l'art. 750 *ter* CGI) étendent la territorialité des droits de mutation à titre gratuit en prenant en compte le domicile fiscal du donataire ou de l'héritier et en taxant les mutations d'immeubles détenus, directement ou indirectement, par des non-résidents. Les articles 39 et 40 ont modifié la fiscalité applicable aux acquisitions à titre onéreux d'immeubles, aux apports en sociétés et aux échanges d'immeubles ainsi qu'aux cessions de droits sociaux. Il s'agit d'une baisse avec harmonisation de la taxation au seul taux de 4,80 % de l'ensemble des mutations à titre onéreux d'immeubles à usage autre que d'habitation, un enregistrement obligatoire des cessions verbales d'actions de sociétés non cotées en bourse et une taxation à 4,80 % des cessions de participations de personnes morales dont l'actif est principalement constitué d'immeubles, qu'elles soient constatées ou non par un acte. L'article 110 fusionne la formalité d'enregistrement de publicité foncière pour les « actes mixtes », c'est-à-dire pour les actes qui comportent à la fois des dispositions soumises à la publicité foncière et d'autres qui ne le sont pas. Il s'agit d'une mesure de simplification pour les contribuables.

Section I
Les principaux actes soumis aux droits d'enregistrement

I | Les actes ou opérations concernant les sociétés

491 Constitution de sociétés. — La constitution de sociétés donne lieu à l'établissement d'acte, soumis aux droits d'enregistrement ou à la taxe de publicité foncière. Les droits diffèrent selon que la société relève du régime fiscal des sociétés de capitaux ou des sociétés de personnes, mais aussi suivant la nature des apports effectués par les actionnaires ou les associés.

492 AUGMENTATION DE CAPITAL. — Lorsqu'une société augmente son capital au moyen d'apports nouveaux consistant en des biens en nature, le droit d'apport ou les droits de mutation à titre onéreux sont exigibles sur ces apports dans les mêmes conditions que sur ceux consentis lors de la constitution des sociétés. Qu'il soit notarié ou sous seing privé, l'acte constatant l'incorporation de réserves est soumis à la formalité de l'enregistrement dans le délai d'un mois à compter de sa date (art. 635-1-5° CGI).

493 MODIFICATIONS DES STATUTS. — En cas de transfert du siège social de l'entreprise, sans modification de la nationalité de la société, la formalité de l'enregistrement est facultative. Il en va de même de l'acte ou procès-verbal constatant le changement de la dénomination sociale.

494 CESSION DE DROITS SOCIAUX. — La cession de titres (actions, obligations) réalisés sur ordre de mouvement signé du cédant ne donne ouverture à aucun droit d'enregistrement. L'acte établissant la cession de parts sociales (SARL, sociétés civiles), ou celui constatant la cession d'actions ou de parts de société à prépondérance immobilière donnent lieu à l'établissement de droits d'enregistrement.

495 DISSOLUTION. — L'acte constatant la dissolution d'une société de capitaux ou de personnes doit être enregistré dans le mois de sa date et donne lieu au paiement d'un droit fixe (art. 811-2 CGI).

496 TRANSFORMATION DE SOCIÉTÉS. — L'acte constatant la transformation d'une société doit être soumis à la formalité de l'enregistrement dans le délai d'un mois à compter de date (art. 635-1-5° CGI). Si la transformation entraîne la création d'un être moral nouveau, l'opération implique ouverture aux droits qui résultent de la disparition de l'ancienne société et de la constitution de la nouvelle société (droits de mutation à titre onéreux, droits d'apports...). Dans le cas contraire, l'acte constatant la transformation est assujetti à un droit fixe (art. 680 CGI).

II | Les actes autres que ceux concernant les sociétés

497 Promesse et vente d'un immeuble. — À peine de nullité, la promesse doit être constatée soit par un acte authentique, soit par un acte sous seing privé enregistré dans le délai de dix jours à compter de la date de son acceptation par le bénéficiaire. Une simple promesse unilatérale d'achat ou de vente supporte un droit fixe. De la même manière la vente donne lieu à la formalité d'enregistrement.

498 Partage. — Les partages de biens immeubles sont soumis à la formalité fusionnée et à la taxe de publicité foncière (art. 647 CGI). Les partages qui portent à la fois sur des meubles et sur des immeubles sont assujettis à la double formalité de l'enregistrement et de la publicité foncière.

III | Le contrôle

499 Modalités. — La Cour de cassation admet que, lorsque le contribuable est astreint à tenir et à présenter des documents comptables à raison de son activité professionnelle, l'administration peut, dans le cadre d'une vérification de comptabilité, contrôler les droits d'enregistrement et taxes assimilées dus à l'occasion de l'exercice de cette activité, qui apparaissent ou devraient apparaître en comptabilité (Cass. com., 31 oct. 2006, n° 04-10.353, DGI c/ Mme Gaon, *DF,* 2006, 50, comm. 792). Les droits d'enregistrement qui ne sont pas dus à l'occasion de l'exercice de l'activité professionnelle peuvent être contrôlés par les informations recueillies à l'occasion de la vérification de comptabilité du redevable pour son activité professionnelle (*BOI,* 13 L-4-07).

Section II
Les droits de succession

I | L'ASSIETTE

500 DÉCLARATION. — Les héritiers, légataires ou donataires, leurs tuteurs ou curateurs sont tenus de souscrire une déclaration détaillée et de la signer sur une formule fournie gratuitement par l'administration (art. 800 CGI). Le déclarant affirme sincère et véritable les éléments portés dans sa déclaration, permettant ainsi de liquider l'impôt et de contrôler les énonciations. S'agissant de la rectification des soldes de livrets de Caisse d'épargne du défunt, portés dans la déclaration de succession, l'administration dispose d'une prescription décennale et non abrégée (Cass. com., 9 mars 1993, *Defrénois,* 1994, art. 35692, note Chapert). À cet égard, lorsque l'administration soutient que l'importance des sommes retirées des comptes bancaires ou postaux dépasse les besoins du titulaire décédé, elle doit en rapporter la preuve en indiquant le montant des prélèvements habituels avant la période de forts retraits (Cass. com., 1er mars 1994, *Defrénois,* 1995, art. 36047, note Chappert).

En principe les biens de communauté recueillis par l'époux survivant en vertu d'une convention de mariage ne donnent pas ouverture au droit de mutation par décès. Toutefois, en présence d'enfants d'un précédent mariage l'administration présumait de façon irréfragable que les avantages consentis par un des époux à son conjoint constituaient des donations. La Cour de cassation a rapporté cette doctrine, l'administration ne peut prétendre percevoir des droits de mutation par décès sur la part attribuée au conjoint survivant au titre des conventions matrimoniales (Cass. 1re civ., 6 mai 1997, n° 792 P DGI/Vielhomme, *RJF,* 1997, 11, 1071).

501 BIENS À RETENIR. — La déclaration de succession doit indiquer tous les biens situés en France ou hors de France dont la propriété apparente reposait sur la tête du défunt au jour de son décès, lorsque ce dernier avait son domicile en France. Cette déclaration doit énumérer tous les biens dépendant du patrimoine du défunt, de quelque nature qu'ils soient et même s'ils sont exonérés de droits par une mesure particulière (biens ruraux loués par bail rural à long terme, les parts de groupements fonciers agricoles dans certaines limites...). Doivent être portés à l'actif de la succession les dons manuels dont la consistance et le montant résultent des éléments de preuve apportés par l'administration et appréciés par le tribunal (Cass. com., 7 févr. 1995, *Defrénois,* 1996, art. 36254, note Chappert).

La Cour de cassation a jugé que la sous-évaluation des meubles meublants dans un inventaire est assimilée à une absence d'évaluation, justifiant l'application du forfait de 5 %, et qu'en outre les tableaux, objets d'art ou meubles anciens qui ne font pas partie d'une collection sont inclus dans les meubles meublants (Cass. com., 8 févr. 2000, n° 352 D, Quiè, *BGFE,* 2000, 3-4, 10).

L'article 11 de la loi de finances pour 2000 a institué, pour la transmission d'entreprises par décès, une exonération de droits de succession à hauteur de la moitié du patrimoine professionnel transmis, ce qui conduit à ce que la transmission par décès est moins taxée que la transmission anticipée par voie de donation.

502 DÉDUCTIONS DE L'ACTIF. — Les dettes à la charge du défunt sont déduites lorsqu'elles sont justifiées au jour de l'ouverture de la succession (art. 768 CGI). Il appartient aux héritiers de les justifier, par tous moyens de preuve compatibles avec la procédure écrite (Cass. com., 15 janv. 2002, n° 109 F-D, Vatat, *RJF,* 2002, 5, 583). Toutefois, les dettes échues depuis plus de trois mois avant l'ouverture de la succession ne sont pas déductibles, à moins que ne soit produite une attestation du créancier en certifiant l'existence (art. L 20 LPF).

Conformément aux dispositions de l'article 773-2 CGI, ne sont pas déductibles de l'actif imposable les dettes consenties par le défunt au profit de ses héritiers ou de personnes interposées à moins que, consenties par un acte authentique ou un acte sous seing privé ayant acquis date certaine avant l'ouverture de la succession autrement que par le décès de l'une des parties contractantes, la sincérité de cette dette et son existence au jour du décès ne soient prouvées par les héritiers, légataires ou personnes interposées (Cass. com., 21 mars 2000, n° 704 D, DGI/Bouttier, *RJF*, 2000, 6, 859).

Observons que les sommes détenues à titre précaire par le défunt, en qualité de mandataire ou de tuteur par exemple, sont soustraites de l'actif successoral.

II | Liquidation et paiement

503 Liquidation. — Afin de dégager la part nette de chaque successible, il faut fixer tout d'abord sa part dans l'actif successoral qui est déterminée d'après les règles de dévolution successorale. Il est tenu compte des dispositions testamentaires éventuelles du défunt. De la part brute, il faut déduire le montant des rapports effectués par l'héritier, qui ont déjà été taxés, et de sa part contributive dans le passif héréditaire.

Les successeurs universels contribuent au passif proportionnellement à leur part dans l'actif brut. Le légataire particulier ne contribue pas au passif, sauf si le testateur lui a imposé le paiement d'une dette qui est déduite du montant du legs. L'usufruitier légal ou testamentaire contribue au passif proportionnellement à la valeur en capital de son droit d'usufruit (art. 762 CGI).

504 Exonération. — La part recueillie par le conjoint survivant ou par le partenaire lié au défunt par un PACS est totalement exonérée de droits de succession (art. 796 O *bis* CGI).

505 Tarif. — Il est effectué un abattement 156 359 € sur la part de chacun des ascendants et sur la part de chacun des enfants vivants ou représentés (art. 779 CGI). Le tarif des droits applicables (2009) se décompose ainsi (art. 777 CGI) :

Tarif des droits applicables en ligne directe

Fraction de part nette taxable	*Tarif applicable (en %)*
N'excédant pas 7 922 €	5
Comprise entre 7 922 et 11 883 €	10
Comprise entre 11 883 et 15 636 €	15
Comprise entre 15 636 et 542 043 €	20
Comprise entre 542 043 et 886 032 €	30
Comprise entre 886 032 et 1 772 064 €	35
Au-delà de 1 772 064 €	40

Tarif des droits applicables en ligne collatérale et entre non-parents

Fraction de part nette taxable	*Tarif applicable (en %)*
Entre frères et sœurs :	
N'excédant pas 29 975 €	35
Supérieure à 29 975 €	45
Entre parents jusqu'au 4e degré inclusivement	55
Entre parents au-delà du 4e degré et entre personnes non parentes	60

506 PAIEMENT. — Chaque héritier ou légataire peut demander d'acquitter le montant des droits de mutation par décès en plusieurs versements, il s'agit du paiement fractionné des droits (art. 1717 CGI). Le paiement des droits peut être différé lorsque la succession comporte dévolution de biens en nue-propriété, lorsque l'actif successoral comprend une exploitation agricole à caractère familial, lorsque des soultes ou des indemnités doivent être payées par un légataire pour cause de réduction de la libéralité dont il bénéficie, lorsqu'un terrain réservé par un plan d'occupation des sols est transmis par décès.

Le règlement peut s'effectuer soit par la remise d'un chèque lors du dépôt de la déclaration, par le paiement en valeurs du Trésor, par le paiement en créance sur l'État, par la remise d'œuvres d'art (livres, objets de collections...).

Section III
Les droits de donation

D'une manière générale, les donations sont soumises à un régime fiscal assez proche de celui des successions. Un acte ne constitue une donation que s'il comporte l'intention de libéralité de la part du donateur. Le droit de donation n'est établi que s'il y a dépouillement actuel et irrévocable du donateur. La donation doit être expressément acceptée par le donataire, événement qui est le fait générateur de l'impôt.

I | L'ÉVALUATION DES BIENS

507 PRINCIPE. — Les règles d'évaluation sont, en principe, les mêmes qu'en matière de droits de succession. Par conséquent un immeuble doit être évalué à sa valeur vénale (Cass. com., 12 mai 2004, n° 01-13.697, Poirel, *AJDI,* 2005, 6, p. 498, note Maublanc). Concernant les meubles meublants et autres meubles corporels, la valeur est déterminée par une déclaration détaillée et estimative des parties (art. 758 CGI). Pour l'évaluation des bijoux, pierreries, objets d'art ou de collection il y a lieu de retenir le prix de la vente publique intervenue dans les deux ans de l'acte de donation, ou à défaut la déclaration détaillée et estimative des parties sans que celle-ci ne puisse être inférieure à 60 % de l'évaluation faite dans des contrats d'assurance.

II | LA LIQUIDATION

508 PRINCIPE. — Les règles de liquidation des droits de donation sont les mêmes que celles relatives aux droits de succession. L'impôt est calculé sur la part nette revenant à chaque ayant droit, ce qui concerne les mutations à titre gratuit qu'elles aient lieu entre vifs ou par décès. Les donations sont, en principe, soumises aux mêmes tarifs, abattements, réductions que pour les successions.

509 CHARGES ET RÉSERVES. — Le principe de la déduction du passif admis en matière de droits de succession n'est pas applicable aux donations. Il n'est pas possible, pour le calcul des droits de mutation à titre gratuit entre vifs, de retrancher de la valeur des biens donnés le montant des charges et dettes, même grevant les biens donnés, dont le paiement est imposé par le donateur au donataire. Lorsque le donateur se réserve l'usufruit des biens donnés, les droits de donation ne sont perçus que sur la valeur de la nue-propriété transmise aux donataires. La valeur respective de l'usufruit et de la nue-propriété est déterminée en fonction de l'âge de l'usufruitier selon un barème fixé à l'article 762 CGI. Toutefois, depuis le 1er janvier 2005, pour la liquidation des droits certaines dettes mises à la charge du donataire peuvent être déduites (art. 776 *bis* CGI). La dette est déductible si elle s'analyse en une obligation de payer. Si elle est certaine au jour de la donation, elle résulte d'un contrat ou a un lien avec le bien transmis. Les dettes contractées auprès du cercle familial ne sont pas déductibles.

III | QUELQUES RÉGIMES PARTICULIERS

510 TARIF. — Le tarif des droits de donations entre époux et entre partenaires d'un PACS s'établit ainsi (2009) :

Fraction de part nette taxable	*Tarif applicable (en %)*
N'excédant pas 7 922 €	5
Comprise entre 7 922 et 15 636 €	10
Comprise entre 15 636 et 31 272 €	15
Comprise entre 31 272 et 542 043 €	20
Comprise entre 542 043 et 886 032 €	30
Comprise entre 886 032 et 1 772 064 €	35
Au-delà de 1 772 064 €	40

511 DONS MANUELS. — Ils sont susceptibles d'être soumis aux droits de donation lorsqu'ils sont déclarés par le donataire dans un acte soumis à l'enregistrement, lorsqu'ils font l'objet d'une reconnaissance judiciaire, lorsqu'ils sont révélés spontanément ou non à l'administration fiscale par le donataire. Ceux-ci doivent être déclarés ou enregistrés dans le délai d'un mois à compter de la révélation. La valeur à retenir est celle au fait générateur de l'impôt, par exemple au jour de la révélation quand celle-ci est faite par le donataire.

Il a été jugé qu'il pouvait être fait application des dispositions de l'article 757, 2e alinéa CGI, relatif à la révélation des dons manuels, à une association. Selon le tribunal, une association qui présente sa comptabilité lors d'une vérification révèle les dons manuels qui y sont inscrits, ce qui la rend taxable aux droits de mutation à titre gratuit (TGI Nanterre, 4 juill. 2000, Association des Témoins de Jéhovah, *RJF,* 2000, 12, chron. de Guillenchmidt, p. 905).

La Cour de cassation a considéré que l'administration pouvait mettre les droits de mutation par décès à la charge d'un seul des cohéritiers, quand des dons manuels n'ont pas été déclarés, car ceux-ci sont solidairement responsables du complément de droits (Cass. com., 31 mars 2004, *Defrénois,* 2004, 18, p. 1214, note Douet).

512 DONATION INDIRECTE. — La volonté du donataire est un élément que l'on ne saurait ignorer. Par exemple, un contrat d'assurance vie a pu être requalifié en donation indirecte lorsque le souscripteur révèle sa volonté actuelle et irrévocable de se dépouiller en faveur d'un bénéficiaire désigné. En l'espèce le souscripteur du contrat se savait atteint d'une grave maladie et, trois jours avant son décès, il a désigné sa légataire universelle comme bénéficiaire des polices d'assurances vie qui représentaient 82 % de son patrimoine (Cass. Ch. mixte, 21 déc. 2007, n° 06-12.769, *JCP,* 2008, éd. E., 1265, note Hovasse).

513 PRESTATIONS APRÈS DIVORCE. — Les versements en capital au profit d'un enfant, après divorce des parents, ne sont soumis aux droits de donation que pour la fraction qui excède 2 700 € par année restant à courir jusqu'à l'âge de 18 ans du bénéficiaire (art. 757 A CGI). Les versements en capital entre ex-époux sont soumis aux droits de donation lorsqu'ils proviennent des biens propres de l'un d'eux.

514 DONATIONS-PARTAGES ET DONATIONS SIMPLES. — Les réductions de droits sont liées à l'âge du donateur et diffèrent selon qu'il s'agit d'une donation en nue-propriété ou autre :

Âge du donateur	*Donations en nue-propriété (en %)*	*Autres donations (en %)*
Moins de 70 ans	35	50
70 ans révolus et moins de 80 ans	10	30
80 ans et plus	Aucune réduction	Aucune réduction

Les donations entre époux ou entre partenaires de PACS donnent droit à un abattement fixé à 79 222 € (2009). Depuis le 1er avril 1996 existe un abattement (de 31 272 € en 2009) par part pour les donations par les grands-parents à leurs petits-enfants.

Pour aller plus loin

515 ASPECT HISTORIQUE. — Lire A. Neurisse, L'imposition des successions jusqu'à la Révolution, *Rev. Trésor,* 1992, 7, 463 (passionnant mais trop bref) ; C. David, L'opposition du réalisme économique et du droit civil en matière de droits d'enregistrement des sociétés, *Histoire du droit des finances publiques,* vol. II : *Les grandes étapes de l'évolution de la fiscalité d'État. Textes à l'appui,* Economica, coll. « Finances publiques », 1987, p. 461 (pour l'essentiel : commentaire de la loi du 12 juill. 1965).

516 LES DROITS D'ENREGISTREMENT. — Les principes gouvernant les droits de l'enregistrement sont relativement stables. On peut utiliser quelques ouvrages anciens notamment : E. Pilon, *Principes et techniques des droits d'enregistrement,* Dalloz, 1929 ; C. David, *Droits d'enregistrement et taxe de publicité foncière,* Dalloz, coll. « Mémentos », 1984. Complétez par P. Beltrame, C. Aime, *Les droits d'enregistrement,* PUF, coll. « Que sais-je ? », 1989 (analyse critique) ; P. Beltrame, Les paradoxes des droits d'enregistrement, *RFFP,* 1993, 42, p. 7 (de l'intérêt à les garder) ; A. Lefeuvre, De la restitution des droits de mutation acquittés à tort motivée par des événements postérieurs à leur paiement, *JCP N,* 2002, 2, 1030 (examen circonstancié des principes qui datent de la loi du 22 frimaire an VII, modifiée en 1902, codifiée sous article 1961 CGI) ; B. Hatoux, L'évaluation des biens en matière de droits d'enregistrement, *RJF,* 2002, 2, 117 (synthèse de la jurisprudence) ; M. Iwanesko et P. J. Saint-Amand, Le nouveau barème d'évaluation de l'usufruit : un premier pas dans la bonne direction, *BF Lefebvre,* 2005, 1, 5 (certains aspects du barème restent à parfaire).

Les conséquences concernant les droits d'enregistrement lors de transferts de titres à l'occasion de restructurations internationales : P. Donsimoni, Territorialité des droits d'enregistrement, *JCP,* 2001, éd. E, p. 936.

M. Marteau-Petit, Incertitudes sur la notion de « droit de mutation », *JCP,* 1992, éd. E, I, 200 (incertitudes tant au regard du droit civil qu'au regard du droit fiscal).

Consultez le 8e rapport (1986) du Conseil des impôts consacré à l'imposition du capital et complétez par la *RFFP,* 1993, 42, a publié un numéro consacré aux droits d'enregistrement (indispensable). Complétez par le 16e rapport (1998) du Conseil des impôts ayant trait à l'imposition du patrimoine (droits de mutation à titre onéreux et à titre gratuit).

C. Delory et J. Devred, La progressivité de l'impôt de mutation à titre gratuit et l'euro, *JCP N,* 2002, 8-9, 1168 (intéressant).

517 LES DROITS DE SUCCESSIONS. — J. Fingerhut, Le 25e anniversaire de la loi du 31 décembre 1968 instituant la dation en paiement, *Les Petites Affiches,* 1993, 151, 14 ; L. Martin, Un aspect méconnu des rapports en matière de succession, *DF,* 1994, 16-17, 713 (le délicat problème de l'évaluation de la matière imposable) ; L. Martin, Les règles de la liquidation des droits de succession et l'exonération des immeubles neufs affectés à l'habitation principale, *DF,* 1994, 23, 972 (combinaison de l'article 883 du Code civil avec l'article 793-2-4 CGI) ; L. Martin, Les omissions d'argent comptant dans les déclarations de succession, *JCP N,* 1994, 23, I, 215. Critique convaincante des droits de succession par J.-B. Geffroy, De la discrimination à la confiscation. Les droits de succession en question, *RFFP,* 1997, 59, 177 ; A. Chappert, Le traitement fiscal d'une clause tontine et de la renonciation à une telle clause, *Defrénois,* 2002, 37494 (avec des exemples chiffrés). Pour une réflexion plus globale : F. Cailleteau, L'imposition des successions ou comment changer de conception de la taxation par omission, *RFFP,* 2005, 89, 257 à compléter par la publication des actes d'un colloque, La réforme des successions et des libéralités : quels enjeux pour la transmission de l'entreprise familiale, *JCP N,* 2006, 1296 (indispensable).

Quand les droits de mutation à titre gratuit peuvent s'avérer plus avantageux que les droits de mutation à titre onéreux : G. Rivière, Quand le PACS titille un tantinet la tontine, *JCP N,* 2000, 1723.

Pour un commentaire avisé de la loi no 2001-1135 du 3 décembre 2001 qui étend les droits *ab intestat* de l'époux : M. Iwanesko, Les libéralités atypiques de l'article 758-5 nouveau du Code civil, *Les Petites Affiches,* 2002, 176, 6 ; complétez par R. Libchaber, Les droits nouveaux du conjoint survivant, *BF Lefebvre,* 2002, 2, 73 et A. Depondt et P. Brelier, Droits du conjoint survivant et des enfants adultérins, *BF Lefebvre,* 2002, 5, 329.

Commentaire de l'instruction du 18 juillet 2001 relative à l'exonération partielle applicable à la transmission d'entreprise : F. Fruleux, Le nouveau régime des exonérations partielles applicables aux transmissions d'entreprises individuelles ou sociétaires, *JCP N,* 2001, 40, 1451.

518 LES DONATIONS. — P. Philip, Le régime fiscal des donations est-il applicable aux personnes morales ?, *DF,* 1992, 42, 1593 ; F. Deboissy, Le fisc, les donations atypiques et l'intention libérale, *Les Petites Affiches,* 1993, 84, 7 ; P. Berger, La donation indirecte de valeurs mobilières, *Droit et patrimoine,* 1994, 14, 31 (commentaire art. 757 CGI) ; E. Kornprobst, Les donations rémunératoires. La conception civile à l'épreuve de la fiscalité, *DF,* 1995, 10, 501 (important) ; A. Chappert, L'optimisation fiscale de la fiscalité des donations, *Defrénois,* 2000, art. 37141 (comment gérer le temps), N. Levillain et A. Chappert, Rapport et réduction des donations : aspects fiscaux, *Defrénois,* 2001, art. 37372 (bonne synthèse). La position du TGI de Nanterre quant à l'utilisation de l'article 757 a fait l'objet de commentaires circonstanciés : A. Chappert, Un aspect particulier de l'affaire « Les Témoins de Jéhovah » : l'exonération de l'article 757 du CGI est-elle applicable ?, *Defrénois,* 2001, art. 37398 ; M. Deslandes, Le point sur le dispositif d'allégement des droits de donation dus sur les transmissions d'entreprises sociétaires, *JCP N,* 2004, 25, 995 (les mécanismes de l'article 787 B CGI) ; D. Faucher, Assurance vie : requalification en donation indirecte, *JCP,* 2004, 16-17, 694 (une requalification discutable au regard de l'article 894 du Code civil).

Chapitre 2

Les taxes foncières

519 GÉNÉRALITÉS. — La taxe sur les propriétés bâties, la taxe d'habitation, la taxe sur les propriétés non bâties sont des impôts locaux assis non pas sur la valeur vénale du bien mais sur le revenu qu'il est supposé procurer alors même que ce revenu serait inexistant. Cette particularité ne s'explique que par leur origine indiciaire ayant à l'origine pour objet d'apprécier les facultés contributives des propriétaires.

L'imposition est établie pour l'année entière d'après les faits existants au 1er janvier de l'année d'imposition (art. 1415 CGI). Les augmentations de matière imposable et les changements de propriétaires en cours d'année ne donnent pas lieu à imposition au titre de l'année au cours duquel ils interviennent à l'exception du dégrèvement qui peut être prononcé en cas de vacance d'une habitation, de l'inexploitation d'un immeuble à usage commercial ou industriel, ou en cas de disparition d'un immeuble non bâti par suite d'un événement extraordinaire.

La constatation annuelle des changements affectant la situation d'une propriété bâtie ou non bâtie est susceptible d'entraîner une modification de leur valeur locative. Toutefois, la nouvelle base n'est retenue qu'à compter du 1er janvier suivant la réalisation du changement, sauf s'il s'agit d'une construction nouvelle bénéficiant d'une exonération temporaire (art. 1516 CGI).

En contrepartie des frais de confection des rôles et de dégrèvement qu'il prend à sa charge pour le compte des collectivités locales, l'État perçoit une somme égale à 8 % des cotisations perçues au profit des collectivités locales et de leurs groupements. Ce taux comprend le prélèvement de 4,40 % au titre des frais d'assiette et de recouvrement et un prélèvement de 3,60 % pour frais de dégrèvement et de non-valeurs.

Section I
La taxe foncière sur les propriétés bâties

I | Propriétés imposables et exonérations

520 Articles 1380 et 1381 CGI. — La taxe foncière sur les propriétés bâties est due par les propriétaires ou usufruitiers des immeubles bâtis, situés en France. Les propriétés bâties sont des constructions élevées au-dessus du sol, mais également diverses catégories de biens qui ne sont pas des immeubles bâtis tels certains terrains et sols notamment.

Les immeubles visés doivent être fixés au sol à perpétuelle demeure, de telle façon qu'il soit impossible de les déplacer sans les démolir. Ils doivent présenter le caractère de véritables constructions, y compris les aménagements faisant corps avec elles. Constituent des dépendances des parcelles de terrains (passages, cours...) sans lesquelles l'habitation des constructions serait impossible (CE 23 nov. 1992, Salvano, *DF,* 1993, 9, 431, concl. Fouquet).

Sont des propriétés imposables des installations commerciales ou industrielles destinées à abriter des personnes ou des biens (hangars, ateliers...), à stocker des produits (cuves, silos, réservoirs...). Dans un arrêt de principe le Conseil d'État a précisé qu'ont la nature d'établissement industriel pour l'assujettissement à la taxe les établissements dont l'activité nécessite d'importants moyens techniques, non seulement lorsque cette activité consiste dans la fabrication ou la transformation de biens corporels mobiliers, mais aussi lorsque le rôle des installations techniques, matériels et outillages mis en œuvre, et ce même pour les besoins d'une autre activité, est prépondérant (CE 27 juill. 2005, req. 261, 8809 et 273663, Miroline, *DF,* 2005, 47, comm. 754, concl. Olléon).

De même des ouvrages de maçonnerie présentant le caractère de véritables constructions et les ouvrage d'art (ponts, quais...), à l'exception des voies ferrées et autres voies de communication, sont imposables à la taxe foncière. En conséquence, sont exonérés les baraquements mobiles, les caravanes, les wagons dortoirs, etc. Pour éviter la surimposition de l'appareil de production déjà inclus dans les bases de la taxe professionnelle l'outillage, les installations et moyens matériels d'exploitation des établissements industriels sont hors du champ d'application des taxes foncières (CE 17 nov. 1982, n° 30828, *RJF,* 1983, 1, 6, chron. Racine).

Le juge a parfois apporté sa pierre à l'édifice, il a notamment défini des critères permettant de qualifier de propriété bâtie certaines habitations légères de loisirs. Il a retenu trois critères : connexion aux réseaux d'eau potable et d'eaux usées, l'existence d'un socle de béton sous la construction et l'absence de vocation à être déplacée, sachant que les deux dernières conditions suffisent à différencier une habitation de loisir mobile d'une habitation de loisir à perpétuelle demeure soumise à la taxe (CE 28 déc. 2005, req. 266558, Sté Fonciast, *BDCF,* 2006, 3, 24, concl. Collin).

521 EXONÉRATIONS PERMANENTES. — Certains immeubles bénéficient pour une durée illimitée de l'exonération totale de taxe, tant que les critères d'exonération sont remplis (art. 1382 CGI). Il s'agit des propriétés publiques appartenant à l'État, aux collectivités territoriales, aux établissements publics, scientifiques, d'enseignement, d'assistance, et aux organismes publics n'ayant pas un caractère industriel ou commercial, à condition qu'elles soient affectées à un service public ou d'utilité générale et qu'elles soient improductives de revenus. L'exonération profite aux logements des gardiens et fonctionnaires lorsque ceux-ci sont logés gratuitement, par nécessité absolue de service et si l'immeuble n'est pas productif de revenus. L'exonération est maintenue en cas de vacance des locaux. De la même manière, les bâtiments ruraux affectés de manière exclusive et permanente à usage agricole et servant aux exploitations rurales (écuries, granges...) ou aux sociétés coopératives agricoles et leurs unions sont exonérés. Enfin citons notamment au titre des exonérations : les édifices affectés à l'exercice public d'un culte (art. 1382-4

CGI), les ouvrages et installations pour la distribution d'eau potable (art. 1382-3 CGI).

L'exonération en faveur des contribuables âgés de plus de 75 ans non assujettis à l'impôt sur le revenu (art. 1391 CGI) s'applique également aux résidences secondaires (CE 20 oct. 2000, n° 205635, *BDCF,* 2001, 1, concl. Mignon).

522 EXONÉRATIONS TEMPORAIRES. — L'exonération peut être de deux ans pour certains locaux à usage professionnel ou d'habitation : les constructions nouvelles, reconstructions et additions de constructions. L'exonération vaut pour les deux ans qui suivent leur achèvement (art. 1383 CGI). L'exonération de deux ans vaut aussi pour la conversion d'un bâtiment rural en maison d'habitation, en usine ou en local commercial. Les entreprises nouvelles peuvent bénéficier, après délibération des collectivités locales, d'une exonération pendant les deux années qui suivent celle de leur création, pour les établissements qu'elles ont créés ou repris à une entreprise en difficulté (art. 1383-A CGI). Cette exonération porte sur la totalité de la part revenant à la collectivité ayant pris la décision.

L'exonération peut être de quinze ans pour les constructions neuves affectées à l'habitation principale qui ont été financées selon le régime propre aux habitations à loyer modéré (art. 1384 CGI), ou qui ont été financées à concurrence de plus de 50 % au moyen des prêts aidés par l'État.

À compter de 2000, les locaux acquis ou aménagés avec une aide de l'État à la création d'hébergements d'urgence destinés aux personnes défavorisées bénéficient d'une exonération de quinze ans.

Dans le cadre du « pacte de relance pour la ville », à compter du 1er janvier 1997, les immeubles situés dans les zones franches urbaines et affectés à une activité professionnelle entrant dans le champ d'application de la taxe professionnelle sont exonérés de taxes foncières pour cinq ans (art. 1383 B CGI). L'article 17-III de la loi de finances pour 2002 met un terme à ce dispositif à compter du 1er janvier 2002. Ainsi les immeubles situés dans une zone franche urbaine et affectés à une activité entrant dans le champ d'application de la taxe professionnelle ne bénéficient plus de cette exonération. Les immeubles des jeunes entreprises innovantes ou implantés dans un pôle de compétitivité, les établissements des entreprises nouvelles ou encore ceux qui sont situés dans des bassins d'emploi à redynamiser ou des zones de restructuration de la défense font l'objet, dans certaines conditions, d'exonérations d'une durée variable.

523 DÉGRÈVEMENT. — Les contribuable peuvent obtenir le dégrèvement de leur imposition, ce qui est une exception au principe de l'annualité, en cas de vacance d'une habitation normalement destinée à la location, ou en cas d'inexploitation d'un immeuble qui était utilisé par le contribuable lui-même à usage commercial ou industriel (art. 1389 CGI). Cette situation doit être indépendante de la volonté du contribuable, d'une durée de trois mois au moins et affecter soit la totalité de l'immeuble, soit une partie susceptible de location ou d'exploitation séparée. Les difficultés d'ordre économique ou d'ordre technique rencontrées par une entreprise n'ouvrent pas droit à un dégrèvement d'office de la taxe (CE 20 juill. 1988, Sté Radio et Sté industrielle Grundig Radio, *DF,* 1988, 45, 2085, concl. de Saint-Pulgent). De la même façon le déséquilibre entre l'offre et la demande de logements ne constitue pas une cause de vacance susceptible d'entraîner un dégrèvement de taxe car celle-ci ne résulte pas de circonstances indépendantes de la volonté du loueur, celui-ci n'ayant pas baissé le montant de ses loyers alors même que la réglementation l'y autorise (CE 9 avr. 2004, req. 240857, Office public d'habitations à loyer modéré du Tarn, *BDCF,* 2004, 7, 43, concl. Bachelier). Les habitations qui sont offertes à la location toute l'année mais qui ne sont louées que pour une courte période peuvent bénéficier d'un dégrèvement pour « vacance » car l'article 1389 CGI n'impose aucune durée minimale de location (CE 14 avr. 2008, req. 289978, Mme Séguier, *DF,* 2008, 22, comm. 352, concl. Escaut).

La réclamation doit être présentée au service des impôts dont dépend le lieu d'imposition et être présentée au plus tard le 31 décembre de l'année suivant celle au cours de laquelle la vacance ou l'inexploitation atteint une durée de trois mois (art. R*196-5 LPF).

II | Détermination de la base d'imposition et calcul de l'impôt

524 Principes. — L'imposition est établie dans la commune où est situé le bien imposable (art. 1399 CGI). Le montant de la taxe due par chaque contribuable correspond au produit du revenu net cadastral de la propriété par le taux de l'impôt voté par chaque collectivité locale. Le revenu net cadastral est obtenu en appliquant à la valeur locative cadastrale, après actualisation, revalorisation et majorations éventuelles, un abattement de 50 %. La valeur locative traduit le rendement théorique brut d'une propriété immobilière, elle est déterminée par l'administration à partir de locaux et de biens types et fait l'objet de mises à jour, d'actualisations. Cette valeur est utilisée dans l'assiette des impôts locaux (taxe d'habitation taxe professionnelles pour partie...). L'abattement forfaitaire de 50 % couvre les frais et charges de gestion et d'entretien de l'immeuble (réparations, assurances, amortissement...).

À l'issue d'une période d'exonération un immeuble est imposé à la taxe foncière non sur la valeur initiale mais sur sa valeur actualisée par les coefficients forfaitaires annuels de majoration (CE 17 nov. 2000, n°s 193289, 193290 et 193291, *DF,* 2001, 28, 657).

525 Le débiteur de l'impôt. — Toute propriété doit être imposée au nom du propriétaire au 1er janvier de l'imposition (art. 1415 CGI). Toutefois, l'impôt doit être supporté par celui qui en a la propriété utile. Lorsque l'immeuble est grevé d'usufruit, la taxe est établie au nom de l'usufruitier (art. 1400-II CGI). Dans le cas de vente en viager, avec réserve du droit d'usage et d'habitation au profit du vendeur, l'acheteur est passible de la taxe. Lorsqu'un immeuble est en état d'indivision entre les héritiers, l'impôt est établi au nom de l'ancien propriétaire décédé représenté collectivement par la succession, tant que la mutation cadastrale n'a pas été effectuée.

Section II
La taxe foncière sur les propriétés non bâties

I | Propriétés imposables et exonérations

526 Article 1393 cgi. — La taxe foncière est établie chaque année sur les propriétés non bâties de toute nature situées en France, à l'exception de celles qui sont expressément exonérées. Elle est notamment due pour les carrières, les mines et tourbières, les étangs, les terrains occupés par les serres affectés à une exploitation agricole. La jurisprudence semble étendre le champ d'application. Par exemple : un terrain qui a fait l'objet d'une autorisation de lotir est réputé terrain à bâtir pour le calcul de la taxe dès lors que le propriétaire n'était pas dans l'impossibilité de mener à bien son projet pour des raisons indépendantes de sa volonté (ce 20 févr. 1991, Joly, *Les Petites Affiches,* 1991, 80, 4, concl. Arrighi de Casanova). Autre exemple : des terrains de tennis non couverts entrent dans le champ d'application de la taxe dès lors qu'ils font l'objet d'un usage industriel et commercial, peu importe que ce soit une association sans but lucratif qui les utilise (ce 25 juin 2003, *BDCF,* 2003, 10, 16, concl. Collin).

527 Exonérations permanentes. — Les propriétés publiques appartenant à l'État, ou aux collectivités locales dès lors qu'elles sont affectées à un service public ou d'utilité générale et qu'elles sont improductives de revenus sont exonérées. Toutefois, les immeubles qui sont incorporés gratuitement au domaine de l'État, des collectivités locales ou des établissements publics scientifiques, d'enseignement ou d'assistance en vertu d'une convention, sont imposables jusqu'à l'expiration de celle-ci, au nom de la collectivité propriétaire (art. 1394-2 cgi). Sont exonérés les terrains appartenant à certaines associations (associations de mutilés de guerre ou du travail, associations syndicales de propriétaires...). Au titre de 1995 et des années suivantes, il est accordé une exonération permanente de certaines propriétés non bâties situées en Corse (art. 1394 B et 1586 E CGI).

Les terres agricoles sont exonérées pour la part régionale depuis 1993, pour la part départementale depuis 1996 et pour la taxe spéciale d'équipement depuis 1996. Elles sont également exonérées de la taxe perçue au profit du budget annexe des prestations sociales agricoles.

528 EXONÉRATIONS TEMPORAIRES. — Applicables de plein droit ou sur décision des collectivités territoriales ces exonérations sont variées. Retenons quelques exemples : les collectivités territoriales peuvent, sur délibérations, exonérer totalement sur la part qui leur revient les terrains nouvellement plantés en noyers pour une durée de huit ans au maximum (art. 1395 A CGI), ou les terrains plantés en arbres truffiers pendant quinze ans suivant celle de leur plantation (art. 1395 B CGI). Les terrains ensemencés, plantés ou replantés en bois sont exonérés pendant trente ans. Les terrains situés dans un site Natura 2000, gérés dans le respect d'une charte particulière, sont exonérés de plein droit pendant cinq ans renouvelables. À compter du 1er janvier 2009, les terrains agricoles exploités, dans certaines conditions, selon le mode de production biologique bénéficient d'une exonération de cinq ans sur décision des collectivités.

529 DÉGRÈVEMENTS. — Des dégrèvements peuvent être obtenus sur réclamation du contribuable en cas de disparition d'un immeuble non bâti (inondation, avalanche...), en cas de pertes de récoltes sur pied (grêle, gelée, incendie...), en cas de pertes de bétail par suite d'épizootie. Les jeunes agriculteurs installés à compter du 1er janvier 1992 peuvent être dégrevés de la taxe à compter de 1993 s'ils bénéficient d'une dotation d'installation, sur décision des collectivités territoriales et pendant cinq ans au maximum à compter de l'année suivant leur installation. Le dégrèvement est accordé au propriétaire, débiteur légal de la taxe, qui peut en faire bénéficier le fermier.

II | DÉTERMINATION DE LA BASE D'IMPOSITION ET CALCUL DE L'IMPÔT

530 CAS GÉNÉRAL. — La taxe est établie d'après la valeur locative cadastrale de ces propriétés. Cette valeur locative est ensuite diminuée d'un abattement de 20 % de façon à obtenir le revenu cadastral servant à l'imposition. Cet abattement forfaitaire est destiné à compenser forfaitairement des frais et charges des propriétaires. La base d'imposition est égale à 80 % de la valeur locative cadastrale des biens. Le montant de la taxe est calculé en multipliant le revenu cadastral par le taux de l'impôt voté par les collectivités locales.

531 CAS PARTICULIER. — La valeur locative cadastrale des terrains situés en zone urbaine des communes dotées d'un plan d'occupation des sols approuvé conformément au Code de l'urbanisme peut, sur délibération du conseil municipal et pour le calcul de la seule contribution communale, être majorée dans la limite de 500 % (art. 1396 CGI). Cette disposition ne s'applique ni aux terrains classés dans la catégorie des terrains à bâtir, ni aux terrains non constructibles au regard du plan d'occupation des sols.

Pour aller plus loin

532 L'IMPÔT FONCIER. — P. Prieur et J. Chaveneau, *Code de l'impôt foncier et de la taxe des biens de mainmorte,* Librairie des sciences politiques et sociales, 1924 (exposé didactique des principaux textes entre la loi du 3 frimaire An VIII et la loi du 26 mars 1924) ; T. Dreux, *Le cadastre et l'impôt foncier,* Eyrolles, 1933 ; T. Lambert, *Impôts directs locaux,* Economica, coll. « Audit-gestion-fiscalité », 1987 ; R. Dosière, *La fiscalité locale,* PUF, coll. « Que sais-je ? », 1996 ; fasc. rédigés par T. Lambert dans *L'Encyclopédie Dalloz. Collectivités locales : taxe foncière sur les propriétés bâties (2008), taxe foncière sur les propriétés non bâties (2009).* Complétez par la lecture de *RFFP,* 1995, 50, consacrée à la gestion de la fiscalité locale.

F. Rueda, Le juge de l'impôt foncier et la modernité au XIXe siècle, *RFFP,* 1999, 66, 131 (beaucoup d'érudition) ; B. Toulemont et A. Botte, Valeur locative des locaux commerciaux : la jurisprudence Automar ou l'avancée des droits du contribuable ?, *Nouvelles fiscales,* 2005, 934, 4 (la charge de la preuve quand à l'évaluation).

Y. Bénard, Qu'est-ce qu'un établissement industriel ?, *RJF,* 2005, 11, 811 (art. commentant la jurisprudence définissant l'établissement industriel. Sur le même sujet : concl. Olléon sur CE 27 juillet 2005, req. 261899 et 273663, Sté des pétroles Miroline, *BDCF,* 2005, 11, 49 (conclusions contraires) et note Fouquet, *DF,* 2005, 47, comm. 754).

Pour une analyse de la jurisprudence : Y. Bénard, Valeurs locatives foncières : panorama de la jurisprudence, 2006, *RJF,* 2007, 1, 95, et V. Daumas, Valeurs locatives foncières : le mécano jurisprudentiel, *RJF,* 8-9, 2009, 635.

533 RÉFLEXIONS SUR LES TAXES FONCIÈRES. — Le bilan des taxes foncières a été dressé dans le 8ᵉ rapport du Conseil des impôts consacré à l'imposition du capital, 1986, complétez par le commentaire circonstancié de ce rapport fait par C. Bruno, Faut-il envisager une réforme des taxes foncières ?, *AJPI,* 1987, 142.

La taxe foncière sur le non-bâti n'est pas indifférente aux modes d'exploitation des terres et à la gestion de l'espace rural. Sur ce sujet lire T. Schmitt, Gestion de l'environnement. Taxe sur le foncier non bâti et modes de faire-valoir, *Économie rurale,* 1992, 208-209, 129 ; T. Schmitt, *L'impôt foncier, l'espace rural et l'environnement,* L'Harmattan, coll. « Dossier environnement », 1993 (ouvrage à lire pour qui s'intéresse aux relations entre fiscalité et environnement).

Chapitre 3
La taxe professionnelle

Si la loi du 2-17 mars 1791 donne à chacun la liberté d'exercer la profession de son choix, elle oblige à se pourvoir d'une patente à la suite d'une déclaration. La suppression de la patente et son remplacement par la taxe professionnelle avaient été prévus par une ordonnance du 7 janvier 1959. La loi du 29 juillet 1975 a réalisé cette réforme et substitué la patente à la taxe professionnelle. Celle-ci est un impôt sur la richesse de l'entreprise assis sur les immobilisations et la masse salariale. Le taux de la taxe voté par les assemblées délibérantes des collectivités locales ne peut plus excéder deux fois le taux moyen de cette taxe constaté l'année précédente au niveau national pour l'ensemble des collectivités de même nature (art. 1636 B *septies* CGI). Particulièrement mal conçu, inégalitaire, pénalisant l'investissement et l'emploi il est, en attendant son remplacement ou sa suppression, en état de réforme permanente.

Très attendue, la refonte de la taxe professionnelle doit être inscrite dans la loi de finances pour 2010.

Section I
Activités imposables et exonérations

I | Personnes et activités imposables

534 Article 1447 CGI. — La taxe est due chaque année par toutes les personnes physiques ou morales qui exercent à titre habituel (de manière répétitive même non permanente) une activité professionnelle non salariée localisée en France (locaux ou terrains) pour laquelle aucune exonération n'est prévue.

Elle est établie au nom de la personne morale, si elle est dotée de la personnalité morale. Pour les sociétés civiles professionnelles, les sociétés civiles de moyens et les groupements réunissant des membres des professions libérales, l'imposition est établie au nom de chacun des membres qui les composent au prorata de ses parts. Pour les sociétés de fait et les sociétés en participation, l'imposition est établie au nom des associés connus des tiers afin d'assurer le paiement solidaire de la cotisation.

Une SCI qui réalise une opération unique de construction-vente, même longue et complexe, ne remplit pas la condition d'habitude au sens de l'article 1447 CGI et ne peut pas être assujettie à la taxe (CE 26 déc. 2008, req. 308039, Min c/ SCI Mirabeau, *Dr. sociétés,* 2009, comm. 64, note Pierre).

Une association à but non lucratif n'est pas soumise à la taxe professionnelle sauf lorsque sa gestion est intéressée, ou si la gestion est désintéressée, lorsque l'association concurrence le secteur commercial et exerce son activité selon des modalités de gestion similaires à celles des entreprises commerciales.

Un groupement d'intérêt économique est passible de la taxe pour la partie de son activité qui est de nature commerciale, peu importe que les membres qui le constitue soient réputés sans but lucratif (CE 1er juin 2001, no 205838, *BDCF,* 2001, 8-9, concl. Courtial). Il n'y a aucune raison que l'État ne soit pas assujetti à la taxe s'il se comporte comme un acteur économique sur un marché (CE 16 mai 2007, req. 272727, Communauté de communes du pays de Landerneau-Daoulas, *BDCF,* 2007, 8-9, 37, concl. Vallée).

II | Exonérations permanentes

Celles-ci s'appliquent sur tout le territoire et sont de plein droit. Nous ne retiendrons ici que les principales.

535 Activités industrielles ou commerciales. — Sont exonérés les éditeurs de périodiques les entreprises de presse (art. 1458-1 CGI), les loueurs en meublés qui effectuent des locations accidentelles d'une partie de leur habitation principale ou des locations ou sous-locations d'une partie de leur habitation principale à un prix raisonnable (art. 1459 CGI). Il en va ainsi, par exemple, de la location d'une pièce à un étudiant.

536 ACTIVITÉS AGRICOLES. — Sont exonérées les activités agricoles définies au sens de l'article 63 CGI exercées par les exploitants individuels ou sous forme de sociétés (même soumises à l'IS) et, depuis 1996, les groupements d'employeurs constitués d'exploitants agricoles individuels ou de sociétés civiles agricoles bénéficiant eux-mêmes de l'exonération (art. 1450 et 1451 CGI). Il en va de même des organismes agricoles, coopératives agricoles et sociétés d'intérêt collectif agricole. À noter que l'exonération s'étend aux activités non agricoles exercées par un agriculteur.

537 ACTIVITÉS NON COMMERCIALES. — Certaines activités non commerciales sont exonérées : artistes peintres, sculpteurs, dessinateurs ne vendant que le produit de leur art, les professeurs de lettres, sciences et arts d'agrément ne possédant pas de véritable établissement ouvert au public... (art. 1460-2 à 7 CGI).

538 ACTIVITÉS ARTISANALES. — Est exonéré le travailleur individuel, éventuellement organisé sous forme d'EURL, dont l'activité se caractérise par la prépondérance du travail manuel, l'absence de spéculation sur la matière première, la faible importance du capital engagé (art. 1452 à 1455 CGI). L'exonération bénéficie à ceux qui travaillent seuls ou avec des concours limités : le conjoint, les enfants, les apprentis de 20 ans au plus sous contrat régulier d'apprentissage. Il a été jugé qu'une société coopérative d'artisans bénéficie de l'exonération dès lors qu'elle « est constituée et fonctionne conformément aux dispositions législatives et réglementaires qui régissent ces organismes » indépendamment d'autres considérations (CE 2 nov. 1994, SA Coopérative artisanale des bouchers et charcutiers du Finistère, Sté coopérative des artisans et professionnels de l'automobile de la Manche, *DF,* 1995, 15, 780, concl. Loloum).

III | Exonérations temporaires

539 Sur délibérations des collectivités locales. — Chaque collectivité ou groupement doté d'une fiscalité propre délibère sur l'application de l'exonération pour la part de la taxe qui lui revient (art. 1466 CGI). Ceci ne vaut ni pour la taxe pour frais de chambres de commerce et d'industrie, ni pour la taxe pour frais de chambres des métiers. La délibération doit être prise généralement avant le 1er juillet d'une année pour être applicable au 1er janvier de l'année suivante. La délibération fixe la durée de l'exonération, la quotité de celle-ci et la nature des opérations exonérées.

Les opérations susceptibles de bénéficier de l'exonération sont, notamment, les reprises ou reconversions d'entreprises en difficulté, les transferts hors du Bassin parisien et de la région lyonnaise d'installations précédemment installées dans ces régions, l'installation dans certaines zones d'aménagement du territoire (art. 1465 CGI).

540 Sans délibérations des collectivités locales. — Des exonérations temporaires peuvent être accordées, sauf délibérations contraires des collectivités locales. Cette opération peut être réalisée soit sur simple demande, soit sous condition d'obtention d'un agrément individuel préalable.

Sont concernés les investissements dans des installations qui assurent la protection de l'environnement, les installations destinées à la lutte contre la pollution des eaux et de l'atmosphère, les matériels destinés à économiser l'énergie ou à réduire le bruit.

Peuvent être exonérées les entreprises nouvelles, celles qui sont créées pour la reprise d'une entreprise en difficulté mais aussi les médecins et auxiliaires médicaux s'installant dans les communes à faible population.

541 Exonérations dans le cadre de l'aménagement du territoire. — Ces exonérations ont pour but d'inciter les entreprises à venir s'installer dans des zones peu industrialisées. La loi d'orientation pour l'aménagement du territoire a apporté de nombreuses modifications au dispositif existant et a mis en place un nouveau découpage territorial pour l'application des régimes d'exonérations temporaires liés à l'aménagement du territoire. Des décrets et instructions fixent les différents zonages bénéficiant d'exonérations de taxe professionnelle. Sont concernées, notamment, les zones de revitalisation rurale, les zones urbaines sensibles, les zones de redynamisation urbaine et zones franches urbaines.

La loi relative à la zone franche de Corse institue une exonération de taxe professionnelle applicable sur l'ensemble du territoire des départements de Haute-Corse et de Corse-du-Sud. Cette exonération est de droit mais peut être supprimée sur délibération des communes ou de leurs groupements dotés d'une fiscalité propre.

Section II
Détermination de la base d'imposition

La base d'imposition est constituée de la somme de deux éléments : la valeur locative de l'ensemble des immobilisations corporelles dont a disposé le redevable pour les besoins de sa profession et une fraction des salaires et des rémunérations versées aux dirigeants de société pour la généralité des contribuables, ou une fraction des recettes pour les titulaires de BNC, les agents d'affaires et intermédiaires de commerce employant moins de cinq salariés.

I | Premier élément de la base

542 Principe. — Les immobilisations incorporelles ne sont jamais imposées. Sont imposables tous les biens et valeurs destinés à rester durablement dans l'entreprise sous la même forme pour servir de moyens d'exploitation (matériel, outillage, mobilier...), s'ils sont affectés à un usage professionnel y compris les matériels inutilisés, s'ils sont situés sur le territoire national et s'ils ne sont pas expressément exonérés (art. 1469 CGI). Les immobilisations doivent être à la disposition de l'entreprise c'est-à-dire lui appartenir ou être utilisées à titre gratuit, ou être prises en location, ou faire l'objet d'un contrat de crédit-bail mobilier, ou être utilisées à titre de concessionnaire, peu importe que le contribuable en fasse un usage effectif (CE 18 févr. 2002, n° 220796, *RJF,* 2002, 5, 520).

Les immobilisations détruites ou cédées sont exonérées.

543 VALEUR LOCATIVE. — Pour les terrains et les constructions qui sont soumis à la taxe foncière, on retient la valeur locative cadastrale, sans déduction de l'abattement de 50 % ou de 20 % appliqué pour déterminer le revenu cadastral, sans tenir compte de l'actualisation des valeurs locatives opérée depuis 1980. Ces immeubles sont imposés à la fois aux taxes foncières et à la taxe professionnelle. Pour les équipements et biens mobiliers, la valeur locative est fixée à 16 % du prix de revient. La valeur locative applicable à certaines activités (usines nucléaires, aéroports, entreprise saisonnières, entreprises de travaux agricoles...) peut être réduite. À noter que la valeur locative d'un bâtiment inutilisé par une société doit être retenue dès lors que celui-ci est à la libre disposition de la société et est matériellement utilisable pour l'usage auquel elle le destine (CE 18 févr. 2002, n° 220796, concl. Goulard, *BDCF,* 2002, 5, 63).

544 ÉQUIPEMENTS ET BIENS MOBILIERS. — Pour les biens amortissables sur moins de trente ans, appartenant au contribuable ou qui lui sont concédés, la valeur locative est égale à 16 % du prix de revient, celui-ci étant la valeur d'origine du bien évaluée selon les règles applicables en matière de bénéfices industriels et commerciaux. Pour ceux qui sont amortissables sur au moins trente ans, la valeur locative est déterminée selon les règles applicables aux bâtiments industriels en matière de taxe foncière. La valeur locative de ces équipements peut faire l'objet d'un abattement de 3 800 €, pour les entreprises qui étaient déjà imposées en 1982 sur la valeur locative de leurs équipements et biens mobiliers, ou d'un abattement dégressif pour les autres.

Le prix de revient d'un bien à partir duquel se calcule la valeur locative est la valeur d'origine pour laquelle il a été inscrit au bilan (art. 1469 et 38 *quinquies* de l'annexe II CGI). Si ce bien a été acquis dans le cadre d'un apport partiel d'actif ou de fusion à la valeur comptable, cette valeur d'origine est celle retenue dans le traité d'apport, c'est-à-dire d'après la valeur comptable nette après déduction des annuités d'amortissement pratiquées par la société apporteuse (CE avis 28 oct. 2005, req. 279961, SA Camif catalogues, *RJF*, 2006, 1, 13, concl. Vallée).

II | Second élément de la base

545 Généralités des cas. — Il est constitué par 18 % des salaires et des rémunérations des dirigeants, y compris les avantages en nature, indemnités diverses remboursements forfaitaires de frais, et avant déduction des cotisations sociales, des retenues pour la retraite, déduction faite d'un abattement par entreprise et par commune. Sont exclus les salaires versés aux apprentis sous contrat, aux handicapés physiques, aux mutilés de guerre, au conjoint de l'exploitant pour la fraction non admise en déduction du bénéfice. À compter des impositions établies au titre de 2003, la part salariale de l'assiette de la taxe professionnelle sera complètement supprimée.

546 Cas particuliers. — Pour les titulaires de revenus non commerciaux, les agents d'affaires, les intermédiaires de commerce, lorsqu'ils emploient moins de cinq salariés, il faut retenir le dixième des recettes toutes taxes comprises, à l'exception des rétrocessions et des plus-values professionnelles quel que soit leur régime d'imposition

III | Réductions et abattements

547 Abattement général. — Cet battement de 16 % bénéficie à tous les redevables, y compris ceux qui acquittent la cotisation minimum, et porte sur les bases d'imposition. Il n'est soumis à aucune condition. Il s'applique par établissement sur la base nette imposable déterminée après réduction des abattements, réductions ou allégements de base auxquels le contribuable peut prétendre.

548 CORSE. — Après l'abattement général de 16 %, il est fait application d'un abattement de 25 % aux bases nettes de tous les établissements situés en Corse. À compter de 1995, les parts régionale et départementale de la taxe sont supprimées.

549 ECRÊTEMENT. — Il s'agit d'une mesure provisoire établie par la loi du 29 juillet 1975 pour atténuer les ressauts d'imposition dus au remplacement de la patente par la taxe professionnelle. Ceci concerne les contribuables qui étaient imposables à la patente en 1975, le successeur ne peut bénéficier de l'écrêtement du prédécesseur (sauf de 1976 à 1979). Il est bloqué quant à son montant : l'écrêtement est maintenu au niveau de 1979 pour les années 1980 et suivantes. Les installations créées après 1976 ne peuvent voir leurs bases d'imposition affectées par le mécanisme de l'écrêtement (CAA Nancy 31 déc. 1992, SA Cebal, *DF,* 1993, 7, 300, concl. Damay). Le calcul est fait par l'administration. L'écrêtement est supprimé lorsqu'il est ou devient inférieur à 10 % de la base brute d'imposition.

550 EMBAUCHE OU INVESTISSEMENT. — L'article 1469 A *bis* CGI a supprimé, à compter de 2000, la réduction pour embauche ou investissement tout en maintenant la réduction de 50 % des bases pour la 1re année de création d'établissement.

Section III
Détermination de la cotisation

I | ÉTABLISSEMENT DE LA TAXE

551 ANNUALITÉ. — La taxe est due pour l'année entière par le redevable qui exerce activité au 1er janvier sur la base des éléments d'imposition existant au dernier jour de la période de référence. Toutefois, la taxe n'est pas due en cas de création d'établissement, ce qui est caractérisé par l'acquisition d'immobilisations, le versement de salaires, la réalisation de recettes. Pour les deux années suivant celle de la création, la base d'imposition est calculée comme en cas de changement d'exploitant d'après les immobilisations dont le redevable a disposé au 31 décembre de l'année de création, et 18 % des salaires dus ou 10 % des recettes perçues au cours de la même période. Il y a création d'établissement chaque fois qu'un redevable de la taxe s'installe dans un local nouvellement construit ou occupé l'année précédente par une personne non assujettie à la taxe professionnelle.

Ne constituent pas une création d'établissement les extensions d'activité, les changements d'exploitant, ou les transferts d'activité au sein d'une même commune.

552 PRINCIPE DÉCLARATIF. — Les contribuables doivent déclarer les bases de la taxe avant le 1er mai de l'année précédant celle de l'imposition ou, en cas de création d'établissement ou de changement d'exploitant ou d'activité en cours d'année, avant le 1er mai suivant celle de la création ou du changement (art. 1477 CGI). En cas de changement d'exploitant, le cédant doit sur papier libre déclarer la date du changement, l'identité et l'adresse du nouvel exploitant et les éléments cédés en cas de cessation totale ou partielle (art. 1477 II *b* CGI). En cas de défaut de déclaration, de retard dans le dépôt des déclarations, l'administration « évalue d'office » les bases d'imposition.

II | CALCUL

553 COTISATION MINIMUM. — Partant du principe selon lequel chaque contribuable doit contribuer à la couverture des charges de la collectivité, une cotisation minimale de la taxe est due, y compris par ceux dont les bases d'imposition sont nulles (art. 1647 D CGI). Cette cotisation est établie uniquement lorsque la base nette de la taxe professionnelle est inférieure à la base minimum communale. Cette cotisation est déterminée à partir de la taxe d'habitation théorique de l'année précédente d'un logement de référence retenu par le conseil municipal après avis de la commission des impôts directs, ou à défaut de décision du conseil municipal d'un logement dont la valeur locative est égale aux deux tiers de la valeur locative moyenne des habitations de la commune, ou au tiers de la valeur locative moyenne des habitations de la commune pour les redevables exerçant leur activité à temps partiel ou pendant moins de neuf mois par an.

554 MINIMUM SUR LA VALEUR AJOUTÉE. — L'article 1647 E CGI prévoit que les entreprises redevables de la taxe dont le chiffre d'affaires est supérieur à 7 600 000 € (HT) doivent acquitter une cotisation au moins égale à 1,5 % de la valeur ajoutée produite. Si la cotisation de taxe professionnelle est inférieure à la cotisation minimum, l'entreprise doit s'acquitter d'un supplément d'imposition égal à la différence entre ces deux cotisations et perçu par l'État.

555 PÉRÉQUATION. — Depuis 1983 une cotisation de péréquation est perçue au profit du fonds national de péréquation. Cette mesure, destinée à réduire les différences de taux entre collectivités, met à la charge des établissements une cotisation de péréquation d'autant plus importante qu'ils sont moins imposés. Cette cotisation est due par les redevables dont les établissements imposables sont situés dans des communes où le taux global de la taxe de l'année d'imposition est inférieur au taux global moyen constaté l'année précédente au niveau national. Le taux de péréquation, compris entre 1,6 % et 3,4 %, varie en fonction du taux global communal par rapport au taux moyen national.

III | RÉDUCTIONS ET MAJORATONS DES COTISATIONS

556 PLAFONNEMENT EN FONCTION DE LA VALEUR AJOUTÉE. — La valeur ajoutée est la différence entre, d'une part, les ventes de marchandises, la production stockée, les subventions d'exploitation reçues... et, d'autre part, les achats de marchandises et de matières premières, les autres achats et charges à l'exclusion des loyers afférents aux biens pris en crédit-bail et des charges se rapportant à des exercices antérieurs. Le plafonnement en fonction de la valeur ajoutée vise à éviter que le montant de l'impôt excède les capacités contributives.

557 DIMINUTION DES BASES. — Un dégrèvement peut être accordé aux contribuables dont les bases d'imposition diminuent entre l'avant-dernière et la dernière année précédant celle de l'imposition. Il est obtenu par voie de réclamation déposée auprès du service des impôts dont dépend le principal établissement, dans le délai général de réclamation. Le calcul s'effectue au niveau de l'ensemble des établissements de l'entreprise, et non-établissement par établissement. Les cotisations à retenir pour le calcul du dégrèvement pour réduction d'activité doivent, le cas échéant, être diminuées des dégrèvements *prorata temporis* accordés, en cas de cessation d'activité non suivie de cession ou de transfert (art. 1478 CGI).

558 COTISATIONS ADDITIONNELLES. — La cotisation de chaque établissement est majorée de la cotisation nationale de péréquation et de taxes spéciales d'équipement perçues, notamment, au profit de la région Île-de-France (art. 1599 *quinquies* CGI), des établissements publics fonciers (art. 1607 *bis* CGI), de l'établissement public de la métropole lorraine (art. 1609 CGI). La loi de finances rectificative pour 2004 a fixé le nouveau régime de la taxe additionnelle à la taxe professionnelle au profit des chambres de commerce et d'industrie. Les articles 1600 et 1639 A CGI permettent à l'assemblée générale des chambres d'arrêter elle-même le taux de la taxe additionnelle applicable à l'ensemble des entreprises implantées dans leur zone de compétence géographique. Une seule contrainte : rester dans le cadre des limites fixées par la loi de finances.

Pour aller plus loin

559 PRINCIPES. — G. Goulard, Taxe professionnelle. Une orientation plus libérale de la jurisprudence, *RJF,* 1995, 1, 3 ; A. Rousseau, Taxe professionnelle. Notion de disposition des biens en matière de sous-traitance, *Les Petites Affiches,* 1995, 22, 4 ; X. François-Lecclanché, La règle de l'unicité d'imposition en matière de taxe professionnelle, *BF Lefebvre,* 2000, 5, 286 (un principe qui ne figure pas dans le CGI et pour lequel il y a quelques difficultés d'application) ; E. Mignon, Taxe professionnelle : notion de disposition d'immobilisations corporelles, *RJF,* 2000, 7-8, 571 (étude circonstanciée) ; J. Maïa, À la recherche d'une taxe professionnelle juste et moderne : la part du législateur et la part du juge, *RJF,* 2001, 11, 908 (la plupart des réformes législatives ont été initiées par le juge) ; Nouvelle taxe professionnelle : à qui profitera la réforme, *Rev. Trésor,* 1999, 6, 337, et M. Hayat, Qui paiera la réforme de la taxe professionnelle ?, *RF compt.,* 2000, 324, 36 ; J.-C. Parot, L'évolution de la jurisprudence dans l'appréhension de la notion de disposition (art. 167-1 *a* CGI), *DF,* 2004, 5, 307 (une clarification des critères) ; H. Zapf et B. Toulemont, Normes IFRS et conséquences en taxe professionnelle, *Nouvelles fiscales,* 2005, 941, 4 (incidences des nouvelles normes sur les bases de la taxe) ; E. Meier et C. Cassan, Plafonnement de la taxe professionnelle en fonction de la valeur ajoutée et référence aux normes comptables, *BF Lefebvre,* 2007, 5, 375 (intéressant) ; Y. Bénard, Taxe professionnelle : controverse autour de la valeur ajoutée, *RJF,* 2006, 11, 962 (réflexion toujours d'actualité) ; Centre de documentation du Conseil d'État, Le législateur peut-il céder sur l'optimisation de la taxe professionnelle, *RJF,* 2008, 1, 3 (examen de la notion de cession).

560 TAXE PROFESSIONNELLE ET INTERCOMMUNALITÉ. — A. Guengant, *Taxe professionnelle et intercommunalité,* LGDJ, 1992 (à lire dans une perspective de réforme).

561 RÉFORMES. — Pour une confrontation des points de vue lire le dossier présenté dans *RFFP,* 1999, 67, LGDJ ; S. Guelton, L'évolution de la taxe professionnelle. Effet des changements du système productif communal sur l'assiette d'imposition, *Rev. Trésor,* 1995, 8-9, 513 ; B. Perrin, Pour une réforme de la taxe professionnelle. Comment corriger un impôt imbécile ? *AJDA,* 1987, 11, 632 ; Les analyses comparatives sont rares : C. Colette, La taxe professionnelle. Étude comparée France-Allemagne, *RF compt.,* 1992, 239. Une commission d'étude présidée par le sénateur Ballayer, chargée de faire des propositions de réformes, a produit un rapport : *L'évolution de la taxe professionnelle,* La Documentation française, coll. « Des rapports officiels », 1988. Mais le bilan plus complet de la taxe a été fait par Conseil des impôts, 15e rapport, 1997 (le volume d'annexes est de grande utilité), complétez par les commentaires de J.-C. Zarka, Vers une réforme de la taxe professionnelle ?, *Les Petites Affiches,* 1997, 35, p. 6 ; B. Plagnet, Où va la taxe professionnelle ?, *BF Lefebvre,* 2000, 12, 653 (plaidoyer pour le maintien d'une fiscalité locale qui n'enlève rien à la critique argumentée de la taxe professionnelle). Il n'est pas inutile de faire un retour aux origines de la taxe professionnelle pour en apprécier la cohérence puis son évolution chaotique M. Hayat, *Taxe professionnelle : naissance et transformation d'un impôt à travers vingt-cinq ans de réformes (1976-2001),* Economica, coll. « Entreprises et perspectives économiques », 2003, 288 p. ; P. Durand, La réforme de la taxe professionnelle ou la mélasse fiscale, *Rev. adm.,* 2004, 338, 139 (la difficulté à réformer) ; O. Fouquet, C. Bonnard, Y. Bénard et E. Jalon, Proposition de réforme de la taxe professionnelle, *DF,* 2005, 6, 332 (rapport à la demande du président de la République) ; T. Lambert, De la chrysalide aux papillons : les taxes professionnelles, *Collectivité territoriale,* 2006, mars, p. 75 (il est impossible de parler de l'unité de la taxe et examen critique des propositions de réforme).

Compléter par une vue d'ensemble avec les actes du colloque : T. Lambert et M. Hayat (dir.), *La décentralisation fiscale : jusqu'où ?,* L'Harmattan, coll. « Finances publiques », 2004, 230 p.

Chapitre 4

L'impôt de solidarité sur la fortune

562 De l'IGF à l'ISF. — Les articles 2 à 9 de la loi n° 81-1160 ont institué à compter du 1er janvier 1982, un impôt annuel sur les grandes fortunes (IGF). Celui-ci a été abrogé par l'article 24 de la loi n° 86-824 du 11 juillet 1986. Mais, l'article 26 de la loi n° 88-1149 du 23 décembre 1988 a mis en place un impôt annuel de solidarité sur la fortune (ISF), à compter du 1er janvier 1989 qui, en principe, est régi par les mêmes règles que l'impôt sur les grandes fortunes.

563 Impôt confiscatoire. — La Cour de cassation a jugé que les demandes tirées du caractère confiscatoire de l'ISF au sens de l'article 1 du 1er protocole additionnel de la Convention européenne des droits de l'homme ne peuvent être favorablement reçues aux motifs que les États peuvent mettre en vigueur des lois qui réglementent l'usage des biens, conformément à l'intérêt général, ce qui n'est pas contraire au principe selon lequel toute personne à droit au respect de ses biens, et qu'en outre le montant total du prélèvement, associant l'ISF et l'impôt sur le revenu, n'est pas supérieur aux revenus dont le contribuable a disposé. La Cour estime que cet impôt ne méconnaît aucune règle constitutionnelle ou internationale (Cass. com., 25 janv. 2005, n° 199 FS-PBI, Imbert de Tremiolles, *RJF,* 2005, 4, comm. 405). Cette solution n'a pas été infirmée par la Cour européenne (CEDH 4 janv. 2008, nos 25834/05 et 27815/05, Imbert de Tremiolles, *DF,* 2008, 15, comm. 264, note Van Brustem).

Section I
Principes

Le fait générateur de l'ISF est constitué par le fait, pour une personne physique domiciliée en France, d'être au 1er janvier de l'année d'imposition, propriétaire d'un patrimoine imposable d'une valeur nette supérieure à la limite fixée par l'article 885 A CGI (790 000 € pour 2009). Seules les personnes physiques sont imposables à l'ISF.

I | Les personnes imposables

564 Domiciliation. — Les personnes physiques ayant leur domicile fiscal en France sont, quelle que soit leur nationalité, assujetties à l'ISF à raison de leurs biens situés en France ou hors de France. Le domicile fiscal est défini de la même manière pour l'ISF et pour l'impôt sur le revenu (art. 4 B CGI). Les personnes physiques qui n'ont pas leur domicile fiscal en France sont assujetties à l'ISF à raison de leurs biens situés en France. Toutefois, certaines conventions fiscales conclues par la France prévoient une dérogation en faveur des personnes physiques ayant la nationalité de l'autre État partie, qui deviennent des résidents de France. Cette dérogation ne s'applique pas aux personnes de nationalité française (*BOI,* 7 S-5-09, instruction 22 avr. 2009).

565 Conventions fiscales internationales. — Certaines conventions fiscales règlent par des avenants particuliers l'imposition, indépendamment de la notion de domicile fiscal. Il en va ainsi, par exemple, avec l'Allemagne (avenant du 28 septembre 1989 à la convention du 21 juillet 1959), des États-Unis (avenant du 17 janvier 1984 à la convention du 28 juillet 1967), ou encore avec la Suède (avenant du 10 septembre 1983 à la convention du 24 décembre 1936). D'autres conventions comportent des dispositions particulières, dont il faut tenir compte (avec l'Argentine, la Suisse, le Luxembourg). Lorsque la convention conduit à une double imposition, celle-ci prévoit l'octroi d'un crédit d'impôt dans l'État de résidence (Cass. com., 24 mars 1992, *Defrénois,* 1994, art. 35716, note A. Chappert).

II | Le régime matrimonial

566 Personnes mariées. — L'imposition commune des époux est la règle. Lorsqu'un jugement de séparation de corps ou de divorce a été prononcé entre les époux et a acquis l'autorité de la force jugée, avant le 1er janvier de l'année d'imposition, l'imposition à l'ISF est faite au regard du patrimoine propre à chacun. Aux biens appartenant aux époux, il y a lieu d'ajouter les biens appartenant aux enfants mineurs dont l'un ou l'autre des époux est l'administrateur légal.

567 Concubinage notoire. — Pour lutter contre l'évasion fiscale le législateur a décidé que dans l'hypothèse d'un concubinage notoire, l'assiette de l'impôt est constitué par la valeur nette de l'ensemble des biens et valeurs imposables appartenant à chacun des concubins ainsi qu'à leurs enfants mineurs dont l'un ou l'autre a l'administration légale des biens. Si la personne vivant en l'état de concubinage est, par ailleurs mariée, ses biens ainsi que ceux des enfants mineurs dont elle a l'administration, doivent être rattachés à son foyer légal. Enfin lorsqu'un jugement définitif de divorce a été prononcé et que les ex-époux continuent de vivre ensemble, il est fait application du principe régissant les concubins.

568 Pacs. — L'article 6 de la loi relative au pacte civil de solidarité (n° 99-944 du 15 nov. 1999) prévoit que les partenaires font l'objet d'une imposition commune. Il en résulte que ceux-ci doivent souscrire une seule déclaration qui regroupe l'ensemble de leurs biens, droits et valeurs imposables ainsi que ceux des enfants mineurs dont ils ont, l'un ou l'autre, l'administration légale des biens.

Section II
L'assiette

I | Les biens imposables

569 Définition. — L'ISF est assis sur l'ensemble des biens, droits et valeurs qui au jour du fait générateur de l'impôt composent le patrimoine du contribuable. Les biens composant le patrimoine sont très variés : immeubles bâtis quel que soit l'usage ou l'affectation, les immeubles non bâtis, les meubles meublants, les bons du Trésor, les bons de caisse, les droits réels immobiliers (usufruit, droit d'usage...), les immeubles en cours de construction...

570 Droit de propriété. — L'administration est fondée à tenir pour véritable propriétaire d'un bien celui qui apparaît comme tel aux yeux des tiers, en vertu des clauses formelles de titres, de la loi ou de ses agissements. Elle peut invoquer la théorie de l'accession (art. 546 C. civil) ou la présomption de propriété en faveur du possesseur de meubles (art. 2279 CGI). Les biens qui ne sont pas la propriété de la personne imposable et qu'elle ne détient qu'à titre précaire n'ont pas à être retenus. Il en va ainsi des sommes détenues en qualité de mandataire ou de dépositaire. Les biens acquis par un prête-nom sont censés lui appartenir, sauf si l'administration connaît le véritable propriétaire.

Au regard de l'ISF, le critère de rattachement des enfants mineurs à un foyer est fondé sur l'exercice de l'administration légale des biens de l'enfant. Lorsque l'autorité parentale est exercée en commun par les deux parents, ceux-ci sont administrateurs légaux. L'administration admet que les biens des enfants mineurs, dont les parents sont imposés distinctement à l'ISF, soient répartis par moitié entre les deux foyers (Inst. 14-5-97).

II | Les biens professionnels exonérés

571 Article 885 N cgi. — Sont exonérés les biens appartenant à des personnes qui exercent à titre principal, sous forme individuelle, une profession industrielle, commerciale, artisanale, agricole ou libérale et qui sont nécessaires à l'exercice de cette activité professionnelle. Le caractère professionnel d'une activité doit être avéré, notamment, par l'inscription au registre du commerce et des sociétés, ou au répertoire des métiers, par le caractère habituel de l'activité, par l'existence d'une clientèle, par l'existence d'une organisation destinée à réaliser des opérations commerciales...

572 Le propriétaire. — Les biens doivent être utilisés par le propriétaire, son conjoint ou le concubin notoire pour l'exercice de la profession. Dans certains cas les biens donnés en location ou mis à la disposition de tiers peuvent être qualifiés de biens professionnels (ex. loueurs de voitures, de bateaux...). Les biens ou droits grevés d'un droit d'usufruit, d'un droit d'habitation ou d'un droit d'usage accordé à titre personnel sont analysés comme biens professionnels que si l'usufruitier ou le titulaire du droit d'usage (concubin notoire, conjoint) les utilise lui-même dans le cadre d'une activité professionnelle.

573 Exercice à titre principal. — Pour bénéficier de l'exonération, l'activité professionnelle doit être exercée à titre principal par le propriétaire des biens. La profession principale est celle qui constitue l'essentiel des activités économiques du contribuable. Dans le cadre du foyer fiscal il y a lieu, pour apprécier le caractère principal de la profession, de considérer distinctement la situation de chaque époux ou concubin notoire. La Cour de cassation et la doctrine administrative considèrent que le propriétaire de parts de sociétés doit exercer, dans la société, son activité professionnelle principale de manière effective afin que les parts ainsi détenues constituent des biens professionnels (Cass. com., 6 avr. 1999, n° 800 D, *RJF,* 1999, 7, 936). Par contre, un exploitant viticole ne démontrant pas qu'il dirigeait effectivement un groupement forestier, la Cour de cassation a jugé que les parts de ce groupement qu'il détenait ne constituaient pas des biens professionnels exonérés (Cass. com., 3 avr. 2007, n° 06-10.458, Léo de Malet de Roquefort, *Dr. sociétés,* 2007, 7, comm. 144, note Pierre).

574 Nécessaire à la profession. — Les biens nécessaires à l'exploitation sont inscrits au bilan des exploitations, ou sur le document en tenant lieu (tableau d'amortissement...). Sont présumés professionnels : les immobilisations, les stocks, les créances d'exploitation, les liquidités et placements financiers assimilés... En ce qui concerne les professions libérales, qui ne sont pas tenues d'établir un bilan, leur actif professionnel est constitué par l'ensemble des biens affectés à l'exercice de leur profession s'ils sont imposés suivant le régime de l'évaluation administrative, ou, les immobilisations figurent normalement sur le registre des immobilisations et des amortissements (art. 99 CGI) s'ils sont imposés suivant le régime de la déclaration contrôlée. La Cour de cassation a jugé que les comptes courants d'associés ne constituent pas des biens professionnels (Cass. comm., 18 déc. 1990, Courty, *Rev. Sociétés,* 1991, 586, note I. Urbain-Parléani). En conséquence, l'évaluation d'un compte courant non bloqué doit se faire en fonction de la situation financière de la société dans laquelle le redevable de l'impôt de solidarité sur la fortune détient ce compte (Cass. com., 23 févr. 1999, n° 482 D, *RJF,* 1999, 5, 656). Par contre, ne sont pas des biens professionnels les actions d'une société holding qui ne prend pas une part active dans l'animation et le contrôle des filiales (Cass. comm., 19 nov. 1991, *D.,* 1992, J, 284, note G. Tixier).

III | Les autres exonérations

575 Article 885 H à 885 L CGI. — Des exonérations spécifiques sont prévues :

1 / les objets d'antiquité, d'art, ou de collection et les droits de la propriété littéraire, artistique et industrielle ;
2 / certaines rentes viagères assimilables à des pensions de retraite ;

3 / les rentes ou indemnités perçues en réparation de dommages corporels ;
4 / les placements financiers en France des non-résidents.

L'article 885 K CGI exclut de l'assiette de l'ISF que les indemnités perçues en réparation de dommages corporels. N'entrent pas dans les prévisions de ce texte, les sommes versées à un tiers en exécution d'un contrat d'assurances de personnes en cas d'accident ou de maladie de l'assuré. Celles-ci revêtent un caractère forfaitaire, et non indemnitaire, dès lors qu'elles sont calculées en fonction d'éléments prédéterminés par les parties, indépendamment du préjudice subi. En conséquence, il a été jugé que le montant du capital-décès versé à l'épouse survivante, à la suite du décès accidentel de son mari, ne saurait être exonéré de l'ISF (Cass. com., 16 nov. 1999, n° 1802 P + B, *DF,* 2000, 4, 12367, note Deboissy, *RTD com.,* 2001, 3, 809). À l'inverse, les prestations compensatoires versées sous forme de rente viagère ont un caractère alimentaire, elles sont insaisissables et incessibles, et échappent à l'ISF (Cass. com., 19 avr. 2005, n° 03-11.750, *Defrénois,* 2005, p. 1339, note Douet).

IV | L'ÉVALUATION DES BIENS

576 PRINCIPE. — La valeur des biens est déterminée selon les règles en vigueur en matière de droits de mutation par décès. Les biens sont évalués à leur valeur vénale au jour du fait générateur de l'impôt (art. 666 CGI), soit au 1er janvier de chaque année. L'impôt est assis sur une déclaration estimative du contribuable, soumise au contrôle ultérieur de l'administration. La valeur vénale est le prix auquel ce bien aurait pu normalement se négocier à l'époque considérée, tel qu'il résulte en particulier de l'analyse des prix déclarés lors des mutations de biens présentant des caractéristiques identiques et affectés au même usage.

577 LA LOI. — Pour certains biens, la loi a fixé des bases légales d'évaluation. Retenons quelques exemples topiques. Les créances sont, quelle que soit la date d'échéance, imposables sur leur montant nominal majoré des intérêts échus et non encore payés à la date du fait générateur de l'impôt et ceux courus à la même date (art. 760 CGI). Les immeubles, quelle que soit leur nature, sont estimés à la valeur vénale réelle au jour du fait générateur de l'impôt, d'après une déclaration, détaillée et estimative du contribuable (art. 761 CGI). Toutefois, la Cour de cassation a jugé qu'un immeuble occupé par son propriétaire et sa famille au titre de résidence principale doit être évalué en fonction de cette circonstance, ce qui ne peut être remis en question ni par le législateur ni par l'administration qui a fini par accepter une réduction de 20 % de la valeur de l'immeuble pour tenir compte de cette particularité (Cass. com., 13 févr. 1996, Fleury, *JCP,* 1996, éd. G, n° 20, 22641, note C. David). Les meubles meublants (tables, lits, porcelaines, argenterie, vaisselle...) peuvent être estimés par un inventaire détaillé et chiffré fait sous la responsabilité du contribuable, qui ne peut pas être inférieur à 5 % de l'ensemble des autres biens héréditaires (art. 764-I CGI). L'évaluation des bijoux et pierreries ne peut pas être inférieure à l'évaluation faite dans des contrats ou conventions d'assurance (art. 764 II CGI).

V | La déduction du passif

578 Passif déductible. — Pour être déductibles les dettes doivent exister au 1er janvier de l'imposition, être à la charge personnelle du redevable, être justifiées par tous modes de preuve compatibles avec la procédure écrite (art. 768 CGI). Il n'est pas nécessaire que les dettes soient liquidées pour être déductibles. Les dettes dont l'existence est incertaine ne sont pas déductibles. Par exemple : si un immeuble est acquis au moyen d'un emprunt, sont déductibles le capital restant dû au 1er janvier de l'année d'imposition, les intérêts échus et non payés au 1er janvier, les intérêts courus au 1er janvier. Autre exemple : le débiteur d'une pension alimentaire accordée par jugement à son ex-époux divorcé peut déduire la valeur de capitalisation de cette pension de la base servant au calcul de l'ISF. Le cautionnement donné par un contribuable ne peut être inscrit au passif de son patrimoine imposable au titre d'une année, que dans la mesure où il justifie de la mise en jeu de son engagement au 1er janvier de l'année considérée (Cass. com., 23 févr. 1999, n° 482 D, *RJF,* 1999, 5, 656).

579 PASSIF NON DÉDUCTIBLE. — Les dettes échues depuis plus de trois mois au premier jour de l'année d'imposition sont présumées remboursées, mais la preuve contraire est possible (art. L 20 LPF). Les dettes consenties par le redevable au profit de ses présomptifs héritiers, ou des personnes réputées interposées, sont présumées fictives, sauf si la preuve contraire est rapportée par un acte authentique ou sous seing privé ayant acquis date certaine. Les dettes prescrites, capital et intérêts, ne sont pas déductibles.

580 CAS PARTICULIER. — Les dettes contractées pour l'achat de biens exonérés ou dans l'intérêt de tels biens, sont imputées en priorité sur la valeur desdits biens (art. 769 CGI). Il en va ainsi lorsqu'une dette est inscrite au bilan d'une entreprise, ou que les intérêts correspondants ont été portés en charge d'exploitation, il convient de présumer que la dette est professionnelle.

Section III
Le calcul

I | LE TARIF

581 ARTICLE 885 U CGI. — Il s'agit d'un impôt progressif (7 tranches), dont le taux varie selon des tranches d'importance variable. Pour 2009 :

Fraction de la valeur nette taxable du patrimoine	*Tarif applicable (en%)*
N'excédant pas 790 000 €	0
Compris entre 790 000 € et 1 280 000 €	0,55
Compris entre 1 280 000 € et 2 520 000 €	0,75
Compris entre 2 520 000 € et 3 960 000 €	1
Compris entre 3 960 000 € et 7 570 000 €	1,30
Compris entre 7 570 000 € et 16 480 000 €	1,65
Supérieure à 16 480 000 €	1,80

L'ISF est liquidé par le contribuable, le paiement accompagnant le dépôt de la déclaration. L'impôt ne se liquide pas par part, mais en appliquant le tarif à la masse constituée par le patrimoine du contribuable, de celui de son conjoint ou concubin notoire et de celui de leurs enfants mineurs lorsqu'ils ont l'administration légale des biens de ceux-ci.

II | La réduction et le plafonnement

582 Réductions. — L'impôt est réduit de 150 € par personne à charge (art. 885 V CGI). À noter que les enfants majeurs rattachés au foyer fiscal de leurs parents ne sont pas, pour l'ISF, des personnes à charge, ils sont pour cet impôt des redevables distincts. Les personnes à prendre en considération sont celles qui remplissent les conditions au 1er janvier de l'année d'imposition et qui sont effectivement comptés à charge par le contribuable pour le calcul de l'impôt sur le revenu perçu au cours de l'année précédente.

Les contribuables qui investissent dans les PME, directement ou par l'intermédiaire de sociétés holdings, ou qui souscrivent des parts de fonds d'investissement de proximité de fonds communs de placement dans l'innovation ou de fonds commun de placement à risque peuvent, sous certaines conditions, imputer une partie de leur investissement sur le montant de l'ISF (art. 885-O *bis* CGI).

Les redevables qui effectuent des dons au profit de certains organismes peuvent imputer sur le montant de l'impôt 75 % de leur versements dans la limite de 50 000 € (2009).

583 Plafonnement. — L'article 885 V *bis* CGI dispose que l'ISF des redevables ayant leur domicile fiscal en France est réduit de la différence entre d'une part le total ce cet impôt et des impôts dus en France et à l'étranger au titre des revenus et produits de l'année précédente, et d'autre part, 85 % du total des revenus nets de frais professionnels soumis en France et à l'étranger à l'impôt sur le revenu au titre de l'année précédente et des produits soumis à un prélèvement libératoire de cet impôt. En cas d'excédent, celui-ci vient en diminution de l'ISF à payer. Pour les redevables dont le patrimoine dépasse la limite supérieure de la troisième tranche du barème de l'ISF (2 520 000 € pour 2009) la diminution du montant à payer ne peut pas excéder 50 % du montant de la cotisation due avant plafonnement ou le montant de l'impôt correspondant à un patrimoine taxable égal à la limite supérieure de la troisième tranche du barème (11 995 € pour 2009), si ce montant est supérieur.

Pour aller plus loin

584 GÉNÉRALITÉS. — Pour une réflexion d'ensemble avec quelques éléments comparatifs avant la création de l'impôt sur les grandes fortunes lire les prolégomènes de J. Grosclaude, *L'impôt sur la fortune,* Berger-Levrault, coll. « L'Administration nouvelle », 1976. Pour avoir une vue d'ensemble et comparative notamment avec le Japon, certains pays de l'Union européenne et les États-Unis consultez ; F. Hollande, Rapport d'information sur la fiscalité du patrimoine, *Documents parlementaires,* Assemblée nationale, 1989-1990, n° 1415 (ce document mériterait d'être actualisé) ; Commission M. Aicardi, *La fiscalité du patrimoine,* La Documentation française, 1988 ; J.-L. Pierre, Fiscalité du patrimoine. Comparaison entre la situation en France et celle des pays voisins, *Les Petites Affiches,* 1991, 49, 96. Analyse comparée de la décision de la Cour fédérale constitutionnelle de Karlsruhe du 22 juin 1995 et de la décision du Conseil constitutionnel du 29 décembre 1998 par J. Grosclaude, De l'inconstitutionnalité de l'imposition de la fortune en Allemagne et en France, *DF,* 2002, 24, 879 ; T. Jany, L'actualité de l'ISF vue au travers de la Constitution, *Nouvelles fiscales,* 2005, 940, 19 (l'ISF méconnaîtrait certains principes constitutionnels) ; W. Mastor, L'impôt de solidarité sur la fortune à l'épreuve de la Constitution, *D.,* 2005, 19, 1257, et J.-L. Albert, La Cour de cassation et l'impôt de solidarité sur la fortune : conséquence et inconséquence, *D.,* 2005, 25, 1659 (commentaires circonspects) ; I. Omarjee, ISF et droits sociaux : état des lieux, *Les Petites Affiches,* 17 juill. 2007, 3 (bonne synthèse) ; N. Rousseau, Régimes d'exonération de parts ou actions en matière d'impôt sur la fortune : les options à prendre, *JCP N,* 2008, 30, comm. 1263 (pratique) ; E. Pichet, *L'ISF 2009. Théorie et pratiques,* Éd. du Siècle, 10e éd., 2009, 549 p. (pratique et concret).

585 BILAN. — Celui-ci a été dressé par A. Babeau, L'expérience française d'impôt sur les grandes fortunes (IGF), 1982-1986, *Rev. Économie politique,* 1987, 3, 321 ; J. Grosclaude, L'impôt sur les grandes fortunes, 1982-1986 (Problématique et esquisse de bilan), *RFFP,* 1988, 22, 83. Le 16e rapport du Conseil des impôts (1998), consacré à l'imposition du patrimoine, sera consulté avec profit. E. Pichet, Les conséquences économiques de l'impôt sur la fortune, *DF,* 2007, 14, comm. 368 (stimulante réflexion).

586 ISF. — Parmi les ouvrages généraux concernant l'ISF : P. Courtouis, *L'impôt de solidarité sur la fortune,* Litec, 1989 ; C. Bacrot, M. Noémie, J. Bravard, *L'impôt de solidarité sur la fortune. Le patrimoine de A à Z,* Nouvelles Éd. Fid., 1989 ; A. Chappert, *L'impôt de solidarité sur la fortune,* Defrénois Éd., 1990 ; J. Grosclaude, Impôt sur la fortune : genèse et problématique, *Juris-classeur,* 2001 (excellente synthèse avec des éléments de droit comparé).

587 LA DOCTRINE ADMINISTRATIVE. — Pour une analyse fouillée de celle-ci en matière d'ISF : L. Vapaille, *La doctrine administrative,* L'Harmattan, coll. « Finances publiques », 1999, 488 p.

Quelques études particulières :

Comment limiter l'ISF ? lire T. Chouvelon, Le plafonnement de l'ISF, *JCP N,* 1993, 51-52, 684.

De l'usage de la holding pour la détermination de l'ISF : J.-D. Errard, Holding et ISF, *Dr. et patrimoine,* 1996, 34, 30.

Les évolutions législatives, réglementaires et de la jurisprudence : J.-L. Puygauthier, Le point sur l'impôt de solidarité sur la fortune, *JCP N,* 1995, 23, prat. n° 3385, 863.

Le démembrement de propriété : P. Collin, C. Descoutter, ISF et démembrement de propriété, *RF compt.,* 1994, 256, 38.

Résidents et non-résidents : M.-F. Roederer, Les aspects internationaux de l'ISF, *JCP N,* 1993, prat. n° 2681.

Le choix de la forme de société : H. Hovasse, ISF et forme sociale, *JCP,* 2000, éd. E, 1270.

L'exonération des biens professionnels : J. Pailluseau, Les dirigeants de SAS et l'ISF, *JCP,* 2000, éd. E, 1925.

La doctrine administrative considère que les parts et actions des sociétés holdings sont des biens professionnels exonérés si la holding peut être qualifiée d'animatrice : M. Fourriques, Les parts et actions de sociétés holdings sont-elles des biens professionnels au sens de l'ISF, *RF compt.,* 2005, 377, 32.

Synthèse de la jurisprudence de la Cour de cassation : C. Nouel, Quels sont les aménagements récents apportés au régime d'exonération d'ISF des titres de sociétés ?, *Bull. Joly,* 2001, 2, 117.

Application des dispositions de l'art. 885 O *bis* CGI : J. Duhem, Quelles sont les fonctions que doit exercer un dirigeant de société pour échapper à l'ISF ?, *JCP,* 2002, éd. E, 23, 938.

Commentaire d'une instruction administrative du 13 décembre 2001 par laquelle l'administration tire les conséquences de la loi relative aux nouvelles régulations économiques : J.-C. Parot, Impôt de solidarité sur la fortune. Condition de l'exonération, *Droit sociétés,* 2002, 4, 75, 35.

Index[1]

1. Le présent index renvoie aux numéros des paragraphes.

Table des matières

DEUXIÈME PARTIE

LES RÉGIMES D'IMPOSITION

MANUELS

F. Bluche	Manuel d'histoire politique de la France contemporaine (3e éd.)
J.-M. Carbasse	Manuel d'introduction historique au droit (3e éd.)
F. Chaltiel	Manuel de droit de l'Union européenne
J. Morange	Manuel des droits de l'homme et libertés publiques
B. Pacteau	Manuel de contentieux administratif
F. Zenati-Castaing, T. Revet	Manuel de droit des personnes
A. Sériaux	Manuel de droit des obligations
P. Serrand	Manuel d'institutions administratives françaises (3e éd.)

CLASSIQUES

D. Alland	Droit internationnal public
G. Antonetti	Histoire contemporaine politique et sociale (9e éd.)
C. Autexier	Introduction au droit public allemand
G. Bigot	Introduction historique au droit administratif depuis 1789
J.-M. Carbasse	Histoire du droit pénal et de la justice criminelle (2e éd. refondue)
G. Druesne	Droit de l'Union européenne et politiques communautaires (8e éd. mise à jour)
P.-Y. Gautier	Propriété littéraire et artistique (6e éd. entièrement revue)
S. Goyard-Fabre	Philosophie politique (XVIe-XXe s.)
J.-L. Halpérin	Histoire du droit privé français depuis 1804 *(réédité en « Quadrige »)*
J.-L. Harouel, J. Barbey, É. Bournazel et J. Thibaut-Payen	Histoire des institutions, de l'époque franque à la Révolution (11e éd.)
J. Hilaire	Introduction historique au droit commercial *(épuisé)*
F. Julien-Laferrière	Droit des étrangers
T. Lambert, J.-J. Bienvenu	Droit fiscal (4e éd. revue et mise à jour)
Ph. Lauvaux	Les grandes démocraties contemporaines (3e éd.)
B. Mathieu, M. Verpeaux, F. Chaltiel	Droit constitutionnel
J.-P. Massias (sous la dir.)	Droit constitutionnel des États de l'Europe de l'Est (2e éd. entièrement revue)
Y. Mayaud	Droit pénal général (2e éd. mise à jour)
J. Morange	Droits de l'homme et libertés publiques (5e éd.)

S. Neuville	Droit de la banque et des marchés financiers
B. Pacteau	Contentieux administratif (7e éd. refondue)
S. Regourd	Droit de la communication audiovisuelle
F. Zenati-Castaing, T. Revet	Les Biens (3e éd.)
J.-P. Royer	Histoire de la justice en France *(épuisé)*
A. Sériaux	Droit canonique
D. Simon	Le système juridique communautaire *(épuisé)*
F. Sudre	Droit européen et international des droits de l'homme (9e éd.)
E. Zoller	Droit constitutionnel (2e éd.)
E. Zoller	Grands arrêts de la Cour suprême des États-Unis

TRAITÉS

D. Alland, C. Teitgen-Colly	Traité du droit de l'asile
G. Couturier	Traité de droit du travail, t. 2 : Les relations collectives de travail (2e éd.)
J.-P. Fradin, J.-B. Geffroy	Traité du droit fiscal de l'entreprise
V. Harouel-Bureloup	Traité de droit humanitaire
B. Pacteau	Traité de contentieux administratif
J.-H. Robert, H. Matsopoulou	Traité de droit pénal des affaires

Imprimé en France
par JOUVE
1, rue du Docteur Sauvé, 53100 Mayenne
Février 2010 - N° 502848D

JOUVE est titulaire du label imprim'vert®